D1698770

E-Book inside.

Mit folgendem persönlichen Code
können Sie die E-Book-Ausgabe
dieses Buches downloaden.

al1y6-p56r1-
01800-bo144

Registrieren Sie sich unter
www.hanser-fachbuch.de/ebookinside
und nutzen Sie das E-Book
auf Ihrem Rechner*, Tablet-PC
und E-Book-Reader.

Der Download dieses Buches als E-Book unterliegt gesetzlichen Bestimmungen bzw. steuerrechtlichen Regelungen, die Sie unter www.hanser-fachbuch.de/ebookinside nachlesen können.

* Systemvoraussetzungen: Internet-Verbindung und Adobe® Reader®

Volker Krey
Arun Kapoor

Praxisleitfaden Produktsicherheitsrecht

Volker Krey
Arun Kapoor

Praxisleitfaden Produktsicherheitsrecht

CE-Kennzeichnung – Risikobeurteilung – Betriebsanleitung – Konformitätserklärung – Produkthaftung – Fallbeispiele

3., überarbeitete Auflage

HANSER

FSC
www.fsc.org
MIX
Papier aus verantwortungsvollen Quellen
FSC® C016439

Bibliografische Information der Deutschen Nationalbibliothek:
Die Deutsche Nationalbibliothek verzeichnet diese Publikation in der Deutschen Nationalbibliografie; detaillierte bibliografische Daten sind im Internet über <http://dnb.ddb.de> abrufbar.

ISBN 978-3-446-45337-1
E-Book ISBN 978-3-446-45338-8

www.hanser-fachbuch.de
Lektorat: Dipl.-Ing.Volker Herzberg
Seitenlayout und Herstellung: Der Buch*macher*, Arthur Lenner, München
Coverconcept: Marc Müller-Bremer, Rebranding, München, Germany
Titelillustration: Frank Wohlgemuth, Hamburg
Coverrealisierung: Stephan Rönigk
Druck und Bindung: Hubert & Co, Göttingen
Printed in Germany

Praxisleitfaden Produktsicherheitsrecht – 2009

Vorwort von Prof. Dr. Thomas Klindt zur Ersten Auflage

Sichere Produkte werden von Ingenieuren entwickelt. Sie sind es auch, die technische Spezifikationen vorgeben, das technische Design auf Kundenanforderungen, Leistungskompatibilität, technische Standardisierungen und Wettbewerbs-Benchmarks prägen. Die selben Ingenieure müssen es dann aber auch sein, die in diesem Design-Prozess verstehen, dass heutzutage viele Produkte in ihren Design-Anforderungen auch durch den Gesetzgeber – und dies zwingend – beeinflusst werden: Nicht nur das Produkthaftungsrecht im Schadensfall, sondern auch die behördliche Überwachung des Produktsicherheitsrechts (etwa bei CE-Richtlinien) stellt heute an den Ingenieur die Anforderung, in einem durchaus gerüttelten Ausmaß durchdrungen zu haben, was das technische Sicherheitsrecht von „seinem" Produkt will. Welche Anforderungen stellt der Gesetzgeber an thermische Überhitzungsrisiken? Was steht in den Gesetzen zu mechanischen Gefährdungsquellen? Wo wird Redundanz erwartet, wo ein Not-Halt?

Und die Anforderungen des Gesetzgebers gehen ja weiter; sie betreffen längst nicht mehr das Produkt selbst, sondern auch das Management und Handling dieser Überprüfung: Also etwa die Frage danach, wie die Konformität bewertet wird, wie sie dokumentiert wird, wer Konformitätserklärungen unterschreibt oder wann ein CE-Kennzeichen nicht zulässig ist.

Insofern ist es aus der Praxis der Wirtschaftsberatung zu begrüßen, wenn sich mit dem vorliegenden Buch – endlich – ein Ingenieur und ein Jurist zusammengetan haben, um das Produktsicherheitsrecht „aus der Praxis für die Praxis" zu schildern. Herr Krey als langjähriger und erfahrener Ingenieur mit viel Consultant- und Beratungserfahrung bis hin zu technischen Dokumentationen auf der einen Seite, Herr Rechtsanwalt Dr. Kapoor als Mitglied der produkthaftungsrechtlichen Abteilung in der Kanzlei NÖRR STIEFENHOER LUTZ: Mit diesem Gespann tritt der Hanser-Verlag an, eine Lücke in der Praxisliteratur zu schließen, die immer wieder schmerzlich auffällt. Umso besser, dass jetzt ein Werk vorliegt, das versucht, den nicht-juristischen Berufen, also insbesondere Ingenieuren, aber auch Kaufleuten, Qualitätssicherern und Vertriebsmitarbeitern die Grundlagen der Produktsicherheit so zu erklären, dass dahinter keine Bürokratie mehr durchscheint, sondern eine im europäischen Rechtsraum gültige Anforderung an das technische Design von Produkten. Vielleicht kennen Sie das Bonmot: „Ich möchte, dass meine Kunden zurückkommen, nicht meine Produkte“. Nur das Unternehmen, dessen Leitung, technische Entwicklung, Konstruktions- und Fabrikationsabteilung einsehen, dass Rechtsvorgaben zwingend zu beachten sind, kann diesen tollen Erfolg bei Kunden nachhaltig sichern. Es wäre schön, wenn dieses Buch dazu beitragen kann.

München im Herbst 2008

Prof. Dr. Thomas Klindt

Partner bei Noerr LLP

Honorarprofessor für Produkt- und Technikrecht an der Universität Kassel

Praxisleitfaden Produktsicherheitsrecht 2014

Vorwort der Autoren zur 2. Auflage

Das Produktsicherheitsrecht ist ständig im Fluss. Neue EG-Richtlinien, europäische Verordnungen und nationale Rechtsvorschriften treten in immer kürzeren Abständen in Kraft und machen es nicht einfach, einen einführenden Überblick über die Materie zu geben, ohne sich im ständig wechselnden Detail zu verlieren.

Die vorliegende Neuauflage des Praxisleitfadens Produktsicherheitsrecht berücksichtigt zwei ganz wesentliche Neuentwicklungen aus den letzten Jahren: Den sog. „**New Legislative Framework**", mit dem das Produktsicherheitsrecht auf europäischer Ebene reformiert wurde und dadurch eine deutliche Erweiterung in Richtung umfassender „**Product Compliance**" erfahren hat. Und das **neue Produktsicherheitsgesetz**, mit dem das Geräte- und Produktsicherheitsgesetz Ende 2011 abgelöst wurde. Mit diesen Reformwerken wurden nicht nur verschärfte Pflichtenkataloge für Hersteller, Einführer und Händler eingeführt; sie führen – und dies ist durchweg zu begrüßen – auch zu einem höheren Maß an Rechtssicherheit für die Wirtschaftsakteure, weil viele bisher vorhandene Inkonsistenzen zwischen einzelnen Rechtsakten beseitigt und zentrale Begriffsdefinitionen vereinheitlicht wurden. Es ist unser erklärtes Ziel, den Leser nicht mit Details zur reformierten Rechtslage zu überfrachten, sondern die Neuerungen „leserschonend" in den Leitfaden einzuarbeiten und nur dort auf die Reformwerke einzugehen, wo dies unseres Erachtens für das Systemverständnis unumgänglich ist.

Die nächsten Reformen stehen bereits vor der Tür: Bereits Anfang 2014 sind im Rahmen des Angleichungspaketes an den New Legislative Framework (**sog. alignment package**) acht reformierte EG-Richtlinien in Kraft getreten, darunter so praxisrelevante wie die EG-Niederspannungsrichtlinie oder die EMV-Richtlinie. Auch wenn diese neuen EG-Richtlinien von den Wirtschaftsakteuren erst ab April 2016 verbindlich anzuwenden sind, lohnt es sich bereits heute, einen kurzen Blick auf die anstehenden Neuerungen zu wagen. Einen Überblick hierzu findet der Leser im dritten Teil des Buches, der sich mit den rechtlichen Grundlagen des Produktsicherheitsrechts befasst. Schließlich erwarten wir in den nächsten Jahren auf europäischer Ebene sowohl eine neue Produktsicherheitsverordnung als auch eine neue Marktüberwachungsverordnung.

Wir wünschen den Lesern dieses Buches, dass sie sich nicht von den unzähligen Detailaspekten der Materie abschrecken lassen, sondern – dem Konzept des Leitfadens folgend – einen Überblick über das Produktsicherheitsrecht und seine Bezüge zum Produkthaftungsrecht gewinnen, der die tägliche Arbeit erleichtert.

Bedanken möchten wir uns an dieser Stelle ausdrücklich bei all denen, die am Entstehen dieser Neuauflage maßgeblich beteiligt waren – besonders hervorheben möchten wir:

- die Firma Harald Böhl GmbH in Rosenthal, die uns ihre technischen Unterlagen für das Praxisbeispiel in Teil 2 zur Verfügung gestellt hat
- die Firma itk GmbH, Fritzlar, für die Zusammenarbeit bei der Aufbereitung der Risikobeurteilung im Praxisbeispiel in Teil 2 sowie der dabei verwendeten Arbeitsvorlagen
- Herrn Carsten Röhling, Freier Technischer Redakteur, Fuldabrück, für die Zusammenarbeit bei der Aufbereitung der Betriebsanleitung im Praxisbeispiel in Teil 2 sowie der dabei verwendeten Arbeitsvorlagen
- Frau Stefanie Hoffmann, Kanzlei Noerr, für die Betreuung eines großen Teils des Manuskripts.

Kassel und München im Juli 2014

Dipl.-Ing. Volker Krey

Rechtsanwalt Dr. Arun Kapoor

Inhalt

Weitere Informationen als Download im Internet unter: http://www.hanser-fachbuch.de/buch/Praxisleitfaden+Produktsicherheitsrecht/9783446453371

- Arbeitsvorlagen
- Praxisbeispiel
- Rechtstexte

Einleitung

Zum Aufbau des Buches

Dieses Buch versteht sich in erster Linie als Leitfaden und möchte einen Überblick über die komplexe Materie des Produktsicherheitsrechts geben. Es wendet sich insbesondere an diejenigen, die sich betrieblich mit Fragen der CE-Kennzeichnung, der Produktsicherheit oder dem Erfordernis der Anfertigung/Durchführung einer Risikobeurteilung konfrontiert sehen und eine Hilfestellung sowohl aus technischer als auch aus juristischer Perspektive suchen. Deshalb haben sich auch ein Ingenieur und ein Jurist zusammen gefunden, um gewissermaßen „das Beste zweier Welten" in einer Weise zusammenzustellen, die es insbesondere den Ingenieuren und Entscheidungsträgern eines Unternehmens ermöglicht, einen schnellen und praxisnahen Zugang zu dieser häufig nicht leicht zu verstehenden Thematik zu finden.

Das Buch will in einer für Nichtjuristen verständlichen Form in die Welt des Produktsicherheitsrechts, der CE-Kennzeichnung und des Produkthaftungsrechts einführen. Es soll trittfestes Gefühl dafür vermitteln, worum es in diesem Rechtsgebiet geht, welche Probleme sich in der Praxis häufig ergeben und an welcher Stelle den Anforderungen des Produktsicherheitsrechts besondere Beachtung geschenkt werden sollte. Dabei kommen wir nicht umhin, Ihnen einige Gesetze, Verordnungen und EG-Richtlinien vorzustellen und ihre wesentlichen Inhalte zu erläutern.

Zur Struktur des Buches

Wir sollten uns nichts vormachen: Europarechtlich geprägtes Produktsicherheitsrecht, CE-Kennzeichnung, Haftung für fehlerhafte Produkte auf der Basis verschiedener Rechtsgrundlagen – all das erklärt sich nicht mal eben und durch wenige Worte. Viele der in diesem Leitfaden angesprochenen Fragen und Probleme sind rechtlicher Natur und komplexer als wir dies in einem ersten Aufriss darstellen könnten. In der Praxis wird deshalb - auch nach der Lektüre dieses Buches - ein zweiter oder dritter Blick in die Details angezeigt sein. Die Befassung mit Detailproblemen wird jedoch vereinfacht, wenn man sich zuvor einen möglichst anschaulichen Überblick über die Materie verschaffen konnte.

Einen solchen Überblick wollen wir Ihnen zunächst mit dem Leitfaden im **ersten Teil** des Buches an die Hand geben. Wir wissen selbst, dass es dabei an vielen Stellen im Sinne einer vollständigen Darstellung der Materie geboten wäre, weiter ins Detail zu gehen, ausführlicher zu werden oder eine Auseinandersetzung mit schwierigen Abgrenzungsproblemen zu leisten. Als **Leitfaden** für den ersten Einstieg in das Thema wäre eine solche Darstellung allein schon aufgrund des dafür erforderlichen Umfangs kaum geeignet.

Der **zweite Teil** des Buches zeigt am Beispiel eines mobilen Hebezeuges (Multilift) eine durchgängige **Dokumentation** zu allen wesentlichen Maßnahmen des Leitfadens. Einen besonderen Schwerpunkt haben wir hier auf die Thematik der Risikobeurteilung nach der EG-Maschinenrichtlinie sowie auf die Anforderungen an die Benutzerinformation gelegt. Hier erkennen wir in der Praxis immer wieder große, manchmal unerklärlich große Probleme. Darüber hinaus drohen hier auch häufig Haftungsprobleme, die in der Praxis regelmäßig unterschätzt werden.

Im **dritten Teil** des Buches werden die **rechtlichen Grundlagen** des Produktsicherheitsrechts sowie des Produkthaftungsrechts vertieft. Dabei gehen wir besonders auf die rechtlichen Konsequenzen ein, die mit einer Missachtung produktsicherheitsrechtlicher Vorschriften einhergehen. Anhand realer Fälle aus **Rechtsprechung und Behördenpraxis**, möchten wir ihnen ein Gefühl dafür vermitteln, wie die Gerichte und Behörden in Deutschland Verstöße gegen das Produktsicherheitsrecht sanktionieren und wie die geschilderten Probleme hätten vermieden werden können, wenn das Thema Produktsicherheit bei den im Unternehmen verantwortlichen Personen bereits frühzeitig Beachtung gefunden hätte. Sie können so aus Fehlern, die in der Vergangenheit gemacht wurden, lernen und profitieren.

Einige besonders praxisrelevante Rechtsgrundlagen wie z.B. die EG-Maschinenrichtlinie, das Produktsicherheitsgesetz und das Produkthaftungsgesetz haben wir im **vierten Teil** des Buches im Originalwortlaut für Sie zusammengestellt. Der Abdruck der Vorschriften soll dazu anregen, ohne großen Aufwand an der ein oder anderen Stelle vielleicht doch noch einen vertiefenden Blick in die jeweiligen Rechtsvorschriften zu wagen.

Die Autoren

Dipl.-Ing. Volker Krey

Freier Berater + Coach

Herr Krey ist seit über 10 Jahren als Freier Berater + Coach tätig – er unterstützt Unternehmen bei der praktischen Umsetzung des Produktsicherheitsrechts mit Seminaren, Beratungen und Coachings wie auch in der Funktion eines externen CE-Koordinators. Seine Seminare werden dabei auch von vielen IHKs angeboten.

Ein besonderer Schwerpunkt seiner Tätigkeiten liegt heute im Aufbau von CE-Managementsystemen auf der Grundlage des hier vorgestellten Praxisleitfadens.

Dipl.-Ing. Volker Krey
Freier Berater + Coach
Maiglöckchenweg 2
34128 Kassel
Tel. +49 561 8200085
info@volker-krey.de

Dr. Arun Kapoor

Rechtsanwalt

Herr Dr. Kapoor ist Rechtsanwalt und Associated Partner bei der international agierenden Kanzlei NOERR LLP in München. Er ist auf die Bereiche Produktsicherheit und Produkthaftung spezialisiert und vertritt Industriemandanten in nationalen und internationalen haftungsrechtlichen Streitigkeiten, bei der Durchführung von Produktrückrufen sowie im Rahmen von Auseinandersetzungen mit Marktüberwachungsbehörden, wenn es darum geht, Produkte gegen vermeintliche Sicherheitsmängel zu verteidigen. Zu seinen Mandaten zählt Herr Dr. Kapoor insbesondere zahlreiche große und mittelständische Unternehmen aus den Bereichen Maschinen- und Anlagenbau, Automotive und Consumer Products.

Herr Dr. Kapoor ist Autor zahlreicher wissenschaftlicher und praxisbezogener Veröffentlichungen zu produktsicherheitsrechtlichen und produkthaftungsrechtlichen Themen und referiert regelmäßig auf einschlägigen Kongressen sowie Branchen- und Fachveranstaltungen.

Dr. Arun Kapoor
Rechtsanwalt
Tel +49 89 28628372
arun.kapoor@noerr.com

Noerr LLP
Brienner Str. 28
80333 München

TEIL 1

Praxisleitfaden zur Umsetzung des Produktsicherheitsrechts

Einleitung

Im ersten Teil des Buches wird zunächst ein Praxisleitfaden zur Umsetzung des Produktsicherheitsrechts vorgestellt. Dieser Leitfaden gliedert sich in 5 aufeinander aufbauende Schritte, die sozusagen die Hauptprozesse darstellen, mit denen man sichere Produkte herbeiführen kann – diese 5 Schritte sind:

1. Rechtliche Grundlagen kennen

Am Anfang ist es hilfreich, sich mit einigen grundlegenden Rechtsbegriffen und deren Zusammenhänge vertraut zu machen, wobei auch die rechtlichen Konsequenzen zu beachten sind.

2. Anwendung der Rechtsvorschriften prüfen

Bezogen auf ein Produkt ist dann zuerst zu prüfen welche Rechtsvorschriften anzuwenden sind (in vielen Fällen sind das die sog. „CE-Richtlinien“) – damit entsteht zugleich die Arbeitsgrundlage für die nachfolgenden Schritte 3 und 4.

3. Sicherheitsanforderungen erfüllen

Nun sind die in den anzuwendenden Rechtsvorschriften vorgeschriebenen Sicherheitsanforderungen zu erfüllen – das heißt im Wesentlichen eine Risikobeurteilung durchzuführen und die darin festgelegten Sicherheitsmaßnahmen umzusetzen, wozu auch eine Benutzerinformation gehört.

4. Konformität nachweisen

Jetzt ist noch nachzuweisen, dass die in Schritt 3 umgesetzten Sicherheitsmaßnahmen auch tatsächlich die Sicherheitsanforderungen der in Schritt 2 ermittelten Rechtsvorschriften erfüllen – bei den CE-Richtlinien wird dies dann insbesondere mit der EG-Konformitätserklärung und dem Anbringen der CE-Kennzeichnung bestätigt.

5. Produktsicherheit organisieren

Dieser Schritt ist eine notwendige Ergänzung, will man das Produktsicherheitsrecht im Unternehmen rechtssicher und effizient umsetzen – hierbei gilt es alle erforderlichen Maßnahmen genau festzulegen und auch in die betrieblichen Abläufe einzubinden.

1 Rechtliche Grundlagen kennen

Übersicht

Hier werden folgende Punkte behandelt:

- Einstieg in das Produktsicherheitsrecht
- Das Produktsicherheitsrecht im EU-Harmonisierungskonzept
- Rechtliche Konsequenzen

1.1 Einstieg in das Produktsicherheitsrecht

Hinweis

Zum Einstieg ins Thema werden einige grundlegende Aspekte des Produktsicherheitsrechts vorgestellt:

- Definition und Ziel
- Umfang
- Was ist ein Produkt?
- Was bedeutet Bereitstellung auf dem Markt?
- Wer ist Bereitsteller?

Definition und Ziel

Unter dem Produktsicherheitsrecht sollen hier alle zwingend anzuwendenden Rechtsvorschriften (Gesetze und Verordnungen) verstanden werden:

- die an Produkte bei ihrer Bereitstellung auf dem Markt bestimmte Mindestanforderungen stellen; wobei diese Anforderungen vor allem auf die Sicherheit und Gesundheit der Verwender bzw. Dritter ausgerichtet sind, darüber hinaus aber auch Umweltaspekte enthalten können

und

- deren Einhaltung von Behörden überwacht wird.

Dabei geht es vor allem darum:

Produkte sollen „sicher" sein – denn: wenn Menschen Produkte verwenden, soll den Menschen (und auch der Umwelt) nichts passieren!

Die nachstehende Grafik will dies noch einmal verdeutlichen und symbolisiert dabei den Schutz des Menschen quasi durch eine „Schutzmütze".

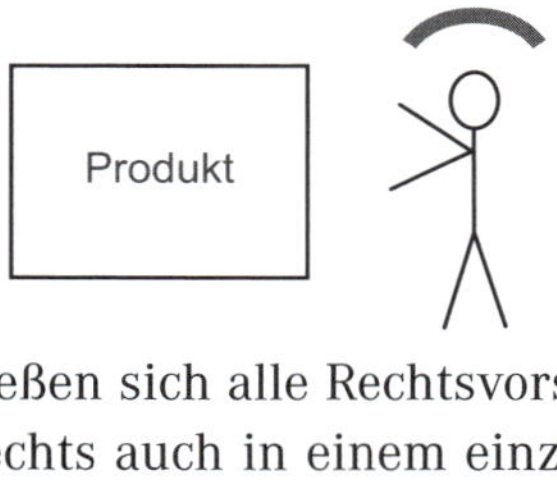

In diesem Sinn ließen sich alle Rechtsvorschriften des Produktsicherheitsrechts auch in einem einzigen Satz zusammenfassen: **Stellen Sie sichere Produkte her!**

Doch so einfach macht es sich der Gesetzgeber nicht – schauen wir also weiter.

Umfang

Das Produktsicherheitsrecht umfasst eine Vielzahl von Rechtsvorschriften – zum Beispiel:

- das Produktsicherheitsgesetz (ProdSG)
- die Gesetze und Verordnungen, mit denen die sogenannten „CE-Richtlinien“ umgesetzt werden – dazu gehören zum Beispiel:
  - die 1. Verordnung zum ProdSG (Umsetzung der EU-Niederspannungsrichtlinie)
  - die 6. Verordnung zum ProdSG (Umsetzung der EU-Druckbehälterrichtlinie)
  - die 9. Verordnung zum ProdSG (Umsetzung der EU-Maschinenrichtlinie)
  - die 12. Verordnung zum ProdSG (Umsetzung der EU-Aufzugsrichtlinie)
  - die 14. Verordnung zum ProdSG (Umsetzung der EU-Druckgeräterichtlinie)
  - Das EMV-Gesetz (Umsetzung der EMV-Richtlinie)
  - das Medizinproduktegesetz (Umsetzung der EG-Medizinprodukterichtlinie u. a.)
  - ... (mittlerweile gibt es alleine etwa 30 CE-Richtlinien)
- sowie die zahlreichen Spezialgesetze für bestimmte Produktgattungen, wie zum Beispiel:
  - Personenbeförderungsmittel
  - Lebensmittel, Futtermittel, Kosmetika und Bedarfsgegenstände oder
  - Arzneimittel.

Und schließlich können sich auch noch aus Rechtsvorschriften, die eher anderen Rechtsbereichen wie zum Beispiel dem Umweltrecht zuzuordnen sind, einzelne sicherheitsrechtliche Anforderungen an Bereitstellung von Produkten auf dem Markt ergeben – Beispiele hierfür sind die REACH-Verordnung und die Emissionsverordnung für mobile Maschinen.

Weiterhin sei noch angemerkt, dass in den Rechtsvorschriften des Produktsicherheitsrechts neben den Anforderungen an die Produkte durchaus auch noch andere Aspekte geregelt sein können wie zum Beispiel:

- Anforderungen an die Inbetriebnahme
- Aufgaben und Befugnisse sowie Informations- und Meldepflichten der Marktüberwachungsbehörden
- Anforderungen an notifizierte Stellen
- die Verwendung des GS-Zeichens.

Hinweis: Eine ausführlichere Übersicht zu den Rechtsvorschriften des Produktsicherheitsrechts ist in Kapitel 2 enthalten.

Was ist ein Produkt?

Ein Produkt im Sinne des Produktsicherheitsrechts kann zunächst einmal jede hergestellte fertige oder auch unfertige Sache sein, die Menschen in irgendeiner Art und Weise verwenden, wie zum Beispiel:

- Gegenstände für den privaten Gebrauch
- technische Arbeitsmittel
- Stoffe und sonstige Materialien
- Nahrungsmittel für Menschen und Tiere
- Softwareprogramme, sogar Elektrizität und anderes mehr.

Weiterhin kann im rechtlichen Sinn ein quasi neues Produkt entstehen, wenn man:

- verschiedene fertige und / oder unfertige Produkte zu einer neuen Gesamtheit zusammenfügt

oder

- ein bestehendes Produkt „wesentlich verändert".

Anmerkung: Eine sogenannte „wesentliche Veränderung" liegt im Allgemeinen dann vor, wenn durch eine Reparatur, einen Umbau oder sonstige Veränderung eines Produkts in erheblichem Umfang neue Gefahren entstanden sind oder sich ein bereits vorhandenes Risiko signifikant erhöht hat. Weitere Informationen hierzu finden sich in dem Interpretationspapier des BMAS vom 09. 04. 2015 – IIIb5-39607-3 – im GMBl 2015, Nr. 10, S. 183–186.

Was bedeutet Bereitstellung auf dem Markt?

Unter „Bereitstellung auf dem Markt" ist zunächst einmal jede Abgabe eines Produkts im Rahmen einer Geschäftstätigkeit an einen anderen zu verstehen, unabhängig davon, ob das Produkt verkauft, vermietet, verpachtet oder gar verschenkt wird.

Bei der „Bereitstellung auf dem Markt" müssen die gesetzlichen Anforderungen des Produktsicherheitsrechts erfüllt sein.

Allerdings definiert jede Rechtsvorschrift des Produktsicherheitsrechts für ihren Anwendungsbereich selbst, wann genau ihre Anforderungen erfüllt sein müssen – insbesondere gilt:

- die älteren CE-Richtlinien wollen ihre wesentlichen Anforderungen vom Hersteller vor der erstmaligen Bereitstellung auf dem Markt, was man auch als Inverkehrbringen bezeichnet, erfüllt haben
- die neuen CE-Richtlinien wollen ebenso ihre wesentlichen Anforderugnen vom Hersteller vor dem Inverkehrbringen erfüllt haben, aber sie nennen darüber hinaus auch noch Anforderungen für Einführer und Händler, die bei möglichen weiteren Bereitstellungen auf dem Markt bis hin zum (ersten) Endnutzer zu beachten sind

und

- das Produktsicherheitsgesetz will seine wesentlichen Anforderungen in § 3 bei jeder (!) Bereitstellung auf dem Markt erfüllt haben – also auch dann, wenn beispielsweise ein Endnutzer (im Rahmen einer Geschäftstätigkeit) sein gebrauchtes Produkt wieder auf dem Markt bereitstellt.

Darüber hinaus können in den Rechtsvorschriften des Produktsicherheitsrechts auch noch weitere Aspekte zur Anwendung der jeweiligen Rechtsvorschrift führen – so führt beispielsweise bei der Maschinenrichtlinie neben dem Inverkehrbringen auch die Inbetriebnahme einer Maschine zur Anwendung dieser Richtlinie. Damit sind dann auch Maschinen erfasst, die für den eigenen Gebrauch hergestellt werden, denn hierbei findet ja kein Inverkehrbringen statt.

Wer ist Bereitsteller?

Der Bereitsteller ist jede natürliche oder juristische Person, die im Rahmen einer Geschäftstätigkeit verantwortlich ein Produkt auf dem Markt bereitstellt – im Besonderen kann dies sein:

- zunächst einmal der Hersteller – das ist zuallererst jemand, der Produkte selbst entwirft und fertigt, darüber hinaus kann aber auch derjenige als Hersteller eingestuft werden, der:
  - Produkte zu einer neuen Gesamtheit zusammenfügt
  - Produkte wesentlich verändert oder
  - seinen Namen / Label auf einem fremden Produkt anbringt (sog. Quasi-Hersteller)
- der Einführer, der Produkte in den Wirtschaftsraum der EU importiert
- der Händler, der Produkte in der Absatzkette weiterreicht

oder auch

- der Endnutzer, wenn er (im Rahmen einer Geschäftstätigkeit) gebrauchte Produkte wieder auf dem Markt bereitstellt.

Diese Begriffe sind in den produktsicherheitsrechtlichen Vorschriften jeweils genau, leider aber noch nicht immer einheitlich definiert. Allerdings gilt seit dem 01. 01. 2010 eine EU-Verordnung (Nr. 765/2008), durch die diese Begriffe weitgehend vereinheitlicht wurden.

1.2 Das Produktsicherheitsrecht im EU-Harmonisierungskonzept

Grafischer Überblick

Das Produktsicherheitsrecht soll jetzt im Kontext des EU-Harmonisierungskonzepts betrachtet werden. Dazu will die nachfolgende Grafik einen Überblick geben – darüber hinaus will diese Grafik auch verdeutlichen, wie das EU-Harmonisierungskonzept bis hinunter in die Praxis wirkt.

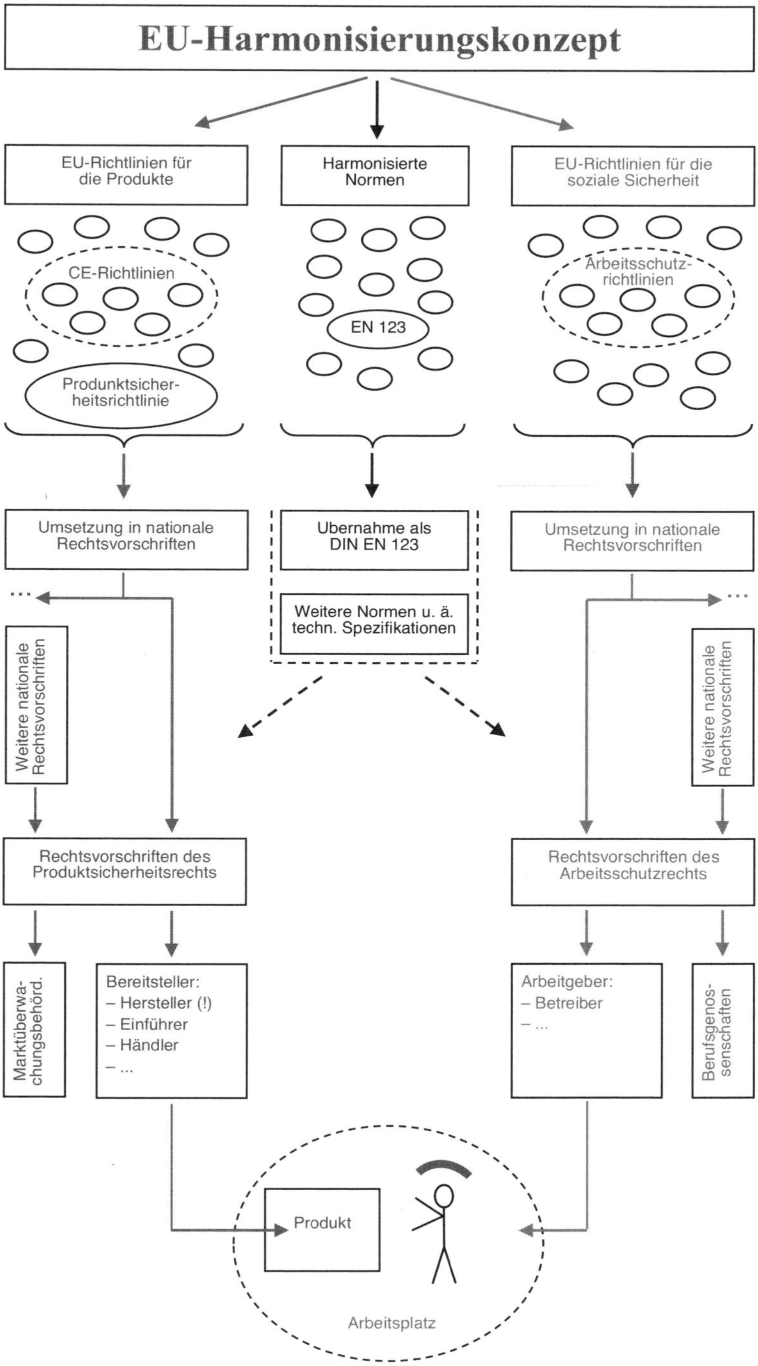
EU-Harmonisierungskonzept
EU-Richtlinien für die Produkte
Harmonisierte Normen
EU-Richtlinien für die soziale Sicherheit
CE-Richtlinien
Produnktsicherheitsrichtlinie
EN 123
Arbeitsschutzrichtlinien
Umsetzung in nationale Rechtsvorschriften
Ubernahme als DIN EN 123
Weitere Normen u. ä. techn. Spezifikationen
Umsetzung in nationale Rechtsvorschriften
...
Weitere nationale Rechtsvorschriften
...
Weitere nationale Rechtsvorschriften
Rechtsvorschriften des Produktsicherheitsrechts
Rechtsvorschriften des Arbeitsschutzrechts
Marktüberwachungsbehörd.
Bereitsteller:
– Hersteller (!)
– Einführer
– Händler
– ...
Arbeitgeber:
– Betreiber
– ...
Berufsgenossenschaften
Produkt
Arbeitsplatz

In den folgenden Abschnitten wird die vorstehende Grafik näher erläutert.

EU-Richtlinien und harmonisierte Normen

Das EU-Harmonisierungskonzept (vgl. nachfolgende Grafik, oberer Bereich), kann man als einen ordnungspolitischen Rahmen auffassen, aus dem heraus folgende Regelungen für den EU-Binnenmarkt erlassen werden:

- EU-Richtlinien für die Produkte – im Zusammenhang mit dem Produktsicherheitsrecht sind hier besonders die sog. CE-Richtlinien sowie die allgemeine Produktsicherheitsrichtlinie zu erwähnen
- EU-Richtlinien für die soziale Sicherheit – für die folgenden Betrachtungen kommt hier den EU-Arbeitsschutzrichtlinien eine besondere Bedeutung zu

und

- harmonisierte Normen.

EU-Richtlinien

Die EU-Richtlinien für die Produkte wie auch die EU-Richtlinien für die soziale Sicherheit werden von den zuständigen Organen der EU verabschiedet und richten sich zunächst einmal an die Regierungen der Mitgliedstaaten – die haben die Aufgabe, EU-Richtlinien in nationale Rechtsvorschriften (Gesetze und Verordnungen) umzuwandeln. Damit existieren dann in allen EU-Staaten gleichwertige nationale Rechtsvorschriften.

Man beachte dabei, dass die CE-Richtlinien nur einen Teil der EU-Richtlinien für Produkte ausmachen – CE ist also im Rahmen des Produktsicherheitsrechts bei Weitem nicht alles!

Anmerkung: Die älteren europäischen Richtlinien heißen noch EG-Richtlinien.

Harmonisierte Normen

Die harmonisierten Normen werden auf Grundlage eines Mandats der EU-Kommission von den privatrechtlich organisierten europäischen Normungsorganisationen erarbeitet – dem:

- Europäischen Komitee für Normung (CEN)
- Europäischen Komitee für Elektrotechnische Normung (CENELEC)

oder

- Europäischen Institut für Telekommunikationsnormen (ETSI).

Die EU-Kommission veröffentlicht zunächst die Fundstellen der harmonisierten Normen als „EN" im Amtsblatt C der Europäischen Union. In Deutschland wird eine EN-Norm dann vom DIN bzw. DKE in das nationale Normenwerk umgesetzt und ihre Fundstelle als „DIN EN" im Bundesanzeiger veröffentlicht.

Die 4 Grundprinzipien

Das Zusammenwirken von EG-Richtlinien für Produkte und harmonisierten Normen wird durch die 4 Grundprinzipien, auf die sich das EU-Harmonisierungskonzept inzwischen stützt, weiter geregelt:

1. EG-Richtlinien nennen nur noch grundlegende Anforderungen, in den meisten Fällen Sicherheitsanforderungen.
2. Harmonisierte Normen konkretisieren im Auftrag der EU die grundlegenden Anforderungen der EG-Richtlinien.
3. Harmonisierte Normen sind freiwillig anzuwenden, sie haben keinerlei obligatorischen Charakter.
4. Die Anwendung harmonisierter Normen führt zu einer sogenannten Vermutungswirkung – das heißt, für die Bereiche, die diese Normen abdecken, wird die Übereinstimmung mit den jeweiligen Anforderungen der EG-Richtlinien vermutet.

Produktsicherheit und Arbeitsschutz

Die Rechtsvorschriften des Produktsicherheitsrechts (vgl. vorherige Grafik, linker Bereich) ergeben sich:

- nur zu einem Teil aus den Rechtsvorschriften, die aus der Umsetzung von EG-Richtlinien hervorgegangen sind

sowie

- aus weiteren nationalen Rechtsvorschriften, die nur in Deutschland gelten.

Auf dem weiteren Weg in die Praxis wenden sich die Rechtsvorschriften des Produktsicherheitsrechts einmal an die Marktüberwachungsbehörden und natürlich an die Bereitsteller von Produkten – die damit ihre sicherheitsrechtlichen Vorschriften für ihre Produkte erhalten.

Auf die gleiche Weise erhalten andererseits (vgl. vorherige Grafik, rechter Bereich) so auch die Arbeitgeber ihre sicherheitsrechtlichen Vorschriften, die sie an den Arbeitsplätzen ihrer Beschäftigten einzuhalten haben. Diese Rechtsvorschriften knüpfen nicht an die Bereitstellung eines Produkts an, sondern an das zur Verfügungstellen eines Produkts als Arbeitsmittel und sind deshalb nicht primär vom Bereitsteller in den Blick zu nehmen.

Die Rechtsvorschriften des Produktsicherheitsrechts und des Arbeitsschutzrechts bilden zusammen eine Art „Sicherheitsklammer“, die einerseits die Bereitsteller und andererseits auch die Arbeitgeber für den Schutz der Menschen, die Produkte verwenden, in die Pflicht nimmt. Auf diese Weise wird sozusagen die „Schutzmütze“ realisiert.

Harmonisierte und nicht harmonisierte Rechtsvorschriften

Die Rechtsvorschriften des Produktsicherheitsrechts wie auch des Arbeitsschutzrechts speisen sich jeweils aus zwei Quellen (vgl. vorherige Grafik, mittlerer Bereich), demzufolge spricht man von:

- **harmonisierten Rechtsvorschriften** – das sind deutsche Rechtsvorschriften, die aus der Umsetzung von EG-Richtlinien hervorgegangen sind und zu denen auch in den anderen EU-Staaten völlig vergleichbare nationale Rechtsvorschriften existieren

und

- **nicht harmonisierten Rechtsvorschriften** – das sind nationale Rechtsvorschriften, die etwa nur in Deutschland gelten.

Dieses Prinzip gilt im Allgemeinen auch in den anderen EU-Staaten.

Das EU-Harmonisierungskonzept sieht zwar als Ziel eine vollständige Harmonisierung der Rechtsvorschriften des Produktsicherheitsrechts vor, das heißt es soll nur noch einheitliche, also in allen Mitgliedstaaten gleichermaßen gültige technische Anforderungen an Produkte geben – allerdings ist dieses Ziel noch nicht ganz erreicht.

Für die Praxis bedeutet dies: Solange es noch nicht harmonisierte Rechtsvorschriften im Produktsicherheitsrecht gibt, muss man bei der Bereitstellung von Produkten in Europa immer auch die nicht harmonisierten Rechtsvorschriften der jeweiligen EU-Staaten im Auge behalten – wobei deren Anzahl bereits heute schon gering ist.

Ist CE-konform auch schon rechtskonform?

Zur CE-Kennzeichnung sei noch angemerkt: Ein CE-konformes Produkt ist nicht automatisch in allen Belangen auch ein rechtskonformes Produkt. So kann ein Produkt durchaus den Anforderungen der CE-Richtlinien entsprechen und zu Recht ein CE-Kennzeichen tragen, gleichzeitig aber gegen Rechtsvorschriften aus anderen Bereichen wie z. B. dem Umweltrecht verstoßen, und somit nicht rechtskonform sein. Ebenso können sich für ein CE-konformes Verbraucherprodukt auch noch weitere Anforderungen aus dem Produktsicherheitsgesetz ergeben.

In diesem Zusammenhang sei auch die häufig pauschal gebrauchte „Reisepass-Aussage“ zur CE-Kennzeichnung konkretisiert – hier muss es heißen: Die CE-Kennzeichnung auf einem Produkt ist nur im Geltungsbereich der angewendeten CE-Richtlinien der „Reisepass des Produkts innerhalb Europas“.

1.3 Rechtliche Konsequenzen

Hinweis

Im Folgenden werden hier mögliche rechtliche Konsequenzen von Verstößen gegen produktsicherheitsrechtliche Vorschriften kurz vorgestellt:

- Behördliche Anordnungen und Bußgelder

- Sachmängelhaftung (Gewährleistung)
- Produkthaftung
  - Haftung nach § 823 BGB (Produzentenhaftung)
  - Haftung nach dem Produkthaftungsgesetz
- Strafrechtliche Verfolgung
- Ein Fazit

Weitere und auch rechtlich tiefer gehende Erläuterungen hierzu finden sich im Teil 3 des Buches.

Behördliche Anordnungen und Bußgelder

Die Einhaltung der produktsicherheitsrechtlichen Vorschriften wird in Deutschland durch die nationalen Marktüberwachungsbehörden (Gewerbeaufsichtsämter u. Ä.) überwacht. Diese Behörden können bei Missachtung der gesetzlichen Vorschriften quasi als unmittelbare rechtliche Konsequenz:

- behördliche vertriebsbehindernde Anordnungen verfügen, wie zum Beispiel:
  - Untersagung der Bereitstellung auf dem Markt
  - Rücknahme des Produkts aus dem Handel
  - Rückruf des Produkts von den Endkunden

und

- Bußgelder bis zu 100.000 Euro verhängen – wobei dies im Einzelfall auch die Nichteinhaltung formeller Anforderungen betreffen kann, wie zum Beispiel:
  - falsche CE-Kennzeichnung eines Produkts
  - fehlende Herstellerkennzeichnung des Produkts
  - kein Vorlegen der technischen Unterlagen und sogar
  - fehlende Kooperation mit den Marktüberwachungsbehörden.

Anzumerken ist noch: Diese unmittelbaren rechtlichen Konsequenzen sind möglich, ohne dass es zuvor zu einem Schaden oder Unfall kommen muss.

Sachmängelhaftung (Gewährleistung)

Bei der Sachmängelhaftung geht es um die Ansprüche des Käufers einer Sache, sofern die Kaufsache nicht frei ist von Mängeln – wobei ein Mangel jede negative Abweichung von der sogenannten „Sollbeschaffenheit" des Kaufgegenstandes darstellt. Gewährleistungsrechte hat der geschädigte Käufer allerdings nur gegenüber seinem Vertragspartner, bei dem er die Sache erworben hat.

Bezogen auf das Produktsicherheitsrecht gilt dabei: Ein Produkt, das die Rechtsvorschriften des Produktsicherheitsrechts nicht einhält, kann damit automatisch auch mangelhaft im Sinne des Gewährleistungsrechts sein und entsprechende Ansprüche gegenüber dem Verkäufer begründen.

Somit kann die Nichteinhaltung der produktsicherheitsrechtlichen Vorschriften auch Gewährleistungsrechte beim Käufer des Produkts auslösen, wie zum Beispiel:

- Nachbesserung
- Minderung
- Rücktritt vom Vertrag und auch
- Schadensersatz.

Produkthaftung

Mit dem Begriff „Produkthaftung" bezeichnet man umgangssprachlich die gesetzliche Haftung des Herstellers für Schäden, die durch sein fehlerhaftes Produkt hervorgerufen wurden – dabei geht es in der Regel um sogenannte Folgeschäden, die durch ein sicherheitstechnisch fehlerhaftes Produkt hervorgerufen wurden.

Die Verbindung zwischen Produkthaftung und Produktsicherheitsrecht ergibt sich nun dadurch, dass die Produkthaftung unter einem „fehlerhaften Produkt" im Wesentlichen ein Produkt mit einem Sicherheitsmangel versteht.

Dabei ist zu beachten: Das Produktsicherheitsrecht schreibt präventiv nur Mindest-Sicherheitsanforderungen für die Bereitstellung auf dem Markt vor – die Produkthaftung dagegen regelt die Haftung des Herstellers im Schadensfall und verlangt ggf. einen höheren Sicherheitsstandard, der sich am Erwartungshorizont der Allgemeinheit orientiert und immer auf den konkreten Einzelfall bezogen bleibt (vgl. hierzu die Fallbeispiele im vierten Teil des Buches). Man kann also sagen:

- die Einhaltung der vorgeschriebenen Mindest-Sicherheitsanforderungen des Produktsicherheitsrechts bieten im Allgemeinen noch keinen ausreichenden Schutz vor Produkthaftungsansprüchen, aber
- mit der vollständigen Umsetzung des Produktsicherheitsrechts (z. B. im Sinne dieses Leitfadens) sind alle wesentlichen Maßnahmen für ein „sicheres" Produkt auf den Weg gebracht – und da ein „sicheres" Produkt letztlich der beste Schutz vor Produkthaftungsansprüchen ist, gilt es, diesen Weg (gemäß der gewünschten Rechtssicherheit) weiter auszubauen.

Anspruchsgrundlagen

Für die Produkthaftung gibt es nun in Deutschland zwei unterschiedlichen Anspruchsgrundlagen:

- die Haftung nach § 823 des Bürgerlichen Gesetzbuches (BGB) und
- die Haftung nach dem Produkthaftungsgesetz.

Hat also jemand durch ein fehlerhaftes Produkt einen Körper- oder Sachschaden erlitten, so kann er sich gewissermaßen aussuchen, welche dieser beiden Anspruchsgrundlagen ihm günstiger erscheint für die Durchsetzung seiner Ansprüche. Dabei liegt beiden Anspruchsgrundlagen eine unterschiedliche Haftungsstruktur zugrunde, die im Teil 3 des Buches noch näher ausgeführt wird. Im Folgenden sollen hier die wesentlichen Aspekte dieser beiden Anspruchsgrundlagen noch kurz erläutert werden.

Haftung nach § 823 BGB (Produzentenhaftung)

Der § 823 des BGB regelt zunächst einmal eine ganz allgemeine Schadensersatzpflicht – er ist also keine spezielle Haftungsgrundlage, die nur für fehlerhafte Produkte gilt, denn hier heißt es (schon seit über 100 Jahren) in Absatz 1:

> Wer vorsätzlich oder fahrlässig das Leben, den Körper, die Gesundheit, die Freiheit, das Eigentum oder ein sonstiges Recht eines anderen widerrechtlich verletzt, ist dem anderen zum Ersatz des daraus entstehenden Schadens verpflichtet.

Die Rechtsprechung in Deutschland hat sich nun so entwickelt, dass auf dieser Grundlage auch Schadensersatzansprüche für fehlerhafte Produkte geltend gemacht werden können. Denn die Rechtsprechung geht davon aus, dass der Hersteller mit dem Inverkehrbringen eines Produkts zugleich auch eine Gefahrenquelle eröffnet und deshalb verpflichtet ist, alle geeigneten und zumutbaren Maßnahmen zu ergreifen, um die von seinem Produkt ausgehenden Gefahren zu vermeiden bzw. unter Kontrolle zu halten.

In diesem Zusammenhang hat die Rechtsprechung für den Hersteller folgende Verkehrssicherungspflichten entwickelt, an deren Verletzung sie Schadensersatzansprüche des Geschädigten knüpft:

- **die Konstruktionspflicht** – d.h. der Hersteller hat sein Produkt so zu konstruieren, dass es dem gebotenen Sicherheitsstandard von Wissenschaft und Technik entspricht
- **die Fabrikationspflicht** – d.h. der Hersteller hat die Fertigungsabläufe so zu gestalten, dass alle Produkte den vorgesehenen Sicherheitsstandard erreichen
- **die Instruktionspflicht** – d.h. der Hersteller hat die Verwender angemessen zu instruieren, also auf die noch vorhandenen Gefahren hinzuweisen und darüber hinaus verständlich zu beschreiben, wie das Produkt ordnungsgemäß zu verwenden ist
- **Produktbeobachtungspflicht** – d.h. der Hersteller hat sein Produkt auch nach dem Inverkehrbringen fortlaufend zu beobachten, um noch unbekannt gebliebene Gefahren (auch in Kombination mit anderen Produkten) erkennen und geeignete Sicherheitsmaßnahmen (nachträglich) durchführen zu können.

Weiterhin ist zu beachten, dass die Haftung nach § 823 BGB Abs. 1 ein Verschulden voraussetzt – das heißt, mindestens eine der vier Verkehrssicherungspflichten muss vorsätzlich oder fahrlässig verletzt worden sein. Allerdings hat die Rechtsprechung in diesem Zusammenhang eine sog. Beweislastumkehr eingeführt: Im Schadensfall muss der Hersteller beweisen, dass ihm weder Vorsatz noch Fahrlässigkeit zur Last gelegt werden kann.

Haftung nach dem Produkthaftungsgesetz

Das Produkthaftungsgesetz ist (erst im Jahr 1990) aus der Umsetzung der EG-Produkthaftungsrichtlinie (85/374/EWG) entstanden und ist, wie der Name schon andeutet, ein spezielles Gesetz über die Haftung für fehlerhafte Produkte – in § 1 Abs. 1 kommt dies klar zum Ausdruck:

> Wird durch den Fehler eines Produkts jemand getötet, sein Körper oder seine Gesundheit verletzt oder eine Sache beschädigt, so ist der Hersteller des Produkts verpflichtet, dem Geschädigten den daraus entstehenden Schaden zu ersetzen. Im Falle der Sachbeschädigung gilt dies nur, wenn eine andere Sache als das fehlerhafte Produkt beschädigt wird und diese andere Sache ihrer Art nach gewöhnlich für den privaten Ge- oder Verbrauch bestimmt und hierzu von dem Geschädigten hauptsächlich verwendet worden ist. ■

Entgegen der weitverbreiteten Meinung, das Produkthaftungsgesetz gelte nicht im gewerblichen Bereich, soll noch einmal darauf hingewiesen werden, dass nur Schäden an überwiegend gewerblich genutzten Sachen (Arbeitsmittel u. a.) ausgeschlossen sind – dagegen fallen Personenschäden im gewerblichen Bereich sehr wohl unter das Produkthaftungsgesetz, also wenn beispielsweise Menschen durch Maschinen verletzt oder gar getötet werden.

Ein Produktfehler liegt nach § 3 ProdHaftG vor, wenn ein Produkt nicht die Sicherheit bietet, die unter Berücksichtigung aller Umstände berechtigter Weise erwartet werden kann.

Als ein „Hersteller" gilt nach § 4:

- der tatsächliche Hersteller

- der Quasihersteller
- der EWR-Importeur, sofern er das importierte Produkt im EWR vertreibt und
- unter besonderen Umständen der Händler.

Beim Produkthaftungsgesetz spielt nun (im Ggs. zu § 823 BGB) das Verschulden des Herstellers keine Rolle – das heißt, es ist unerheblich, ob der Produktfehler vorsätzlich oder fahrlässig herbeigeführt wurde. Man nennt dies auch „verschuldensunabhängige“ Produkthaftung oder „Gefährdungshaftung“. Der Hersteller kann hier seinen Haftungsausschluss nur mit einem der in § 1 Abs. 2 ProdHaftG aufgeführten Aspekte geltend machen, wenn er beispielsweise nachweisen kann, dass:

- er das Produkt nicht in den Verkehr gebracht hat
- das Produkt noch keinen Fehler hatte, als er es in den Verkehr gebracht hat
- der Fehler auf einer zwingend anzuwendenden Rechtsvorschrift beruht

oder

- der Fehler zum Zeitpunkt des Inverkehrbringens des Produkts nach dem Stand von Wissenschaft und Technik nicht erkannt werden konnte (sog. Entwicklungsfehler).

Strafrechtliche Verfolgung

Zunächst ist hierbei anzumerken, dass sich das deutsche Strafrecht immer nur an natürliche Personen richtet – eine Strafbarkeit von Unternehmen gibt es nicht.

Wenn sich nun durch ein fehlerhaftes Produkt ein Unfall ereignet und dadurch ein Mensch verletzt oder gar getötet wird, so kann dies zunächst einmal einen Straftatbestand darstellen. Das strafrechtlich relevante Verhalten von Personen kann nun darin bestehen, dass sie:

- das fehlerhafte Produkt auf dem Markt bereitgestellt haben bzw. dafür mit verantwortlich waren (aktive Handlung) oder aber
- eine erforderliche Gefahrenabwendungsmaßnahme nicht durchgeführt haben bzw. dafür mit verantwortlich waren, obwohl sie dazu verpflichtet gewesen wären, die von dem

Produkt im Feld ausgehende Gefahr zu minimieren (unterlassene Handlung).

Dabei erstreckt sich die strafrechtliche Verantwortung keineswegs nur auf Vorstände, Geschäftsführer oder leitende Angestellte, auch die „normalen" Mitarbeiter eines Unternehmens können strafrechtlich verfolgt werden.

In Bezug auf das Produktsicherheitsrecht lässt sich feststellen: Je mehr die Sicherheitsanforderungen des Produktsicherheitsrechts unterschritten sind, um so wahrscheinlicher wird bei einem Produktunfall mit Körperschäden die strafrechtliche Verfolgung von Personen – und erfreulicherweise gilt auch der Umkehrschluss.

Ein Fazit

Hersteller, Einführer und Händler von Produkten jeglicher Art sehen sich heute einer zunehmenden Anzahl von Rechtsvorschriften ausgesetzt, die einzuhalten sind, um die Übereinstimmung mit allen rechtlichen Produktanforderungen sicherzustellen (product compliance) und Haftungsrisiken zu minimieren.

Dies beginnt mit dem Produktsicherheitsrecht, das die Sicherheitsanforderungen für die legale Bereitstellung von Produkten auf dem Markt nennt, und setzt sich mit den haftungsrechtlichen Ansprüchen im Falle eines „Produkt-Unfalls" fort bis hin zum Strafrecht.

Hierzu wollen nun die folgenden Kapitel sowie der Teil 2 des Buches eine Arbeitshilfe bieten. Im dritten Teil des Buches werden die rechtlichen Grundlagen noch einmal vertieft und anhand realer Fallbeispiele in Teil 4 veranschaulicht.

2 Anwendung der Rechtsvorschriften prüfen

Übersicht

Hier werden folgende Punkte behandelt:

- Grundlegendes zur Anwendungsprüfung
  - Allgemeine Aspekte der Anwendungsprüfung
  - Anwendung des Produktsicherheitsgesetzes
  - Anwendung der Maschinenrichtlinie
  - Anwendung der EMV-Richtlinie
- Vorgehen bei der Anwendungsprüfung

2.1 Grundlegendes zur Anwendungsprüfung

Hinweis Die nachfolgenden Ausführungen sollen in erster Linie einen verständlichen Überblick zur Anwendung einiger Rechtsvorschriften geben. Dazu werden Inhalte dieser Rechtsvorschriften zum Teil mit eigenen Worten und in stark verkürzter Form wiedergegeben. Diese Angaben sind somit kein Ersatz für die Lektüre der entsprechenden Originaltexte – die aber mit diesen Ausführungen leichter fallen sollte.

2.1.1 Allgemeine Aspekte der Anwendungsprüfung

Wann sind Rechtsvorschriften anzuwenden?

Die Rechtsvorschriften des Produktsicherheitsrechts sind anzuwenden, wenn ein Produkt:

- auf dem Markt bereitgestellt werden soll
- einerseits in den Anwendungsbereich einer entsprechenden Rechtsvorschrift fällt und
- andererseits dort nicht vom Ausschlussbereich erfasst und somit wieder ausgeschlossen wird.

Die Definitionen der Anwendungs- wie auch der Ausschlussbereiche beziehen sich dabei auf unterschiedliche Produktaspekte – zum Beispiel auf:

- die Art des Produkts wie Maschine, Aufzug, Sportboot, Druckgerät und Medizinprodukt
- die Eigenschaften des Produkts wie Niederspannung und elektromagnetische Verträglichkeit
- die Verwendungsbedingungen des Produkts – etwa die Verwendung in explosiver Atmosphäre, die Verwendung durch Kinder unter 14 Jahren sowie die Verwendung für militärische Zwecke.

Für ein konkretes Produkt bedeutet dies, dass es entsprechend seiner Art, seiner Eigenschaften und seiner bestimmungsgemäßen Verwendung durchaus unter mehrere

Rechtsvorschriften fallen kann – und somit auch deren Sicherheitsanforderungen erfüllen muss.

Sofern mehrere Rechtsvorschriften anzuwenden sind, ist noch zu prüfen, ob diese Rechtsvorschriften sich wechselseitig Vorrang einräumen, sodass bestimmte vermeintlich anwendbare Vorschriften bei genauerem Hinsehen letztlich doch nicht angewendet werden müssen.

Wer prüft die Anwendung?

Welche Rechtsvorschriften des Produktsicherheitsrechts für ein Produkt anzuwenden sind, prüft grundsätzlich derjenige, der das Produkt auf dem Markt bereitstellen will – und zwar in eigener Verantwortung.

Bei der erstmaligen Bereitstellung eines Produkts auf dem Markt, dem Inverkehrbringen, ist in den meisten Fällen der Hersteller für die Anwendungsprüfung verantwortlich – daneben kann dies aber auch der Importeur sein, weil die europäisch harmonisierten Vorschriften des Produktsicherheitsrechts an die erstmalige Bereitstellung eines Produkts im Europäischen Wirtschaftsraum anknüpfen.

Und bei weiteren, der zweiten, dritten, ... Bereitstellung eines Produkts auf dem Markt kann dann auch der Händler oder der Betreiber als Wiederverkäufer (wenn auch in beschränktem Umfang) für die Anwendungsprüfung verantwortlich sein.

Noch ein Hinweis

Die Anwendungsprüfung bringt in der Praxis nicht immer ein klares Ergebnis mit sich – in diesen Fällen kann es ratsam sein, sich extern juristisch präzisen Rat einzuholen. Es mag auch hilfreich sein, sich mit den örtlich zuständigen Marktüberwachungsbehörden in Verbindung zu setzen, um mehr Klarheit zu schaffen. Juristisch verbindliche Auskünfte erteilen Behörden allerdings in der Regel nicht. Dennoch verstehen sich diese Behörden zuweilen auch als „Berater" – vorausgesetzt, man geht bereits vor der Bereitstellung auf dem Markt auf sie zu.

Rechtsvorschriften im Überblick

Die nachfolgende Tabelle gibt einen Überblick zu in der Praxis häufig anzuwendenden Rechtsvorschriften des Produktsicherheitsrechts – nicht aufgeführt sind insbesondere spezielle Rechtsvorschriften, etwa für chemische und pharmazeutische Produkte, für öffentliche Personenbeförderungsmittel sowie für Nahrungsmittel.

Da die meisten Rechtsvorschriften des Produktsicherheitsrechts mittlerweile aus der Umsetzung von EG-Richtlinien hervorgehen, enthält die Tabelle auch die dazugehörenden EG-Richtlinien. Beide Dokumente bilden gewissermaßen eine Texteinheit, denn die Texte der nationalen Rechtsvorschriften verweisen häufig auf Textstellen in den EG-Richtlinien.

Tabelle häufig anzuwendender Rechtsvorschriften des Produktsicherheitsrechts - die Tabelle ist nach der vermuteten Anwendungshäufigkeit sortiert und nennt zuerst die EG-Richtlinien, da deren Titel meistens aussagekräftiger sind im Hinblick ihre Anwendung.

Nr.	EG-Richtlinie mit Kennnummer	Deutsche Rechtsvorschrift
01	Allgemeine Produktsicherheit (2001/95/EG)	Produktsicherheitsgesetz (ProdSG)
02	Maschinen (2006/42/EG)	9. Verordnung zum ProdSG
03	Niederspannung (2014/35/EU)	1. Verordnung zum ProdSG
04	Elektromagnetische Verträglichkeit (2014/30/EU)	Gesetz über die elektromagnetische Verträglichkeit von Geräten (EMVG)
05	Ökodesign (2009/125/EG) mit weiteren Durchführungsmaßnahmen für: Warmwasserheizkesseln, Lampen, Elektromotoren, ...	Energieverbrauchsrelevante-Produkte-Gesetz (EVPG)
06	RoHS (2011/65/EU)	Elektro- und Elektronikgeräte-Stoff-Verordnung (ElektroStoffV)
07	Druckgeräte (2014/68/EU)	14. Verordnung zum ProdSG
08	Einfache Druckbehälter (2014/29/EU)	6. Verordnung zum ProdSG
09	Persönliche Schutzausrüstungen (89/686/EWG)	8. Verordnung zum ProdSG
10	Geräte und Schutzsysteme in explosions-gefährdeten Bereichen (2014/34/EU)	11. Verordnung zum ProdSG
11	Aufzüge (2014/33/EU)	12. Verordnung zum ProdSG
12	Bauprodukteverordnung (EU) Nr. 305/2011	... gilt unmittelbar
13	Spielzeug (2009/48/EG)	2. Verordnung zum ProdSG
14	Medizinprodukte (93/42/EWG)	Medizinproduktegesetz (MPG)
15	Aktive implantierbare medizinische Geräte (90/385/EWG)	Medizinproduktegesetz (MPG)

Nr.	EG-Richtlinie mit Kennnummer	Deutsche Rechtsvorschrift
16	In-vitro-Diagnostika (98/79/EG)	Medizinproduktegesetz (MPG)
17	Nichtselbsttätige Waagen (2014/31/EU)	Eichordnung
18	Gasverbrauchseinrichtungen (2009/142/EG)	7. Verordnung zum ProdSG
19	Explosivstoffe für zivile Zwecke (2014/28/EU)	Sprengstoffgesetz (SprengG)
20	Sportboote (2013/53EU)	10. Verordnung zum ProdSG
21	Funkanlagen (2014/53/EU)	Gesetz über Funkanlagen und Telekommunikations-endeinrichtungen (FTEG)
22	Seilbahnen für den Personenverkehr (2000/9/EG)	Einzelgesetze der Bundesländer, z. B. Bayrisches Eisenbahn- und Bergbaugesetz
23	Lärmschutz für Geräte und Maschinen im Freien (2000/14/EG)	32. Bundesimmissionsschutzverordnung (32. BImSchV)
24	Messgeräte (2014/32/EU)	Eichgesetz, Eichordnung
25	Aerosolpackungen (75/324/EWG)	13. Verordnung zum ProdSG
26	Pyrotechnik (2013/29/EU)	Sprenstoffgesetz (SprengG)
	...	

Anmerkung: Die Angaben in der Tabelle entsprechen dem Stand von März 2017. Weiterhin sind die Rechtsvorschriften unter Nr. 05 und 06 eher als umweltrechtliche Vorschriften aufzufassen – sie sind hier mit aufgeführt, da man sie sicherlich auch als häufig anzuwendende CE-Richtlinien ansehen kann.

2.1.2 Anwendung des Produktsicherheitsgesetzes

Allgemeines

Das aktuelle Produktsicherheitsgesetz ist im Jahr 2011 entstanden – der deutsche Gesetzgeber setzt damit zum einen die EG-Produktsicherheitsrichtlinie (2001/95/EG) in nationales Recht um und schreibt zum anderen damit auch das alte nationale Gerätesicherheitsgesetz fort.

Das Produktsicherheitsgesetz (ProdSG) regelt neben der Bereitstellung von Produkten auf dem Markt noch vielfältige andere Aspekte wie zum Beispiel:

- die Vergabe und Verwendung des GS-Zeichens
- die Anerkennung von notifizierten Stellen
- Aufgaben und Befugnisse sowie Informations- und Meldepflichten der Marktüberwachungsbehörden
- das Errichten und Betreiben von überwachungsbedürftigen Anlagen sowie
- Straf- und Bußgeldvorschriften.

Anwendungs- und Ausschlussbereich

Der Anwendungsbereich des Produktsicherheitsgesetzes ergibt sich aus § 1 (1) und (2) – danach gilt dieses Gesetz:

- wenn im Rahmen einer Geschäftstätigkeit Produkte auf dem Markt bereitgestellt, ausgestellt oder erstmals verwendet werden sowie
- auch für die Errichtung und den Betrieb überwachungsbedürftiger Anlagen.

Der Ausschlussbereich des Produktsicherheitsgesetzes ergibt sich aus § 1 (3) – danach gilt dieses Gesetz **nicht** für:

- Antiquitäten
- gebrauchte Produkte, die vor ihrer Verwendung instand gesetzt oder wiederaufgearbeitet werden müssen
- Produkte, die für militärische Zwecke bestimmt sind
- Lebensmittel, Futtermittel, lebende Pflanzen, ...
- Medizinprodukte
- ...

Die Definitionen des Anwendungs- und Ausschlussbereiches werden dann durch Begriffsbestimmungen in § 2 weiter konkretisiert – im Sinne dieses Gesetzes:

- (Nr. 2) ist **Ausstellen** das Anbieten, Aufstellen oder Vorführen von Produkten zu Zwecken der Werbung oder der Bereitstellung auf dem Markt
- (Nr. 4) ist **Bereitstellung auf dem Markt** jede entgeltliche oder unentgeltliche Abgabe eines Produkts zum Vertrieb,

Verbrauch oder zur Verwendung auf dem Markt der Europäischen Union im Rahmen einer Geschäftstätigkeit

- (Nr. 15) ist **Inverkehrbringen** die erstmalige Bereitstellung eines Produkts auf dem Markt
- (Nr. 22) sind **Produkte** Waren, Stoffe oder Zubereitungen, die durch einen Fertigungsprozess hergestellt worden sind
- ...

Mit diesen weitgefassten Definitionen, insbesondere des Begriffs „Produkte" kommt das Produktsicherheitsgesetz quasi bei fast allen fertigen oder unfertigen Sachen, die auf dem Markt bereitgestellt werden, zur Anwendung.

Abgrenzung zu anderen Rechtsvorschriften

Für die Abgrenzung des Produktsicherheitsgesetzes zu anderen Rechtsvorschriften gilt nach Artikel 1 (4), dass die Vorschriften dieses Gesetzes nicht gelten, wenn in anderen Rechtsvorschriften entsprechende oder weitergehende Vorschriften vorgesehen sind.

"Auffangnetz" für Verbraucherprodukte

Das Produktsicherheitsgesetz wirkt darüber hinaus quasi wie ein "Auffangnetz" für Verbraucherprodukte – das heißt:

- einerseits erfasst es all jene Verbraucherprodukte, für die es keine speziellen Rechtsvorschriften gibt wie zum Beispiel Möbel
- andererseits deckt es bei Verbraucherprodukten, für die es spezielle Rechtsvorschriften gibt, ggf. jene Gefahren ab, die durch die speziellen Rechtsvorschriften nicht abgedeckt werden.

2.1.3 Anwendung der Maschinenrichtlinie (9. ProdSGV)

Allgemeines

Die EG-Maschinenrichtlinie ist in der 9. Verordnung zum Produktsicherheitsgesetz in deutsches Recht umgesetzt worden und seit dem 1. Januar 1995 anzuwenden. Die aktuelle Fassung der Maschinenrichtlinie hat die Kennnummer 2006/42/EG und ist seit dem 29. 12. 2009 anzuwenden.

Anwendungs- und Ausschlussbereich

Der Anwendungsbereich der Maschinenrichtlinie ergibt sich aus Artikel 1 (1) – danach gilt diese Richtlinie für folgende Erzeugnisse:

- a) Maschinen
- b) auswechselbare Ausrüstungen
- c) Sicherheitsbauteile
- d) Lastaufnahmemittel
- e) Ketten, Seile und Gurte
- f) abnehmbare Gelenkwellen
- g) unvollständige Maschinen.

Mit Buchstabe g) wird hierbei jetzt eindeutig festgelegt, dass auch unvollständige Maschinen bzw. Teilmaschinen unter die Maschinenrichtlinie fallen – ein Punkt, der in der vorherigen Fassung bis zuletzt umstritten war.

Der Ausschlussbereich der Maschinenrichtlinie ergibt sich aus Artikel 1 (2) – danach sind vom Anwendungsbereich dieser Richtlinie **ausgenommen**:

- Sicherheitsbauteile, die als direkte Ersatzteile vom Hersteller der Ursprungsmaschine geliefert werden
- folgende Beförderungsmittel: Kraftfahrzeuge, für Beförderung in der Luft, auf dem Wasser u. auf Schienennetzen, ...
- Maschinen speziell für militärische Zwecke
- Maschinen speziell für Forschungszwecke mit vorübergehender Verwendung in Laboratorien
- ...

Die Definitionen des Anwendungs- und Ausschlussbereiches werden dann durch die Begriffsbestimmungen in Artikel 2 weiter konkretisiert.

Im ersten Satz wird hier der Ausdruck „Maschine“ eingeführt unter den die in Artikel 1 (1) genannten Erzeugnisse a) bis f) fallen – also nicht (!) das Erzeugnis g) „unvollständige Maschinen“. Der Grund liegt darin, dass die Maschinenrichtlinie für „unvollständige Maschinen“ in Artikel 13 ein eigenständiges Verfahren vorsieht und deshalb dieses Erzeugnis aus dem Ausdruck „Maschine“ herausnimmt.

Weiterhin ist zu beachten, dass mit dem hier eingeführten Ausdruck „Maschine“ das Wort Maschine zum zweiten Mal verwendet wird, denn auch das Erzeugnis a) in Artikel 1 (1) wird so bezeichnet. Um der daraus folgenden Verwirrung zu entgehen, bezeichnet man:

- das Erzeugnis „Maschine“ in Artikel 1 (1) Buchstabe a) als „Maschine (im engeren Sinn)“und
- den Ausdruck „Maschine“ im ersten Satz des Artikel 2 als „Maschine (im weiteren Sinn)“.

Folgende Begriffe aus Artikel 2 sollen hier noch kurz vorgestellt werden:

a) **„Maschine (im engeren Sinn)“** ist:
   - eine mit einem anderen Antriebssystem als der unmittelbar eingesetzten menschlichen oder tierischen Kraft ausgestattete oder dafür vorgesehene Gesamtheit miteinander verbundener Teile oder Vorrichtungen, von denen mindestens eines beweglich ist und die für eine bestimmte Anwendung zusammengefügt sind (Basisdefinition)
   - eine Gesamtheit ..., der lediglich Verbindungsteile für ihren Einsatzort oder für ihre Energie- und Antriebsquellen fehlen
   - eine einbaufertige Gesamtheit ..., die erst nach Anbringung auf einem Beförderungsmittel oder Installation in einem Gebäude oder Bauwerk funktionsfähig ist
   - eine Anordnung von Maschinen oder unvollständigen Maschinen, die als Gesamtheit funktionieren
   - eine Gesamtheit miteinander verbundener Teile oder Vorrichtungen, von denen mindestens eines beweglich ist und die für Hebevorgänge zusammengefügt sind und deren einzige Antriebsquelle die unmittelbar eingesetzte menschliche Kraft ist

b) **„auswechselbare Ausrüstung“** ist eine Vorrichtung, die der Bediener nach der Inbetriebnahme der Maschine selbst an ihr anbringt, um ihre Funktion zu ändern oder zu erweitern, sofern diese Ausrüstung kein Werkzeug ist – zu beachten ist hier, dass „auswechselbare Ausrüstungen“:

- keine beweglichen Teile haben müssen (wie die Maschinen im engeren Sinn)
- nicht gesondert in Verkehr gebracht werden müssen wie die Sicherheitsbauteile und
- als separate Produkte gelten, wenn sie zusammen mit der Grundmaschine geliefert werden

c) **„Sicherheitsbauteil“** ist ein Bauteil:

- das zur Gewährleistung einer Sicherheitsfunktion dient
- das gesondert in Verkehr gebracht wird
- dessen Ausfall und / oder Fehlfunktion die Sicherheit von Personen gefährdet und
- das für das Funktionieren der Maschine nicht erforderlich ist oder durch für das Funktionieren der Maschine übliche Bauteile ersetzt werden kann

d) **„Lastaufnahmemittel“** ist ein nicht zum Hebezeug gehörendes Bauteil oder Ausrüstungsteil, das das Ergreifen der Last ermöglicht und das zwischen Maschine und Last oder an der Last selbst angebracht wird oder das dazu bestimmt ist, ein integraler Bestandteil der Last zu werden und das gesondert in Verkehr gebracht wird; als Lastaufnahmemittel gelten auch Anschlagmittel und ihre Bestandteile

e) **„Ketten, Seile und Gurte“** sind für Hebezwecke als Teil von Hebezeugen oder Lastaufnahmemitteln entwickelte und hergestellte Ketten, Seile und Gurte

f) **„abnehmbare Gelenkwelle“** ist ein abnehmbares Bauteil zur Kraftübertragung zwischen einer Antriebs- oder Zugmaschinen und einer anderen Maschine, das die ersten Festlager beider Maschinen verbindet; ...

g) **„unvollständige Maschine“** ist eine Gesamtheit:

- die fast eine Maschine bildet – wenn also die Definitionen für eine Maschine (im engeren Sinn) fast erfüllt sind
- die für sich genommen ihre bestimmte Anwendung nicht erfüllen kann – weil noch Bauteile fehlen wie zum Beispiel ein Antriebssystem

und

- die nur dazu bestimmt ist in andere vollständige oder unvollständige Maschinen oder Ausrüstungen eingebaut oder mit ihnen zusammengefügt zu werden, um zusammen mit ihnen (letztlich) eine vollständige Maschine zu bilden.

Zu beachten ist dabei noch, dass alle drei Kriterien erfüllt sein müssen.

Beispiele für eine „unvollständige Maschine" können sein: eine Maschine ohne Steuerung, eine Maschine ohne Antriebssystem oder aber ein Antriebssystem an sich wie ein Verbrennungsmotor oder eine Turbine.

Vergleicht man diese Definition mit der Definition für die Maschinen (im engeren Sinn), so stellt man fest, dass es quasi einen fließenden Übergang von einer unvollständigen hin zu einer vollständigen Maschine gibt. Und damit entsteht dann auch ein erheblicher Graubereich – der letztlich nur im speziellen Einzelfall geklärt werden kann.

h) **„Inverkehrbringen"** ist die entgeltliche oder unentgeltliche erstmalige Bereitstellung einer Maschine (im weiteren Sinn) oder einer unvollständigen Maschine in der Gemeinschaft im Hinblick auf ihren Vertrieb oder ihre Benutzung

k) **„Inbetriebnahme"** ist die erstmalige bestimmungsgemäße Verwendung einer von dieser Richtlinie erfassten Maschine in der Gemeinschaft (was auch den Eigengebrauch mit einschließt).

Durch diese Definitionen ergibt sich letztlich für die Maschinenrichtlinie ein weiter Geltungsbereich, sodass diese Richtlinie eine der am häufigsten anzuwendenden CE-Richtlinien ist.

Abgrenzung zu anderen Richtlinien

Mit Artikel 3 wird jetzt erstmals auch die Abgrenzung der Maschinenrichtlinie zu anderen Richtlinien klar geregelt – dort heißt es:

„Werden die in Anhang I genannten, von einer Maschine ausgehenden Gefährdungen ganz oder teilweise von anderen Gemeinschaftsrichtlinien genauer erfasst, so gilt diese Richtlinie

(gemeint ist die Maschinenrichtlinie) für diese Maschine und diese Gefährdungen nicht bzw. ab dem Beginn der Anwendung dieser anderen Richtlinie nicht mehr.“

Somit können andere Richtlinien ganz oder teilweise an die Stelle der Maschinenrichtlinie treten, wenn sie genauere Sicherheitsanforderungen formulieren – so wird beispielsweise die Maschinenrichtlinie von der:

- Medizinprodukterichtlinie (in Verbindung mit der Änderungsrichtlinie 2007/47/EG) komplett ersetzt
- Druckgeräterichtlinie bei bestimmten Bauteilen ersetzt und
- ATEX-Richtlinie bei bestimmten Gefährdungen ersetzt.

Darüber hinaus ist die Abgrenzung zur Niederspannungsrichtlinie dennoch gesondert geregelt. Hierbei werden zunächst in Artikel 1 Absatz 2 Buchstabe k) bestimmte elektrische und elektronische Erzeugnisse, soweit sie unter die Niederspannungsrichtlinie fallen, grundsätzlich von der Maschinenrichtlinie ausgeschlossen – das sind:

- Haushaltsgeräte für den häuslichen Gebrauch
- Audio- und Videogeräte
- informationstechnische Geräte
- gewöhnliche Büromaschinen
- Niederspannungsschaltgeräte und -steuergeräte sowie
- Elektromotoren.

Anmerkung: Sofern aber diese Erzeugnisse mit Spannungen betrieben werden, die außerhalb der von der Niederspannungsrichtlinie definierten Spannungsgrenzen liegen, so verbleiben im Allgemeinen diese Erzeugnisse dann im Anwendungsbereich der Maschinenrichtlinie.

Weiterhin wird in Anhang I Nr. 1.5.1 festgelegt, dass die relevanten Sicherheitsanforderungen der Niederspannungsrichtlinie auch bei Maschinen (im weiteren Sinn) zu erfüllen sind; aber alle weiteren Verpflichtungen der Niederspannungsrichtlinie für die Konformitätsbewertung und das Inverkehrbringen gelten bei diesen Maschinen nicht, hierbei gilt nur die Maschinenrichtlinie.

Auf zwei in der Praxis häufig zu beachtende Schlussfolgerungen, die sich daraus ergeben, sei an dieser Stelle noch hingewiesen:

- Elektromotoren, die unter die Niederspannungsrichtlinie fallen, können als Antriebssystem zwar eine unvollständige Maschine darstellen, werden aber grundsätzlich von der Maschinenrichtlinie ausgeschlossen, und
- für Maschinen (im weiteren Sinn) wird keine Konformitätserklärung im Sinne der Niederspannungsrichtlinie ausgestellt.

2.1.4 Anwendung der EMV-Richtlinie (EMVG)

Allgemeines

Die EMV-Richtlinie ist im Gesetz über die elektromagnetische Verträglichkeit von Betriebsmitteln (EMVG) in deutsches Recht umgesetzt worden und ist seit dem 1. Januar 1996 anzuwenden. Hierbei wurde die EG-Richtlinie in ein eigenständiges deutsches Gesetz umgesetzt (nicht in eine Verordnung zum Produktsicherheitsgesetz wie z. B. die Maschinenrichtlinie).

Die aktuelle Fassung der EMV-Richtlinie hat die Kennnummer 2004/30/EU und ist seit dem 20. April 2016 anzuwenden.

Anwendungs- und Ausschlussbereich

Der Anwendungsbereich der EMV-Richtlinie ergibt sich aus Artikel 1 und 2 (1) – danach gilt diese Richtlinie für:

- Betriebsmittel gemäß der Begriffsbestimmung in Artikel 3 und soll
- das Funktionieren des Binnenmarktes für Betriebsmittel dadurch gewährleisten, dass sie ein angemessenes Niveau der elektromagnetischen Verträglichkeit festlegt.

Der Ausschlussbereich der EMV-Richtlinie ergibt sich aus Artikel 2 (2) und – danach gilt diese Richtlinie **nicht** für:

- Betriebsmittel, die von der Richtlinie für Funkanlagen und Telekommunikationsendeinrichtungen (1999/5/EG) erfasst werden
- luftfahrttechnische Erzeugnisse

- Funkgeräte, die von Funkamateuren verwendet werden
- Betriebsmittel, die einen sehr niedrigen elektromagnetischen Emissionspegel haben
- Betriebsmittel, die bei den an ihrem Einsatzort üblichen elektromagnetischen Störungen ohne unzumutbare Beeinträchtigung betrieben werden können, und
- spezifisch angefertigte Erprobungsmodule für Forschungs-Entwicklungseinrichtungen.

Die Definitionen des Anwendungs- und Ausschlussbereiches werden dann durch die Begriffsbestimmungen in Artikel 3 (1) weiter konkretisiert – folgende Begriffe sollen hier kurz vorgestellt werden:

- „Betriebsmittel“: ein Gerät oder eine ortsfeste Anlage
- „Gerät“: ein fertiger Apparat oder eine als Funktionseinheit auf dem Markt bereitgestellte Kombination solcher Apparate, die für Endnuzter bestimmt ist – sowie nach (2) auch Bauteile oder Baugruppen für den Einbau durch den Endnutzer und bewegliche Anlagen
- „ortsfeste Anlage“: eine besondere Kombination von Geräten zum dauerhaften Betrieb an einem vorbestimmten Ort
- „elektromagnetische Verträglichkeit“: die Fähigkeit eines Betriebsmittels, in seiner elektromagnetischen Umgebung zufriedenstellend zu arbeiten, ohne dabei selbst elektromagnetische Störungen zu verursachen.
- „Bereitstellung auf dem Markt“: jede entgeltliche oder unentgeltliche Abgabe eines Geräts zum Vertrieb, zum Verbrauch oder zur Verwendung auf dem Unionsmarkt im Rahmen einer Geschäftstätigkeit
- „Inverkehrbringen“: die erstmalige Bereitstellung eines Geräts auf dem Unionsmarkt.

Abgrenzung zu anderen Richtlinien

Für die Abgrenzung der EMV-Richtlinie zu anderen Richtlinien gilt nach Artikel 2 (3) und 4, dass die EMV-Richtlinie nicht anzuwenden ist, wenn in anderen Richtlinien spezifischere Anforderungen festgelegt sind, wie dies zum Beispiel in der Medizinprodukterichtlinie der Fall ist.

2.2 Vorgehen bei der Anwendungsprüfung

Das Vorgehen im Überblick

Für die Anwendungsprüfung der Rechtsvorschriften des Produktsicherheitsrechts wird hier ein Vorgehen empfohlen, das sich in 4 Schritte gliedert:

1. Produktangaben (vorläufig) definieren
2. Vorauswahl möglicher Rechtsvorschriften festlegen
3. Anwendung der vorausgewählten Rechtsvorschriften genau prüfen
4. Anwendungsprüfung dokumentieren.

Im Folgenden werden diese Schritte kurz beschrieben.

1. Produktangaben definieren

Zunächst sind für die Anwendungsprüfung bestimmte Produktangaben zu definieren – dabei ist zu beachten, dass die Anwendungsprüfung sich immer nur auf ein konkretes Produkt beziehen kann und nicht auf das Produktangebot eines Unternehmens insgesamt. Für die wesentlichen Angaben eines konkreten Produkts sind vor allem folgende Punkte zu bearbeiten:

- Produktbezeichnung: Produktname, Typ, Baujahr und Zeitpunkt der Bereitstellung auf dem Markt
- Produktaufbau: Hauptbestandteile, Baugruppen, ...
- Produktfunktionen mit:
  - der bestimmungsgemäßen Verwendung und
  - der nicht bestimmungsgemäßen Verwendung im Sinne einer vorhersehbaren Fehlanwendung

Die nachstehende Abbildung zeigt ein Beispiel zu den vorläufigen Produktangaben.

Beispiel zu den vorläufigen Produktangaben

Produktangaben

Produkt-bezeichnung	**Produktname** Multilift **Typ** E100g **Baujahr** 2017 **Zeitpunkt der erstmaligen Bereitstellung auf dem Markt** ab 01. 06. 2017
Produktaufbau	**Hauptbestandteile** ● Hauptrohr bestehend aus Basis-Rohr, Mittelachse und Adapter für die Horizontal- und Vertikalmontage ● …
Produktfunktionen	**Bestimmungsgemäße Verwendung** Der Multilift E100g ist zu folgenden Verwendungen bestimmt: ● als universal einsetzbares Hebezeug ● mit max. Belastung 100 kg ● für Außen- und Innenbereich ● nicht im Ex-Bereich ● nach Schutzklasse IP44 ● bei einer zul. Temperatur von -20 bis +40 °C ● bis zu einer max. Hubhöhe von 10 m. **Nicht bestimmungsgemäße Verwendung** Als nicht bestimmungsgemäße Verwendung im Sinne einer vorhersehbaren Fehlanwendung gilt: ● die Beförderung von Personen und Tieren ● der Transport schwererer Lasten als der angegebenen ● jede andere Verwendung außer den vorgesehenen.

Das vollständige Beispiel ist im Teil 2 des Buches enthalten – und eine Arbeitsvorlage mit einem Kapitel zur Dokumentation der Produktangeben findet sich als Download im Internet, der entsprechende Link ist am Ende des Inhaltsverzeichnisses angegeben.

2. Vorauswahl möglicher Rechtsvorschriften festlegen

Jetzt geht es darum, eine Vorauswahl möglicher Rechtsvorschriften festzulegen. Als Arbeitshilfe benötigt man dazu eine Übersicht der einschlägigen Rechtsvorschriften des

Produktsicherheitsrechts – wie sie beispielsweise in der vorherigen Tabelle auf Seite 24 zu finden ist.

Anhand der Bezeichnungen der Gesetze und Verordnungen sowie der dazugehörenden EG-Richtlinien und ggf. weitergehender Recherchen lässt sich dann eine Vorauswahl derjenigen Rechtsvorschriften zusammenstellen, die möglicherweise auf das Produkt anzuwenden sind.

In Zweifelsfällen sollte man immer eine Rechtsvorschrift in die Vorauswahl mit aufnehmen, statt sie wegzulassen.

3. Anwendung der vorausgewählten Rechtsvorschriften genau prüfen

Für die genaue Anwendungsprüfung der Rechtsvorschriften benötigt man jetzt die aktuellen (!) Originaltexte der vorausgewählten Rechtsvorschriften – diese Gesetze und Verordnungen mit den dazugehörenden EG-Richtlinien findet man heute alle im Internet, zum Beispiel unter:

- www.eur-lex.europa.eu
- www.gesetze-im-internet.de
- www.ce-richtlinien.eu

Die Anwendungs- und Ausschlussbereiche sind in den Rechtsvorschriften meistens in einem der ersten Paragrafen bzw. Artikel definiert.

Hier ist jetzt genau nachzulesen, ob die jeweilige Rechtsvorschrift anzuwenden ist oder nicht. Die Antwort findet sich, indem man die Definitionen des Anwendungs- und Ausschlussbereichs der Rechtsvorschrift auf das Produkt bezieht – und dabei kann es präzise auf das einzelne Wort, ja auf das einzelne Komma ankommen.

Sofern mehrere Rechtsvorschriften zur Anwendung kommen, ist abschließend auch noch einmal zu überprüfen, ob sich ggf. die anzuwendenden Rechtsvorschriften gegenseitig ausschließen bzw. ein bestimmter Anwendungsvorrang definiert wird.

4. Anwendungsprüfung dokumentieren

Zum Schluss ist zu empfehlen, die Anwendungsprüfung auch zu dokumentieren – hierbei sollte man erläutern, warum eine Rechtsvorschrift anzuwenden bzw. nicht anzuwenden ist. Dies liefert einen wesentlichen Beitrag zur Qualität der technischen Dokumentation und erleichtert zudem die Arbeit beim nächsten Mal.

Die nachstehende Abbildung zeigt ein Beispiel zur Dokumentation der Anwendnungsprüfung.

Beispiel zur Dokumentation der Anwendungsprüfung

Anzuwendende Rechtsvorschriften

Ergebnis der Anwendungsprüfung

Für die erstmalige Bereitstellung auf dem Markt bzw. das Inverkehrbringen des Multilifts E100g sind die folgenden Rechtsvorschriften anzuwenden:

- Produktsicherheitsgesetz (ProdSG)
- Maschinenrichtlinie 2006/42/EG bzw. 9. ProdSV
- EMV-Richtlinie 2004/30/EU bzw. EMV-Gesetz.

Folgende weiterhin naheliegende Rechtsvorschriften sind nicht anzuwenden:

- Niederspannungsrichtlinie 2014/35/EU bzw. 1. ProdSV
- Aufzugsrichtlinie 2014/33/EU bzw. 12. ProdSV.

Erläuterungen zum Produktsicherheitsgesetz

Das Produktsicherheitsgesetz (ProdSG) ist anzuwenden, weil der Multilift E100g:

- im Sinne des ProdSG ein Produkt ist (vgl. §§ 1 und 2) und
- vom Anwendungsbereich des ProdSG nicht ausgeschlossen wird (vgl. § 1).

Erläuterungen zur Maschinenrichtlinie

Die Maschinenrichtlinie ist anzuwenden, weil der Multilift E100g:

- im Sinne dieser Richtlinie eine „Maschine" ist, die eine Gesamtheit von miteinander verbundener Teile oder Vorrichtungen darstellt, von denen mindestens eines/eine beweglich ist und die für eine bestimmte Anwendung zusammengefügt sind und deren Antriebsystem nicht auf der unmittelbaren menschlichen oder tierischen Kraft beruht (vgl. Artikel 1 (1) und Artikel 2 Buchstabe a erster Gedankenstrich) und
- vom Anwendungsbereich der Maschinenrichtlinie nicht ausgeschlossen wird (vgl. Artikel 1 (2)).

Erläuterungen zur EMV-Richtlinie

...

Das vollständige Beispiel ist im Teil 2 des Buches enthalten – und eine Arbeitsvorlage mit einem Kapitel zur Dokumentation der Anwendungsprüfung findet sich als Download im Internet, der entsprechende Link ist am Ende des Inhaltsverzeichnisses angegeben.

3 Sicherheitsanforderungen erfüllen

Übersicht

Hier werden folgende Punkte behandelt:

- Grundlegendes zu den Sicherheitsanforderungen
  - Allgemeine Aspekte zu den Sicherheitsanforderungen
  - Sicherheitsanforderungen des Produktsicherheitsge-setzes
  - Sicherheitsanforderungen der Maschinenrichtlinie
  - Sicherheitsanforderungen der EMV-Richtlinie
- Vorgehen bei den Sicherheitsanforderungen
  - Normen und technische Spezifikationen recherchieren
  - Risikobeurteilung durchführen
    - Risikobeurteilung – was ist zu beachten?
    - Risikobeurteilung – was ist zu tun?
  - Technische Sicherheitsmaßnahmen realisieren
  - Benutzerinformation erstellen
    - Benutzerinformation – was ist zu beachten?
    - Benutzerinformation – was ist zu tun?
  - Technische Dokumentation zusammenstellen

3.1 Grundlegendes zu den Sicherheitsanforderungen

Hinweis

Die nachfolgenden Ausführungen sollen in erster Linie einen verständlichen Überblick zu den Sicherheitsanforderungen einiger Rechtsvorschriften geben. Dazu werden Inhalte dieser Rechtsvorschriften zum Teil mit eigenen Worten und in stark verkürzter Form wiedergegeben. Diese Angaben sind somit kein Ersatz für die Lektüre der entsprechenden Originaltexte – die aber mit diesen Ausführungen leichter fallen sollte.

3.1.1 Allgemeine Aspekte zu den Sicherheitsanforderungen

Zweck der Sicherheitsanforderungen

Die Sicherheitsanforderungen sind der wesentliche Kern des Produktsicherheitsrechts – sie haben die Aufgabe einen sicherheitstechnischen Standard festzulegen, den Produkte bei ihrer Bereitstellung auf dem Markt erfüllen müssen, damit:

- Menschen die Produkte sicher verwenden können und auch
- die Umwelt von den Produkten nicht unnötig belastet wird.

Dabei ist zu beachten: Das Produktsicherheitsrecht schreibt nur einen Mindest-Sicherheitsstandard vor – das heißt, diese Anforderungen sind also ganz und gar nichts Besonderes, sondern nur das, was im Mindesten (!) erfüllt sein muss, damit das Produkt überhaupt auf dem Markt bereitgestellt werden darf.

Produkte ohne diesen Mindest-Sicherheitsstandard dürfen auf dem Markt überhaupt nicht erscheinen – wenn doch, so stellt dies bereits einen Gesetzesverstoß dar.

Prinzip der Erfüllung

Die Rechtsvorschriften des Produktsicherheitsrechts formulieren zum Teil recht umfangreiche Sicherheitsanforderungen – in der Maschinenrichtlinie zum Beispiel umfassen diese Anforderungen etwa 30 DIN-A4-Seiten.

Dabei gilt zunächst das Prinzip: Eine Sicherheitsanforderung muss erfüllt werden, wenn vom Produkt auch eine entsprechende Gefahr ausgeht. So ist beispielsweise die Lärmschutzanforderung in der Maschinenrichtlinie nur dann zu erfüllen, wenn von einer Maschine auch ein entsprechender Lärmpegel ausgeht.

Daneben gibt es allerdings auch noch Sicherheitsanforderungen, bei denen ausdrücklich darauf hingewiesen wird, dass sie grundsätzlich immer zu erfüllen sind. Ein Beispiel aus der Maschinenrichtlinie hierzu ist die Anforderung, dass jede Maschine mit einer Betriebsanleitung versehen sein muss.

Konzept der inhärenten Sicherheit

Die Rechtsvorschriften des Produktsicherheitsrechts streben eine inhärente Sicherheit an – das heißt, Produkte sollen soweit wie möglich „aus sich selbst heraus" sicher sein.

Sicherheit soll dabei zuallererst durch das technische Design entstehen, also durch sicherheitsgerechtes Konstruieren – allerdings auch in Grenzen dessen, was wirtschaftlich zumutbar ist.

Dabei bleibt aber zu bedenken: Was im Einzelfall wirtschaftlich zumutbar ist, entscheiden letztendlich immer die Gerichte, beispielsweise in Rahmen eines Produkthaftungsprozesses. Man sollte also sehr behutsam mit dem Argument „fehlender wirtschaftlicher Zumutbarkeit" umgehen.

Einteilung der Sicherheitsanforderungen

Die Rechtsvorschriften des Produktsicherheitsrechts formulieren sehr unterschiedliche Sicherheitsanforderungen – dies gilt für ihren Inhalt wie auch ihren Umfang. Die nachfolgende Einteilung soll dazu einen ersten allgemeinen Überblick geben.

Die Sicherheitsanforderungen des Produktsicherheitsrechts kann man einteilen in:

- technische Sicherheitsanforderungen für:
  - den sicheren Umgang mit einem Produkt wie z. B. die Anbringung einer Schutzeinrichtung
  - die angemessene Wirkung eines Produkts wie z. B. ein effektiver Wirkungsgrad

und

- „schriftliche" Sicherheitsanforderungen für:
  - die Entstehung eines sicheren Produkts wie z. B. die Durchführung einer Gefahrenanalyse
  - den sicheren Umgang mit einem Produkt wie z. B. die Erstellung einer Benutzerinformation.

3.1.2 Sicherheitsanforderungen des Produktsicherheitsgesetzes

Der § 3

Das Produktsicherheitsgesetz formuliert seine allgemeinen Anforderungen an die Bereitstellung von Produkten auf dem Markt in § 3.

Absatz 1 gilt zunächst nur für Produkte, die unter eine oder mehrere CE-Richtlinien fallen, die durch eine Verordnung zum Produktsicherheitsgesetz umgesetzt wurden wie zum Beispiel die Maschinenrichtlinie, die in der 9. Verordnung zum Produktsicherheitsgesetz umgesetzt wurde.

Für diese Produkte verlangt Absatz 1, dass die Anforderungen dieser CE-Richtlinien erfüllt sowie Sicherheit und Gesundheit von Personen bei bestimmungsgemäßer wie auch vorhersehbarer (Fehl-)Verwendung gegeben sein müssen.

Absatz 2 gilt dann für diejenigen Produkte, die nicht Absatz 1 unterliegen – hier gilt: Ein Produkt hat so sicher zu sein, dass bei bestimmungsgemäßer wie auch vorhersehbarer (Fehl-)Verwendung Sicherheit und Gesundheit von Personen nicht gefährdet werden. Bei der Beurteilung, ob dies zutrifft, sind insbesondere zu berücksichtigen:

- die Eigenschaften des Produkts einschließlich:
  - seiner Zusammensetzung
  - seine Verpackung
  - die Anleitungen für seinen Zusammenbau
  - die Installation
  - die Wartung und
  - die Gebrauchsdauer

- die Einwirkungen des Produkts auf andere Produkte
- die Aufmachung des Produkts, seine Kennzeichnung, die Warnhinweise, die Gebrauchs- und Bedienungsanleitung, die Angaben zu seiner Beseitigung sowie sonstige Angaben
- die Gruppen von stärker gefährdeten Verwendern.

Und schließlich sei noch auf **Absatz 4** hingewiesen, der für alle Produkte (nach Absatz 1 u. 2) gilt und eine Gebrauchsanleitung in deutscher Sprache verlangt, sofern im Umgang mit einem Produkt bestimmte Regeln für die Sicherheit und Gesundheit zu beachten sind.

Anforderungen für gebrauchte Produkte

Für gebrauchte Produkte gilt nach § 3 (2) letzter Satz: die Möglichkeit, (jetzt) einen höheren Sicherheitsstandard erreichen zu können oder die Verfügbarkeit von Produkten mit geringerem Risiko, ist kein Grund, ein gebrauchtes Produkt als gefährlich anzusehen.

Gebrauchte Produkte müssen danach bei erneuter Bereitstellung auf dem Markt, nicht zwingend den aktuellen Anforderungen des Produktsicherheitsrechts entsprechen – dennoch müssen gebrauchte Produkte aber sicher sein.

Und auf gar keinen Fall dürfen gebrauchte Produkte den Sicherheitsstandard unterschreiten, der zum Zeitpunkt ihrer erstmaligen Bereitstellung auf dem Markt vorgeschrieben war.

3.1.3 Sicherheitsanforderungen der Maschinenrichtlinie (9. ProdSGV)

Anhang I im Überblick

Die Maschinenrichtlinie formuliert ihre Sicherheitsanforderungen in Anhang I auf etwa 30 DIN-A4-Seiten – die nachfolgende Aufstellung gibt dazu einen Überblick:

Grundlegende Sicherheits- und Gesundheitsschutzanforderungen für Konstruktion und Bau von Maschinen (im weiteren Sinn)

Allgemeine Grundsätze

1 Grundlegende Sicherheits- und Gesundheitsschutzanforderungen

1.1 Allgemeines

1.2 Steuerungen und Befehlseinrichtungen

1.3 Schutzmaßnahmen gegen mechanische Gefahren

1.4 Anforderungen an Schutzeinrichtungen

1.5 Risiken durch sonstige Gefährdungen

1.6 Instandhaltung

1.7 Informationen

2 Zusätzliche grundlegende Sicherheits- und Gesundheitsschutzanforderungen an bestimmte Maschinengattungen

2.1 Nahrungsmittelmaschinen und Maschinen für kosmetische und pharmazeutische Maschinen

2.2 Handgehaltene und/oder handgeführte tragbare Maschinen

2.3 Maschinen zur Bearbeitung von Holz und von Werkstoffen mit ähnlichen physikalischen Eigenschaften

3 Zusätzliche grundlegende Sicherheits- und Gesundheitsschutzanforderungen zur Ausschaltung der Gefährdungen, die von der Beweglichkeit von Maschinen ausgehen

3.1 Allgemeines

3.2 Bedienplätze

3.3 Steuerung

3.4 Schutzmaßnahmen gegen mechanische Gefährdungen

3.5 Schutzmaßnahmen gegen sonstige Gefahren

3.6 Informationen und Angaben

4 Zusätzliche grundlegende Sicherheits- und Gesundheitsschutzanforderungen zur Ausschaltung der durch Hebevorgänge bedingten Gefährdungen

4.1 Allgemeines

4.2 Anforderungen an Maschinen, die nicht durch menschliche Kraft angetrieben werden

4.3 Informationen und Kennzeichnung

4.4 Betriebsanleitung

5 Zusätzliche grundlegende Sicherheits- und Gesundheitsschutzanforderungen an Maschinen, die zum Einsatz unter Tage bestimmt sind

5.1 Risiken durch mangelnde Standsicherheit

5.2 Bewegungsfreiheit

5.3 Stellteile

5.4 Anhalten der Fahrbewegung

5.5 Brand

5.6 Emission von Abgasen

6 Zusätzliche grundlegende Sicherheits- und Gesundheitsschutzanforderungen an Maschinen, von denen durch das Heben von Personen bedingte Gefährdungen ausgehen

6.1 Allgemeines

6.2 Stellteile

6.3 Risiken für in oder auf dem Lastträger befindliche Personen

6.4 Maschinen, die feste Haltestellen anfahren

6.5 Kennzeichnung

Wie man aus diesem Überblick leicht erkennen kann, gilt der erste Abschnitt „Allgemeinen Grundsätze" sowie Punkt 1 für alle Maschinen, während sich die folgenden Punkte 2 bis 6 jeweils nur auf bestimmte Maschinentypen bzw. Gefährdungsarten beziehen.

Dabei ist im Allgemeinen eine Sicherheitsanforderung nur dann zu erfüllen, wenn von der Maschine auch eine entsprechende Gefahr ausgeht – allerdings sind die folgenden Anforderungen bei jeder Maschine zu erfüllen:

- Durchführung einer Risikobeurteilung
- Einhaltung der Grundsätze für die Integration der Sicherheit
- Kennzeichnung der Maschine und
- Erstellung einer Betriebsanleitung.

Weiterführende Informationen zu Anhang I finden sich in der DIN EN ISO 12100 – neben umfangreichen Begriffsbestimmungen enthält diese Norm Hilfestellungen für die Risikobeurteilung und Hinweise auf weiterführende Normen.

Anforderungen für unvollständige Maschinen

Der Anhang I gilt zunächst nicht unmittelbar für unvollständige Maschinen, da die unvollständigen Maschinen nicht unter den Ausdruck „Maschine (im weiteren Sinn)" fallen, für die der Anhang I unmittelbar gilt – man vgl. dazu Artikel 2 erster Satz und beachte hier insbesondere den einzelnen Buchstaben „f" in Verbindung mit der in Artikel 1 Absatz 1 genannten Aufzählung, die bis zum Buchstaben g) reicht.

Die Anforderungen für unvollständige Maschinen ergeben sich quasi nur indirekt aus den Dokumenten, die nach Artikel 13 vorliegen müssen – im Hinblick auf die Sicherheitsanforderungen sind das:

- spezielle technische Unterlagen nach Anhang VII B und
- eine Montageanleitung nach Anhang VI.

Anhand dieser speziellen technischen Unterlagen, zu der auch eine Risikobeurteilung gehört, muss erkennbar sein, welche Sicherheitsanforderungen gelten und ob diese eingehalten werden – das heißt, damit ist es dem Hersteller einer unvollständigen Maschine freigestellt, ob er die zutreffenden Sicherheitsanforderungen tatsächlich erfüllt.

Für die Montageanleitung gilt die Besonderheit, dass sie in einer Amtssprache der EU abzufassen ist, die vom Hersteller der Maschine, in die die unvollständige Maschine eingebaut werden soll, akzeptiert wird.

Damit entstehen zwischen dem Hersteller einer unvollständigen Maschine und dem Hersteller einer vollständigen Maschine gewisse Freiräume. Beiden Parteien ist zu empfehlen, hier klare Verabredungen zu treffen und auch vertraglich festzuschreiben – zudem sollte man folgende Punkte beachten:

- der Hersteller einer unvollständigen Maschine bleibt immer für seine gelieferte unvollständige Maschine verantwortlich, ggf. auch im Haftungsfall

- bei unvollständigen Maschinen kommen gegebenenfalls auch noch weitere Rechtsvorschriften des Produktsicherheitsrechts zur Anwendung (z. B. die EMV-Richtlinie), die diese Freiräume nicht anbieten

und

- letztlich muss die vollständige Maschine, in die eine unvollständige Maschine eingebaut wird, in vollem Umfang die Maschinenrichtlinie erfüllen – und das heißt, dass nun auch die zugekaufte unvollständige Maschine dem Konzept der inhärenten Sicherheit entsprechen muss.

3.1.4 Sicherheitsanforderungen der EMV-Richtlinie (EMVG)

Anhang I

Die EMV-Richtlinie nennt zunächst in Anhang I Abschnitt 1 die Schutzanforderungen an Betriebsmittel – danach müssen Betriebsmittel nach dem Stand der Technik so konstruiert und gefertigt sein, dass:

- ihre elektromagnetischen Störungen den bestimmungsgemäßen Betrieb von Funk- und Telekommunikationsgeräten sowie anderen Betriebsmitteln nicht beeinträchtigen und
- sie gegen die zu erwartenden elektromagnetischen Störungen hinreichend unempfindlich sind.

Weiterhin sind in Anhang I Abschnitt 2 besondere Anforderungen an ortsfeste Anlagen festgelegt – es gilt:

- sie sind nach den anerkannten Regeln der Technik zu installieren und
- im Hinblick auf die Schutzanforderungen des Abschnitts 1 sind die Angaben zur vorgesehenen Verwendung der Komponenten zu berücksichtigen.

Anmerkung: Damit verlangt die EMV-Richtlinie den Schutz gegen elektromagnetische Störungen; sie regelt also genau genommen keine Sicherheitsanforderungen für Betriebsmittel (vgl. Erwägungsgrund Nr. 13 der Richtlinie). Man könnte sagen, diese Richtlinie formuliert eher mittelbar sicherheitstechnische Anforderungen an Betriebsmittel.

Weitere Anforderungen

Eine weitere – ganz und gar – wesentliche Sicherheitsanforderung ergibt sich sozusagen indirekt aus den technischen Unterlagen, die nach Anhang II Abschnitt 3 bzw. Anhang III Abschnitt 3 Buchstabe c) vom Hersteller zu erstellen sind, denn diese Unterlagen müssen eine geeignete Risikoanalyse und -bewertung enthalten.

Zudem wird in Artikel 7 (7) auch eine Betriebsanleitung in einer verständlichen Sprache des Verwendungslandes gefordert.

3.2 Vorgehen bei den Sicherheitsanforderungen

Das Vorgehen im Überblick

Obwohl die Sicherheitsanforderungen in den Rechtsvorschriften des Produktsicherheitsrechts in ihrem Inhalt und Umfang sehr unterschiedlich sind, lässt sich dennoch für das Erfüllen der Sicherheitsanforderungen ein allgemein gültiges Vorgehen empfehlen, das sich in 5 Hauptschritte gliedert:

1. Normen und technische Spezifikationen recherchieren
2. Risikobeurteilung durchführen
3. Technische Sicherheitsmaßnahmen realisieren
4. Benutzerinformationen erstellen
5. Technische Dokumentation zusammenstellen

Je nachdem welche Rechtsvorschriften im Einzelfall anzuwenden sind, können sich diese Hauptschritte mehr oder weniger umfangreich gestalten.

Im Folgenden werden diese Hauptschritte kurz beschrieben – wobei die Hauptschritte 2 und 4 nochmals in weitere Unterschritte gegliedert werden, was zugleich auch deutlich macht, dass damit in vielen Fällen die umfangreichsten Maßnahmen verbunden sind.

3.2.1 Normen und technische Spezifikationen recherchieren

Warum mit einer Normenrecherche beginnen?

Normen und technische Spezifikationen sind grundsätzlich freiwillig anzuwenden – warum also sollte man nun gerade mit einer Normenrecherche beginnen? Deshalb, weil Normen wertvolle Hilfen enthalten, die ganz erheblich die Arbeit erleichtern können. Insbesondere harmonisierte Normen haben dabei die Aufgabe die Sicherheitsanforderungen der EG-Richtlinien weiter zu konkretisieren.

So gibt beispielsweise die Norm DIN EN ISO 12100 wertvolle Hinweise, um mit den etwa 30 DIN-A4-Seiten Sicherheitsanforderungen in der Maschinenrichtlinie besser klar zu kommen.

Wo kann man Normen recherchieren?

Hier soll zunächst auf drei Möglichkeiten einer Normenrecherche hingewiesen werden:

- zunächst kann ganz naheliegend die Normenrecherche mit den Normenlisten zu den anzuwendenden CE-Richtlinien beginnen, diese offiziellen Normenlisten werde im Amtsblatt der EU veröffentlicht und sind u. a. kostenfrei auf dem Internetportal www.eur-lex.europa.eu zu finden
- die bekannteste Adresse für eine umfassende und aktuelle Normenrecherche ist sicherlich die DIN-Datenbank des Beuth Verlages unter www.beuth.de, allerdings ohne Einblick in die Normenvolltexte, und
- eine ebenso umfassende Recherche z. T. mit kostenfreiem Einblick in die Volltexte der Normen kann zudem vor Ort in vielen Hochschulbibliotheken durchgeführt werden.

Daneben bieten auch spezielle Dienstleister umfangreiche Recherche- und Serviceleistungen zu Normen und technischen Spezifikationen an. Diese Leistungen werden vor allem dann interessant, wenn es um die langfristige Aktualisierung des verwendeten Normenbestandes geht oder gar um Normen aus anderen Teilen der Welt.

Beispiele zu den Normen

Die nachfolgende Tabelle zeigt einige grundlegende Normen für den allgemeinen Maschinen- und Anlagenbau. In all diesen Normen finden sich zudem zahlreiche Verweise auf weiterführende Normen, sodass man diese Tabelle auch als Einstieg in die Arbeit mit Normen heranziehen kann.

Kennzeichen	Angaben zum Inhalt
DIN EN 349	Sicherheit von Maschinen: Mindestabstände zur Vermeidung des Quetschens von Körperteilen
DIN EN 547-1	Sicherheit von Maschinen: Körpermaße des Menschen – Grundlagen zur Bestimmung von Abmessungen für Ganzkörper-Zugänge an Maschinenarbeitsplätzen
DIN EN 614-1	Sicherheit von Maschinen: Ergonomische Gestaltungsgrundsätze – Begriffe und allgemeine Leitsätze
DIN EN 692	Werkzeugmaschinen: Mechanische Pressen – Sicherheit
DIN EN 1005-1	Sicherheit von Maschinen: Menschliche körperliche Leistung – Begriffe
DIN EN 1037	Sicherheit von Maschinen: Vermeidung von unerwartetem Anlauf
DIN EN 1127-1	Explosionsfähige Atmosphären: Explosionsschutz – Grundlagen und Methodik
DIN EN ISO 4413	Fluidtechnik: Allgemeine Regeln und sicherheitstechnische Anforderungen an Hydraulikanlagen und deren Bauteile
DIN EN ISO 4414	Fluidtechnik: Allgemeine Regeln und sicherheitstechnische Anforderungen an Pneumatikanlagen und deren Bauteile
DIN EN ISO 10218-1	Industrieroboter: Sicherheitsanforderungen – Roboter
DIN EN ISO 11688-1	Akustik: Richtlinien für die Gestaltung lärmarmer Maschinen und Geräte – Planung
DIN EN ISO 12100	Sicherheit von Maschinen: Allgemeine Gestaltungsleitsätze – Risikobeurteilung und Risikominderung
DIN EN ISO 13732-1	Ergonomie der thermischen Umgebung: Bewertungsverfahren für menschliche Reaktionen bei Kontakt mit Oberflächen – Heiße Oberflächen
DIN EN ISO 13849-1	Sicherheit von Maschinen: Sicherheitsbezogene Teile von Steuerungen – Allgemeine Gestaltungsleitsätze

Kennzeichen	Angaben zum Inhalt
DIN EN ISO 13849-2	Sicherheit von Maschinen: Sicherheitsbezogene Teile von Steuerungen - Validierung
DIN EN ISO 13850	Sicherheit von Maschinen: Not-Halt - Gestaltungsleitsätze
DIN EN ISO 13855	Sicherheit von Maschinen: Anordnung von Schutzeinrichtungen im Hinblick auf Annäherungsgeschwindigkeiten von Körperteilen
DIN EN ISO 13857	Sicherheit von Maschinen: Sicherheitsabstände gegen das Erreichen von Gefährdungsbereichen mit den oberen und unteren Gliedmaßen
DIN EN ISO 14119	Sicherheit von Maschinen: Verriegelungseinrichtungen in Verbindung mit trennenden Schutzeinrichtungen - Leitsätze für Gestaltung und Auswahl
DIN EN ISO 14120	Sicherheit von Maschinen: Trennende Schutzeinrichtungen - Allgemeine Anforderungen an Gestaltung und Bau von feststehenden und beweglichen trennenden Schutzeinrichtungen
DIN EN 60204-1	Sicherheit von Maschinen: Elektrische Ausrüstung von Maschinen - Allgemeine Anforderungen
DIN EN 61000-6-1	Elektromagnetische Verträglichkeit: Fachgrundnorm Störfestigkeit für Wohnbereiche, Geschäfts- und Gewerbebereiche sowie Kleinbetriebe
DIN EN 61000-6-2	Elektromagnetische Verträglichkeit: Fachgrundnorm Störfestigkeit für Industriebereiche
DIN EN 61000-6-3	Elektromagnetische Verträglichkeit: Fachgrundnorm Störaussendung für Wohnbereiche, Geschäfts- und Gewerbebereiche sowie Kleinbetriebe
DIN EN 61000-6-4	Elektromagnetische Verträglichkeit: Fachgrundnorm Störaussendung für Industriebereiche
DIN EN 61310-1	Sicherheit von Maschinen: Anzeigen, Kennzeichen und Bedienen - Anforderungen an sichtbare, hörbare und tastbare Signale

Anmerkung: Die Angaben in der Tabelle entsprechen dem Stand von März 2017.

Einteilung in Normentypen

Die harmonisierten Normen der Sicherheitstechnik sind jetzt hierarchisch gegliedert, um so Wiederholungen in den Normen zu vermeiden und Querverweise einfacher zu ermöglichen – man unterscheidet dabei folgende Normentypen:

- **Typ A-Normen** – das sind Grundnormen, die Grundbegriffe, Gestaltungsleitsätze und allgemeine Aspekte formulieren wie zum Beispiel:
  - DIN EN ISO 12100 für die Risikobeurteilung
  - DIN EN ISO 13849-1 für sichere Steuerungen
- **Typ B-Normen** – das sind Gruppennormen, die für eine ganze Produktgruppe gleichermaßen von Bedeutung sind; wobei dieser Normentyp weiter unterteilt wird in:
  - **B1-Normen** für Sicherheitsaspekte wie zum Beispiel die Sicherheitsabstände in der DIN EN ISO 13857
  - **B2-Normen** für Sicherheitseinrichtungen wie zum Beispiel der Not-Halt in der DIN EN ISO 13850
- **Typ C-Normen** – das sind Produktnormen, die produktspezifische Sicherheitsmaßnahmen formulieren wie zum Beispiel:
  - DIN EN 692 für mechanische Pressen und
  - DIN EN ISO 10218-1 für Industrieroboter.

Dabei beziehen sich nun die C-Normen so weit wie möglich auf die A- und B-Normen. Aber in begründeten Einzelfällen können die C-Normen auch von den A- und B-Normen abweichen – in diesen Fällen haben die C-Normen dann Vorrang.

Vermutungswirkung der Normen

Von der Einhaltung harmonisierter Normen geht zunächst einmal die sogenannte Konformitätsvermutung aus – das heißt, bei Anwendung einer solchen EN-Norm, wird vermutet, dass für den von der Norm abgedeckten Bereich, die Anforderungen der entsprechenden EG-Richtlinie erfüllt sind.

Daneben gibt es aber oftmals auch Bereiche, für die (noch) keine harmonisierten Normen existieren. In diesen Fällen können zur praktischen Hilfestellung selbstverständlich auch weitere nationale Normen und technische Spezifikationen herangezogen werden.

Es bleibt dabei aber zu beachten, dass von diesen technischen Empfehlungen europarechtlich keine Vermutungswirkung ausgeht – dagegen kann sich aus nationalen Normen oder anderen technischen Spezifikationen gemäß § 5 ProdSG eine rein nationale Vermutungswirkung ergeben, wenn solche Normen vom Ausschuss für Produktsicherheit ermittelt und dann von der BAuA entsprechend veröffentlicht wurden.

3.2.2 Risikobeurteilung durchführen

Übersicht

Hier werden folgende Punkte behandelt:

- Risikobeurteilung – was ist zu beachten?
- Risikobeurteilung – was ist zu tun?

3.2.2.1 Risikobeurteilung – was ist zu beachten?

Zweck der Risikobeurteilung

Durch die Risikobeurteilung soll ein „sicheres“ Produkt entstehen – dabei gilt es:

- alle Gefahren, die möglicherweise von einem Produkt für Menschen und ggf. die Umwelt ausgehen können, im Voraus zu ermitteln
- die mit den Gefahren verbundenen Risiken einzuschätzen und zu bewerten – wobei auch zu fragen ist, ob diese Risiken gesellschaftlich akzeptiert sind
- Sicherheitsmaßnahmen festzulegen, mit denen man die Risiken so weit wie möglich reduzieren kann.

Anmerkung zum Begriff „Risikobeurteilung“

Unter „Risikobeurteilung“ sollen hier alle systematischen Vorgehensweisen verstanden werden, mit denen Gefahren ermittelt und Risiken reduziert werden können – andere Bezeichnungen sind zum Beispiel „Risikoanalyse“, „Gefahrenanalyse“ oder „Gefährdungsbeurteilung“.

Umfang der Risikobeurteilung

Die Risikobeurteilung umfasst alle zugelassenen Lebensphasen eines Produkts wie zum Beispiel Transport, Lagerung, Inbetriebnahme, Bedienung, Reparatur, bis hin zur Außerbetriebnahme und Entsorgung mit den dabei:

- vorgesehenen Verhaltensweisen

sowie auch (!)

- vorhersehbaren Fehlverhaltensweisen, wenn man beispielsweise bei der Reparatur eines elektrischen Gerätes vor dem Öffnen des Gehäuses den Netzstecker nicht herauszieht.

Welche Gefahren kann es geben?

Die nachfolgende Einteilung soll einen kurzen Überblick geben, welche typischen Gefahrenarten es im Umgang mit Produkten geben kann:

- mechanische Gefahren – z. B. rotierende Teile
- elektrische Gefahren – z. B. spannungsführende Teile
- thermische Gefahren – z. B. heiße oder kalte Materialien
- Gefahren durch Lärm – z. B. laute Herstellungsprozesse
- Gefahren durch Vibration – z. B. schwingende Ausrüstung
- Gefahren durch Strahlung – z. B. optische Strahlung
- Gefahren durch Materialien und Substanzen – z. B. Staub
- ergonomische Gefahren – z. B. heben schwerer Lasten
- biologische Gefahren – z. B. Viren
- sonstige Gefahren – z. B. durch Tiere und Pflanzen.

Rechtliche Hintergründe

Nicht jede Rechtsvorschrift des Produktsicherheitsrechts formuliert klare Anforderungen zur Risikobeurteilung – folgende Rechtsvorschriften verlangen aber beispielsweise ausdrücklich ein systematisches Vorgehen für das Erkennen von Gefahren und Reduzieren der Risiken:

- Maschinenrichtlinie
- Druckgeräterichtlinie
- Explosionsschutzrichtlinie
- Medizinprodukterichtlinie sowie

- die Einzelgesetze der Bundesländer zur Seilbahnrichtlinie für den Personenverkehr.

Weiterhin verlangen jetzt viele der neuen CE-Richtlinien wie beispielsweise die EMV-Richtlinie eine geeignete Risikoanalyse und -bewertung, ohne aber genauer darauf einzugehen.

Das Produktsicherheitsgesetz dagegen fordert nicht ausdrücklich die Durchführung einer Risikobeurteilung; es setzt aber voraus, dass sich der Hersteller mit den Gefahren, die von seinem Produkt ausgehen können, auseinandersetzt.

Darüber hinaus bleibt grundsätzlich zu bedenken, dass es im Produkthaftungsfall für den Hersteller bedeutsam sein kann, wenn er eine Risikobeurteilung durchgeführt hat und somit nachweisen kann, auf welchen Überlegungen das konkret gewählte technische Design seines Produkts beruht.

Denn im Haftungsprozess wird der Hersteller sich vom Gericht fragen lassen müssen, warum er eine bestimmte Gefahr nicht erkannt hat, obwohl er sie durch eine entsprechende Analyse ohne Weiteres hätte erkennen können.

Verantwortlichkeiten

Der Hersteller eines Produkts trägt zunächst immer die Gesamtverantwortung für die Durchführung der Risikobeurteilung.

Darüber hinaus hat der Hersteller auch eine Organisationsverantwortung, wenn er andere Personen beauftragt – das heißt: er darf nur solche Personen (intern oder extern) mit der Durchführung der Risikobeurteilung beauftragen, die mit einem anerkannten Vorgehen zur Risikobeurteilung vertraut sind und neben dem Produkt auch die spezifische Produktumgebung sicherheitstechnisch angemessen beurteilen können.

... noch eine Anmerkung

In der Praxis hört man immer noch Fragen wie diese: Warum müssen wir eine Risikobeurteilung durchführen, wir haben das Produkt doch prüfen lassen?

Hierzu sei angemerkt: Ein sicheres Produkt lässt sich nicht herbeiprüfen – ein sicheres Produkt muss man entwickeln und darüber hinaus ggf. auch immer wieder den Bedingungen seiner Verwendung anpassen.

Aus diesem Grund muss die Risikobeurteilung zunächst einmal mit dem Konstruktionsprozess beginnen – was zudem auch aus wirtschaftlichen Gründen sinnvoll ist, denn nachträgliche konstruktive Änderungen sind immer teurer.

Die Risikobeurteilung ist aber auch nach der Konstruktion nicht abgeschlossen – sie bleibt letztlich ein offener Prozess, so lange das Produkt verwendet wird; denn schließlich können auch nach der Bereitstellung auf dem Markt noch Produktgefahren erkannt werden, auf die der Hersteller reagieren muss.

Man kann also sagen: Ein sicheres Produkt setzt immer eine Risikobeurteilung voraus – denn sie bildet die gedankliche Basis, von der aus ein inhärentes, also ein aus sich heraus sicheres Produkt auf den Weg gebracht wird.

3.2.2.2 Risikobeurteilung – was ist zu tun?

Die Schritte im Überblick

In Anlehnung an die beiden harmonisierten Normen:

- DIN EN ISO 12100 sowie
- DIN EN ISO 13849-1

wird für das Durchführen der Risikobeurteilung hier ein systematisches Vorgehen empfohlen, das sich in 6 Schritte gliedert:

1. Produktangaben (vollständig) definieren
2. Gefahren ermitteln
3. Risiko einschätzen und bewerten
4. Sicherheitsziel definieren
5. Sicherheitsmaßnahmen festlegen
6. Kontrollen festlegen.

Im Folgenden werden diese Schritte kurz beschrieben.

1. Produktangaben definieren

Hier sind zunächst alle (!) wesentlichen Angaben des Produkts als Grundlage für die weiteren Schritte zu definieren – dabei sind im Allgemeinen folgende Punkte zu bearbeiten:

- Produktbezeichnung: Produktname, Typ, Baujahr und Zeitpunkt der Bereitstellung auf dem Markt
- Produktaufbau: Hauptbestandteile, Baugruppen, ...
- Produktfunktionen mit:
  - der bestimmungsgemäßen Verwendung und
  - der nicht bestimmungsgemäßen Verwendung im Sinne einer vorhersehbaren Fehlanwendung
  - Funktionsweisen
  - Betriebszustände: Einrichten, Normalbetrieb, ...
  - ...
- Weiteres zum Produkt und seiner Umgebung:
  - Technische Daten
  - Lebensdauer: Produkt, Teile, ...
  - Verpackungen und Transportmittel
  - Versorgungsanschlüsse
  - ...
- Produktlebensphasen mit Verhaltensweisen und Benutzerangaben:
  - Transport: Anheben, Be- und Entladen, ...
  - Lagerung: Auspacken, ...
  - Aufstellung: Montieren, Anschließen, ...
  - Inbetriebnahme: Einrichten, Überprüfen, ...
  - Bedienung: Befüllen, Überwachen, ...
  - ...

Anmerkung: Hierbei sollten auch vorhersehbare Fehlverhaltensweisen erfasst werden.

Die nachstehende Abbildung zeigt ein Beispiel zu den vollständigen Produktangaben und knüpft dabei an die Abbildung aus Kapitel 2 auf Seite 36 an.

Produktangaben

Produkt-bezeichnung

Produktname
Multilift

Typ
E100g

Baujahr
2017

Zeitpunkt der erstmaligen Bereitstellung auf dem Markt
ab 01. 06. 2017

Produktaufbau

Hauptbestandteile
- Hauptrohr bestehend aus Basis-Rohr, Mittelachse und Adapter für die Horizontal- und Vertikalmontage
- ...

Produktfunktionen

Bestimmungsgemäße Verwendung
Der Multilift E100g ist zu folgenden Verwendungen bestimmt:
- als universal einsetzbares Hebezeug
- mit max. Belastung 100 kg
- für Außen- und Innenbereich
- nicht im Ex-Bereich
- nach Schutzklasse IP44
- bei einer zul. Temperatur von -20 bis +40 °C
- bis zu einer max. Hubhöhe von 10 m.

Nicht bestimmungsgemäße Verwendung
Als nicht bestimmungsgemäße Verwendung im Sinne einer vorhersehbaren Fehlanwendung gilt:
- die Beförderung von Personen und Tieren
- der Transport schwererer Lasten als der angegebenen
- jede andere Verwendung außer den vorgesehenen.

Weiteres zum Produkt und seiner Umgebung

Besondere Voraussetzungen
Für die Befestigung ist ein stabiler Untergrund erforderlich. Die Tragfähigkeit muss größer sein, als die maximale Belastung durch den Multilift. Geeignet sind z.B. festes Mauerwerk, Dachbalken oder Gerüstrohre.

Lebensdauer
Die Lebensdauer wird begrenzt durch den Materialverschleiß (hauptsächlich im Bereich des Kettenzugs) und Materialermüdung. Die Lebensdauer ist daher abhängig von der Häufigkeit der Nutzung und den Umweltbedingungen, denen der Multilift ausgesetzt ist.

Verpackungen und Transportmittel
Transport und Lagerung erfolgt in einer mitgelieferten Holzkiste mit Halterungen für die Einzelteile

Versorgungsanschlüsse
Kabel für die Stromversorgung des Kettenzugs – 230 V, 50 Hz, 3 A.

Arbeitsplätze der Benutzer
Außen-, Innen- und Höhenarbeitsplätze

...

Produkt-lebensphasen

Für den Multilift E100g werden die folgenden zugelassenen Produktlebensphasen festgelegt:
1. Transport
2. Lagerung
3. Montage
4. Inbetriebnahme
5. Bedienung
6. Demontage
7. Störungsbeseitigung
8. Instandhaltung

Beispiel zu den vollständigen Produktangaben

2. Gefahren ermitteln

Jetzt sind die Gefahren zu ermitteln, die möglicherweise von dem Produkt für Menschen, Sachen und ggf. die Umwelt ausgehen können.

Dabei ist zu empfehlen:

- die zuvor in Schritt 1 festgelegten zugelassenen Lebensphasen mit den dabei vorgesehenen Verhaltensweisen nacheinander zu betrachten und
- bei jeder vorgesehenen Verhaltensweise wie auch ggf. vorhersehbaren Fehlverhaltensweise die hier möglichen Gefahren zu ermitteln – man beschreibt dabei:
  - die betrachtete Lebensphase
  - die betrachtete Verhaltensweise
  - die mögliche Gefahr

- die Folgen der Gefahr und
- die gefährdeten Personen.

Beim Ermitteln der Gefahren sollte man Tabellen mit produkttypischen Gefahren und deren Folgen verwenden – wobei auch Abbildungen von produkttypischen Verwendungssituationen mit aufgenommen werden können.

Solche Tabellen sollen in erster Linie Anregungen geben, mögliche Gefahren zu entdecken; sie sind nicht als Checklisten zu verstehen.

Anregungen zum Gestalten solcher Tabellen findet man in den Anhängen der DIN EN ISO 12100 – zudem zeigt die nachfolgende Abbildung wie eine „Tabelle möglicher Gefahren und deren Folgen“ aufgebaut werden kann..

Tabelle möglicher Gefahren und deren Folgen

Mechanische Gefahren		
Gefahren	**Folgen der Gefahren**	**Anmerkungen**
• schneidende Teile • scharfe Kanten • sich bewegende Teile • herabfallende Teile • rotierende Teile • rutschige Oberfläche • Stufen • ...	• Schneiden • Quetschen • Stoßen • Scheren • Erfassen • Einziehen • Ausrutschen • ...	
Elektrische Gefahren		
Gefahren	**Folgen der Gefahren**	**Anmerkungen**
• spannungsführende Teile • Kurzschluss • Überlast • Wärmestrahlung • ...	• Stromschlag • Stürzen • Feuer • Verbrennungen • ...	
Thermische Gefahren		
Gefahren	**Folgen der Gefahren**	**Anmerkungen**
• Flammen • Explosion • heiße oder kalte Materialien • ...	• Verbrennungen • Verbrühungen • Erfrierungen • ...	
...		

Weiterhin ist noch anzumerken: Sofern eine ermittelte Gefahr in mehreren Situationen auftritt, sollte man diese Gefahrensituationen zusammen betrachten.

Und ein Beispiel zu Schritt 2 bis 6 findet sich in der Abbildung nach Schritt 6.

3. Risiko einschätzen und bewerten

Für jede ermittelte Gefahr ist nun das damit verbundene Risiko einzuschätzen und zu bewerten.

Risiko einschätzen

Zum Einschätzen des Risikos, das mit einer Gefahr verbunden ist, werden die folgenden Aspekte betrachtet:

- Ausmaß des Schadens (AMS) und
- Eintrittswahrscheinlichkeit des Schadens (EWS) – die weiter unterteilt wird in:
  - Dauer der Gefahrensituation (DGS)
  - Wahrscheinlichkeit des Gefahrenereignisses (WGE)
  - Möglichkeit der Schadensvermeidung (MSV).

Im Folgenden werden diese Risikoaspekte näher erläutert und mit Zahlenwerten belegt – wobei diese Zahlenwerte nur als Vorschläge zu verstehen sind und noch einmal auf die jeweilige Situation im Unternehmen abgestimmt werden sollten.

Ausmaß des Schadens (AMS): Hierbei ist das Ausmaß von Personenschäden und Sachschäden einzuschätzen, das von einer Gefahr verursacht werden kann – ggf. sind hierbei auch Haustiere und Umweltschäden zu berücksichtigen.

Verwendete Zahlenwerte:

- AMS = 0 keine Personen- und keine Sachschäden
- AMS = 1 sehr leichte Verletzungen ohne Arbeitsausfall und/oder geringe Sachschäden
- AMS = 2 leichte Verletzungen mit Arbeitsausfall und/oder schwere Sachschäden
- AMS = 3 schwere irreversible oder tödliche Verletzungen und/oder sehr schwere Sachschäden.

Eintrittswahrscheinlichkeit des Schadens(EWS): Hierbei ist die Wahrscheinlichkeit einzuschätzen, mit der ein Schaden eintreten kann – weiterhin gilt:

EWS = DGS × WGE × MSV

Dauer der Gefahrensituation (DGS): Hierbei ist die zeitliche Dauer der Situation einzuschätzen, in der eine Person einer Gefahr ausgesetzt ist. Bei plötzlich auftretenden Gefahren wie z. B. herabfallende Teile ist der gesamte Zeitraum zu berücksichtigen, in dem die Gefahr auftreten kann. Weiterhin ist zu beachten, dass häufig auftretende Gefahrensituationen von kurzer Dauer insgesamt auch zu einer mittleren oder langen Dauer der Gefahrensituation führen können.

Verwendete Zahlenwerte:

- DGS = 1 kurz – wie z. B. sich bewegende Teile beim Transport eines Containers einmal pro Schicht
- DGS = 2 mittel
- DGS = 3 lang – wie z. B. sich bewegende Teile bei Fließbandmontagearbeiten.

Wahrscheinlichkeit des Gefahrenereignisses (WGE): Hierbei ist die Wahrscheinlichkeit einzuschätzen, mit der in der Gefahrensituation ein Ereignis auftritt, das Schaden verursachen kann.

Verwendete Zahlenwerte:

- WGE = 1 gering – wie z. B. der Triebwerksausfall im Flugzeug, der einen Absturz verursachen kann
- WGE = 2 mittel
- WGE = 3 hoch – wie z. B. Sägearbeiten an einer offenen Kreissäge, wodurch Schnittverletzungen verursacht werden können.

Möglichkeit der Schadensvermeidung (MSV): Hierbei ist die Möglichkeit einzuschätzen, inwieweit eine Person in der Gefahrensituation einen Schaden vermeiden oder begrenzen kann – dabei ist auch die Qualifikation und das Risikobewusstsein dieser Person zu beachten.

Verwendete Zahlenwerte:

- MSV = 1 gut möglich – wie z. B. das Erfassen durch eine sichtbar rotierende Welle
- MSV = 2 kaum oder gar nicht möglich – wie z. B. der Stromschlag an spannungsführenden Teilen im Fehlerzustand.

Weitere Anmerkungen:

- Die genannten Zahlenwerte sind immer nur auf die jeweils betrachtete Gefahrensituation zu beziehen – nicht auf ganze Lebensphasen des Produkts.
- Einzelne Risikoaspekte können durchaus auch noch mit Gewichtungsfaktoren belegt werden, um sie so stärker zur Geltung zu bringen.
- Die Risikoaspekte AMS, DGS und MSV lassen sich auch beim Ermitteln des sogenannten „Performance Level" für steuerungstechnische Sicherheitsmaßnahmen (wie z. B. Türverriegelungen und Lichtschranken) nach DIN EN ISO 13849-1 verwenden.

Risiko bewerten

Auf der Grundlage der Risikoeinschätzung erfolgt jetzt das Bewerten des Risikos – dazu:

- berechnet man zunächst die Risikozahl mit:

RKZ = AMS × EWS = AMS × (DGS × WGE × MSV)

und

- entscheidet, ob das Risiko zu mindern ist – das ist dann erforderlich, wenn man das Risiko als „gesellschaftlich **nicht** akzeptiert" einstuft.

Für die Entscheidungen zur Risikominderung kann man ggf. den Bereich der Risikozahlen (hier von 0 bis 54) noch in Risikokategorien einteilen und jede Risikokategorie mit unternehmensinternen Entscheidungskompetenzen belegen.

---

4. Sicherheitsziel definieren

Wenn man sich entschieden hat, das mit einer Gefahr verbundene Risiko zu mindern, sollte man zunächst ein Sicherheitsziel definieren. Ein Sicherheitsziel ist gewissermaßen der Orientierungspunkt für die erforderlichen Sicherheitsmaßnahmen – dabei ist ein Sicherheitsziel:

- zunächst auf die zutreffenden Angaben aus den anzuwendenden Rechtsvorschriften auszurichten sowie
- realistisch und offen für verschiedene Lösungsmöglichkeiten zu formulieren.

Beispiele für Sicherheitsziele können sein:

- das Herabfallen von Gegenständen ist zu vermeiden
- die Maschine darf nicht unerwartet anlaufen

oder

- ein direkter Kontakt mit spannungsführenden Teilen muss ausgeschlossen sein.

---

5. Sicherheitsmaßnahmen festlegen

Jetzt sind die Sicherheitsmaßnahmen festzulegen, mit denen das Sicherheitsziel erreicht werden kann – eine Sicherheitsmaßnahme soll dabei das Risiko einer ermittelten Gefahr beseitigen oder so weit wie möglich reduzieren.

Beim Festlegen von Sicherheitsmaßnahmen ist nach dem Konzept der „inhärenten Sicherheit" folgende Reihenfolge einzuhalten:

1. Zunächst ist das Risiko einer ermittelten Gefahr durch konstruktive Maßnahmen zu beseitigen oder soweit wie möglich zu reduzieren.
2. Ein noch verbleibendes Risiko ist dann durch technische Schutzmaßnahmen zu beseitigen oder soweit wie möglich zu reduzieren.
3. Sollte weiterhin immer noch ein Restrisiko verbleiben, so sind hierüber die Benutzer zu instruieren – dies geschieht dann mit einem entsprechenden Sicherheitshinweis in der Benutzerinformation und / oder am Produkt, ggf. sind damit auch Hinweise verbunden auf:
   - erforderliche Qualifikationen

und / oder

   - persönliche Schutzausrüstungen.

Weitere Anmerkungen:

- Das Festlegen einer Sicherheitsmaßnahme ist immer auch auf die jeweils zutreffende Anforderung aus den anzuwendenden Rechtsvorschriften sowie den ggf. angewendeten Normen abzustimmen – dies ist auch zu dokumentieren.
- Eine technische Schutzmaßnahme kann ggf. auch selbst eine neue Gefahr hervorbringen – so kann beispielsweise von einer Abdeckung die Gefahr ausgehen, dass man sich

an ihr stoßen oder über sie stolpern kann. Auch dies ist dann zu betrachten.

- Wenn eine naheliegende Sicherheitsmaßnahme nicht durchgeführt wird, so sollte man dies begründen – zum Beispiel damit, dass die Sicherheitsmaßnahme eine wesentliche Beeinträchtigung der Handhabung mit sich bringt.
- Beim Festlegen geeigneter Sicherheitsmaßnahmen sollten soweit wie möglich die C-Normen mit herangezogen werden. Diese Normen beziehen sich auf spezielle Produkte wie zum Beispiel Industrieroboter oder mechanische Pressen und machen konkrete Lösungsvorschläge zur Gefahrenabwehr. Allerdings bleibt dabei zu bedenken:
  - C-Normen beziehen sich immer nur auf allgemeine Anwendungsfälle der jeweiligen Produktart und können somit nicht automatisch immer alle Gefahren eines konkreten Anwendungsfalls abdecken
  - auch die Einhaltung sämtlicher für ein Produkt verfügbarer C-Normen kann somit niemals die Durchführung einer Risikobeurteilung ersetzen.
- Bei vielen ermittelten Gefahren wird letztlich auch nach dem Festlegen von geeigneten Sicherheitsmaßnahmen ein dauerhaftes Restrisiko verbleiben – hierbei sollte man sich noch einmal ausdrücklich fragen, ob dieses dauerhafte Restrisiko „gesellschaftlich akzeptiert“ ist.

---

6. Kontrollen festlegen

Zum Schluss sind noch Kontrollen festzulegen, mit denen überprüft und auch nachgewiesen werden kann, dass die zuvor festgelegten Sicherheitsmaßnahmen durchgeführt und die damit verbundenen Sicherheitsziele erreicht worden sind – man sollte dazu angeben:

- was genau zu kontrollieren ist
- wer kontrolliert
- wann zu kontrollieren ist und
- wie die Kontrollen zu dokumentieren sind.

Anmerkung: Das Festlegen geeigneter Kontrollen bildet zugleich einen wesentlichen Beitrag zur internen Fertigungskontrolle, vgl. auch nächstes Kapitel 3.2.3.

Beispiel zu Schritt 2 bis 6

Die nachstehende Tabelle zeigt ein Beispiel zu den zuvor beschriebenen Schritten 2 bis 6 der Risikobeurteilung.

Produktgefahren

Nr.	**Gefahren** Lebensphase, Verhaltensweise, Gefahr, Folgen der Gefahr und gefährdete Personen	**Risiko** RKZ = AMS × DGS × WGE × MSV	**Sicherheitsziel**	**Sicherheitsmaßnahmen**	**Kontrollen**	**Rechtsvorschriften und Nomen**
Multilift Beispiel						
4.1	**Montage und Bedienung** Beim Befestigen des Multilifts sowie beim Heben und Senken von Lasten besteht die Gefahr, dass der Multilift und die Lasten herabfallen können, weil am Untergrund kein sicherer Halt gegeben ist. Die Folgen der Gefahr können tödliche Quetschungen für das Montage- und Bedienpersonal sowie andere Personen im Lastbereich sein.	AMS = 3 DGS = 2 WGE = 3 MSV = 2 RKZ = 36	Der Multilift muss bei bestimmungsgemäßer Montage und Bedienung sicher am Untergrund halten.	Die Befestigungselemente sind so zu konstruieren, dass zwischen dem Multilift und den verschiedenen Untergründen eine formschlüssige Verbindung gewährleistet ist. Je nach Untergrund sind dafür ggf. unterschiedliche Adapter erforderlich. Durchführung: Mechan. Konstrkt. Termin: Jan. 2017 Status: erledigt	Die Haltbarkeit der formschlüssigen Verbindungen ist im Testbetrieb mit ca. 150 kg zu prüfen. Durchführung: Mechan. Konstrkt. und QS Termin: Feb. 2017 Status: erledigt	Masch.-RL Anh. I Nr. 1.3.3 DIN EN ISO 12100
Erneute Prüfung: Ist die Gefahr mit der ergriffenen Sicherheitsmaßnahme beseitigt?						
4.2	**Montage und Bedienung** Wenn beim Montieren die formschlüssigen Befestigungselemente falsch verwendet werden, besteht die unter 4.1 beschriebene Gefahr und deren Folgen weiterhin.	AMS = 3 DGS = 2 WGE = 2 MSV = 2 RKZ = 24	Die richtige Verwendung der formschlüssigen Befestigungselemente muss sichergestellt sein.	In der Benutzerinformation sind folgende Punkte zu beschreiben: • die richtige Verwendung der unterschiedlichen formschlüssigen Befestigungselemente für die verschiedenen Untergründe • Vorgehen und Kontrolle bei den unterschiedlichen Montagevarianten • Sicherheitshinweise zu den Gefahren bei falscher Montage Durchführung: Techn. Dokumentation Termin: März 2017 Status: erledigt	Die Angaben in der Benutzerinformation sind zu kontrollieren. Dabei ist die Verständlichkeit dieser Angaben durch einen Anwendertest zu bestätigen. Durchführung: TD und QM Termin: April 2017 Status: erledigt	Masch.-RL Anh. I Nr. 1.5.4 DIN EN ISO 12100 DIN EN 82079-1
Erneute Prüfung: Ist die Gefahr mit der ergriffenen Sicherheitsmaßnahme beseitigt?						
4.3	**Montage und Bedienung** Wenn die Angaben in der Benutzerinformation nicht beachtet werden, besteht die unter 4.1 beschriebene Gefahr und deren Folgen weiterhin.	AMS = 3 DGS = 2 WGE = 1 MSV = 2 RKZ = 12	Das dauerhaft verbleibende Restrisiko wird als „gesellschaftlich akzeptiert" angenommen.	Es sind keine weiteren Sicherheitsmaßnahmen erforderlich.		
—						

Ausmaß des Schadens: AMS = 0 bis 3 – Dauer der Gefahrensituation: DGS = 1 bis 3 – Wahrscheinlichkeit des Gefahrenereignisses: WGE = 1 bis 3 – Möglichkeit der Schadensvermeidung: MSV = 1 bis 2

Eine Fortsetzung dieser Tabelle mit weiteren Beispielen zu anderen Gefahren ist im Teil 2 des Buches enthalten – und eine Arbeitsvorlage mit einem Kapitel zur Dokumentation der Risikobeurteilung findet sich als Download im Internet, der entsprechende Link ist am Ende des Inhaltsverzeichnisses angegeben.

Arbeitsgruppe bilden

Das Wichtigste bei der Risikobeurteilung ist wohl, dass man die möglichen Gefahren überhaupt erst einmal erkennt – denn nur dann kann man etwas dagegen unternehmen.

Aller Sachverstand nützt letztlich nichts, wenn Gefahren übersehen werden. Und da mehrere Personen auch mehr erkennen, sollte man die Risikobeurteilung als Teamarbeit verstehen und eine Arbeitsgruppe bilden.

Vor allem die Schritte 2, 3 und 4, also das Ermitteln der Gefahren, das Einschätzen und Bewerten der Risiken sowie das

Definieren der Sicherheitsziele, sollte man möglichst in einer Arbeitsgruppe mit mehreren Personen durchführen – dabei können folgende Bereiche des Unternehmens mitwirken:

- mechanische und elektrische Konstruktion
- Technische Dokumentation
- Arbeitssicherheit
- Service
- Verkauf und
- wenn möglich auch externe Benutzer.

Weitere Tipps zur Gestaltung der Arbeitsgruppe:

- Die Produktangaben (Schritt 1) sollten soweit wie möglich für die Gruppenarbeit vorbereitet werden.
- Die verwendeten Arbeitsunterlagen (Tabellen, Listen, Software, ...) müssen übersichtlich und für alle anwesenden Personen verständlich sein.
- Die Arbeitsgruppe sollte moderiert werden – dabei ist besonders darauf zu achten, dass:
  - alle anwesenden Personen sich aktiv beteiligen
  - man sich immer um einen Konsens bemüht und
  - offene Fragen nicht zu lange diskutiert werden – vor allem dann, wenn erforderliche Informationen nicht unmittelbar zur Verfügung stehen.
- Die Gruppenarbeit sollte zudem in mehreren zeitlich begrenzten Treffen stattfinden (max. 3 Std.) – so können auch fehlende Informationen sowie detaillierte Ausarbeitungen der Sicherheitsmaßnahmen (ggf. durch externe Experten) immer wieder in die Gruppenarbeit einfließen.

3.2.3 Technische Sicherheitsmaßnahmen realisieren

Konstruktion und Fertigung

Ein Großteil der in der Risikobeurteilung festgelegten Sicherheitsmaßnahmen sind technische Sicherheitsmaßnahmen und deren Realisierung beginnt im Allgemeinen zunächst einmal in der Konstruktion. Hier gilt es, sich mit einem sicherheitsgerechten Konstruieren vertraut machen – zumal dieser besondere Schwerpunkt des Konstruierens in vielen Ingenieurstudiengängen bislang noch keine besondere Erwähnung findet. Das erforderliche Wissen kann somit keineswegs als selbstverständlich in der Konstruktionsabteilung vorausgesetzt werden.

Vor allem sind hierbei zunächst produktspezifische Konstruktionsmaßnahmen für das Konzept der inhärenten Sicherheit zu entwickeln. Darüber hinaus sind diese Konstruktionsmaßnahmen dann ggf. noch um spezielle sicherheitsrelevante Aspekte zu erweitern wie zum Beispiel:

- Auslegung sicherheitsbezogener Teile von Steuerungen
- EMV-gerechtes Konstruieren
- Betrieb in explosionsgefährdeten Bereichen
- Gefärdungen durch hohe Drücke
- Umgang mit gefährlichen Stoffen.

Die Realisierung der technischen Sicherheitsmaßnahmen setzt sich dann weiterhin bei der Fertigung des Produkts fort. Hier kann in den meisten Fällen überhaupt erst die Wirksamkeit einer technischen Sicherheitsmaßnahme überprüft werden - und in manchen Fällen wird dies sogar erst bei der Montage oder Inbetriebnahme, also außerhalb des Unternehmens möglich sein.

Insgesamt gilt es also im Sinne einer internen Fertigungskontrolle bzw. eines Qualitätssicherungssystems zu gewährleisten, dass die in der Risikobeurteilung festgelegten technischen Sicherheitsmaßnahmen umgesetzt werden.

Weitere Vorkehrungen sind bei Serienfertigungen erforderlich - denn hier ist zudem sicherzustellen, dass auch an jedem Produkt der Serie die technischen Sicherheitsmaßnahmen realisiert wurden.

Weitere Informationen und Anregungen für den Aufbau eines angemessenen Organisationssystems hierzu finden sich einmal in der in der Normenreihe der ISO 9000 (vgl. auch Kapitel 5) sowie (etwas spezieller) auch in der Maschinenrichtlinie in Anhang X - in Anlehnung dazu seien einige Aspekte für ein solches Organisationssystem genannt:

- Festlegung der Ziele und der Organisationsstruktur
- Festlegung der Zuständigkeiten und Befugnisse der verantwortlichen Personen
- Verwendung technischer Konstruktionsspezifikationen
- Durchführung von Konstruktionsprüfungsverfahren
- Prüfungen und Versuche vor, während und nach der Fertigung
- Kontrollberichte und Prüfdaten.

Dokumentation

Und schließlich sollten die organisierten Verfahrensabläufe zur Realisierung der technischen Sicherheitsmaßnahmen wie auch die durchgeführten Kontrollen zu deren Wirksamkeit dokumentiert werden. Nur so ist letztlich auch nachzuweisen, dass die Sicherheitsziele mit den festgelegten technischen Sicherheitsmaßnahme tatsächlich erreicht wurden. Zudem belegt eine solche Dokumentation auch, dass man seiner Organisationsverantwortung nachkommt.

3.2.4 Benutzerinformation erstellen

Übersicht

Hier werden folgende Punkte behandelt:
- Benutzerinformation – was ist zu beachten?
- Benutzerinformation – was ist zu tun?

3.2.4.1 Benutzerinformation – was ist zu beachten?

Zweck der Benutzerinformation

Durch die Benutzerinformation sollen sich die Benutzer ordnungsgemäß und sicher verhalten können, wenn sie genau nach Anleitung handeln – dazu hat die Benutzerinformation:

- alle vorgesehenen Verhaltensweisen im Umgang mit dem Produkt verständlich zu beschreiben

und

- vor den Restgefahren zu warnen, die das Produkt dabei noch aufweist.

Das macht auch noch einmal deutlich: Im Sinne des Produktsicherheitsrechts ist die Benutzerinformation eine Sicherheitsanforderung – und eben keine „freiwillige Beilage“.

Anmerkung zum Begriff „Benutzerinformation“

Der Begriff „Benutzerinformation“ wird hier in Anlehnung an die DIN EN 12100 verwendet – darunter sollen alle Arten von Anleitungen, Anweisungen u. Ä. verstanden werden, die Benutzer über den ordnungsgemäßen und sicheren Umgang mit Produkten informieren.

In den Rechtsvorschriften des Produktsicherheitsrechts wird bisher (noch) keine einheitliche Bezeichnung für diese Art von produktbegleitender Information verwendet – so spricht das Produktsicherheitsgesetz von Gebrauchs- und Bedienungsanleitung, die Maschinenrichtlinie verwendet den Begriff Betriebsanleitung und die Medizinprodukterichtlinie verlangt eine Gebrauchsanweisung.

Umfang der Benutzerinformation

Die Benutzerinformation umfasst:

- in erster Linie alle zugelassenen Produktlebensphasen mit den dabei vorgesehenen Verhaltensweisen

und

- darüber hinaus – aber nur so weit erforderlich (!) – auch Angaben:
  - zum Produkt und seiner Umgebung
  - zur Sicherheit im Umgang mit dem Produkt sowie
  - zu den Benutzern, insbesondere ihrer Qualifikation.

Das macht zugleich deutlich, dass der Umfang einer konkreten Benutzerinformation immer auf den Einzelfall abzustimmen ist.

Wann muss sie vorliegen?

Da die Benutzerinformation als eine gesetzliche Sicherheitsanforderung des Produktsicherheitsrechts aufzufassen ist, muss sie bereits zum Zeitpunkt der erstmaligen Bereitstellung auf dem Markt vorliegen – also dann, wenn das Produkt zum ersten Mal anderen Personen überlassen wird.

Die Benutzerinformation muss – soweit sie sicherheitsrelevante Aspekte enthält – dem Produkt beigegeben werden; ein Verweis auf die Möglichkeit des Downloads von der Homepage des Herstellers genügt im Allgemeinen nicht.

Aufbewahrungsort

Die Benutzerinformation sollte dort aufbewahrt werden können, wo sie den Benutzern jederzeit frei zugänglich ist.

Darauf ist besonders bei Produkten zu achten, die im Freien verwendet werden, oder bei größeren Maschinenanlagen – hier kann ein spezielles Ablagefach oftmals eine sinnvolle Lösung sein.

Denn: eine Benutzerinformation, die man beispielsweise irgendwo im Meisterbüro „verstaut" hat, ist für die Benutzer im Allgemeinen nicht frei zugänglich.

Normhinweise

Nachfolgend sind einige Normen und technische Spezifikationen genannt, in denen man weitere grundlegende Hinweise zur Benutzerinformation findet:

Kennzeichen	Angaben zum Inhalt
DIN 1450	Schriften: Leserlichkeit
DIN ISO 3864-1	Graphische Symbole: Sicherheitsfarben und Sicherheitszeichen – Gestaltungsgrundlagen für Sicherheitszeichen und Sicherheitsmarkierungen
DIN ISO 3864-2	Graphische Symbole: Sicherheitsfarben und Sicherheitszeichen – Gestaltungsgrundlagen für Sicherheitsschilder zur Anwendung auf Produkten
DIN ISO 3864-3	Graphische Symbole: Sicherheitsfarben und Sicherheitszeichen – Gestaltungsgrundlagen für graphische Symbole zur Anwendung in Sicherheitszeichen
VDI 4500 Blatt 1	Technische Dokumentation: Begriffsdefinitionen und rechtliche Grundlagen
VDI 4500 Blatt 2	Technische Dokumentation: Organisieren und Verwalten
VDI 4500 Blatt 3	Technische Dokumentation: Erstellen und Verteilen von elektronischen Ersatzteilinformationen

Kennzeichen	Angaben zum Inhalt
VDI 4500 Blatt 4	Technische Dokumentation: Dokumentationsprozess – Planen, Gestalten, Erstellen
DIN 4844-1	Graphische Symbole: Sicherheitsfarben und Sicherheitszeichen – Erkennungsweiten und farb- und photometrische Anforderungen
DIN EN 62023	Strukturierung technischer Information und Dokumentation
DIN EN 82079-1	Erstellen von Gebrauchsanleitungen: Gliederung, Inhalt und Darstellung – Allgemeine Grundsätze und ausführliche Anforderungen
DIN EN ISO 7010	Graphische Symbole: Sicherheitsfarben und Sicherheitszeichen – Registrierte Sicherheitszeichen
DIN EN ISO 81714-1	Gestaltung von graphischen Symbolen für die Anwendung in der technischen Produktdokumentation: Grundregeln

Anmerkungen:

- Die Angaben in der Tabelle entsprechen dem Stand von März 2017.
- Weitere Normhinweise speziell zur Benutzerinformation finden sich auf dem Internetportal www.tekom.de des Fachverbandes für Technische Kommunikation

3.2.4.2 Benutzerinformation – was ist zu tun?

Die Schritte im Überblick

Für das Erstellen der Benutzerinformation wird hier ein systematisches Vorgehen empfohlen, das sich in 4 Schritte gliedert:

1. Redaktionelle Grundlagen kennen
2. Informationen recherchieren
3. Dokumente konzipieren
4. Dokumente ausarbeiten

Darüber hinaus kann dieses Vorgehen auch auf das Erstellen anderer Sachtexte angewendet werden wie zum Beispiel bei umfangreichen Angebotstexten, Schulungsunterlagen und der Dokumentation eines Managementsystems – so kann Zusatznutzen entstehen.

Im Folgenden werden diese doch recht umfangreichen Schritte kurz beschrieben – weitere Beispiele dazu sind im Teil 2 des Buches enthalten und eine Arbeitsvorlage mit einem Kapitel zur Dokumentation der Benutzerinformation findet sich als Download im Internet, der entsprechende Link ist am Ende des Inhaltsverzeichnisses angegeben.

---

1. Redaktionelle Grundlagen kennen

Hier geht es zunächst vor allem um die Grundlagen des verständlichen Schreibens – also um die Frage: Wie kommt es zu verständlichen Sätzen und Texten? Was nun mal kein Zufall ist.

Also gilt es, sich mit den empirischen Erfahrungen aus der Lern- und Lesbarkeitsforschung vertraut zu machen. Diese Erkenntnisse sind in vielen Veröffentlichungen zum „Verständlichen Schreiben" recht praxisnah wiedergegeben. Einige für die Benutzerinformation wichtige Aussagen sollen andeuten, um was es dabei geht:

- Ausdrucksstarke Tätigkeitswörter verwenden
- Aktive Schreibweise bevorzugen
- Verhältniswörter nur sparsam einsetzen
- Im Absatz nur einen Hauptgedanken entwickeln
- Informationen typisieren und einheitlich darstellen.

In diesem Zusammenhang sei auch noch auf die beiden Standardisierungsmethoden „Information Mapping" und „Informationsdesign" hingewiesen, die einen praxisorientierten Zugang zum verständlichen Schreiben von Sachtexten ermöglichen.

Weitere Aspekte zu den redaktionellen Grundlagen, finden sich insbesondere in den VDI Richtlinien 4500 Blatt 1 und 2 – wie zum Beispiel:

- Begriffe und Zusammenhänge interner und externer technischer Dokumente
- Forderungen an interne und externe technische Dokumente
- Technische Dokumente im Produktlebenszyklus

- Organisatorische Voraussetzungen
- Dokumentenmanagement.

---

2. Informationen recherchieren

Jetzt sind alle erforderlichen Informationen für eine vollständige und verständliche Benutzerinformation zu recherchieren. Diese Informationen sind vorerst ja noch in vielen anderen technischen Dokumenten verteilt oder „stecken" gar noch in den Köpfen der Mitarbeiter.

Im Folgenden sind die wesentlichen Punkte hierzu kurz beschrieben.

Thema

Mit den Angaben zum Thema ist zunächst festzulegen, auf welches Benutzerverhalten sich die Benutzerinformation im Wesentlichen beziehen soll – das gibt der Benutzerinformation eine erste Ausrichtung

Beispiel: Die Benutzerinformation bezieht sich auf alle vorgesehenen Verhaltensweisen der Benutzer im Umgang mit dem Produkt – das sind im Wesentlichen: Transportieren, Aufstellen, Bedienen, ...

Zielgruppe

Mit den Angaben zur Zielgruppe sind alle Personen zu erfassen, für die die Benutzerinformation bestimmt ist – in erster Linie sind das die Benutzer des Produkts. Weiterhin ist auch danach zu fragen, wodurch sich diese Benutzer auszeichnen. Das hilft zu entscheiden, welche Informationen sie benötigen und wie die Informationen darzustellen sind.

Fragen zur Zielgruppe sind:

- Welche Benutzer gibt es?
- Welche Qualifikationen benötigen die Benutzer?
- Welche Informationen standen bisher zur Verfügung?
- Wie sind die Lesegewohnheiten?
- Sind die Benutzer in Gruppen einzuteilen?
- Wie sind die Benutzergruppen zu definieren?
- ...

Wirkung

Mit den Angaben zur Wirkung wird festgelegt, was die Benutzerinformation bei der Zielgruppe bewirken soll und wer oder was demzufolge im Vordergrund stehen muss – das gibt der Benutzerinformation dann eine klare Ausrichtung.

Beispiel: Durch die Benutzerinformation sollen alle Benutzer verstehen können, wie sie sich ordnungsgemäß und sicher im Umgang mit dem Produkt zu verhalten haben. Somit müssen in der Benutzerinformation die Benutzer mit ihrem Verhalten im Vordergrund stehen.

Weiterhin beteiligt am Benutzerverhalten sind das Produkt und seine Umgebung wie auch rechtliche Anforderungen.

Benutzerverhalten

Mit den Angaben zum Benutzerverhalten sind für alle zugelassenen Produktlebensphasen die dabei vorgesehenen Verhaltensweisen zu ermitteln.

Insbesondere sind zur ordnungsgemäßen und sicheren Durchführung dieses Verhaltens die relevanten Informationen aus der Risikobeurteilung zu recherchieren – wozu vor allem die erforderlichen Sicherheitsinformationen gehören.

Beispiele für zugelassene Produktlebensphasen mit dabei vorgesehenen Verhaltensweisen sind:

- Transport: Anheben, Be-/Entladen, ...
- Lagerung: Auspacken, ...
- Aufstellung: Montieren, Anschließen, ...
- Inbetriebnahme: Einrichten, Überprüfen, ...
- Bedienung: Befüllen, Überwachen, ...
- Störungsbeseitigung: Fehler suchen, ...
- Instandhaltung: Teile ersetzen, ...
- Außerbetriebnahme: Demontieren, ...

Produkt und seine Umgebung

Mit den Angaben zum Produkt und seiner Umgebung sind diejenigen Informationen zu recherchieren, die weiterhin erforderlich sind, um den Benutzern die ordnungsgemäße und sichere Durchführung ihres Verhaltens verständlich beschreiben zu können.

Beispiele dazu sind:

- Produktbezeichnung: Produktname, Typ, Baujahr, ...
- Produktaufbau: Hauptbestandteile, Bedienelemente, ...
- Produktfunktionen: Bestimmungsgemäße und ggf. nicht bestimmungsgemäße Verwendung, Funktionsweisen, ...
- Weiteres zum Produkt und seiner Umgebung: Technische Daten, Transportmittel, Versorgungsanschlüsse, ...
- Ggf. auch Angaben zu Ansprechpartnern, Zubehör, ...

Rechtliche Anforderungen

Mit den Angaben zu den rechtlichen Anforderungen sind alle speziellen gesetzlichen und ggf. auch vertraglichen Anforderungen für die Benutzerinformation zu ermitteln.

Spezielle gesetzliche Anforderungen können sein:

- Produktsicherheitsgesetz § 3 (4)
- Maschinenrichtlinie Anhang I Nr. 1.7.4
- EMV-Richtlinie Artikel 7 (7)
- ...

Vertragliche Anforderungen des Kunden können sein:

- Einhaltung der DIN EN 82079-1
- Übersetzungen in weitere Sprachen
- ...

---

3. Dokumente konzipieren

Auf der Grundlage der zuvor recherchierten Informationen gilt es nun, ein Konzept für die Benutzerinformation zu erarbeiten.

Im Folgenden sind die wesentlichen Punkte hierzu kurz beschrieben.

Strukturierung

Sofern eine Benutzerinformation für verschiedene Benutzergruppen bestimmt ist, sollte man bei der Strukturierung zunächst danach fragen, wie sich die recherchierten Informationen auf die Benutzergruppen verteilen und ob es sinnvoll ist, diese Informationen ggf. in verschiedenen Einheiten zusammenzufassen. Dabei stellen sich folgende Fragen:

1. Wer benötigt welche Informationen?
2. In welchen Einheiten sollen die Informationen zusammengefasst werden?
3. Welche materiellen „Träger" sollen für die jeweiligen Informationseinheiten verwendet werden?

Die Antworten auf diese Fragen lassen sich übersichtlich in einer „Matrix zur Informationsaufteilung" darstellen.

Die nachfolgende Abbildung zeigt dazu ein Beispiel, das sich auf die Benutzerinformation für eine Waschmaschine bezieht. Dabei steht „JA" für zwingend erforderliche Information und „ja" für hilfreiche Information; die Rechtecke in der Matrix zeigen an, dass die Benutzerinformation in drei verschiedene Informationseinheiten aufgeteilt wird.

Matrix zur Informationsaufteilung

Benutzerverhalten	**Benutzergruppen**				
	Spediteur	Warenannahme	Verkäufer	Nutzer	Kundendienst
Transportieren	JA	ja	ja	JA	JA
Auspacken	ja	JA			ja
Installieren			JA	JA	JA
Bedienen			JA	JA	JA
Reparieren				NEIN	JA

Transporthinweis: Aufkleber, DIN-A4

Betriebsanleitung: Heftbindung, DIN-A5

Techn. Unterlagen: Loseblattordner

Nach einer möglichen Aufteilung der Benutzerinformation sind dann geeignete Inhaltsverzeichnisse für die festgelegten Informationseinheiten zu entwickeln – dabei sollten sich die Kapitelstrukturen auf das Benutzerverhalten beziehen.

Das nachfolgende Beispiel zeigt ein Inhaltsverzeichnis für eine (nicht aufgeteilte) Benutzerinformation, die das gesamte Benutzerverhalten im Umgang mit einem Produkt umfasst:

01 Einführung
02 Beschreibung des Produkts
03 Grundlegende Sicherheitsinformationen
04 Transport
05 Lagerung
06 Aufstellung
07 Inbetriebnahme
08 Bedienung
09 Störungsbeseitigung
10 Instandhaltung
11 Außerbetriebnahme
12 Zusatzinformationen

Informationstypen

So wie man beispielsweise ein größeres Produkt in Baugruppen einteilt, so sollte man auch umfangreiche Informationen so weit wie möglich in bestimmten Typen zusammenfassen – und die jeweiligen Informationstypen dann gleichbleibend gestalten.

Das ermöglicht einen übersichtlichen Textaufbau und bildet darüber hinaus auch die Grundlage für einen modularen Aufbau der Benutzerinformation.

Beispiele für Informationstypen in der Benutzerinformation sind:

- Produktbeschreibung
- Sicherheitshinweis
- Handlungsanweisung
- Zusatzinformation.

Die nachfolgende Abbildung zeigt ein Beispiel zum Informationstyp „Handlungsanweisung" in den weiterhin der Informationstyp „Sicherheitshinweis" eingefügt ist.

Beispiel zum Informationstyp „Handlungsanweisung“

Ziel der Handlung	**Tank füllen**
Ausgangssituation	Der Hauptschalter ist eingeschaltet u. der Reinigungsvorgang ist beendet.
Sicherheitshinweis • Sicherheitssymbol • Art und Quelle der Gefahr • Folgen der Gefahr • Maßnahmen zur Abwehr der Gefahr	 **Achtung!** Im Tank kann sich Schmutz absetzen. Bei verunreinigtem Tank kann die Anlage beschädigt werden. Stellen Sie sicher, dass sich im Tank keine Reinigungsflüssigkeit mehr befindet.
Handlungsschritte	**1.** Drücken Sie den Taster „Steuerspannung“ hinein. Die Kontroll-Lampe leuchtet auf und die Pumpe ist betriebsbereit. **2.** Stellen Sie den Wahlschalter auf Position „Befüllen“. Die Pumpen befüllen jetzt den Tank.
Resultat der Handlung	Die Pumpen schalten sich automatisch ab, wenn der Tank voll ist. Die Anlage ist dann wieder betriebsbereit.

Orientierungshilfen

Orientierungshilfen in einer Benutzerinformation sollen in erster Linie den Benutzern helfen, die gewünschte Information für ein beabsichtigtes Verhalten im Umgang mit dem Produkt schnell zu finden. Je umfangreicher eine Benutzerinformation ist, umso wichtiger werden somit Orientierungshilfen.

Beispiele für Orientierungshilfen sind:

- Verzeichnisse für: Inhalt, Fachwörter, Abkürzungen, ...
- Überschriftenhierarchien
- Zusammenfassungen
- Kopf- und Fußzeilen
- Seitenzahlen
- Marginalien
- Piktogramme
- Trennblätter

- Register
- Griffleisten
- ...

Layout

Jede Information muss auch gestaltet werden – das Layout hat vor allem die Aufgabe, die Benutzer beim Verstehen des Textes zu unterstützen.

Dabei sind im Wesentlichen folgende Punkte zu beachten:

- Seite einrichten:
  - Seitengröße: DIN A4, ...
  - Satzspiegel (Seitenränder)
  - Anzahl der Spalten
  - ...
- Absatzformate festlegen:
  - Fließtext (Standard)
  - Überschriften
  - Blickfangpunkte
  - Kopf- u. Fußzeilen
  - Marginalien
  - ...
- Absatzformate einrichten:
  - Schriftart (Arial, Verdana, ...)
  - Schriftgröße
  - Schriftschnitt (Standard, Fett, Kursiv)
  - Absatzabstände (vor, nach)
  - Ausrichtung (links, rechts, zentriert, ...)
  - Einzug (links, rechts)
  - ...

Abbildungen

In den meisten Benutzerinformationen ist der Text das Leitmedium für den Leser – eine Abbildung hat hierbei die Aufgabe, den Text zu unterstützen.

Fragen dazu sind:

- Ist ein Zustand oder ein Ablauf darzustellen?
- Welche Darstellungsarten sollen verwendet werden?
  - Fotos
  - Strichumsetzungen
  - Grafiken (2D, 3D)
  - Technische Zeichnungen
  - ...
- Wie ist die Text-Bild-Zuordnung zu gestalten?
  - Anordnung der Abbildungen
  - Text in der Abbildung
  - Bildtitel
  - ...
- Weiteres:
  - Farben
  - Graustufen
  - ...

Datenverarbeitung

Hier geht es um eine angemessene Ausstattung zur Datenverarbeitung. Dabei sollte man auch berücksichtigen, dass eine Benutzerinformation ggf. einige Jahrzehnte zu archivieren ist.

Folgende Punkte sind zu beachten:

- Hardware
- Software
  - Textprogramm
  - Bildbearbeitungsprogramm
  - Content-Management-System
  - ...
- Druckerstellung
- Onlineverwendung
- Datensicherung
- Archivierung
- ...

Dokumentationsleitfaden

Alle wesentlichen Aspekte für die weitere Ausarbeitung der Benutzerinformation sollte man noch einmal in einem Dokumentationsleitfaden zusammenzufassen und erläutern – vor allem dann, wenn die Benutzerinformation von mehreren Personen ausgearbeitet wird.

Beispiele für diese Aspekte sind:

- Dokumentvorlage
- Abstände
- Blickfangpunkte
- Tabellen
- Rechtschreibung
- Kommasetzung
- Wortwahl
- ...

---

4. Dokumente ausarbeiten

Schließlich sind die recherchierten Informationen nach den konzeptionellen Vorgaben auszuarbeiten, sodass die fertigen Dokumente der Benutzerinformation entstehen.

Überblick

Die folgenden Punkte geben einen Überblick, was beim Ausarbeiten einer Benutzerinformation im Wesentlichen zu tun ist:

- Textprogramm einrichten
- Rohtexte erstellen
- Textmodule anlegen
- Feintexte erstellen
- Dokumente kontrollieren
- Dokumente fertigstellen – drucken – sichern – archivieren.

Kriterien einer „guten“ Benutzerinformation

Und schließlich möchte man natürlich wissen, ob eine ausgearbeitete Benutzerinformation auch „gut“ geworden ist. Da eine Benutzerinformation aber immer auf den konkreten

Einzelfall abzustimmen ist, kann man nur Kriterien benennen, die für eine „gute" Benutzerinformation erfüllt sein müssen – zum Beispiel:

- Das Inhaltsverzeichnis ist mit aussagekräftigen Überschriften klar gegliedert, sodass die Benutzer schnell das finden können, was sie suchen.
- Die Sprache ist auf die jeweilige Benutzergruppe abgestimmt – das gilt insbesondere für die verwendeten Fachwörter.
- Die wesentlichen Informationstypen wie Handlungsanweisungen, Sicherheitshinweise und Produktbeschreibungen sind von einander getrennt und typografisch so gestaltet, dass sie leicht wiederzuerkennen sind.
- Grundlegende Sicherheitsinformationen sind in einem der ersten Kapitel zusammengefasst – sie:
  - erläutern die verwendeten Sicherheitssymbole und
  - nennen grundlegende Sicherheitshinweise.
- Konkrete Sicherheitshinweise sind im Allgemeinen den jeweiligen Handlungsanweisungen vorangestellt – sie:
  - sind durch geeignete Sicherheitssymbole schnell zu erkennen
  - nennen zuerst die Art und Quelle der Gefahren
  - weisen dann auf mögliche Folgen der Gefahren hin und
  - geben konkrete Anweisungen, wie ein Schaden vermieden werden kann.
- Handlungsanweisungen sind aktiv formuliert und fordern die Benutzer zum Handeln auf, indem sie:
  - das Ziel der Handlung nennen
  - die Ausgangssituation schildern
  - ggf. einen konkreten Sicherheitshinweis enthalten
  - die auszuführende Handlung in überschaubaren Schritten beschreiben und
  - das Resultat der Handlung angeben.

3.2.5 Technische Dokumentation zusammenstellen

Zweck und Umfang

Fast alle Rechtsvorschriften des Produktsicherheitsrechts verlangen eine technische Dokumentation oder technische Unterlagen wie es auch genannt wird. Diese Dokumente sollen belegen, dass das Produkt mit den Anforderungen der anzuwendenden Rechtsvorschriften übereinstimmt.

Entsprechend ihren Anforderungen formuliert somit jede Rechtsvorschrift selbst, welche Dokumente in ihrem Sinn die technische Dokumentation ausmachen. Bei den CE-Richtlinien geschieht dies meist in den Anhängen. Die nachfolgende Aufstellung nennt einige Beispiele zu den üblicherweise geforderten Dokumenten:

- Beschreibung des Produkts
- Übersichtszeichnungen
- Berechnungen und Versuchsergebnisse
- Unterlagen der Risikobeurteilung
- Liste der angewandten Normen und technischen Spezifikationen
- Prüfberichte und Prüfbescheinigungen sowie
- Exemplar der Benutzerinformation.

Im Allgemeinen werden dabei aber keine speziellen Produktinformationen wie Einzelteilzeichnungen oder Detailpläne gefordert – es sei denn, diese Informationen sind sicherheitsrelevant.

Recht zur Einsicht

Die Marktüberwachungsbehörden haben das Recht unter Angabe von Gründen die technische Dokumentation anzufordern. Dann müssen alle in den anzuwendenden Rechtsvorschriften geforderten Dokumente in einem angemessenen Zeitraum zur Verfügung gestellt werden. Der gewährte Zeitraum für die Bereitstellung bleibt dabei auf den konkreten Einzelfall bezogen – er ist regelmäßig nicht so groß bemessen sein, dass die technische Dokumentation noch im Nachhinein erstellt werden kann.

Weiterhin ist zu beachten, dass das nicht rechtzeitige Bereitstellen der technischen Dokumentation beispielsweise für eine Maschine bereits eine Ordnungswidrigkeit darstellt und mit einem Bußgeld belegt werden kann – sodass zu empfehlen ist, eine verantwortliche Person für die technische Dokumentation zu benennen. Zumal dies die Maschinenrichtlinie ohnehin fordert.

Aufbewahrungsfristen

Viele CE-Richtlinien verlangen, dass die technische Dokumentation nach dem Inverkehrbringen des Produkts bzw. bei Serienfertigung nach dem Inverkehrbringen der letzten Einheit mindestens 10 Jahre bereitzuhalten ist.

Bedenkt man aber, dass beispielsweise bei langlebigen Produkten auch nach mehr als 10 Jahren noch Produkthaftungsansprüche geltend gemacht werden können, so ist zu empfehlen, die Aufbewahrungsfristen der technischen Dokumentation den jeweiligen Verjährungsfristen der Produkthaftung anzupassen – wobei es zur genauen Bestimmung dieser Fristen im Einzelfall empfehlenswert ist, juristischen Rat einzuholen.

Die Aufbewahrung der technischen Dokumentation muss nicht zwingend in Papierform erfolgen – die Dokumente können auch auf Datenträger abgespeichert sein, allerdings muss die Lesbarkeit der Daten jederzeit möglich sein.

Noch ein Tipp

Die erforderlichen Dokumente zu einer angewendeten CE-Richtlinien kann man in einer Tabelle zusammenfassen und anmerken, wo sich diese Unterlagen im Unternehmen befinden. Das verschafft einen schnellen Überblick und stellt sicher, dass man nichts übersehen hat. Ein Beispiel dazu ist im Teil 2 des Buches enthalten.

4 Konformität nachweisen

Übersicht

Hier werden folgende Punkte behandelt:

- Grundlegendes zum Konformitätsnachweis
  - Allgemeine Aspekte zum Konformitätsnachweis
  - Konformitätsnachweis des Produktsicherheitsgesetzes
  - Konformitätsnachweis der Maschinenrichtlinie
  - Konformitätsnachweis der EMV-Richtlinie
- Vorgehen beim Konformitätsnachweis

4.1 Grundlegendes zum Konformitätsnachweis

Hinweis

Die nachfolgenden Ausführungen sollen in erster Linie einen verständlichen Überblick zum Konformitätsnachweis einiger Rechtsvorschriften geben. Dazu werden Inhalte dieser Rechtsvorschriften zum Teil mit eigenen Worten und in stark verkürzter Form wiedergegeben. Diese Angaben sind somit kein Ersatz für die Lektüre der entsprechenden Originaltexte – die aber mit diesen Ausführungen leichter fallen sollte.

4.1.1 Allgemeine Aspekte zum Konformitätsnachweis

Was ist eine Konformitätserklärung?

Zunächst einmal kann man eine Konformitätserklärung als eine allgemeine und freiwillige Anbietererklärung nach der Norm DIN EN ISO/IEC 17050-1 verstehen – womit erklärt wird, dass ein Produkt, ein Prozess oder eine Dienstleistung mit bestimmten normativen Dokumenten konform ist.

Mit den CE-Richtlinien werden jetzt solche Konformitätserklärungen gesetzlich vorgeschrieben. Dabei gehen aber den sogenannten EU-Konformitätserklärungen immer bestimmte Bewertungsverfahren voraus, mit denen die Konformität der Produkte mit den Sicherheitsanforderungen eben dieser CE-Richtlinien nachzuweisen ist.

Die nachfolgenden Ausführungen beziehen sich deshalb in erster Linie auf die durch die CE-Richtlinien vorgeschriebenen Konformitätsnachweise.

Prinzipien

Den Nachweis, dass ein Produkt konform ist mit den anzuwendenden Rechtsvorschriften des Produktsicherheitsrechts hat zuallererst der Hersteller des Produkts zu führen.

Für diesen Konformitätsnachweis geben nun die CE-Richtlinien konkrete Bewertungsverfahren vor – das heißt, es geht um bestimmte Verfahrensweisen, mit denen ermittelt wird, ob das Produkt mit den anzuwendenden CE-Richtlinien konform ist.

Dabei zeigt sich in den CE-Richtlinien folgendes Gesamtbild:

- Je höher das Risikopotenzial eines Produkts (vom europäischen Gesetzgeber) eingestuft wird, umso mehr erstreckt sich das Bewertungsverfahren über den gesamten Herstellungsprozess des Produkts.
- Zudem müssen bei den meisten Bewertungsverfahren auch „notifizierte Stellen“ eingeschaltet werden.
- Auf der Grundlage des abgeschlossenen Bewertungsverfahrens wird dann vom Hersteller des Produkts:
  - die EU-Konformitätserklärung ausgestellt und
  - die CE-Kennzeichnung angebracht.

Notifizierte Stellen

Notifizierte Stellen werden von den jeweiligen Mitgliedstaaten auf der Grundlage ihrer fachlichen Kompetenz und Unabhängigkeit für bestimmte Bewertungsverfahren zugelassen.

Diese Stellen haben die Aufgabe, im Rahmen der Bewertungsverfahren bestimmte Prüfungen und Kontrollen durchzuführen und den Hersteller gewissermaßen als „neutrale Instanz“ beim Nachweis der Konformität seines Produkts mit den Anforderungen des Produktsicherheitsrechts zu unterstützen.

Weitere ausführliche Informationen hierzu finden sich im Produktsicherheitsgesetz §§ 9 bis 19.

Bewertungsverfahren

Die Bewertungsverfahren für den Konformitätsnachweis, die in den jeweiligen CE-Richtlinien zur Anwendung kommen, leiten sich aus insgesamt 8 Modulen ab. Diese Module sind in dem Beschluss Nr. 768/2008/EG des Europäischen Parlaments und des Rates festgelegt und in Anhang II dieses Beschlusses auch ausführlich beschrieben. Dieser Beschluss ist auch im Teil 4 des Buches enthalten.

Die nachfolgende Aufstellung gibt einen kurzen Überblick zu diesen 8 Modulen:

A: Interne Fertigungskontrolle

B: EG-Baumusterprüfung

C: Konformität mit der Bauart auf der Grundlage einer internen Fertigungskontrolle

D: Konformität mit der Bauart auf der Grundlage einer Qualitätssicherung bezogen auf den Produktionsprozess

E: Konformität mit der Bauart auf der Grundlage der Qualitätssicherung bezogen auf das Produkt

F: Konformität mit der Bauart auf der Grundlage einer Produktprüfung

G: Konformität auf der Grundlage einer Einzelprüfung

H: Konformität auf der Grundlage einer umfassenden Qualitätssicherung

Der europäische Gesetzgeber wählt nun aus diesem sogenannten Modulbaukasten geeignete Verfahren der Konformitätsbewertung für jede CE-Richtlinie aus. Diese ausgewählten Bewertungsverfahren sind dann in jeder CE-Richtlinie ausführlich beschrieben.

Dabei ist noch anzumerken: Sofern in den CE-Richtlinien die Bewertungsverfahren ab Modul B bis Modul H zur Anwendung kommen, werden im Allgemeinen auch Wahlmöglichkeiten zwischen verschiedenen Bewertungsverfahren eingeräumt – man kann dann in den meisten Fällen zwischen produktbezogenen Prüfungen und der Einführung eines Qualitätssicherungssystems wählen.

4.1.2 Konformitätsnachweis des Produktsicherheitsgesetzes

Empfehlung: interne Fertigungskontrolle

Das Produktsicherheitsgesetz schreibt (im Gegensatz zu den CE-Richtlinien) kein spezielles Bewertungsverfahren für den Konformitätsnachweis vor – das heißt aber nicht, dass der Hersteller die Konformität seines Produkts mit diesem Gesetz nicht nachzuweisen hätte, vielmehr steht es ihm frei, auf welche Weise er dies tut.

Es ist zu empfehlen, das Bewertungsverfahren der internen Fertigungskontrolle (Modul A) anzuwenden, das auch in vielen CE-Richtlinien zur Anwendung kommt. Dabei werden in der Entwurfs- und Fertigungsstufe des Produkts interne Kontrollen durchgeführt, mit denen sich die Konformität des Produkts mit den Anforderungen des Produktsicherheitsgesetzes nachweisen lässt. Eine beispielhafte Beschreibung der internen Fertigungskontrolle ist im Konformitätsnachweis des Praxisbeispiels in Teil 2 des Buches enthalten.

Freiwillige Konformitätserklärung

Auf Grundlage der internen Fertigungskontrolle kann man dann auch – freiwillig – eine Konformitätserklärung im Sinne der DIN EN ISO/IEC 17050-1 ausstellen.

Diese freiwillige Konformitätserklärung ist aber keine **EU**-Konformitätserklärung wie sie die CE-Richtlinien fordern – und man darf daher auch **keine** CE-Kennzeichnung im Sinne des Produktsicherheitsgesetzes anbringen.

4.1.3 Konformitätsnachweis der Maschinenrichtlinie (9. ProdSGV)

Verfahren für die Maschinen (im weiteren Sinn)

Die Maschinenrichtlinie beschreibt ihre Konformitätsbewertungsverfahren für die Maschinen (im weiteren Sinn) in Artikel 12 – dabei ist zunächst grundsätzlich zu unterscheiden zwischen:

- den „Nicht-Anhang-IV-Maschinen“, worunter die „normalen“ Maschinen zu verstehen sind

und

- den „Anhang-IV-Maschinen“, das sind die in Anhang IV aufgelisteten Kategorien von „gefährlicheren“ Maschinen.

„Nicht-Anhang-IV-Maschinen“

Beim Konformitätsnachweis für „Nicht-Anhang-IV-Maschinen“ ist:

- das Bewertungsverfahren der internen Fertigungskontrolle nach Anhang VIII durchzuführen
- eine EG-Konformitätserklärung nach Anhang II Teil 1 Abschnitt A auszustellen

und

- die CE-Kennzeichnung nach Anhang III anzubringen.

„Anhang-IV-Maschinen"

Der Konformitätsnachweis für „Anhang-IV-Maschinen" gestaltet sich etwas komplexer, hier ist:

- sofern die „Maschine" komplett nach harmonisierten Normen gebaut wurde:
  - das Bewertungsverfahren der internen Fertigungskontrolle nach Anhang VIII durchzuführen

oder

  - das Bewertungsverfahren der internen Fertigungskontrolle nach Anhang VIII Nr. 3 in Verbindung mit der Baumusterprüfung durch eine notifizierte Stelle nach Anhang IX

oder

  - das Bewertungsverfahren der umfassenden Qualitätssicherung unter Einbindung einer notifizierten Stelle nach Anhang X durchzuführen
- sofern die „Maschine" **nicht** komplett nach harmonisierten Normen gebaut wurde:
  - das Bewertungsverfahren der internen Fertigungskontrolle nach Anhang VIII Nr. 3 in Verbindung mit der Baumusterprüfung durch eine notifizierte Stelle nach Anhang IX

oder

  - das Bewertungsverfahren der umfassenden Qualitätssicherung unter Einbindung einer notifizierten Stelle nach Anhang X durchzuführen
- eine EG-Konformitätserklärung nach Anhang II Teil 1 Abschnitt A auszustellen

und

- die CE-Kennzeichnung nach Anhang III anzubringen.

Grafischer Überblick

Die nachfolgende Abbildung gibt zum Konformitätsnachweis der Maschinenrichtlinie noch einmal einen grafischen Überblick.

Konformitätsnachweis der Maschinenrichtlinie 2006/42/EG

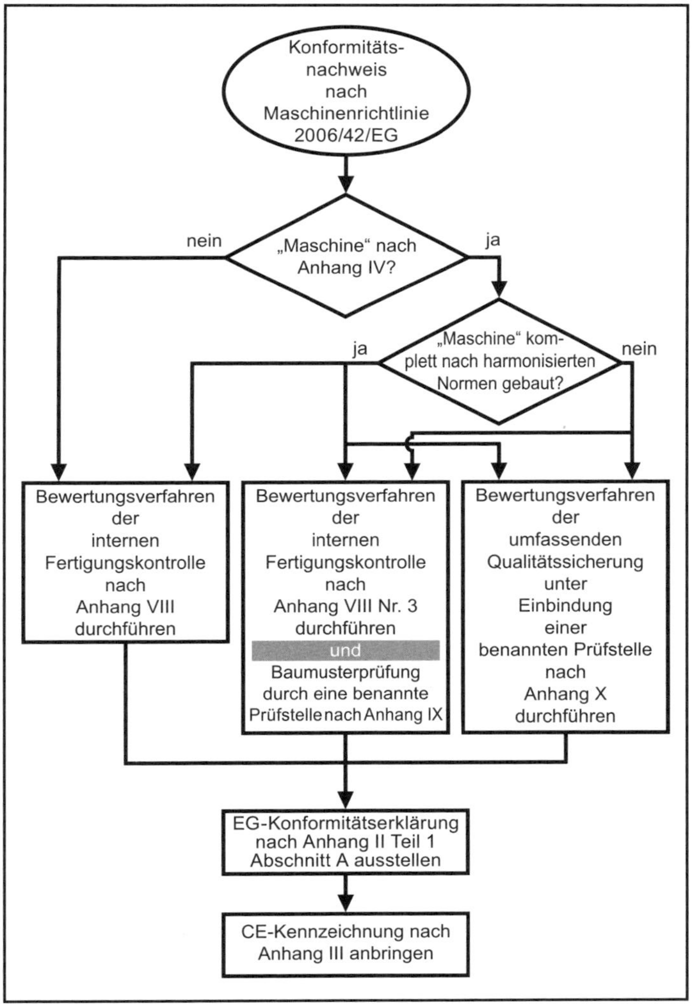

Inhalt der EG-Konformitätserklärung

Die EG-Konformitätserklärung für die Maschinen (im weiteren Sinn) muss nach Anhang II 1 A folgende Angaben enthalten:

- Firmenbezeichnung und vollständige Anschrift des Herstellers
- Name und Anschrift der bevollmächtigten Person für die technischen Unterlagen (muss in der Gemeinschaft ansässig sein)
- Beschreibung und Identifizierung der Maschine
- Satz, der ausdrückt, dass die Maschine mit der Richtlinie konform ist
- ggf. Name, Anschrift und Kennnummer der eingeschalteten Prüfstelle
- ggf. die angewandten Normen und anderen technischen Spezifikationen
- Ort und Datum der Erklärung
- Angaben zur Person, die die Erklärung ausstellt, sowie die Unterschrift dieser Person.

Und weiterhin gelten für die Abfassung und die Übersetzung dieser Erklärung die gleichen Bedingungen wie für die Betriebsanleitung in Anhang I Nummer 1.7.4 Buchstaben a und b.

Verfahren für unvollständige Maschinen

Hier sei zunächst noch einmal daran erinnert, dass die unvollständigen Maschinen nicht unter den Begriff „Maschine (im weiteren Sinn)" fallen (vgl. Artikel 2 erster Satz) – demzufolge sind die unvollständigen Maschinen auch nicht Gegenstand der in Artikel 12 genannten Konformitätsbewertungsverfahren.

Bezogen auf das Thema Konformitätsnachweis ergeben sich die Anforderungen für unvollständige Maschinen wieder aus Artikel 13 – danach ist:

- eine Einbauerklärung nach Anhang II Teil 1 Abschnitt B auszustellen

und

- **keine** CE-Kennzeichnung anzubringen.

Anmerkung: Diese Aussagen gelten nur im Zusammenhang mit der Maschinenrichtlinie – wenn bei einer unvollständigen Maschine noch andere CE-Richtlinien anzuwenden sind, so können diese Richtlinien sehr wohl eine EG-Konformitätserklärung und eine CE-Kennzeichnung vorschreiben.

Inhalt der Einbauerklärung

Die Einbauerklärung für unvollständige Maschinen muss nach Anhang II 1 B folgende Angaben enthalten:

- Firmenbezeichnung und vollständige Anschrift des Herstellers
- Name und Anschrift der bevollmächtigten Person für die technischen Unterlagen (muss in der Gemeinschaft ansässig sein)
- Beschreibung und Identifizierung der unvollständigen Maschine
- Erklärung, welche Anforderungen dieser Richtlinie zur Anwendung kommen und eingehalten werden
- Erklärung, dass die speziellen technischen Unterlagen nach Anhang VII B erstellt wurden
- Erklärung, dass auch die anderen einschlägigen Richtlinien eingehalten werden
- Verpflichtung, dass man auf Verlangen die speziellen Unterlagen übermittelt und wie dies geschieht
- Hinweis, dass die unvollständige Maschine erst dann in den Betrieb genommen werden darf, wenn auch die (vollständige) Maschine der Richtlinie entspricht
- Ort und Datum der Erklärung
- Angaben zur Person, die die Erklärung ausstellt, sowie die Unterschrift dieser Person

Und weiterhin gelten für die Abfassung und die Übersetzung dieser Erklärung die gleichen Bedingungen wie für die Betriebsanleitung in Anhang I Nummer 1.7.4 Buchstaben a und b.

4.1.4 Konformitätsnachweis der EMV-Richtlinie (EMVG)

Verfahren für Geräte

Der Konformitätsnachweis der EMV-Richtlinie bezieht sich nach Artikel 14 nur auf die Geräte – nicht auf ortsfeste Anlagen.

Beim Konformitätsnachweis für Geräte ist dann:

- das einfache Bewertungsverfahren der internen Fertigungskontrolle nach Anhang II durchzuführen

oder

- das erweiterte Bewertungsverfahren der EU-Baumusterprüfung nach Anhang III Teil A und der auf die Bauart bezogenen internen Fertigungskontrolle nach Anhang III Teil B
- eine EU-Konformitätserklärung nach Anhang IV auszustellen

und

- die CE-Kennzeichnung nach Artikel 16 und 17 anzubringen.

Grafischer Überblick

Die nachfolgende Abbildung gibt zum Konformitätsnachweis der EMV-Richtlinie noch einmal einen grafischen Überblick.

Konformitätsnachweis der EMV-Richtlinie 2014/30/EU

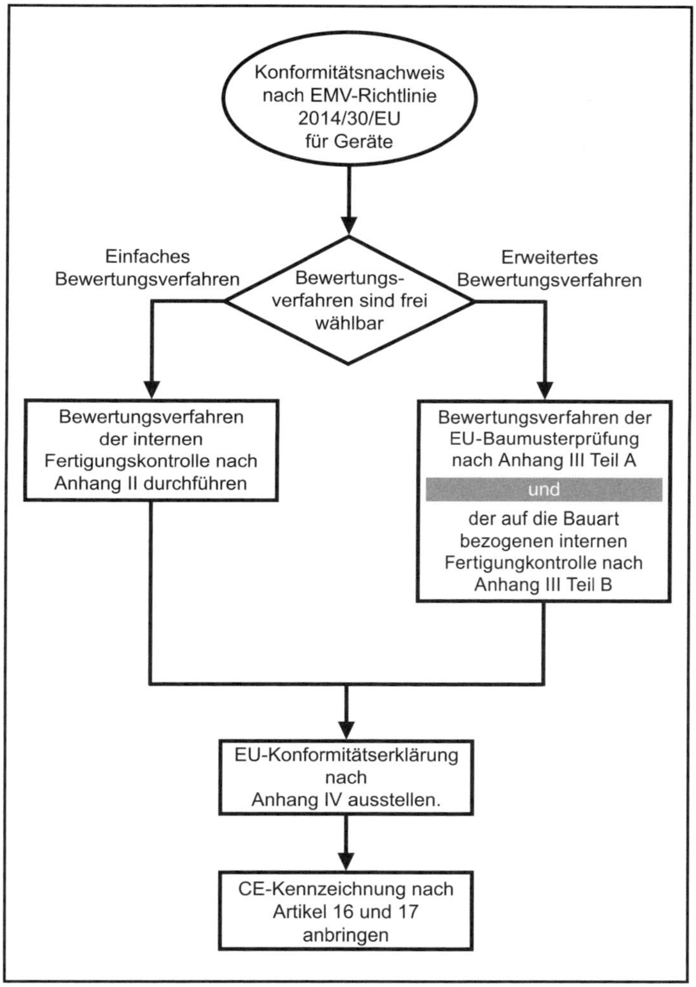

Verfahren für ortsfeste Anlagen

Nach Artikel 19 ist kein Konformitätsnachweis vorgesehen für:

- ortsfeste Anlagen

und auch

- Geräte, die für eine bestimmte ortsfeste Anlage bestimmt und anderweitig nicht auf dem Markt bereitgestellt werden.

Somit wird auch keine EU-Konformitätserklärung ausgestellt und auch keine CE-Kennzeichnung angebracht.

Allerdings gilt nach Artikel 19 dennoch:

- bei Anzeichen dafür, dass eine ortsfeste Anlage den Anforderungen dieser Richtlinie nicht entspricht, können die zuständigen Behörden einen Konformitätsnachweis verlangen sowie ggf. eine Überprüfung veranlassen

und

- falls erforderlich, können die zuständigen Behörden Maßnahmen zu Herstellung der Konformität anordnen.

4.2 Vorgehen beim Konformitätsnachweis

Das Vorgehen im Überblick

Die genaue Abwicklung des Konformitätsnachweises ist immer davon abhängig, welche CE-Richtlinien anzuwenden sind. Denn abhängig vom Risikopotenzial eines Produkts schreiben die CE-Richtlinien unterschiedliche Bewertungsverfahren vor.

Für den Konformitätsnachweis wird hier ein allgemein gültiges Vorgehen empfohlen, das sich in 6 Schritte gliedert:

1. Produktklasse ermitteln
2. Bewertungsverfahren festlegen
3. Bewertungsverfahren durchführen
4. Konformitätserklärung ausstellen
5. CE-Kennzeichnung anbringen
6. Konformitätsnachweis dokumentieren

Je nachdem welche CE-Richtlinien anzuwenden sind, können sich vor allem die Schritte 1 bis 3 mehr oder weniger umfangreich gestalten.

1. Produktklasse ermitteln

Zunächst ist zu ermitteln, welcher Produktklasse ein Produkt angehört. Dabei ist zu beachten, dass in einigen CE-Richtlinien die Produktklassen auch als Güteklassen oder Kategorien bezeichnet werden.

Die Produktklassen sind in den CE-Richtlinien mit unterschiedlichen Bewertungsverfahren verbunden.

2. Bewertungsverfahren festlegen

Jetzt ist ein Bewertungsverfahren festzulegen, das mit der Produktklasse verbunden ist, und nach dem man vorgehen will.

Bei sogenannten „gefährlicheren" Produktklassen werden in den meisten Fällen zwei oder mehr Verfahren zur Auswahl angeboten. Die Wahlmöglichkeiten sind dann ausführlich in den Richtlinien beschrieben.

3. Bewertungsverfahren durchführen

Das zuvor festgelegte Bewertungsverfahren ist jetzt durchzuführen – ggf. ist dabei abhängig vom festgelegten Verfahren eine notifizierte Stelle mit einzubeziehen.

Ein Bewertungsverfahren endet dann quasi mit der Feststellung, dass das Produkt konform ist mit der jeweiligen Richtlinie.

Sofern mehrere CE-Richtlinien auf ein Produkt angewendet wurden, sind zunächst die Schritte 1 bis 3 für jede Richtlinie zu wiederholen.

4. Konformitätserklärung ausstellen

Auf der Grundlage der abgeschlossenen Bewertungsverfahren ist jetzt die Konformitätserklärung auszustellen.

Damit wird die Konformität des Produkts mit den angewendeten CE-Richtlinien noch einmal in schriftlicher Form bestätigt.

Der Inhalt einer Konformitätserklärung ist in jeder CE-Richtlinie genau angegeben – dagegen gibt es für die äußere Gestaltung keine besonderen Vorschriften.

Sofern mehrere CE-Richtlinien angewendet wurden, kann man auch eine Konformitätserklärung im Sinne aller angewendeten Richtlinien ausstellen.

Die nachfolgende Abbildung zeigt ein Beispiel zur EU-Konformitätserklärung.

Beispiel einer EU-Konformitätserklärung

EU/EG-Konformitätserklärung

nach:

- Maschinenrichtlinie 2006/42/EG
- EMV-Richtlinie 2014/30/EU

Die Firma
Harald Böhl GmbH
Willershäuser Straße 16
35119 Rosenthal

erklärt hiermit als Hersteller, dass der Multilift E100g die Bestimmungen der oben genannten einschlägigen Harmonisierungsrechtsvorschriften der Gemeinschaft erfüllt.

Gemäß Anhang I Nr. 1.5.1. der Maschinenrichtlinie 2006/42/EG wurden auch die Schutzziele der Niederspannungsrichtlinie 2014/35/EU eingehalten.

Die bevollmächtigte Person für die Zusammenstellung der technischen Unterlagen im Sinne der Maschinenrichtlinie ist: Herr Harald Böhl

Insbesondere wurden die folgenden Normen herangezogen:

- DIN EN ISO 12100
  Sicherheit von Maschinen: Allgemeine Gestaltungsleitsätze – Risikobeurteilung und Risikominderung
- DIN EN 60204-1
  Sicherheit von Maschinen: Elektrische Ausrüstung von Maschinen – Allgemeine Anforderungen
- DIN EN 61000-6-1+3
  Elektromagnetische Verträglichkeit: Fachgrundnormen – Störfestigkeit+Störaussendung für Wohnbereich, Geschäfts- und Gewerbebereiche sowie Kleinbetriebe
- DIN EN 82079-1
  Erstellen von Gebrauchsanleitungen: Gliederung, Inhalt und Darstellung – Allgemeine Grundsätze und ausführliche Anforderungen

Rosenthal, den 29.05. 2017

....
(Herr Harald Böhl, Geschäftsführer)

---

5. CE-Kennzeichnung anbringen

Als äußerlich sichtbares Zeichen ist am Produkt noch die CE-Kennzeichnung anzubringen – dabei standen die beiden Buchstaben CE früher einmal für „Communauté Européene“, heute sind die Buchstaben als reine Bildmarke anzusehen.

Die CE-Kennzeichnung hat immer folgendes Gestaltungsmuster und muss i. d. R. mindestens 5 mm hoch sein – ggf. ist noch die Kennnummer der eingeschalteten notifizierten Stelle zu ergänzen.

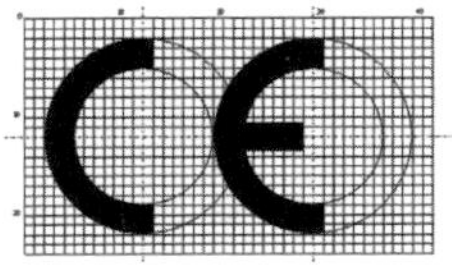

Anmerkung: Dieses Zeichen bringt der Hersteller immer selbst an, auch dann wenn eine notifizierte Stelle eingeschaltet wurde.

6. Konformitätsnachweis dokumentieren

Zum Schluss ist zu empfehlen, den Konformitätsnachweis zu dokumentieren – dies liefert einen wesentlichen Beitrag zur Qualität der technischen Dokumentation und erleichtert zudem die Arbeit beim nächsten Mal.

Ein Beispiel zur Dokumentation des Konformitätsnachweises ist im Teil 2 des Buches enthalten – und eine Arbeitsvorlage mit einem Kapitel zur Dokumentation des Konformitätsnachweises findet sich als Download im Internet, der entsprechende Link ist am Ende des Inhaltsverzeichnisses angegeben.

5 Produktsicherheit organisieren

Übersicht

Hier werden folgende Punkte behandelt:

- Grundlegendes zur Organisation
- Vorgehen bei der Organisation

5.1 Grundlegendes zur Organisation

Was spricht für die Organisation der Produktsicherheit?

Im Hinblick auf das Organisieren der Produktsicherheit in einem Unternehmen sei zunächst noch einmal angemerkt, dass die Anforderungen in den Rechtsvorschriften des Produktsicherheitsrechts weitestgehend nur allgemein formuliert sind – so nennen beispielsweise die CE-Richtlinien nur noch grundlegende Sicherheitsanforderungen.

Für ein Unternehmen bedeutet dies nun, dass die konkreten Maßnahmen zur Erfüllung der produktsicherheitsrechtlichen Anforderungen selbst herzuleiten sind; denn es gibt da keine To-do-Listen, nach denen man einfach vorgehen könnte.

Weiterhin ist zu beachten, dass sich die erforderlichen Maßnahmen auf die gesamten Herstellungsprozesse der Produkte erstrecken und sich somit auch auf mehrere Bereiche des Unternehmens wie auf größere Zeiträume verteilen. Dabei werden die Maßnahmen vor allem durch die Konstruktion, die Fertigung und die Technische Dokumentation umgesetzt – aber auch der Einkauf, Verkauf und Service sowie nicht zuletzt die Geschäftsleitung sind daran beteiligt.

Auch für die geforderte inhärente Sicherheit von Produkten ist es notwendig, dass die Maßnahmen des Produktsicherheitsrechts aufeinander abgestimmt sind. Insbesondere ist dabei die Risikobeurteilung rechtzeitig durchzuführen, sodass die hier festgelegten Sicherheitsmaßnahmen bereits in der Konstruktion umgesetzt werden können – darüber hinaus braucht man auch die Risikobeurteilung als Grundlage beim Erstellen der Benutzerinformation.

Und wenn man zudem noch bedenkt, dass die Maßnahmen auch immer wieder der aktuellen Rechtslage anzupassen sind, so lässt sich feststellen: Produktsicherheit in einem Unternehmen muss man organisieren!

Verbindungen zur ISO 9001

Beim Organisieren der Produktsicherheit sind angemessene Maßnahmen zur Erfüllung der Anforderungen des Produktsicherheitsrechts zu entwickeln, aufeinander abzustimmen und in die betrieblichen Abläufe einzubinden. In vielen

Fällen wird dies auch mit einigen Veränderungen in den Geschäftsprozessen der Unternehmen verbunden sein – das heißt, betriebliche Prozesse sind neu auszurichten.

Da auch die weitverbreitete Normenreihe der ISO 9000 mit ihrem prozessorientierten Ansatz darauf ausgerichtet ist, betriebliche Prozesse zu optimieren, ist es naheliegend danach zu fragen, welche Verbindungen sich insbesondere aus der ISO 9001 zum Produktsicherheitsrecht ergeben.

Zunächst lässt sich dabei feststellen, dass im Sinne von Punkt 4.1 das Produktsicherheitsrecht sicherlich ein relevantes externes Thema für jedes Unternehmen ist, das Produkte auf dem Markt bereitstellt.

Weiterhin muss ein Unternehmen die aus den relevanten Themen resultierenden Anforderungen bestimmen (vgl. Punkt 4.2) und die Prozesse seines Qualitätsmanagementsystems darauf abstimmen (vgl. Punkt 4.3) – das betrifft dann eben auch die Maßnahmen des Produktsicherheitsrechts.

Dabei sind nach Punkt 4.4.1 in erster Linie folgende Aspekte zu beachten:

- die Wechselwirkungen zwischen den Maßnahmen
- die benötigten Ressourcen und deren Verfügbarkeit sowie
- die Zuweisung von Verantwortlichkeiten und Befugnissen.

Und ganz besonders sei im Zusammenhang mit den Maßnahmen des Produktsicherheitsrechts auf die Forderung nach einer Risikobestimmung nach Punkt 6.1 hingewiesen – eine einfache Frage soll dies verdeutlichen: Was ist ein Unternehmen noch wert, das jahrelang Produkte auf dem Markt bereitgestellt hat, ohne die zutreffenden Rechtsvorschriften des Produktsicherheitsrechts erfüllt zu haben? Wohl eher weniger! Und noch schlimmer kann's kommen, wenn damit Rückrufe oder gar Produkthaftungsfälle verbunden sind.

Vor diesem Hintergrund kann man die Organisation der Produktsicherheit in einem Unternehmen nach ISO 9001 auch als Einstieg in ein **Compliance-Managementsystem** ansehen – worüber in diesen Zeiten immer mehr Unternehmen nachdenken.

Funktionsstelle für Produktsicherheit einrichten

Wie auch immer die konkrete Lösung beim Organisieren der Produktsicherheit in einem Unternehmen aussehen wird, es wird dabei sicherlich mindestens eine verantwortliche Person geben – im Hinblick darauf ist zu empfehlen, vorab eine Funktionsstelle für Produktsicherheit im Unternehmen einzurichten und diese Stelle:

- mit mehreren Personen zu besetzen sowie
- mit bereichsübergreifenden Zuständigkeiten und der Gesamtverantwortung auszustatten.

In eine solche Funktionsstelle sollte auch eine Person aus der Leitungsebene mit eingebunden werden, vor allem wenn man bedenkt, dass die damit verbundene Gesamtverantwortung letztlich auch die Freigabe eines Produkts für die Bereitstellung auf dem Markt beinhaltet.

Dies macht auch noch einmal deutlich, welchen Stellenwert das Thema Produktsicherheit im Unternehmen hat bzw. haben sollte.

Externe Partner beachten

Für eine rechtssichere und effiziente Umsetzung der erforderlichen Maßnahmen des Produktsicherheitsrecht ist es in vielen Fällen sinnvoll auch externe Partner mit einzubinden – dazu sollen einige Beispiele genannt werden:

- Örtliche Kammern (IHK und HWK)
- Notifizierte Stellen
- Marktüberwachungsbehörden
- Fachanwälte für: Produktsicherheitsrecht,

Produkthaftungsrecht, Vertragsrecht, ...

- Ingenieurbüros und technische Berater
- Dienstleister für technische Dokumentation
- Servicestellen für Rechtsvorschriften und Normen
- ... und nicht zuletzt „befreundete" Lieferanten und Kunden.

Maßnahmen intern oder extern umsetzen?

Zur Frage, ob einzelne Maßnahmen des Produktsicherheitsrechts nun eher intern oder extern umzusetzen sind, werden im Folgenden jeweils einige Vorteile zu den beiden Möglichkeiten genannt.

Vorteile interner Umsetzung können sein:

- Es ist zuallererst ein Beleg für die eigene Kompetenz!
- Man kann das eigene Wissen der Produkte und des Marktes besser nutzen.
- Die erforderlichen Maßnahmen lassen sich effizienter in die Herstellungsprozesse der Produkte integrieren.
- ...

Vorteile externer Umsetzung können sein:

- Es gibt klare Kostenstrukturen.
- Man kann mehr Rechtssicherheit erreichen.
- Es lassen sich mehr Synergieeffekte erzielen.
- ...

Und im Zusammenhang mit der externen Umsetzung sei noch darauf hingewiesen, dass Unternehmen für externe Beratungsleistungen in vielen Fällen auch Fördermittel erhalten können – weitere Informationen dazu gibt es im Allgemeinen bei den örtlichen Kammern.

5.2 Vorgehen bei der Organisation

Das Vorgehen im Überblick

Für das Organisieren der Produktsicherheit im Unternehmen wird hier ein systematisches Vorgehen empfohlen, das sich in 4 Schritte gliedert:

1. Betrachteten Kontext festlegen
2. Bisherige Maßnahmen erfassen
3. Zukünftige Maßnahmen entwickeln
4. Zukünftige Maßnahmen gestalten

Dieses Vorgehen entspricht einer Strategie aus dem Orientierungscoaching, mit der man Verhalten systematisch neu ausrichten kann – denn auch beim Organisieren der Maßnahmen zur Erfüllung des Produktsicherheitsrechts geht es zuallererst um das Verhalten von Menschen. Schließlich entsteht ein rechtskonformes Produkt nur dann, wenn sich die beteiligten Menschen entsprechend verhalten. Mögliche Probleme hierbei liegen also nicht im Produkt oder in der Dokumentation, sondern zuallererst im Verhalten der Menschen, die dafür zuständig sind.

Deshalb ist beim schriftlichen Bearbeiten der einzelnen Schritte darauf zu achten, dass das Verhalten bzw. die vom Unternehmen umzusetzenden Maßnahmen des Produktsicherheitsrechts im Vordergrund stehen – denn organisieren kann man nur das, was man erkannt hat.

Im Folgenden werden die einzelnen Schritte dieser Strategie kurz beschrieben – eine spezielle Arbeitsvorlagen zur Organisation findet sich als Download im Internet, der entsprechende Link ist am Ende des Inhaltsverzeichnisses angegeben.

Schritt 1: Betrachteten Kontext festlegen

Zunächst legt man in dem betrachteten Kontext fest, welche Maßnahmen des Produktsicherheitsrechts das Unternehmen umzusetzen hat und wer daran beteiligt ist. Die erforderlichen Maßnahmen sind aus den anzuwendenden Rechtsvorschriften des Produktsicherheitsrechts abzuleiten und auch in einem Prozess zusammenzufassen.

Die wesentlichen Fragen dazu sind:

- Welche Maßnahmen des Produktsicherheitsrechts sind im Unternehmen umzusetzen und wie lassen sich diese Maßnahmen in einem Prozess zusammenfassen?

  Als mögliche Antwort kann man hier die Maßnahmen des Praxisleitfadens aufführen:

  1 Rechtliche Grundlagen kennen

  2 Anwendung der Rechtsvorschriften prüfen

  3 Sicherheitsanforderungen erfüllen

  4 Konformität nachweisen

  5 Produktsicherheit organisieren

  Daneben sind auch andere Prozesse denkbar, beispielsweise könnten Abstimmungen mit Kunden oder notifizierten Stellen umfangreiche Maßnahmen erfordern und demzufolge in separaten Teilprozessen zusammengefasst werden.

- Welche Personen, Funktionsstellen oder Bereiche im Unternehmen sind an den Maßnahmen beteiligt?

  Zum Beispiel: Konstruktion, Fertigung, Technische Dokumentation, Einkauf, Verkauf, Service, Geschäftsleitung, ...

- Wer ist außerhalb des Unternehmens an den Maßnahmen beteiligt?

  Zum Beispiel: Externe Partner, Lieferanten, Kunden, Benutzer, Konkurrenten, Behörden, ...

Damit kann man das eigene Verhalten im betrachteten Kontext in einem zusammenhängenden Ganzen erkennen – das ermöglicht eine bessere Abstimmung zwischen den Maßnahmen und verhindert auch, dass einzelne Maßnahmen überbewertet oder vernachlässigt werden.

Ggf. kann man hierbei auch Unternehmensbereiche festlegen, die ausdrücklich nicht bzw. gesondert betrachtet werden sollen.

Schritt 2: Bisherige Maßnahmen erfassen

Jetzt richtet man den Blick zurück in die Vergangenheit und erfasst die im Unternehmen bisher umgesetzten Maßnahmen des Produktsicherheitsrechts – dabei sind ggf. auch noch nicht umgesetzte Maßnahme zu beachten.

Die wesentlichen Fragen dazu sind:

- WIE, WANN und von WEM wurden im Unternehmen die Maßnahmen des Produktsicherheitsrechts bisher umgesetzt?

  Empfehlung: Auf diese Weise alle Maßnahmen im Zusammenhang des Praxisleitfadens systematisch hinterfragen.

- Welche Maßnahmen wurden ggf. noch nicht umgesetzt?

Damit kann man alle im gesamten (!) Unternehmen bisher umgesetzten und ggf. auch noch nicht umgesetzten Maßnahmen des Produktsicherheitsrechts im Zusammenhang erkennen, sodass auf dieser Grundlage das bisherige Verhalten bewertet und entschieden werden kann, ob man den Ist-Zustand verändern will.

Zugleich findet damit eine getrennte Betrachtung gegenüber den zukünftigen Maßnahmen statt – auch weil sich in dem mit den bisherigen Maßnahmen oftmals verbundenen Problemzustand selten gute Lösungen finden lassen.

Schritt 3: Zukünftig Maßnahmen entwickeln

Nun schaut man nach vorne in die Zukunft und entwickelt die im Unternehmen zukünftig möglichen Maßnahmen des Produktsicherheitsrechts, also alle, auch alternative Maßnahmen, die zunächst einmal denkbar sind. Die meisten Maßnahmen können alternativ intern oder extern umgesetzt werden, oder aber man beginnt extern und nimmt es dann selbst in die Hand.

Die wesentlichen Fragen dazu sind:

- WIE, WANN und von WEM könnten im Unternehmen zukünftig mögliche Maßnahmen des Produktsicherheitsrechts umgesetzt werden?

  Empfehlung: Auf diese Weise alle Maßnahmen im Zusammenhang des Praxisleitfadens systematisch hinterfragen.
- Wie lassen sich dabei die alternativen Maßnahmen in verschiedenen Lösungsprozessen zusammenfassen?

Damit kann man die im Unternehmen zukünftig möglichen Maßnahmen des Produktsicherheitsrechts nicht nur im Einzelnen, sondern auch in alternativen zusammenhängenden Lösungsprozessen erkennen.

Weiterhin ist zu empfehlen, die verschiedenen zukünftigen Lösungsprozesse im Sinne einer Nutzwertanalyse umfassend zu bewerten, also neben der Wirtschaftlichkeit weitere mit den Maßnahmen verbundene Unternehmenswerte heranzuziehen wie z. B. Rechtssicherheit, Ehrlichkeit, Fairness und Fürsorge – und danach zu fragen, wie stark sich diese Werte bei den verschiedenen Lösungsprozessen erfüllen. Dabei lassen sich die Werte auch unterschiedlich gewichten.

Die nachfolgende Abbildung soll dieses Bewertungsprinzip noch einmal verdeutlichen.

Bewertungsprinzip im Sinne einer Nutzwertanalyse

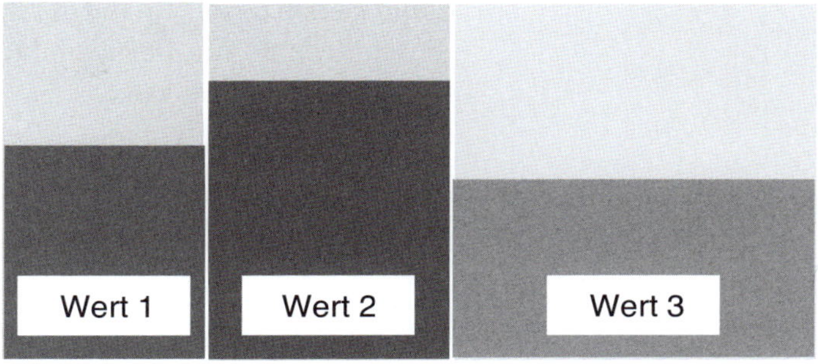

Auf dieser Bewertungsgrundlage entsteht am ehesten eine nachhaltige (!) Entscheidung, welchen Lösungsprozess man zukünftig umsetzen will – und warum man das will.

Ggf. kann man in diese Bewertung auch den bisherigen Lösungsprozess (aus Schritt 2) mit einbeziehen.

Schritt 4: Zukünftig Maßnahmen gestalten

Und schließlich geht es noch darum, die zukünftigen Maßnahmen des festgelegten Lösungsprozesses konkret zu gestalten – und auch noch einmal genauer auf die Hauptprozesse des Unternehmens abzustimmen.

Dabei sind die zukünftigen Maßnahmen so zu beschreiben, dass alle daran beteiligten Personen verstehen können, was sie zu tun haben. Weiterhin können jetzt auch die relevanten Anforderungen der ISO 9001 mit herangezogen werden.

Die wesentlichen Fragen dazu sind:

- WIE, WANN und von WEM sollen die zukünftig festgelegten Maßnahmen des Produktsicherheitsrechts konkret umgesetzt werden?

  Empfehlung: Auf diese Weise alle Maßnahmen im Zusammenhang des Praxisleitfadens systematisch hinterfragen.

- Welche relevanten Anforderungen der ISO 9001 sind dabei zu beachten?

  Zum Beispiel: Zielvorgaben, Verantwortlichkeiten und Befugnisse, benötigte Ressourcen und deren Verfügbarkeit, Anweisungen, Kontrollen, ...

Damit kann man die im Unternehmen zukünftig festgelegten Maßnahmen des Produktsicherheitsrechts konkret erkennen

– und zugleich entsteht mit der ausführlichen Beschreibung dieses Schritts die Dokumentation eines **Produktsicherheitsmanagementsystems**.

Die nachfolgende Abbildung zeigt dazu beispielhaft auf, wie die erforderlichen Informationen zur Beschreibung des Produktsicherheitsmanagementsystems aufgeteilt werden können – dabei steht „JA" für erforderliche Information und „ja" für hilfreiche Information.

Matrix zur Informationsaufteilung

CE-Maßnahmen	Bereiche oder Funktionsstellen				
	CE-Beauft.	Konstrukt.	Einkauf	Verkauf	GeschLeit.
Re GRL kennen	JA	ja	ja	ja	JA
Anwend. prüfen	JA	JA	JA	JA	ja
SiAnford. erfüllen	JA	JA	–	–	ja
Konf. nachweisen	JA	–	ja	–	ja
CE organisieren	JA	–	–	–	JA

Das Beispiel knüpft an die Ausführungen zur Strukturierung einer Benutzerinformation (vgl. Seite 76) an und will damit deutlich machen, dass das Know-how zur Erstellung einer Benutzerinformation auch zur verständlichen Beschreibung eines Managementsystems herangezogen werden kann.

Weiterhin lässt sich mit damit zeigen, dass die einzelne Informationseinheiten zum Produktsicherheitsmanagementsystem durchaus auch in eine bereits bestehende Dokumentation eines umfassenderen Qualitätsmanagementsystems eingearbeitet werden könnten – was zu einem integrierten Managementsystem führen kann.

Fazit

Das hier aufgezeigte Vorgehen mit seinen Fragestellungen zur Organisation der Produktsicherheit im Unternehmen soll am Ende des Praxisleitfadens auch noch einmal deutlich machen, dass letztlich eine rechtssichere und effiziente Umsetzung des Produktsicherheitsrechts nur dann gelingen kann, wenn alle erforderlichen Maßnahmen konkret ermittelt, aufeinander abgestimmt und in die betrieblichen Abläufe eingebunden werden.

Dabei wünschen wir Ihnen viel Erfolg!

TEIL 2

Praxisbeispiel: Multilift E100g

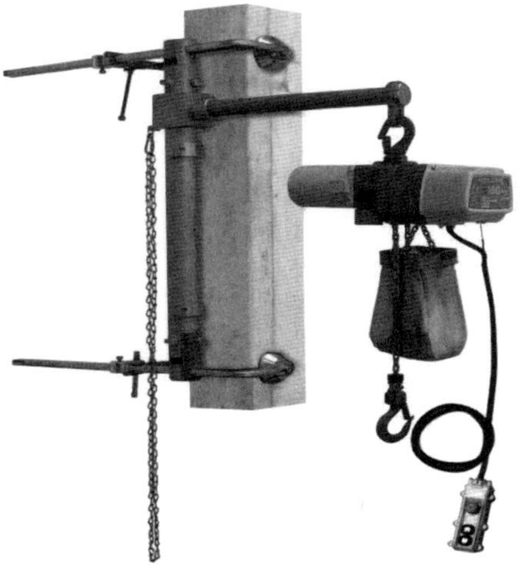

CE-Maßnahmen für: Multilift E100g

Übersicht

Die erforderlichen CE-Maßnahmen für den Multilift E100g sind in den folgenden Kapiteln dokumentiert:

1 Produktangaben

Übersicht

Die Produktangaben sind in folgenden Punkten dokumentiert:

- Einleitung
- Produktangaben
  - Produktaufbau
  - Produktfunktionen
  - Weiteres zum Produkt und seiner Umgebung
  - Produktlebensphasen mit Verhaltensweisen und Benutzerangaben

Einleitung

Was ist zu beachten?

Die hier festgelegten Produktangaben bilden die Grundlage für alle weiteren Produktbeschreibungen, insbesondere in der Benutzerinformation.

Eventuelle Widersprüche sind deshalb hier verbindlich festzulegen.

Produktangaben

Produktbezeichnung

Produktname
Multilift

Typ
E100g

Baujahr
2017

Zeitpunkt der erstmaligen Bereitstellung auf dem Markt
ab 01. 06. 2017

Produktaufbau

Hauptbestandteile

- Hauptrohr bestehend aus Basis-Rohr, Mittelachse und Adapter für die Horizontal- und Vertikalmontage
- Feststelllager und Schwenkarm

- Schraubzwingen mit Spannplatten und Adapterplatten
- Elektro-Kettenzug HB1 und Transportkiste

Bedienelemente

- Haken des Kettenzugs mit Hakensperrklinke
- Steuerschalter des Kettenzugs
- Schwenkarm und dessen Sicherung

Antriebselemente

- Elektro-Kettenzug HB1

Produktfunktionen

Funktionsweisen
Der Multilift E100g wird mit Schraubzwingen an einem Träger, einer Mauer oder einem Gerüstbaurohr horizontal oder vertikal befestigt und ermöglicht durch einen am Schwenkarm montierten Kettenzug den Vertikalzug von Lasten.

Bestimmungsgemäße Verwendung
Der Multilift E100g ist zu folgenden Verwendungen bestimmt:

- als universal einsetzbares Hebezeug
- mit max. Belastung 100 kg
- für Außen- und Innenbereich
- nicht im Ex-Bereich
- nach Schutzklasse IP44
- bei einer zul. Temperatur von -20 bis +40 °C
- bis zu einer max. Hubhöhe von 10 m.

Nicht bestimmungsgemäße Verwendung
Als nicht bestimmungsgemäße Verwendung im Sinne einer vorhersehbaren Fehlanwendung gilt:

- die Beförderung von Personen und Tieren
- der Transport schwererer Lasten als der angegebenen
- jede andere Verwendung außer den vorgesehenen.

Betriebszustände
Nach der Montage des Multilifts können folgende Betriebszustände unterschieden werden:

- ausgeschaltet und ruhend
- eingeschaltet und ruhend
- eingeschaltet und Lasten befördernd.

Weiteres zum Produkt und seiner Umgebung

Besondere Voraussetzungen
Für die Befestigung ist ein stabiler Untergrund erforderlich. Die Tragfähigkeit muss größer sein, als die maximale Belastung durch den Multilift. Geeignet sind z.B. festes Mauerwerk, Dachbalken oder Gerüstrohre.

Lebensdauer
Die Lebensdauer wird begrenzt durch den Materialverschleiß (hauptsächlich im Bereich des Kettenzugs) und Materialermüdung. Die Lebensdauer ist daher abhängig von der Häufigkeit der Nutzung und den Umweltbedingungen, denen der Multilift ausgesetzt ist.

Verpackungen und Transportmittel
Transport und Lagerung erfolgt in einer mitgelieferten Holzkiste mit Halterungen für die Einzelteile

Versorgungsanschlüsse
Kabel für die Stromversorgung des Kettenzugs –
230 V, 50 Hz, 3 A.

Arbeitsplätze der Benutzer
Außen-, Innen- und Höhenarbeitsplätze

Bewegungsfreiräume
Die Benutzer haben im Bereich des Multilift E100g grundsätzlich freien Bewegungsraum. Der Bewegungsraum wird durch den Bereich des Schwenkarms und den damit verbundenen Lastbereich begrenzt. Daneben kann es zusätzliche Beschränkungen des Bewegungsraumes aufgrund besonderer Gegebenheiten an der Baustelle geben.

Umwelt- und Klimabedingungen
Die Umwelt- und Klimabedingungen werden durch den Elektro-Kettenzug HB1 vorgegeben:

- Arbeitstemperaturbereich von -20 °C bis +40 °C
- Feuchtigkeitsbereich am Arbeitsplatz maximal 85 %
- Entstehender Geräuschpegel < 70 dB(A)

Ersatz- und Verschleißteile
Ersatzteile sind:

- Verbindungsschrauben Gerüsthalterung
- Halterungsketten für Adapter
- Rändelschrauben (Riegel lang und kurz)
- Madenschrauben und
- Drehmomentbolzen

Verschleißteile am Multilift E100g liegen ausschließlich im Bereich des Elektro-Kettenzugs HB1 vor:

- Kette
- Bremse und Bremskupplung
- Getriebe

Produktlebensphasen

Für den Multilift E100g werden die folgenden zugelassenen Produktlebensphasen festgelegt:

1. Transport
2. Lagerung
3. Montage
4. Inbetriebnahme
5. Bedienung
6. Demontage
7. Störungsbeseitigung
8. Instandhaltung

2 Anwendungsprüfung

Übersicht

Die Anwendungsprüfung ist in folgenden Punkten dokumentiert:

- Einleitung
- Anzuwendende Rechtsvorschriften

Einleitung

Was ist zu beachten?

Die Definition der bestimmungsgemäßen sowie der nicht bestimmungsgemäßen Verwendung muss vorliegen.

Es sind die zum Zeitpunkt der erstmaligen Bereitstellung auf dem Markt gültigen Rechtsvorschriften zu beachten.

Anzuwendende Rechtsvorschriften

Ergebnis der Anwendungsprüfung

Für die erstmalige Bereitstellung auf dem Markt bzw. das Inverkehrbringen des Multilifts E100g sind die folgenden Rechtsvorschriften anzuwenden:

- Produktsicherheitsgesetz (ProdSG)
- Maschinenrichtlinie 2006/42/EG bzw. 9. ProdSV
- EMV-Richtlinie 2014/30/EU bzw. EMV-Gesetz.

Folgende weiterhin naheliegende Rechtsvorschriften sind nicht anzuwenden:

- Niederspannungsrichtlinie 2014/35/EU bzw. 1. ProdSV
- Aufzugsrichtlinie 2014/33/EU bzw. 12. ProdSV.

Erläuterungen zum Produktsicherheitsgesetz

Das Produktsicherheitsgesetz (ProdSG) ist anzuwenden, weil der Multilift E100g:

- im Sinne des ProdSG ein Produkt ist (vgl. §§ 1 und 2) und
- vom Anwendungsbereich des ProdSG nicht ausgeschlossen wird (vgl. § 1).

Erläuterungen zur Maschinenrichtlinie	Die Maschinenrichtlinie ist anzuwenden, weil der Multilift E100g: • im Sinne dieser Richtlinie eine „Maschine“ ist, die eine Gesamtheit von miteinander verbundener Teile oder Vorrichtungen darstellt, von denen mindestens eines/eine beweglich ist und die für eine bestimmte Anwendung zusammengefügt sind und deren Antriebsystem nicht auf der unmittelbaren menschlichen oder tierischen Kraft beruht (vgl. Artikel 1 (1) und Artikel 2 Buchstabe a erster Gedankenstrich) und • vom Anwendungsbereich der Maschinenrichtlinie nicht ausgeschlossen wird (vgl. Artikel 1 (2)).
Erläuterungen zur EMV-Richtlinie	Die EMV-Richtlinie ist anzuwenden, weil der Multilift E100g: • im Sinne dieser Richtlinie ein „Gerät“ ist, das elektromagnetische Störungen verursachen kann oder dessen Betrieb durch elektromagnetische Störungen beeinträchtigt werden kann (vgl. Artikel 2 und 3) • vom Anwendungsbereich der EMV-Richtlinie nicht ausgeschlossen wird (vgl. Artikel 2 (2)).
Erläuterungen zur Niederspannungsrichtlinie	Die Niederspannungsrichtlinie ist nicht anzuwenden, weil der Multilift E100g: • unter die Maschinenrichtlinie fällt und die Maschinenrichtlinie in Anhang I Punkt 1.5.1 zweiter Absatz sozusagen die gleichzeitige Anwendung der Niederspannungsrichtlinie ausschließt • allerdings sind die Sicherheitsanforderungen der Niederspannungsrichtlinie zu erfüllen.
Erläuterungen zur Aufzugsrichtlinie	Die Aufzugsrichtlinie ist nicht anzuwenden, weil der Multilift E100g als mobiles Hebezeug: • kein Aufzug darstellt, der Gebäude und Bauten dauerhaft bedient (vgl. Artikel 1 (1) erster Satz) und • zudem ist der Lastträger für Personen nicht betretbar (vgl. Artikel 1 (1) c)).

3 Normenrecherche

Übersicht

Die Normenrecherche ist in folgenden Punkten dokumentiert:

- Einleitung
- Anzuwendende Normen und technische Spezifikationen

Einleitung

Was ist zu beachten?

Es sind vor allem die aktuell gültigen Normenlisten der anzuwendenden CE-Richtlinien zu beachten.

Darüber hinaus kann auch die im Bundesanzeiger veröffentlichte aktuelle Normenliste zum Produktsicherheitsgesetz mit herangezogen werden.

Anzuwendende Normen und technische Spezifikationen

DIN EN ISO 12100

Sicherheit von Maschinen: Allgemeine Gestaltungsleitsätze – Risikobeurteilung und Risikominderung

DIN EN ISO 13849-1

Sicherheit von Maschinen: Sicherheitsbezogene Teile von Steuerungen – Allgemeine Gestaltungsleitsätze

DIN EN 60204-1

Sicherheit von Maschinen: Elektrische Ausrüstung von Maschinen – Allgemeine Anforderungen

DIN EN 61000-6-1

Elektromagnetische Verträglichkeit: Fachgrundnormen – Störfestigkeit für Wohnbereich, Geschäfts- und Gewerbebereiche sowie Kleinbetriebe

DIN EN 61000-6-3

Elektromagnetische Verträglichkeit: Fachgrundnormen – Störaussendung für Wohnbereich, Geschäfts- und Gewerbebereiche sowie Kleinbetriebe

DIN EN 82079-1

Erstellen von Gebrauchsanleitungen: Gliederung, Inhalt und Darstellung – Allgemeine Grundsätze und ausführliche Anforderungen

4 Risikobeurteilung

Übersicht

Die Risikobeurteilung ist in folgenden Punkten dokumentiert:

- Einleitung
- Produktgefahren
- Zusammengefasste Sicherheitsaspekte

Einleitung

Vorgehen bei der Risikobeurteilung

In Anlehnung an die beiden harmonisierten Normen:

- DIN EN ISO 12100 sowie
- DIN EN ISO 13849-1

wird bei der Risikobeurteilung ein systematisches Vorgehen angewendet, das sich in 6 Schritte gliedert:

1. Produktangaben definieren
2. Gefahren ermitteln
3. Risiko einschätzen und bewerten
4. Sicherheitsziel definieren
5. Sicherheitsmaßnahmen festlegen
6. Kontrollen festlegen.

Erläuterungen zum Einschätzen und Bewerten des Risikos

Risiko einschätzen
Zum Einschätzen des Risikos, das mit einer Gefahr verbunden ist, werden die folgenden Aspekte betrachtet:

- Ausmaß des Schadens (AMS) und
- Eintrittswahrscheinlichkeit des Schadens (EWS) – die weiter unterteilt wird in:
  - Dauer der Gefahrensituation (DGS)
  - Wahrscheinlichkeit des Gefahrenereignisses (WGE)
  - Möglichkeit der Schadensvermeidung (MSV).

Im Folgenden werden diese Risikoaspekte näher erläutert und mit Zahlenwerten belegt.

Ausmaß des Schadens (AMS): Hierbei ist das Ausmaß von Personenschäden und Sachschäden einzuschätzen, das von einer Gefahr verursacht werden kann – ggf. sind hierbei auch Haustiere und Umweltschäden zu berücksichtigen.

Verwendete Zahlenwerte:

- AMS = 0 keine Personen- und keine Sachschäden
- AMS = 1 sehr leichte Verletzungen ohne Arbeitsausfall und/oder geringe Sachschäden
- AMS = 2 leichte Verletzungen mit Arbeitsausfall und/oder schwere Sachschäden
- AMS = 3 schwere irreversible oder tödliche Verletzungen und/oder sehr schwere Sachschäden.

Eintrittswahrscheinlichkeit des Schadens(EWS): Hierbei ist die Wahrscheinlichkeit einzuschätzen, mit der ein Schaden eintreten kann – weiterhin gilt:

EWS = DGS × WGE × MSV

Dauer der Gefahrensituation (DGS): Hierbei ist die zeitliche Dauer der Situation einzuschätzen, in der eine Person einer Gefahr ausgesetzt ist. Bei plötzlich auftretenden Gefahren wie z. B. herabfallende Teile ist der gesamte Zeitraum zu berücksichtigen, in dem die Gefahr auftreten kann. Weiterhin ist zu beachten, dass häufig auftretende Gefahrensituationen von kurzer Dauer insgesamt auch zu einer mittleren oder langen Dauer der Gefahrensituation führen können.

Verwendete Zahlenwerte:

- DGS = 1 kurz – wie z. B. sich bewegende Teile beim Transport eines Containers einmal pro Schicht
- DGS = 2 mittel
- DGS = 3 lang – wie z. B. sich bewegende Teile bei Fließbandmontagearbeiten.

Wahrscheinlichkeit des Gefahrenereignisses (WGE): Hierbei ist die Wahrscheinlichkeit einzuschätzen, mit der ein Ereignis auftritt, das Schaden verursachen kann.

Verwendete Zahlenwerte:

- WGE = 1 gering – wie z. B. der Triebwerksausfall im Flugzeug, der einen Absturz verursachen kann
- WGE = 2 mittel
- WGE = 3 hoch – wie z. B. Sägearbeiten an einer offenen Kreissäge, wodurch Schnittverletzungen verursacht werden können.

Möglichkeit der Schadensvermeidung (MSV): Hierbei ist die Möglichkeit einzuschätzen, inwieweit eine Person in der Gefahrensituation einen Schaden vermeiden oder begrenzen kann – dabei ist auch die Qualifikation und das Risikobewusstsein dieser Person zu beachten.

Verwendete Zahlenwerte:

- MSV = 1 gut möglich – wie z. B. das Einziehen an einer sichtbar rotierenden Welle

- MSV = 2 kaum oder gar nicht möglich – wie z. B. der Stromschlag an spannungsführenden Teilen im Fehlerzustand.

Risiko bewerten
Auf der Grundlage der Risikoeinschätzung erfolgt jetzt das Bewerten des Risikos – dazu:

- berechnet man zunächst die Risikozahl mit:
  RKZ = AMS × EWS = AMS × (DGS × WGE × MSV)

  und

- entscheidet, ob das Risiko zu mindern ist – das ist dann erforderlich, wenn man das Risiko als „gesellschaftlich **nicht** akzeptiert“ einstuft.

Produktgefahren

Nr.	**Gefahren** Lebensphase, Verhaltensweise, Gefahr, Folgen der Gefahr und gefährdete Personen	**Risiko** RKZ = AMS × DGS × WGE × MSV	**Sicherheitsziel**	**Sicherheitsmaßnahmen**	**Kontrollen**	**Rechtsvorschriften und Nomen**
...						
4.1	**Montage und Bedienung** Beim Befestigen des Multilifts sowie beim Heben und Senken von Lasten besteht die Gefahr, dass der Multilift und die Lasten herabfallen können, weil am Untergrund kein sicherer Halt gegeben ist. Die Folgen der Gefahr können tödliche Quetschungen für das Montage- und Bedienpersonal sowie andere Personen im Lastbereich sein.	AMS = 3 DGS = 2 WGE = 3 MSV = 2 RKZ = 36	Der Multilift muss bei bestimmungsgemäßer Montage und Bedienung sicher am Untergrund halten.	Die Befestigungselemente sind so zu konstruieren, dass zwischen dem Multilift und den verschiedenen Untergründen eine formschlüssige Verbindung gewährleistet ist. Je nach Untergrund sind dafür ggf. unterschiedliche Adapter erforderlich. Durchführung: Mechan. Konstrkt. Termin: Jan. 2017 Status: erledigt	Die Haltbarkeit der formschlüssigen Verbindungen ist im Testbetrieb mit ca. 150 kg zu prüfen. Durchführung: Mechan. Konstrkt. und QS Termin: Feb. 2017 Status: erledigt	Masch.-RL Anh. I Nr. 1.3.3 DIN EN ISO 12100
Erneute Prüfung: Ist die Gefahr mit der ergriffenen Sicherheitsmaßnahme beseitigt?						

Ausmaß des Schadens: AMS = 0 bis 3 – Dauer der Gefahrensituation: DGS = 1 bis 3 – Wahrscheinlichkeit des Gefahrenereignisses: WGE = 1 bis 3 – Möglichkeit der Schadensvermeidung: MSV = 1 bis 2 11

Produktgefahren

Nr.	**Gefahren** Lebensphase, Verhaltensweise, Gefahr, Folgen der Gefahr und gefährdete Personen	**Risiko** RKZ = AMS × DGS × WGE × MSV	**Sicherheitsziel**	**Sicherheitsmaßnahmen**	**Kontrollen**	**Rechtsvorschriften und Nomen**
4.2	**Montage und Bedienung** Wenn beim Montieren die formschlüssigen Befestigungselemente falsch verwendet werden, besteht die unter 4.1 beschriebene Gefahr und deren Folgen weiterhin.	AMS = 3 DGS = 2 WGE = 2 MSV = 2 RKZ = 24	Die richtige Verwendung der formschlüssigen Befestigungselemente muss sichergestellt sein.	In der Benutzerinformation sind folgende Punkte zu beschreiben: 1) die richtige Verwendung der unterschiedlichen formschlüssigen Befestigungselemente für die verschiedenen Untergründe 2) Vorgehen und Kontrolle bei den unterschiedlichen Montagevarianten 3) Sicherheitshinweise zu den Gefahren bei falscher Montage Durchführung: TD Termin: März 2017 Status: erledigt	Die Angaben in der Benutzerinformation sind zu kontrollieren. Dabei ist die Verständlichkeit dieser Angaben durch einen Anwendertest zu bestätigen. Durchführung: TD und QS Termin: April 2017 Status: erledigt	Masch.-RL Anh. I Nr. 1.5.4 DIN EN ISO 12100 DIN EN 82079-1
Erneute Prüfung: Ist die Gefahr mit der ergriffenen Sicherheitsmaßnahme beseitigt?						
4.3	**Montage und Bedienung** Wenn die Angaben in der Benutzerinformation nicht beachtet werden, besteht die unter 4.1 beschriebene Gefahr und deren Folgen weiterhin.	AMS = 3 DGS = 2 WGE = 1 MSV = 2 RKZ = 12	Das verbleibende Restrisiko wird als „gesellschaftlich akzeptiert“ angenommen.	Es sind keine weiteren Sicherheitsmaßnahmen erforderlich.		
—						

Ausmaß des Schadens: AMS = 0 bis 3 – Dauer der Gefahrensituation: DGS = 1 bis 3 – Wahrscheinlichkeit des Gefahrenereignisses: WGE = 1 bis 3 – Möglichkeit der Schadensvermeidung: MSV = 1 bis 2 12

Produktgefahren

Nr.	**Gefahren** Lebensphase, Verhaltensweise, Gefahr, Folgen der Gefahr und gefährdete Personen	**Risiko** RKZ = AMS × DGS × WGE × MSV	**Sicherheitsziel**	**Sicherheitsmaßnahmen**	**Kontrollen**	**Rechtsvorschriften und Nomen**
5.1	**Bedienung** Wird der Multilift „nicht bestimmungsgemäß“ in einer explosiven Atmosphäre verwendet, besteht die Gefahr, dass die Atmosphäre explodieren kann, da der Multilift nicht explosionsgeschützt ausgelegt wird. Die Folgen der Gefahr können schwere Verletzungen für das Bedienpersonal sowie andere Personen in unmittelbarer Nähe sein.	AMS = 3 DGS = 1 WGE = 3 MSV = 2 RKZ = 18	Die „nicht bestimmungsgemäße Verwendung“ des Multilifts in einer explosiven Atmosphäre ist auszuschließen.	In der Benutzerinformation ist darauf hinzuweisen, dass die Verwendung des Multilifts in Ex-Bereichen unzulässig ist. Durchführung: TD Termin: März 2017 Status: erledigt	Die Angaben in der Benutzerinformation sind zu kontrollieren. Durchführung: TD und QS Termin: April 2017 Status: erledigt	Masch.-RL Anh. I Nr. 1.5.7 DIN EN ISO 12100 DIN EN 82079-1
	Erneute Prüfung: Ist die Gefahr mit der ergriffenen Sicherheitsmaßnahme beseitigt?					
5.2	**Bedienung** Wenn die Angaben in der Benutzerinformation nicht beachtet werden, besteht die unter 5.1 beschriebene Gefahr und deren Folgen weiterhin.	AMS = 3 DGS = 1 WGE = 1 MSV = 2 RKZ = 6	Das verbleibende Restrisiko wird als „gesellschaftlich akzeptiert“ angenommen.	Es sind keine weiteren Sicherheitsmaßnahmen erforderlich.		
	—					

Ausmaß des Schadens: AMS = 0 bis 3 – Dauer der Gefahrensituation: DGS = 1 bis 3 – Wahrscheinlichkeit des Gefahrenereignisses: WGE = 1 bis 3 – Möglichkeit der Schadensvermeidung: MSV = 1 bis 2 13

Produktgefahren

Nr.	**Gefahren** Lebensphase, Verhaltensweise, Gefahr, Folgen der Gefahr und gefährdete Personen	**Risiko** RKZ = AMS × DGS × WGE × MSV	**Sicherheitsziel**	**Sicherheitsmaßnahmen**	**Kontrollen**	**Rechtsvorschriften und Nomen**
6.1	**Bedienung, Störungsbeseitigung, Instandhaltung** Bei den Arbeiten an der elektrischen Einrichtung des Multilifts bestehen Gefahren durch spannungsführende Teile. Die Folgen der Gefahren können tödliche Stromschläge durch den Kontakt mit spannungsführenden Teilen für das Arbeitspersonal sein.	AMS = 3 DGS = 3 WGE = 3 MSV = 2 RKZ = 54	Der direkte Kontakt mit spannungsführenden Teilen muss ausgeschlossen sein.	Die elektrische Installation ist gemäß DIN EN 60 204-1 und anderen gültigen und zutreffenden Regeln zur elektrischen Sicherheit auszuführen. Alle Kabeldurchführungen durch Metallgehäuse werden isoliert. Die elektrische Anlage ist für Unbefugte unzugänglich auszuführen. Alle Abdeckungen sind zu verschrauben. Durchführung: Elektr. Konstrkt. Termin: Jan. 2017 Status: erledigt	Vor der Erstinbetriebnahme ist die elektrische Sicherheit nach DIN EN 60204-1 zu prüfen – die Prüfung ist zu protokollieren, das Messprotokoll ist der techn. Dokumentation beizufügen. Durchführung: Elektr. Konstrkt. u. QS Termin: Feb. 2017 Status: erledigt	Masch.-RL Anh. I Nr. 1.5.4 Nsp.-RL Anh. I Nr. 1. u. 2. DIN EN ISO 12100 DIN EN 60204-1

Erneute Prüfung: Ist die Gefahr mit der ergriffenen Sicherheitsmaßnahme beseitigt?

Ausmaß des Schadens: AMS = 0 bis 3 – Dauer der Gefahrensituation: DGS = 1 bis 3 – Wahrscheinlichkeit des Gefahrenereignisses: WGE = 1 bis 3 – Möglichkeit der Schadensvermeidung: MSV = 1 bis 2 14

Produktgefahren

Nr.	Gefahren Lebensphase, Verhaltensweise, Gefahr, Folgen der Gefahr und gefährdete Personen	Risiko RKZ = AMS × DGS × WGE × MSV	Sicherheitsziel	Sicherheitsmaßnahmen	Kontrollen	Rechtsvorschriften und Nomen
6.2	**Bedienung, Störungsbeseitigung, Instandhaltung** Wenn sich das Arbeitspersonal nicht ordnungsgemäß und sicher verhält, bestehen weiterhin noch einige Gefahren durch spannungsführende Teile und deren Folgen.	AMS = 3 DGS = 2 WGE = 2 MSV = 2 RKZ = 24	Das ordnungsgemäße und sichere Verhalten muss gewährleistet sein.	In der Benutzerinformation sind folgende Punkte zu beschreiben: 1) alle Arbeiten an der Elektrik dürfen nur durch Elektrofachkräfte durchgeführt werden 2) bei allen Elektroarbeiten müssen die 5 Sicherheitsregeln für Arbeiten an elektrischen Anlagen beachtet werden 3) der gesamte Multilift ist regelmäßig zu überprüfen. Durchführung: TD Termin: März 2017 Status: erledigt	Die Angaben in der Benutzerinformation sind zu kontrollieren. Durchführung: TD und QS Termin: April 2017 Status: erledigt	Masch.-RL Anh. I Nr. 1.7.4 Nsp.-RL Anh. I Nr. 1. u. 2. DIN EN ISO 12100 DIN EN 60204-1 DIN EN 82079-1
Erneute Prüfung: Ist die Gefahr mit der ergriffenen Sicherheitsmaßnahme beseitigt?						
6.3	**Bedienung, Störungsbeseitigung, Instandhaltung** Wenn die Angaben in der Benutzerinformation nicht beachtet werden, bestehen die unter 6.2 beschriebenen Gefahren und deren Folgen weiterhin.	AMS = 3 DGS = 1 WGE = 1 MSV = 2 RKZ = 6	Das verbleibende Restrisiko wird als „gesellschaftlich akzeptiert“ angenommen.	Es sind keine weiteren Sicherheitsmaßnahmen erforderlich.		
—						

Ausmaß des Schadens: AMS = 0 bis 3 – Dauer der Gefahrensituation: DGS = 1 bis 3 – Wahrscheinlichkeit des Gefahrenereignisses: WGE = 1 bis 3 – Möglichkeit der Schadensvermeidung: MSV = 1 bis 2 15

Produktgefahren

Nr.	**Gefahren** Lebensphase, Verhaltensweise, Gefahr, Folgen der Gefahr und gefährdete Personen	**Risiko** RKZ = AMS × DGS × WGE × MSV	**Sicherheitsziel**	**Sicherheitsmaßnahmen**	**Kontrollen**	**Rechtsvorschriften und Nomen**
7.1	**Bedienung** Beim Heben und Senken von Lasten besteht die Gefahr, dass der Multilift elektromagnetische Strahlungen aussenden kann. Die Folgen der Gefahr können vielfältige Verletzungen für das Bedienpersonal und andere Personen sein, weil Kommunikationseinrichtungen ausfallen und Geräte unkontrollierte Bewegungen ausführen können.	AMS = 2 DGS = 2 WGE = 1 MSV = 2 RKZ = 8	Kommunikationseinrichtungen und sonstige Geräte im Umfeld des Multilifts dürfen keinen unzulässigen elektromagnetischen Störungen ausgesetzt sein.	Alle elektrischen bzw. elektronischen Bauteile werden zugekauft und müssen die Anforderungen der EMV-Richtlinie 2004/108/EG erfüllen. Der Multilift wird nach den gültigen harmonisierten Normen für die elektromagnetische Verträglichkeit ausgelegt und aufgebaut. Durchführung: Elektr. Konstrkt. Termin: Jan. 2017 Status: erledigt	Die Konstruktionsunterlagen sind durch eine externe Prüfstelle zu bestätigen. Durchführung: Elektr. Konstrkt., QS und Prüfstelle Termin: Feb. 2017 Status: erledigt	Masch.-RL Anh. I Nr. 1.5.10 EMV-RL Anh. I Nr. 1. DIN EN ISO 12100 DIN EN 61000-6-1 und -3
	Erneute Prüfung: Ist die Gefahr mit der ergriffenen Sicherheitsmaßnahme beseitigt?					
7.2	**Bedienung** Wenn ein Defekt auftritt, besteht die unter 7.1 beschriebene Gefahr und deren Folgen weiterhin.	AMS = 2 DGS = 1 WGE = 1 MSV = 2 RKZ = 4	Das verbleibende Restrisiko wird als „gesellschaftlich akzeptiert“ angenommen.	Es sind keine weiteren Sicherheitsmaßnahmen erforderlich.		
				—		
...						

Ausmaß des Schadens: AMS = 0 bis 3 – Dauer der Gefahrensituation: DGS = 1 bis 3 – Wahrscheinlichkeit des Gefahrenereignisses: WGE = 1 bis 3 – Möglichkeit der Schadensvermeidung: MSV = 1 bis 2 16

Zusammengefasste Sicherheitsaspekte

Angaben zu den Sicherheitssymbolen	Am Produkt werden ausschließlich die Sicherheitssymbole gemäß BGV A8 „Sicherheits- und Gesundheitsschutzkennzeichnung am Arbeitsplatz“ verwendet. **Sicherheitssymbol** Warnung vor schwebender Last
Grundlegende Sicherheitshinweise	Zu beachten ist: • Aufbau und Benutzung nur durch qualifiziertes Personal nach Studium der Betriebsanleitung • immer eine formschlüssige Verbindung herstellen • nur geeignete Befestigungsmittel benutzen • nicht unter schwebende Lasten treten • Vorsicht bei der Arbeit in der Höhe.
Sicherheitseinrichtungen	Not-Aus-Schalter an dem Kettenzug und Überlastschutz an der Winde
Angaben zur Bereitstellung der Benutzerinformation	In die Kiste legen bzw. in die Kiste eingeklebte Halterung für die Anleitung
Persönliche Schutzausrüstungen	Sicherheitsschuhe und ggf. Baustellenhelm
Aufgaben des Betreibers	Gemäß BetrSichV und BGVs zum Betrieb und zur Prüfung von Hebezeugen

5 Realisierung der technischen Sicherheitsmaßnahmen

Übersicht

Die Realisierung der technischen Sicherheitsmaßnahmen ist in folgenden Punkten dokumentiert:

- Einleitung
- Technische Sicherheitsmaßnahmen für die Mechanische Konstruktion
- Technische Sicherheitsmaßnahmen für die Elektrische Konstruktion

Einleitung

Was ist zu beachten?

Die in der Risikobeurteilung festgelegten technischen Sicherheitsmaßnahmen werden hier für jeden Arbeitsbereich noch einmal in einer Tabelle zusammengefasst – dies verschafft einen besseren Überblick für die Bearbeitung und kann zudem auch noch einmal die Abstimmung zwischen den einzelnen Sicherheitsmaßnahmen optimieren.

Die Realisierung der technischen Sicherheitsmaßnahmen soll möglichst mit weiteren Anmerkungen in den Tabellen ergänzt werden.

Die erfolgte Realisierung der technischen Sicherheitsmaßnahmen ist auch noch einmal an den entsprechenden Stellen in der Risikobeurteilung zu bestätigen.

Technische Sicherheitsmaßnahmen für die Mechanische Konstruktion

Hinweis

Die nachfolgende Tabelle enthält alle in der Risikobeurteilung (RB) festgelegten technischen Sicherheitsmaßnahmen, die durch die Mechanische Konstruktion zu realisieren sind.

Tabelle der Sicherheitsmaßnahmen

Nr. in der RB	Bezeichnung der Sicherheitsmaßnahme	Weitere Anmerkungen
4.1	Auslegung geeigneter Befestigungselemente für verschiedene Untergründe	formschlüssige Verbindung muss gewährleistet sein
...		

Technische Sicherheitsmaßnahmen für die Elektrische Konstruktion

Hinweis

Die nachfolgende Tabelle enthält alle in der Risikobeurteilung (RB) festgelegten technischen Sicherheitsmaßnahmen, die durch die Elektrische Konstruktion zu realisieren sind.

Tabelle der Sicherheitsmaßnahmen

Nr. in der RB	Bezeichnung der Sicherheitsmaßnahme	Weitere Anmerkungen
6.1	Auslegung: • elektrische Installation • Kabeldurchführungen • sicherer Zugang der elektrischen Anlage	DIN EN 60204-1 zwingend beachten
...		

6 Erstellung der Benutzerinformation

Übersicht

Die Erstellung der Benutzerinformation ist in folgenden Punkten dokumentiert:

- Einleitung
- Recherche
- Konzeption
- Ausarbeitung

Einleitung

Was ist zu beachten?

Die Benutzerinformation darf nur auf der Grundlage der abgeschlossenen Risikobeurteilung erstellt werden!

Recherche und Konzeption erfolgt in Zusammenarbeit mit der Firma itk GmbH.

Die Ausarbeitung wird von der Firma itk GmbH, Fritzlar durchgeführt.

Recherche

Übersicht

Die Recherche ist weiterhin in folgenden Punkten dokumentiert:

- Thema
- Zielgruppe
- Wirkung
- Benutzerverhalten
- Produkt und seine Umgebung
- Rechtliche Anforderungen
- Zusammenfassung der wesentlichen Konsequenzen

Thema

Hinweis

Mit den Angaben zum Thema ist zunächst festzulegen, auf welches Benutzerverhalten sich die Benutzerinformation im Wesentlichen beziehen soll – das gibt der Benutzerinformation eine erste Ausrichtung.

Angaben zum Thema

Die Benutzerinformation bezieht sich auf alle Verhaltensweisen der Benutzer im Umgang mit dem Multilift E100g.

Zielgruppe

Hinweis

Mit den Angaben zur Zielgruppe sind alle Personen zu erfassen, für die die Benutzerinformation bestimmt ist – in erster Linie sind das die Benutzer des Produkts. Weiterhin ist auch danach zu fragen, wodurch sich diese Benutzer auszeichnen. Das hilft zu entscheiden, welche Informationen sie benötigen und wie die Informationen darzustellen sind.

Welche Benutzer gibt es?

Benutzer
Der Multilift soll zunächst nur an gewerbliche Unternehmen verkauft werden, somit werden Fach- und Hilfsarbeiter aus dem Baugewerbe den Multilift transportieren, montieren, bedienen und demontieren.

Instandhaltungspersonal
Die Instandhaltung darf ausschließlich von ausgebildetem Fachpersonal vorgenommen werden.

6 Erstellung der Benutzerinformation / Recherche 21

Welche Qualifikationen benötigen die Benutzer?	**Benutzer** Die Benutzer müssen keine besonderen Qualifikationen aufweisen. **Instandhaltungspersonal** Das Instandhaltungspersonal muss eine Facharbeiterprüfung – oder vergleichbares – im Bereich Maschinenbau abgelegt haben.
Welche Informationen standen bisher zur Verfügung?	Bisher standen keine Benutzerinformationen zur Verfügung, da der Multilift eine Produktneuentwicklung ist.
Wie sind die Lesegewohnheiten?	Wir gehen davon aus, dass die oben genannten Benutzer eher weniger lesen und Ihre „Anleitungen“ aus Abbildungen und Fotos holen.
Sind die Benutzer in Gruppen einzuteilen?	Folgende Gruppen können gebildet werden: • Bedienpersonal • Instandhaltungspersonal
Wie sind die Benutzergruppen zu definieren?	**Bedienpersonal** • Facharbeiter: Ausgebildete Facharbeiter des Baugewerbes. • Hilfsarbeiter: Ungelernte, ggf. unerfahrene Benutzer, ggf. geringe deutsche Sprachkenntnisse. **Instandhaltungspersonal** Ausgebildete Facharbeiter des Maschinenbaus.

Wirkung

Hinweis	Mit den Angaben zur Wirkung wird festgelegt, was die Benutzerinformation bei der Zielgruppe bewirken soll und wer oder was demzufolge im Vordergrund stehen muss – das gibt der Benutzerinformation eine klare Ausrichtung.

6 Erstellung der Benutzerinformation / Recherche 22

Angaben zur Wirkung

Durch die Benutzerinformation sollen die Benutzer verstehen können, wie sie sich ordnungsgemäß und sicher im Umgang mit dem Multilift E100g zu verhalten haben.

Somit müssen in der Benutzerinformation die Benutzer mit ihren Verhaltensweisen im Vordergrund stehen.

Weiterhin beteiligt am Benutzerverhalten sind das Produkt und seine Umgebung wie auch rechtliche Anforderungen.

Auf diese Aspekte bezieht sich die weitere Recherche.

Benutzerverhalten

Hinweis

Mit den Angaben zum Benutzerverhalten sind für alle zugelassenen Produktlebensphasen die dabei vorgesehenen Verhaltensweisen zu ermitteln.

Insbesondere sind zur ordnungsgemäßen und sicheren Durchführung dieses Verhaltens die relevanten Informationen aus der Risikobeurteilung zu recherchieren – wozu vor allem die erforderlichen Sicherheitsinformationen gehören.

Transport

Vorgesehene Verhaltensweisen
Transport des korrekt demontierten und verpackten Multilift E100g in der mitgelieferten, maßgefertigten Transportkiste.

Aus Gründen der Sperrigkeit und des Gewichts von 40 kg ist der Transport durch 2 Personen vorgesehen.

Keine besondere Qualifikation der Personen erforderlich.

Lagerung

Vorgesehene Verhaltensweisen
Lagerung des Multilifts zerlegt in seiner Transportkiste innerhalb der zulässigen Umweltbedingungen.

Vorhersehbare Fehlverhaltensweisen
Lagerung des Multilifts unverpackt und Umwelteinflüssen, insbesondere Witterung, ausgesetzt.

Montage

Vorgesehene Verhaltensweisen
Montage des Multilift E100g erfolgt in der korrekten Abfolge der Montageschritte. Insbesondere müssen die benötigte Tragfähigkeit des Befestigungsuntergrundes, die erforderliche Spannung der haltenden Schraubzwingen und die Wahl geeigneter, an den Träger angepasster Halterungen inkl. einer Verschrau-

bung oder formschlüssigen Verbindung mittels Sicherheitsblechen beachtet werden.

Die Benutzer müssen die Bedienungsanleitung gelesen haben und beachten.

Zusätzlich muss der Arbeitgeber gemäß BetrSichV seine Mitarbeiter einmal jährlich unterweisen.

Vorhersehbare Fehlverhaltensweisen
Montage an als Träger ungeeignetem (da nicht tragfähigem) Untergrund.

Inbetriebnahme

Vorgesehene Verhaltensweisen
Das Einhängen des Kettenzuges in die dafür vorgesehene Öse am Schwenkarm

Sichtprüfung der Befestigung am Untergrund

Sichtprüfung des Multilifts

Vorhersehbare Fehlverhaltensweisen
Verwendung des Multilifts ohne die erforderlichen Inbetriebnahmemaßnahmen in der Anleitung

Verwendung eines längeren Stromkabels als angegeben.

Inbetriebnahme außerhalb der angegebenen Umweltbedingungen oder im explosionsgefährdeten Bereich

Nichtbeachtung der zugelassenen Umweltbedingungen, insbesondere der Feuchtigkeitswerte

---

Bedienung

Vorgesehene Verhaltensweisen
Vertikaler Transport von sachgemäß gegen Verrutschen und Absturz gesicherten Lasten von bis zu 100 kg im Innen- und Außenbereich mit einer maximalen Hubhöhe von 10 m.

Benutzung des Schwenkarms unter Beachtung der ausschwenkenden Ladung und der Absturzgefahr des Bedieners aus der Höhe, in welche die Last transportiert wurde.

Die Benutzer müssen qualifiziert sein, Ladungen korrekt zu sichern, die Sperren des Multilifts bedienen können und die Steuerung des Kettenzugs beherrschen.

Vorhersehbare Fehlverhaltensweisen
Im Lastbereich (unmittelbar neben oder unter schwebenden Lasten) darf sich keine Person aufhalten.

Verwendung zum Transport von Personen oder Tieren

Schrägzug

6 Erstellung der Benutzerinformation / Recherche 24

Ungenügende Sicherung der Ladung oder Nichtarretieren des Lasthakens

Überschreiten der maximalen Belastung

Nichtbeachtung des Sicherheitsbereichs im Bereich der schwebenden Last

Ruckartige Steuerung des Kettenzugs und ruckartiges, zu schnelles Einschwenken der Last

Nichtbeachtung der besonderen Sorgfaltsanforderungen eines Höhenarbeitsplatzes

---

Demontage

Vorgesehene Verhaltensweisen
Demontage des Multilift E100g in der korrekten Abfolge der Montageschritte nach Betriebsanleitung (umgekehrt der Montage).

Verstauen der Einzelteile des Multilifts in den dafür vorgesehenen Halterungen der Transportbox.

Die Benutzer müssen die Bedienungsanleitung gelesen haben und beachten.

Vorhersehbare Fehlverhaltensweisen
Demontage in falscher Reihenfolge

Demontage ohne Beachtung der Bedienungsanleitung

Falsches Verstauen der Einzelteile oder Baugruppen des Multilifts in der Transportkiste oder Verzicht auf die Kiste

---

Störungsbeseitigung

Vorgesehene Verhaltensweisen
Störungen am Kettenzug dürfen nur durch den Hersteller oder eine Fachwerkstatt behoben werden.

Verklemmungen infolge von Verdreckung an der Halterung dürfen mit handelsüblichen Geschirrspülmitteln und einem Stofflappen entfernt werden. Sollte sich die Verschmutzung damit nicht entfernen lassen, ist eine Fachkraft hinzuziehen. Keinesfalls ist Werkzeug einzusetzen, da dadurch Beschädigungen des Gerätes nicht auszuschließen sind.

Instandhaltung

Vorgesehene Verhaltensweisen
Instandhaltungsarbeiten an Hebezeugen dürfen nur durch Fachpersonal durchgeführt werden.

Als Wartungsarbeit ist ausschließlich das Reinigen zulässig.

6 Erstellung der Benutzerinformation / Recherche 25

Vorhersehbare Fehlverhaltensweisen
Wartung während des laufenden Betriebs

Produkt und seine Umgebung

Hinweis

Mit den Angaben zum Produkt und seiner Umgebung sind diejenigen Informationen zu recherchieren, die weiterhin erforderlich sind, um den Benutzern die ordnungsgemäße und sichere Durchführung ihres Verhaltens verständlich beschreiben zu können.

Verweis

Hierbei sind die Informationen aus Kapitel 1 „Produktangaben" zu beachten.

Weiteres

Hersteller
Harald Böhl GmbH /
habö CNC Dreh- und Frästechnik
Willershäuser Straße 16
35119 Rosenthal

Vertrieb
Tel.: + 49 (0)6458 / 9134-0
Fax.: + 49 (0)6458 / 9134-24
vertrieb@haboe.de

Rechtliche Anforderungen

Hinweis

Mit den Angaben zu den rechtlichen Anforderungen sind alle speziellen gesetzlichen und ggf. auch vertraglichen Anforderungen für die Benutzerinformation zu ermitteln.

Spezielle gesetzliche Anforderungen

Im Produktsicherheitsgesetz ist zu beachten:

- § 3 Absatz 4

In der Maschinenrichtlinie ist zu beachten:

- Anhang I Allgemeine Grundsätze Nr. 2
- Anhang I Nr. 1.1.2 c)

- Anhang I Nr. 1.3.2
- Anhang I Nr. 1.3.7
- Anhang I Nr. 1.5.4
- Anhang I Nr. 1.7.4
- Anhang I Nr. 4.4.2

In der EMV-Richtlinie ist zu beachten:

- Artikel 7 (7)
- Artikel 18

Vertragliche Anforderungen

Keine

Zusammenfassung der wesentlichen Konsequenzen

Abbildungen zur Montage

Die Montageschritte müssen mit möglichst vielen, eindeutigen Abbildungen dargestellt werden, da:

- die Benutzer unterschiedliche Ausbildungungen bzw. fehlende Ausbildungen und ggf. geringe deutsche Sprachkenntnisse haben werden
- es unterschiedlichen Montagearten an verschiedenen Untergründen gibt.

Große Schrift

Da die Betriebsanleitung auf Baustellen verwendet wird:

- Große Schrift (mind. 12 pt)
- Stabile, ggf. wetterfeste Ausführung

Ersatzlieferung

Falls die Betriebsanleitung verloren gegangen sein sollte oder einzelne Teile unlesbar sind, sollte die Betriebsanleitung:

- als PDF auf der Internetseite bereit gestellt werden
- nachbestellt werden können.

6 Erstellung der Benutzerinformation / Recherche 27

Konzeption

Übersicht

Die Konzeption ist weiterhin in folgenden Punkten dokumentiert:

- Strukturierung
- Orientierungshilfen
- Layout
- Abbildungen
- Datenverarbeitung
- Dokumentationsleitfaden
- Zusammenfassung der wesentlichen Konsequenzen

Strukturierung

Hinweis

Sofern eine Benutzerinformation für verschiedene Benutzergruppen bestimmt ist, sollte man bei der Strukturierung zunächst danach fragen, wie sich die recherchierten Informationen auf die Benutzergruppen verteilen und ob es sinnvoll ist, diese Informationen ggf. in verschiedenen Einheiten zusammenzufassen.

Dann sind geeignete Inhaltsverzeichnisse für die festgelegten Informationseinheiten zu entwickeln – dabei sollten sich die Kapitelstrukturen auf das Benutzerverhalten beziehen.

Informationsaufteilung

Bei der Informationsaufteilung stellen sich folgende Fragen:

1. Wer benötigt welche Informationen?
2. In welchen Einheiten sollen die Informationen zusammengefasst werden?
3. Welche materiellen „Träger“ sollen für die jeweiligen Informationseinheiten verwendet werden?

Die Antworten auf diese Fragen werden zunächst übersichtlich in der nachfolgenden „Matrix zur Informationsaufteilung“ dargestellt – dabei steht „JA“ für zwingend erforderliche Information und „ja“ für hilfreiche Information.

Matrix zur Informationsaufteilung

Benutzerverhalten	Benutzergruppen			
	Facharbeiter Baugewerbe	Hilfsarbeiter Baugewerbe	Fachperson. Metall	Fachperson. Hebezeug
Tranport	JA	JA	JA	JA
Lagerung	JA	JA	JA	JA
Montage	JA	JA	JA	JA
Inbetriebnahme	JA	JA	JA	JA
Bedienung	JA	JA	JA	JA
Demontage	JA	JA	JA	JA
Störungsbeseitigung	JA	JA	JA	JA
Instandhaltung	NEIN	NEIN	JA	JA

Betriebsanleitung Multilift E100g: DIN A4; gebunden

Betriebsanleitung Elektro-Kettenzug HB1: DIN A4; gebunden

Instandhaltungsanleitung Multilift E100g: DIN A4; Loseblattordner

Die Benutzerinformation des Multilifts wird in drei Informationseinheiten aufgeteilt:

- Betriebsanleitung Multilift E100g
- Betriebsanleitung Elektro-Kettenzug HB1
- Instandhaltungsanleitung Multilift E100g.

Die Informationen für den Elektro-Kettenzug HB1 werden in einer separaten Betriebsanleitung zusammengefasst, weil auch andere Kettenzüge verwendet werden können und darüber hinaus auch der Elektro-Kettenzug HB1 weitere Verwendungsmöglichkeiten hat.

Inhaltsverzeichnis(se)

In allen drei Informationseinheiten wird die Kapitelstruktur des Inhaltsverzeichnisses konsequent auf das jeweilige Benutzerverhalten bezogen.

Orientierungshilfen

Hinweis

Orientierungshilfen in einer Benutzerinformation sollen in erster Linie den Benutzern helfen, die gewünschte Information für ein beabsichtigtes Verhalten im Umgang mit dem Produkt schnell zu finden. Je umfangreicher eine Benutzerinformation ist, umso wichtiger werden somit Orientierungshilfen.

Verzeichnisse

Jede Informationseinheit wird folgende Verzeichnisse enthalten:

- Inhaltsverzeichnis
- Übersicht der verwendeten Abkürzungen

Überschriften-hierarchien

1. Ebene: Kapitel
2. Ebene: Unterkapitel
3. Ebene: Abschnitt

Kopf- u. Fußzeilen

Inhalt der Kopf- und Fußzeilen:

- Die Kopfzeile enthält auf jeder Seite rechtsbündig das Logo des Herstellers.
- Die Fußzeile enthält rechtsbündig die fortlaufende Seitenzahl.

Seitenzahlen

Fortlaufend unten rechts

Marginalien

Linke Marginalienspalte von 45 mm in der die Abschnitt-Überschriften, Sicherheits-Piktogramme sowie weitere Piktogramme stehen.

Piktogramme

Sicherheits-Piktogramme
gemäß BGV A 8

Weitere Piktogramme

HINWEIS!
Dieses Symbol kennzeichnet Informationen, die zum besseren Verständnis beitragen.

6 Erstellung der Benutzerinformation / Konzeption 30

Layout

Hinweis

Jede Information muss auch gestaltet werden – das Layout hat vor allem die Aufgabe, die Benutzer beim Verstehen des Textes zu unterstützen.

Seite einrichten

Seitengröße

- DIN A4

Satzspiegel

- Oben: 30 mm
- Unten: 25 mm
- Links: 70 mm
- Rechts: 30 mm
- Nur rechte Seiten
- Kopfzeile:
  - 12,7 mm vom oberen Seitenrand
  - 20 mm hoch
- Fußzeile:
  - 16,7 mm von unteren Seitenrand

Marginalienspalte

- Linke Marginalienspalte 45 mm breit

Absatzformate festlegen

Im Wesentlichen werden folgende Absatzformate verwendet:

- Standard
- Überschrift 1
- Überschrift 2
- Überschrift 3
- Überschrift 4

Absatzformate einrichten

Standard

- Schriftart: Arial
- Schriftschnitt: Normal
- Schriftgrad: 12 pt
- Zeilenabstand: Einfach

6 Erstellung der Benutzerinformation / Konzeption 31

- Farbe: Schwarz
- Formatvorlage des nächsten Absatzes: Standard

Überschrift 1

- Schriftart: Arial
- Schriftschnitt: Fett
- Schriftgrad: 16 pt
- Zeilenabstand: Einfach
- Farbe: Schwarz
- Formatvorlage des nächsten Absatzes: Standard

Abbildungen

Hinweis

In den meisten Benutzerinformationen ist der Text das Leitmedium für den Leser – eine Abbildung hat hierbei die Aufgabe, den Text zu unterstützen.

Grundsätzlich ist zunächst jede Abbildung auf folgende Frage auszurichten: Ist ein Zustand oder ein Ablauf darzustellen?

Darstellungsarten

Aus Kostengründen werden Fotos eingesetzt, die von einem Dienstleister erstellt werden.

Text-Bild-Zuordnung

Anordnung der Abbildungen
Stellt die Abbildung eine Übersicht dar und es folgt eine separate Beschreibung, so wird die Abbildung als einzelner Abschnitt mit zugehöriger Überschrift dargestellt.

Die Überschrift enthält das Wort ‚Abbildung' gefolgt von der Überschrift der separaten Beschreibung.

Wird die Abbildung in einer Handlungsanweisung gebraucht, so steht sie unmittelbar nach oder neben der Handlungsanweisung ohne Bildtitel.

Text in der Abbildung
Nach Möglichkeit sollte kein Text direkt in einer Abbildung stehen. Kann es nicht vermieden werden, wird der Text schwarz mit einem weißem Rand von 0,75 pt dargestellt.

Text neben der Abbildung
Text sollte immer über, neben oder unter der Abbildung stehen. Die beschriebenen Teile der Abbildung werden mit Linien herausgezogen: Linienstärke 1 pt mit weißem Rand von 0,75 pt.

Weiteres

In der Betriebsanleitung werden die Fotos im Farbmodus „Graustufen“ eingefügt.

Datenverarbeitung

Hinweis

Hier geht es um eine angemessene Ausstattung zur Datenverarbeitung. Dabei sollte man auch berücksichtigen, dass eine Benutzerinformation ggf. einige Jahrzehnte zu archivieren ist.

Hardware

Folgende Hardware ist mindestens zu verwenden:

- Digitale Fotokamera mit mind. 8 Mio Pixel
- PC Dimensionen der Hardware abhängig von dem Betriebssystem und der Softwareversion.

Software

Textverarbeitung
mind. Microsoft Word 2010

Grafik
z. B. Gimp oder gleichwertiges Programm

PDF
Adobe Acrobat mind. Version 9.0

Druckerstellung

PDF-Datei mit Joboption „Druckausgabequalität“

Datensicherung

Gemäß den geltenden internen Vorgaben

Archivierung

Gemäß den geltenden internen Vorgaben.

Dokumentationsleitfaden

Hinweis

Alle wesentlichen Aspekte für die weitere Ausarbeitung der Benutzerinformation sollte man noch einmal in einem Dokumentationsleitfaden zusammenzufassen und erläutern – vor allem dann, wenn die Benutzerinformation von mehreren Personen ausgearbeitet wird.

Dokumentvorlage

Es wird ausschließlich die Word-Dokumentenvorlage

„BA_Multilift.dotm“

mit den darin enthaltenen Formatvorlagen verwendet.

Blickfangpunkte

Aufzählungen werden mit Blickfangpunkten gestaltet:

- grundsätzlich steht vorweg ein Einleitungssatz, der mit einem Doppelpunkt abgeschlossen ist
- hinter den einzelnen Sätzen stehen keine Kommas
- der letzte Satz wird mit einem Punkt abgeschlossen.

Tabellen

Zur besseren Übersicht werden folgende Informationstypen in Tabellen verfasst:

- Aufzählungen mit Beschreibungen der jeweiligen Positionen
- Handlungsanweisungen.

Rechtschreibung

Die Betriebsanleitung wird nach der z. Zt. gültigen deutschen Rechtschreibung gemäß den Dudenempfehlungen erstellt.

6 Erstellung der Benutzerinformation / Konzeption 34

Ausarbeitung

Übersicht

Die Ausarbeitung der Benutzerinformation enthält:

- Betriebsanleitung Multilift E100g
- Betriebsanleitung Elektro-Kettenzug HB1
- Instandhaltungsanleitung Multilift E100g

Die umfangreichen Ausarbeitungen der Benutzerinformation sind separat dokumentiert – siehe Projektordner „Multilift“.

Auf den nachfolgenden Seiten sind folgende Auszüge aus der Betriebsanleitung Multilift E100g enthalten:

- Titelseite
- Inhaltsverzeichnis
- Kapitel: Montage (2 Seiten)
- Kapitel: Bedienung (2 Seiten)

Hinweis: Die vollständig ausgearbeitete Betriebsanleitung gibt es als Download im Internet, der entsprechende Link ist am Ende des Inhaltsverzeichnisses genannt.

habö
CNC DREH- und FRÄSTECHNIK

Betriebsanleitung
Multilift E100g

Inhaltsverzeichnis

6 Erstellung der Benutzerinformation / Ausarbeitung 37

3 Beschreibung „Multilift E100g“ 11

4 Montage 13

4 Montage

Übersicht

In diesem Kapitel finden Sie folgende Unterkapitel:

- Die unterschiedlichen Montagearten
- Den Multilift E100g montieren

4.1 Die unterschiedlichen Montagevarianten

Überblick

Hier erhalten Sie einen Überblick, auf welche unterschiedlichen Arten Sie den Multilift E100g montieren können.
Die einzelnen Schritte der Montage sind auf den angegebenen Seiten beschrieben.

Seite	Montageart
20	Montage am Baugerüst: 
...	

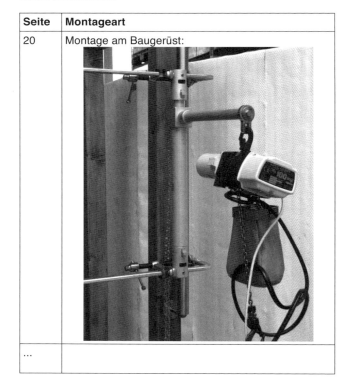

Multilift an einem Baugerüst montieren

Gehen Sie folgendermaßen vor, um den Multilift E100g an einem Baugerüst zu montieren:

Schritt	Tätigkeit	Abbildung
1	Stellen Sie sicher, dass die Spannplatten an beiden feststehenden Spannarmen der Schraubzwingen wie abgebildet angebracht sind.	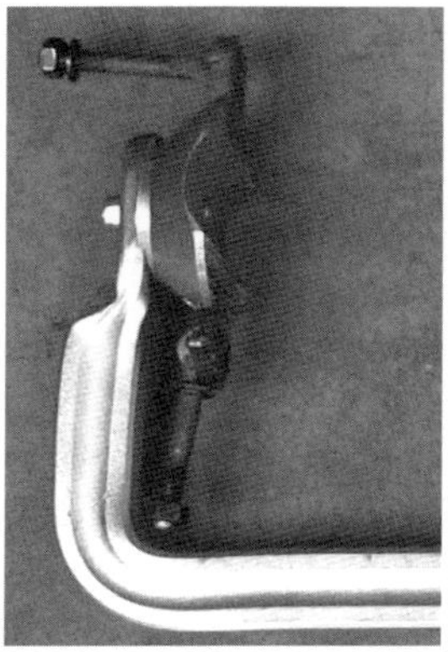
2	Nehmen Sie den beweglichen Spannarm der ersten Schraubzwinge ab und schieben Sie einen Adapter-Riegel über die Schiene.	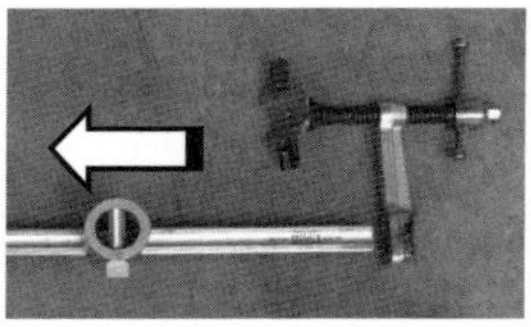
3	Schieben Sie den beweglichen Spannarm wieder auf die Schiene der Schraubzwinge.	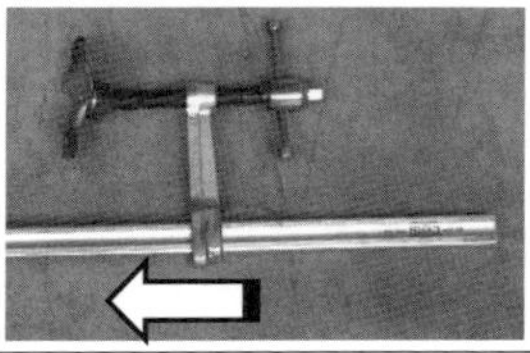
4	Verschrauben Sie die Schraubzwinge an dem Gerüstrohr so, dass der Adapter-Riegel oben ist.	
...		

...

6 Erstellung der Benutzerinformation / Ausarbeitung 41

5 Bedienung

Vorab!

Die Bedienung des Kettenzugs entnehmen Sie bitte der mitgeltenden Betriebsanleitung des Elektro-Kettenzugs HB1 oder den Anleitungen anderer verwendeter Kettenzüge.

Übersicht

In diesem Kapitel finden Sie folgende Unterkapitel:

- Die Bedienelemente
- Den Multilift E100g bedienen

5.1 Die Bedienelemente

Inhalt

Hier lernen Sie die Bedienelemente des Multilifts kennen.

Abbildung Bedienelemente

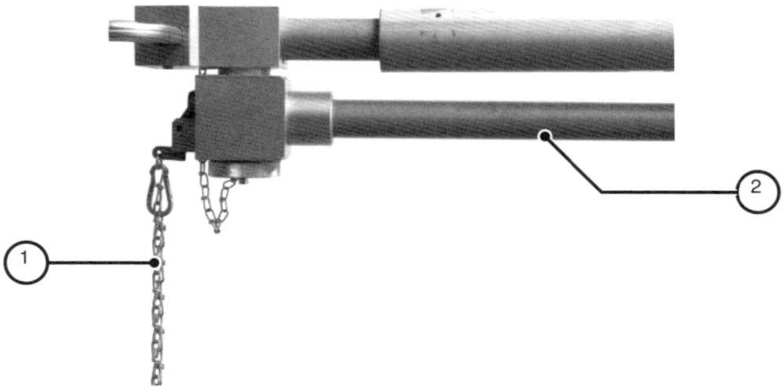

Beschreibung Bedienelemente

Pos.	Bezeichnung	Funktion
1	Kette	• Lösen der Schwenkarretierung • Schwenken des Schwenkarms
2	Schwenkarm	Schwenken des Schwenkarms

5.2 Den Multilift E100g bedienen

Inhalt

Hier erfahren Sie, wie Sie den Multilift bedienen.

LEBENSGEFAHR!

Schwere oder tödliche Verletzungen beim Heben von Lasten.

Erläuterung:
Gerät die Last beim Heben mit dem Multilift außer Kontrolle, so sind schwerste oder tödliche Verletzungen und schwere Sachschäden möglich.

Maßnahmen zur Vermeidung:

- Sperren Sie den Sicherheitsbereich ab, sodass unbefugten Personen das Betreten des Sicherheitsbereichs nicht möglich ist.
- Stellen Sie sicher, dass sich keine Personen in dem Sicherheitsbereich aufhalten, wenn Sie Lasten mit dem Multilift heben.

Kettenzug bedienen

Lesen Sie zur bestimmungsgemäßen Bedienung des Kettenzugs die mitgeltende Betriebsanleitung des Elektro-Kettenzugs HB1 oder die Anleitungen anderer verwendeter Kettenzüge.

Multilift bedienen

Schwenkarretierung entriegeln

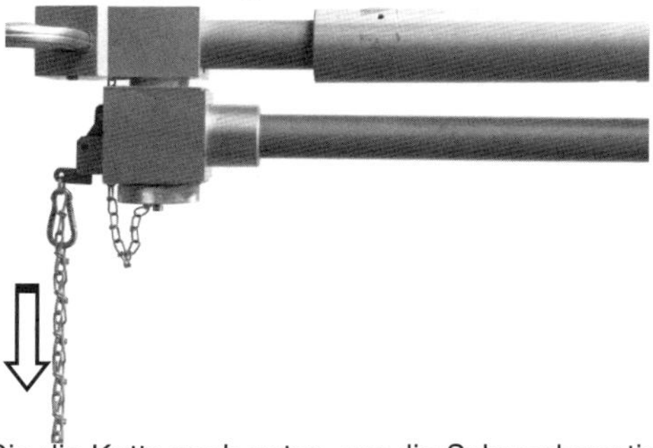

Ziehen Sie die Kette nach unten, um die Schwenkarretierung zu entriegeln.

...

6 Erstellung der Benutzerinformation / Ausarbeitung 43

7 Zusammenstellung der technischen Dokumentation

Übersicht

Die Zusammenstellung der technischen Dokumentation ist in folgenden Punkten dokumentiert:

- Einleitung
- Aufstellung der erforderlichen technischen Dokumente

Einleitung

Was ist zu beachten?

Insbesondere sind folgende Stellen in den anzuwendenden Rechtsvorschriften zu beachten:

- Maschinenrichtlinie Anhang VII Teil A
- EMV-Richtlinie Anhang II

Aufstellung der erforderlichen technischen Dokumente

Hinweis

Alle in den nachfolgenden Tabellen aufgeführten technischen Dokumente sind im Sinne der angewendeten Rechtsvorschriften bereitzuhalten.

Maschinenrichtlinie

Erforderliche Dokumente nach Anhang VII A für vollständige Maschinen	Anmerkungen
eine allgemeine Beschreibung der Maschine	Kapitel 1 und Projektordner
eine Übersichtszeichnung der Maschine und die Schaltpläne der Steuerkreise sowie Beschreibungen und Erläuterungen, die zum Verständnis der Funktionsweise der Maschine erforderlich sind	Projektordner
vollständige Detailzeichnungen, eventuell mit Berechnungen, Versuchsergebnissen, Bescheinigungen usw., die für die Überprüfung der Übereinstimmung der Maschine mit den grundlegenden Sicherheits- und Gesundheitsschutzanforderungen erforder-	Projektordner

Erforderliche Dokumente nach Anhang VII A für vollständige Maschinen	Anmerkungen
lich sind	
die Unterlagen über die Risikobeurteilung, aus denen hervorgeht, welches Verfahren angewandt wurde; dies schließt ein:	Kapitel 4
• eine Liste der grundlegenden Sicherheits- und Gesundheitsschutzanforderungen, die für die Maschine gelten	Kapitel 4
• eine Beschreibung der zur Abwendung ermittelter Gefährdungen oder zur Risikominderung ergriffenen Schutzmaßnahmen und gegebenenfalls eine Angabe der von der Maschine ausgehenden Restrisiken	Kapitel 4
die angewandten Normen und sonstigen technischen Spezifikationen unter Angabe der von diesen Normen erfassten grundlegenden Sicherheits- und Gesundheitsschutzanforderungen	Kapitel 3
alle technischen Berichte mit den Ergebnissen der Prüfungen, die vom Hersteller selbst oder von einer Stelle nach Wahl des Herstellers oder seines Bevollmächtigten durchgeführt wurden	Projektordner
ein Exemplar der Betriebsanleitung der Maschine	Projektordner
gegebenenfalls die Einbauerklärung für unvollständige Maschinen und die Montageanleitung für solche unvollständigen Maschinen	–
gegebenenfalls eine Kopie der EG-Konformitätserklärung für in die Maschine eingebaute andere Maschinen oder Produkte	Kapitel 8
eine Kopie der EG-Konformitätserklärung	Kapitel 8
bei Serienfertigung eine Aufstellung der intern getroffenen Maßnahmen zur Gewährleistung der Übereinstimmung aller gefertigten Maschinen mit den Bestimmungen dieser Richtlinie	Projektordner
der Hersteller muss an den Bau- und Zubehörteilen der Maschine oder an der vollständigen Maschine die Prüfungen und Versuche durchführen, die notwendig sind, um festzustellen, ob die Maschine aufgrund ihrer Konzeption oder Bauart sicher zusammengebaut und in Betrieb genommen werden kann – die diesbezüglichen Berichte und Ergebnisse werden zu den technischen Unterlagen genommen	Projektordner

7 Zusammenstellung der technischen Dokumentation 45

EMV-Richtlinie

Erforderliche Dokumente nach Anhang II	**Anmerkungen**
eine geeignete Risikoanalyse und -bewertung	Kapitel 4
eine allgemeine Beschreibung des Gerätes	Kapitel 1
Entwürfe, Fertigungszeichnungen und -pläne von Bauteilen, Baugruppen, Schaltkreisen usw.	Projektordner
Beschreibungen und Erläuterungen, die zum Verständnis dieser Zeichnungen und Pläne sowie der Funktionsweise des Geräts erforderlich sind	Projektordner und Kapitel 1
eine Aufstellung, welche harmonisierten Normen, deren Fundstellen im Amtsblatt der Europäischen Union veröffentlicht wurden, vollständig oder in Teilen angewandt worden sind, und, wenn diese harmonisierten Normen nicht angewandt wurden, eine Beschreibung, mit welchen Lösungen den wesentlichen Anforderungen dieser Richtlinie entsprochen wurde, einschließlich einer Aufstellung, welche anderen einschlägigen technischen Spezifikationen angewandt worden sind. Im Fall von teilweise angewandten harmonisierten Normen werden die Teile, die angewandt wurden, in den technischen Unterlagen angegeben	Kapitel 3 u. 4
die Ergebnisse der Konstruktionsberechnungen, Prüfungen usw.	Projektordner
die Prüfberichte	Projektordner
EU-Konformitätserklärung	Kapitel 8

7 Zusammenstellung der technischen Dokumentation 46

8 Konformitätsnachweis

Übersicht

Der Konformitätsnachweis ist in folgenden Punkten dokumentiert:

- Einleitung
- Bewertungsverfahren
- Auszustellende Konformitätserklärungen
- EG-Konformitätserklärung
- Einbauerklärung
- Konformitätserklärungen der Zulieferteile

Einleitung

Was ist zu beachten?

Insbesondere sind folgende Stellen in den anzuwendenden Rechtsvorschriften zu beachten:

- Maschinenrichtlinie:
  - Artikel 12
  - Anhang II Teil 1 Abschnitt A und Teil 2
  - Anhang III
  - Anhang VIII
- EMV-Richtlinie:
  - Artikel 14, 15 u. 16
  - Anhang II
  - Anhang IV

Bewertungsverfahren

Ergebnisse der internen Fertigungskontrolle

Im Rahmen der internen Fertigungskontrolle wurden folgende Punkte festgestellt:

- In der vorliegenden Risikobeurteilung wurden alle mit dem Multilift E100g verbundenen Gefahren ermittelt und gemäß den anzuwendenden Rechtsvorschriften mit geeigneten Sicherheitsmaßnahmen belegt.
- Alle in der Risikobeurteilung festgelegten technischen Sicherheitsmaßnahmen wurden umgesetzt und anhand der vorgegebenen Kontrollen noch einmal überprüft – dabei wurde die Wirksamkeit aller Maßnahmen bestätigt.
- Weiterhin wird durch interne Organisations- und Verfahrensanweisungen sichergestellt, dass alle Produkte der Serienfertigung den technischen Sicherheitsanforderungen entsprechen.

- In der vorliegenden Benutzerinformation wurden alle zugelassenen Produktlebensphasen mit den dabei vorgesehenen Verhaltensweisen angemessen beschrieben – weiterhin wurden alle in der Risikobeurteilung festgelegten Sicherheitsangaben eingearbeitet.
- Alle durch die anzuwendenden Rechtsvorschriften und Normen geforderten technischen Dokumente sind im Unternehmen vorhanden und können in einem Zeitraum von 2 Tagen zur Verfügung gestellt werden.

Feststellung der Konformität

Aufgrund der vorstehenden Nachweise wird festgestellt, dass der Multilift E100g konform ist mit allen anzuwendenden Rechtsvorschriften des Produktsicherheitsrechts.

Auszustellende Konformitätserklärungen

Übersicht

Für den Multilift E100g ist im Sinne der folgenden Rechtsvorschriften eine EU/EG-Konformitätserklärung auszustellen:

- Maschinenrichtlinie 2006/42/EG bzw. 9. ProdSV
- EMV-Richtlinie 2014/30/EU bzw. EMV-Gesetz

Dabei ist eine CE-Kennzeichnung anzubringen.

Erläuterungen zur Maschinenrichtlinie

Im Sinne der Maschinenrichtlinie wird der Multilift E100g als „Maschine" (im weiteren Sinn) erstmalig auf dem Markt bereitgestellt/in den Verkehr gebracht – somit ist nach Maschinenrichtlinie:

- eine EG-Konformitätserklärung auszustellen (vgl. Artikel 5 u. Anhang II 1 A) und
- eine CE-Kennzeichnung anzubringen (vgl. Artikel 5, 16 u. Anhang III).

Erläuterungen zur EMV-Richtlinie

Im Sinne der EMV-Richtlinie wird der Multilift E100g als „Gerät" erstmalig auf dem Markt bereitgestellt/in den Verkehr gebracht – somit ist nach EMV-Richtlinie:

- eine EU-Konformitätserklärung auszustellen (vgl. Artikel 15 u. Anhang IV) und
- eine CE-Kennzeichnung anzubringen (vgl. Artikel 16 u. 17).

EU/EG-Konformitätserklärung

nach:

- Maschinenrichtlinie 2006/42/EG
- EMV-Richtlinie 2014/30/EU

Die Firma
Harald Böhl GmbH
Willershäuser Straße 16
35119 Rosenthal

erklärt hiermit als Hersteller, dass der Multilift E100g die Bestimmungen der oben genannten einschlägigen Harmonisierungsrechtsvorschriften der Gemeinschaft erfüllt.

Gemäß Anhang I Nr. 1.5.1. der Maschinenrichtlinie 2006/42/EG wurden auch die Schutzziele der Niederspannungsrichtlinie 2014/35/EU eingehalten.

Die bevollmächtigte Person für die Zusammenstellung der technischen Unterlagen im Sinne der Maschinenrichtlinie ist: Herr Harald Böhl.

Insbesondere wurden die folgenden Normen herangezogen:

- DIN EN ISO 12100
  Sicherheit von Maschinen: Allgemeine Gestaltungsleitsätze – Risikobeurteilung und Risikominderung
- DIN EN 60204-1
  Sicherheit von Maschinen: Elektrische Ausrüstung von Maschinen – Allgemeine Anforderungen
- DIN EN 61000-6-1+3
  Elektromagnetische Verträglichkeit: Fachgrundnormen – Störfestigkeit+Störaussendung für Wohnbereich, Geschäfts- und Gewerbebereiche sowie Kleinbetriebe
- DIN EN 82079-1
  Erstellen von Gebrauchsanleitungen: Gliederung, Inhalt und Darstellung – Allgemeine Grundsätze und ausführliche Anforderungen

Rosenthal, den 29.05. 2017

....
(Herr Harald Böhl, Geschäftsführer)

TEIL 3

Rechtliche Grundlagen

Der dritte Teil des Buches soll die rechtlichen Aspekte, die im vorangegangenen Leitfaden nur am Rande erläutert wurden, noch etwas vertiefen. Dabei soll zunächst die Regelungssystematik des Produktsicherheitsrechts noch einmal verständlich gemacht werden (**A.**), um im Anschluss die rechtlichen Konsequenzen beleuchten zu können, die bei Verstößen gegen produktsicherheitsrechtliche Vorschriften bzw. beim Vertrieb unsicherer Produkte drohen (**B.**). Der letzte Abschnitt stellt einige „reale" Fallbeispiele dar, mit denen diese Konsequenzen veranschaulicht werden (**C.**). Auf die Vertiefungsmöglichkeiten anhand eines entsprechenden Fallbeispiels wird nachfolgend an der jeweiligen Stelle ausdrücklich hingewiesen ().

A. Öffentlich-rechtliches Produktsicherheitsrecht – Ein undurchschaubarer Dschungel aus EG-Richtlinien, nationalen Gesetzen und technischen Normen?

In diesem Kapitel (**A.**) werden die Strukturen des Produktsicherheitsrechts skizziert und erläutert, warum der Hersteller eines Produkts sowohl EG-Richtlinien als auch nationale Gesetze und Verordnungen im Blick behalten muss und wie es zu erklären ist, dass die Anwendung technischer Normen rechtlich unverbindlich ist, obwohl Normen in der Praxis eine so große Rolle spielen. Eingegangen wird dabei auch auf die Bedeutung der in diesem Bereich so zentralen Begriffe „New Approach" (**A.III.**) und „New Legislative Framework" (**A.IV.**).

Im nachfolgenden Kapitel (**B.**) werden Sie erfahren, welche Maßnahmen die Behörden gegen Rechtsverstöße ergreifen (**B.I.**), warum selbst die vollständige Anwendung und Einhaltung produktsicherheitsrechtlicher Vorschriften und europäisch harmonisierter Normen den Hersteller im Schadensfall nicht automatisch von einer Haftung befreit (**B.II.**) und wie die strafrechtliche Produktverantwortung mit dem Produktsicherheitsrecht in Zusammenhang steht (**B.III.**).

I. Begriffsbestimmungen

Um die Systematik des Produktsicherheitsrechts erfassen zu können, ist es zunächst wichtig, sich mit der Bedeutung der nachfolgend erläuterten Begriffe vertraut zu machen.

- **EG-Richtlinie:**

EG-Richtlinien werden von den zuständigen Organen der Europäischen Union verabschiedet. Sie stellen einen verbindlichen Auftrag an die Mitgliedsstaaten der Europäischen Union (EU) dar, nationale Rechtsvorschriften zu schaffen, die inhaltlich den Vorgaben der jeweiligen EG-Richtlinie entsprechen. Die EG-Richtlinien **richten sich also nicht direkt an den Rechtsanwender** (Bürger oder Unternehmen), sondern an die Mitgliedsstaaten der EU. Diese müssen die EG-Richtlinien innerhalb einer in der jeweiligen Richtlinie genannten Frist in nationale Vorschriften umsetzen. Ziel der EG-Richtlinie ist es, dass nach ihrer Umsetzung in sämtlichen Mitgliedsstaaten gleichwertige nationale Rechtsvorschriften existieren, die den freien Warenverkehr sowie hohes Sicherheitsschutzniveau innerhalb des europäischen Binnenmarktes gewährleisten. EG-Richtlinien dürfen keinesfalls mit „Richtlinien“ oder „Leitlinien“ von Industrieverbänden, Behörden etc. verwechselt werden, denen nicht der Status einer Rechtsvorschrift zukommt. Die **EG-Richtlinie ist ein verbindliches „europäisches Gesetz“**, dessen Auswirkungen auf den Rechtsanwender durch Umsetzung in nationales Recht in den Mitgliedsstaaten entstehen.

Neuere europäische Richtlinien, die nach dem 1.1.2010 in Kraft getreten sind, heißen nicht mehr EG-Richtlinien, sondern EU-Richtlinien. Inhaltlich geht damit freilich keine Änderung einher.

- **CE-Richtlinie**

Unter einer „CE-Richtlinie“ wird im Folgenden eine EG-Richtlinie verstanden, die für den Fall, dass ein Produkt allen Anforderungen aus dieser Richtlinie entspricht, vorschreibt, dass das Produkt mit dem **„CE-Zeichen“** gekennzeichnet werden muss. Zu beachten ist allerdings, dass es sich nicht bei jeder EG-Richtlinie, die die Produktsicherheit betrifft, um eine „CE-Richtlinie“ handelt. So fordert z. B. die Allgemeine Produktsicherheitsrichtlinie, die Sicherheitsanforderungen für Verbraucherprodukte enthält, keine CE-Kennzeichnung und ist damit auch keine „CE-Richtlinie“. Außerdem gibt es „CE-Richtlinien“, die nicht dem Bereich des Produktsicherheitsrechts angehören. Als Beispiel hierfür sei die sog. RoHS-Richtlinie genannt, die dem produktbezogenen Umweltrecht zuzuordnen ist. Produktsicherheitsrecht und „CE“ sollten daher gedanklich niemals gleichgesetzt werden.

Als praxisrelevantes Beispiel einer CE-Richtlinie ist im Teil 4 dieses Buches die EG-Maschinenrichtlinie 2006/42/EG abgedruckt.

- **Nationale Rechtsvorschrift (Gesetz oder Verordnung):**

Unter nationalen Rechtsvorschriften werden grundsätzlich sämtliche in einem Nationalstaat geltenden Rechtsvorschriften verstanden. Im Folgenden beschränkt sich dieser Begriff auf solche **Vorschriften, mit denen die einzelnen Mitgliedsstaaten der Europäischen Union EG-Richtlinien in nationales Recht umsetzen**.

In Deutschland werden EG-Richtlinien sowohl durch Gesetze als auch durch Verordnungen in nationales Recht überführt. Der Unterschied liegt im Wesentlichen darin, dass ein Gesetz vom Parlament beschlossen wird, während eine Verordnung von der Regierung oder einer Verwaltungsstelle aufgrund einer gesetzlichen Ermächtigung erlassen werden kann. Gesetze und Verordnungen sind für den Rechtsanwender gleichermaßen verbindlich, so dass es für ihn unerheblich ist, ob sich eine bestimmte Pflicht aus einer **Verordnung** oder aus einem **Gesetz** ergibt. Zu beachten ist, dass erst die nationale Rechtsvorschrift (man spricht von „nationaler Umsetzung") die Vorgaben einer EG-Richtlinie für den Rechtsanwender verbindlich macht. Die nationalen Rechtsvorschriften, mit denen die EU-Mitgliedsstaaten EG-Richtlinien in nationales Recht überführen, werden auch **„nationale Umsetzungsakte"** genannt.

In den nationalen Umsetzungsakten wird häufig auf den Text der zugrunde liegenden EG-Richtlinie (insbesondere auf deren Anhänge) Bezug genommen, ohne dass dieser Text in der nationalen Rechtsvorschrift noch einmal abgedruckt ist. Es hat sich deshalb aus Vereinfachungsgründen eingebürgert, von „der Einhaltung der Anforderungen der EG-Richtlinie" zu sprechen, obwohl dies - streng genommen - eigentlich nicht ganz korrekt ist. Um die Lesbarkeit zu vereinfachen, wird auch im Folgenden jeweils auf die Anforderungen der jeweiligen EG-Richtlinie Bezug genommen, obwohl man – formal-juristisch korrekt – eigentlich von den Anforderungen des jeweiligen nationalen Umsetzungsaktes der einzelnen EG-Richtlinien sprechen müsste.

- **Technische Norm:**

Unter einer technischen Norm wird im Folgenden eine **technische Spezifikation** verstanden, die Leitlinien für allgemein wiederkehrende Anwendungen festlegt und die unterschiedlichsten Regelungsinhalte aufweisen kann (z.B. Sicherheitsnormen, Qualitätsnormen, Verfahrensnormen etc.). Technische Normen stellen dem Hersteller eines Produkts einen **Orientierungsrahmen** zur Verfügung. Sie werden nicht vom Gesetzgeber, sondern von privaten Organisationen erarbeitet (etwa die Organisationen CEN, CENELEC oder ETSI auf europäischer Ebene bzw. DIN oder VDE in Deutschland). In diesen Normungsorganisationen finden sich bestimmte Interessengruppen zusammen, um einheitliche technische Standards festzulegen. Technische Normen sind daher keine (zwingend einzuhaltenden) Rechtsvorschriften.

- **Inverkehrbringen**

Der Begriff des Inverkehrbringens ist in den neueren EG-Richtlinien inzwischen einheitlich definiert als *„***erstmalige** *Bereitstellung eines Produkts auf dem Markt“*. Je nachdem, ob es sich bei der Rechtsvorschrift, die diesen Begriff verwendet, um eine nationale (deutsche) oder um eine europäische handelt, ist mit **„Markt“** entweder der deutsche Markt oder der europäische Binnenmarkt gemeint. Mit der genannten Definition lässt sich freilich noch nicht viel anfangen, solange ungeklärt bleibt, was unter einer *„Bereitstellung auf dem Markt“* zu verstehen ist.

- **Bereitstellung auf dem Markt**

Unter dem Begriff der Bereitstellung auf dem Markt wird *„jede entgeltliche oder unentgeltliche Abgabe eines Produkts zum Vertrieb, Verbrauch oder zur Verwendung auf dem Markt im Rahmen einer Geschäftstätigkeit“* verstanden. Aus dieser Begriffsdefinition ergibt sich folgendes: Ein Inverkehrbringen liegt vor, wenn ein Produkt erstmals auf dem Markt bereitgestellt wird, wenn es also **erstmals** im Rahmen einer Geschäftstätigkeit zu den genannten Zwecken an einen anderen abgegeben wird. Eine Bereitstellung liegt demgegenüber in **jeder einzelnen Abgabe eines Produkts an einen anderen**. Es ist somit von entscheidender Bedeutung, ob eine produktsicherheitsrechtliche Rechtsvorschrift Anforderungen an das Inverkehrbringen eines Produkts oder an dessen Bereitstellung knüpft. In letzterem Falle müssen die Anforderungen des jeweiligen Rechtsaktes zum Zeitpunkt einer jeden einzelnen Abgabe des Produkts an einen anderen vorliegen, während die Vorgaben in ersterem Falle nur in dem Moment erfüllt sein müssen, in dem das Produkt erstmalig an einen anderen abgegeben wird.

II. Europäische Harmonisierung technischer Produktvorgaben

Um den **freien Warenverkehr** innerhalb des europäischen Binnenmarktes zu gewährleisten, sind den Mitgliedsstaaten der EU (mengenmäßige) Beschränkungen bei der Einfuhr oder dem Vertrieb von Waren aus anderen Mitgliedsstaaten sowie sämtliche Maßnahmen, die eine vergleichbare Wirkung erzielen, grundsätzlich verboten. Waren dürfen also innerhalb des Binnenmarktes frei zirkulieren, sofern nicht bedeutsame und gegenüber der Harmonisierung höherranginge nationale Vorbehalte – etwa Belange des Gesundheits-, des Arbeits-, des Verbraucher- oder des Umweltschutzes – diesem Grundsatz ausnahmsweise entgegenstehen.

1. Harmonisierung nach dem sog. „Old Approach“

Um die ungehinderte Zirkulation von Waren im Binnenmarkt möglichst umfassend zu gewährleisten, kam es im vergangenen Jahrhundert zunehmend zu einer von der EG gesteuerten Angleichung des Technikrechts in den Mitgliedsstaaten. Technische Anforderungen an bestimmte Produktgruppen wurden in europäischen Richtlinien bis in die Einzelheiten festgelegt (**sog. „Old Approach“**). Damit sollte verhindert werden, dass einzelne Mitgliedsstaaten unter dem Vorwand entgegenstehender höherrangiger Belange (etwa des Verbraucherschutzes) strengere nationale Vorschriften unterhalten als andere und damit den freien Warenverkehr im Binnenmarkt unterlaufen. Diese aufwändige **Detailharmonisierung** durch europäische Richtlinien führte dazu, dass die technischen Anforderungen an die geregelten Produkte bereits zum Zeitpunkt des Inkrafttretens der Harmonisierungsvorschrift häufig nicht mehr dem Stand des technischen Fortschritts entsprachen. Die im Rahmen der europäischen Gesetzgebung einzuhaltenden Verfahren sind schlicht zu langwierig, um den technischen Fortschritt zeitnah abzubilden.

2. Harmonisierung nach dem „Neuen Konzept (sog. „New Approach“)

Die mit dem „Old Approach“ verbundenen Probleme führten Mitte der 1980er Jahre zu einer grundlegenden Änderung der Rechtstechnik im Zusammenhang mit der Harmonisierung technischer Vorschriften (sog. Neues Konzept bzw. **„New Approach“**). Das Prinzip der Detailharmonisierung wurde aufgegeben. Die Harmonisierung sicherheitstechnischer Anforderungen beschränkt sich seither darauf, in den EG-Richtlinien **lediglich grundlegende Anforderungen** im Hinblick auf den verfolgten Schutzzweck (z. B. Gewährleistung von Sicherheit und Gesundheit) aufzustellen. Mit diesen wesentlichen Anforderungen formuliert der europäische Gesetzgeber lediglich das gewünschte Ergebnis in Bezug auf die Sicherheit eines Produkts, ohne gleichzeitig im Detail vorzugeben, auf welchem technischen Weg der Hersteller dieses Ergebnis zu erzielen hat. Inzwischen hat der europäische Gesetzgeber zahlreiche solcher auf Art. 95 des EG-Vertrages (bzw. Art. 114 AEUV) gestützten EG-Richtlinien (sog. Binnenmarktrichtlinien) für verschiedene Produktgruppen erlassen. Bei den sog. „CE-Richtlinien“ handelt es sich um eben solche EG-Richtlinien nach dem New Approach.

Die konkrete Ausgestaltung der in den EG-Richtlinien enthaltenen wesentlichen Sicherheitsanforderungen hat der europäische Gesetzgeber auf private Institutionen verlagert, die im Auftrag der Europäischen Kommission **harmonisierte technische Normen** erarbeiten. Diese Normen zergliedern die wesentlichen Anforderungen der jeweiligen EG-Richtlinien in konkrete technische Vorgaben. Die harmonisierten Normen unterliegen in ihrem Entstehungsprozess einer größeren Flexibilität und sind deshalb besser geeignet, mit dem jeweils aktuellen Stand der technischen Entwicklung Schritt zu halten. Die von der Kommission bei den Europäischen Normungsorganisationen (CEN und CELENEC) in Auftrag gegebenen technischen Normen werden im Amtsblatt der EU veröffentlicht. Sie werden ab dem Zeitpunkt ihrer Veröffentlichung als „harmonisierte Normen“ bezeichnet und nach entsprechender Übernahme durch die nationalen Normungsorganisationen etwa unter der Bezeichnung „DIN EN [Nummer]“ geführt.

Die harmonisierten Normen haben mangels demokratischer Legitimation des Normsetzungsverfahrens nicht den Charakter einer Rechtsvorschrift. Ihre **Anwendung bleibt für den Hersteller** daher **freiwillig**. Niemand – insbesondere keine Marktüberwachungsbehörde – kann einen Hersteller dazu zwingen, sein Produkt unter Einhaltung der Vorgaben harmonisierter Normen zu konstruieren. Für die Verkehrsfähigkeit eines Produkts entscheidend ist vielmehr alleine, dass das Produkt den in den EG-Richtlinien statuierten wesentlichen Anforderungen entspricht.

Vgl. hierzu auch Fall 4 (nachfolgend unter Ziff. C.).

Derjenige Hersteller, der dazu bereit ist, die Anforderungen der jeweiligen EG-Richtlinie dadurch einzuhalten, dass er sein Produkt entsprechend der Vorgaben einschlägiger harmonisierter Normen konzipiert, kommt jedoch in den Genuss einer **Privilegierung**: Zu seinen Gunsten haben die nationalen Marktüberwachungsbehörden zunächst (widerleglich) davon auszugehen, dass sein - normkonform hergestelltes - Produkt den Anforderungen der jeweiligen EG-Richtlinie entspricht (sog. **Vermutungswirkung**), soweit die Anforderungen der EG-Richtlinie vollständig durch die jeweiligen harmonisierten Normen konkretisiert werden.

Mit dieser neuen Regelungstechnik wird einerseits gewährleistet, dass eine EG-Richtlinie nicht ständig dem technischen Fortschritt angepasst werden muss, weil die formulierten wesentlichen Sicherheitsziele trotz des technischen Fortschritts im Laufe der Zeit weitgehend unverändert bleiben. Darüber hinaus werden innovative technische Lösungen nicht behindert, weil es dem Hersteller eines Produkts unbenommen bleibt, sein Produkt unter Missachtung der einschlägigen harmonisierten Normen zu konzipieren, wenn er nur die grundlegenden Anforderungen der einschlägigen EG-Richtlinien auf andere Weise einhält (oder sogar überbietet) und sein Produkt somit **mindestens dasselbe Sicherheitsniveau** vorweisen kann, **wie ein normkonformes Produkt**.

3. Weiterentwicklung des New Approach durch den „New Legislative Framework“

Der *New Approach* wurde im Jahr 2008 durch den sog. „New Legislative Framework“ (gerne abgekürzt mit „NLF“) reformiert. Zu den Schwächen des New Approach gehörte

u. a. die Verwendung unterschiedlicher Definitionen für zentrale Begriffe (wie z. B. Inverkehrbringen, Hersteller usw.) in den einzelnen EG-Richtlinien, die nach dem „New Approach" verfasst waren. Ein weiterer Kritikpunkt des *Neuen Konzepts* lag darin, dass mit ihm zwar europaweit einheitliche grundlegende Anforderungen an die sicherheitstechnische Beschaffenheit von Produkten statuiert wurden, der **Vollzug** dieser Vorgaben in den einzelnen Mitgliedsstaaten allerdings **nicht europäisch harmonisiert** war. Dies führte zu einem uneinheitlichen Kontrolldruck, zu unterschiedlichen Sanktionen bei Verstößen und letztlich zu einem nicht vollständig vergleichbarem Niveau an Produktsicherheit in den einzelnen Mitgliedsstaaten. Mit dem *New Legislative Framework* werden die Eckpunkte des New Approach zwar keineswegs aufgegeben – die Schwächen des *New Approach* sollten durch den New Legislative Framework allerdings beseitigt werden. Der neue Rechtsrahmen setzt sich aus den drei folgenden Rechtsakten zusammen:

- *Beschluss Nr. 768/2008/EG* des Europäischen Parlaments und des Rates vom 9. Juli 2008 über einen gemeinsamen Rechtsrahmen für die Vermarktung von Produkten und zur Aufhebung des Beschlusses 93/565/EWG des Rates;
- *Verordnung (EG) Nr. 765/2008* des Europäischen Parlaments und des Rates vom 9. Juli 2008 über die Vorschriften für die Akkreditierung und Marktüberwachung im Zusammenhang mit der Vermarktung von Produkten und zur Aufhebung der Verordnung (EWG) Nr. 339/93 des Rates;
- *Verordnung (EG) Nr. 764/2008* des Europäischen Parlaments und des Rates vom 9. Juli 2008 zur Festlegung von Verfahren im Zusammenhang mit der Anwendung bestimmter nationaler technischer Vorschriften für Produkte, die in einem anderen Mitgliedsstaat rechtmäßig in den Verkehr gebracht worden sind.

Die Verordnung (EG) Nr. 765/2008 enthält erstmals rechtsverbindliche Regelungen zur Organisation und Durchführung der Marktüberwachung in den Mitgliedsstaaten sowie zur Akkreditierung von Konformitätsbewertungsstellen. Vor Inkrafttreten der Verordnung gab es für diese beiden Regelungsbereiche keinen europaweit einheitlichen Rechtsrahmen. Dies hatte zur Konsequenz, dass in den Mitgliedsstaaten eine unterschiedlich ausgeprägte Vollzugspraxis herrschte und abweichende Anforderungen an die Akkreditierung von Konformitätsbewertungsstellen existierten. Mit der Verordnung wird eine Vereinheitlichung dieser Aspekte angestrebt. Darüber hinaus enthält die Verordnung beispielsweise auch Regelungen zu den allgemeinen Anforderungen an die CE-Kennzeichnung oder zur Kontrolle von Importprodukten an den EU-Außengrenzen.

Im Gegensatz zur Verordnung (EG) Nr. 765/2008 entfaltet der **Beschluss Nr. 768/2008/EG** keine unmittelbare Geltung in den Mitgliedsstaaten, sondern stellt lediglich eine Selbstbindung des Europäischen Gesetzgebers im Zusammenhang mit dem Erlass neuer Rechtsakte dar. Er ist demnach für Unternehmen und natürliche Personen unverbindlich, da sein Inhalt erst noch in rechtsverbindliche Rechtsakte integriert werden muss. Er gibt allerdings für den Europäischen Gesetzgeber politisch verbindlich die Richtung vor, die bei der Konzeption zukünftiger Harmonisierungsrechtsvorschriften eingeschlagen werden soll. Der Beschluss beabsichtigt eine möglichst weitgehende **Vereinheitlichung künftiger Harmonisierungsvorschriften**. Er führt erstmals gemeinsame Grundsätze und Musterbestimmungen mit Begriffsdefinitionen ein, die richtlinienübergreifend gelten sollen. Daneben soll der Beschluss gewährleisten, dass die unterschiedlichen Verantwortungsbereiche von Herstellern, Einführern und Händlern für Produktkonformität in den verschiedenen EG-Richtlinien einheitlich und präzise geregelt werden. Schließlich hält der Beschluss ein Baukastensystem mit verschiedenen Konformitätsbewertungs-Modulen bereit, aus dem der Gesetzgeber für jeden zu erlassenden Harmonisierungsrechtsakt die passenden Kombinationen auswählen kann.

Der Beschluss Nr. 768/2008/EG mit seinen Musterbestimmungen für künftige EU-Richtlinien ist im Teil 4 dieses Buchs abgedruckt.

Die wesentlichen inhaltlichen Neuerungen, die durch den „New Legislative Framework" nach und nach Eingang in die neueren EU-Richtlinien finden werden, sind die folgenden:

- Einheitliche Definitionen für zentrale Begrifflichkeiten (z. B. Bereitstellen auf dem Markt, Inverkehrbringen, Hersteller etc.);
- Einheitlicher Pflichtenkatalog für Hersteller, Bevollmächtigte, Einführer und Händler (erstmals konkrete Sorgfaltspflichten für den Handel);
- Strengere Anforderungen an die Produktkennzeichnung (Herstellerkennzeichnung und Identifikationskennzeichnung);
- Einheitliche Anforderungen für Gebrauchsanleitungen und Sicherheitshinweise (insbesondere auch im Hinblick auf die Sprachfassungen);
- Pflichten der Hersteller zur Durchführung von Korrekturmaßnahmen (z. B. Rücknahme aus dem Handel oder Rückruf von den Endkunden);
- Behördliche Notifikationspflichten (sog. Selbstanschwärzungspflichten) auch für eine Reihe von b2b-Produkten;
- Einheitliche Anforderungen an notifizierte Stellen (früher: benannte Stellen).

Anfang 2014 wurden im Rahmen des sog. alignment package insgesamt acht praxisrelevante EG-Richtlinien an den „New Legislative Framework" angepasst. Bei diesen EG-Richtlinien, deren neue Anforderungen ab 20.4.2016 zwingend zu beachten sind, handelt es sich um die folgenden:

- **Richtlinie 2014/28/EU** (Richtlinie über Explosivstoffe für zivile Zwecke);
- **Richtlinie 2014/29/EU** (Richtlinie über einfache Druckbehälter);

- **Richtlinie 2014/30/EU** (EMV-Richtlinie);
- **Richtlinie 2014/31/EU** (Richtlinie über nicht selbsttätige Waagen);
- **Richtlinie 2014/32/EU** (Messgeräte-Richtlinie);
- **Richtlinie 2014/33/EU** (Aufzugsrichtlinie);
- **Richtlinie 2014/34/EU** (ATEX-Richtlinie);
- **Richtlinie 2014/35/EU** (Niederspannungsrichtlinie).

Die Anpassung der betroffenen EG-Richtlinien an die Vorgaben des *New Legislative Framework* ist nicht nur ein **notwendiger Schritt** des Europäischen Gesetzgebers zur Umsetzung des neuen Rechtsrahmens. Er bringt vor allem für die Wirtschaftsakteure mehr **Transparenz und Rechtsklarheit** mit sich, wenn auch mit der ein oder anderen Regelung eine **Verschärfung der Rechtslage** einhergeht. Letzteres gilt insbesondere für die neu eingeführten Händlerpflichten, für die verschärften Produktkennzeichnungspflichten und für die Einführung der behördlichen „Selbstanschwärzungspflicht“ (behördliche Notifikationspflicht) für zahlreiche b2b-Produkte.

Den Herstellern, Einführern und Händlern der betroffenen Produkte ist dringend anzuraten, sich frühzeitig mit den Regelungen vertraut zu machen und sich auf die neue Rechtslage einzustellen. Dies gilt insbesondere auch für die verschärften Kennzeichnungspflichten, die die Wirtschaftsakteure absehbar vor Probleme stellen können. Kennzeichnungsverstöße stellen regelmäßig eine ärgerliche „Stolperfalle“ dar, und werden von den zuständigen Marktüberwachungsbehörden in vielen Fällen besonders dankbar aufgegriffen, wenn es darum geht, dem Hersteller die fehlende Konformität mit den geltenden Anforderungen des Produktsicherheitsrechts nachzuweisen.

III. Konformitätsbewertung im Produktsicherheitsrecht

Um zu gewährleisten, dass ein Produkt den Anforderungen der jeweils einschlägigen EG-Richtlinien entspricht, wird der Hersteller verpflichtet, die Konformität seines Produkts mit diesen Anforderungen vor dem Inverkehrbringen des Produkts zu überprüfen und nachzuweisen. Hierfür hat er eines der in der jeweiligen EG-Richtlinie aufgeführten und für die konkrete Konstellation zulässigen **Konformitätsbewertungsverfahren** zu durchlaufen. Je nachdem, wie hoch sich die von dem Produkt ausgehende Gefährdung darstellt, ist im Rahmen der Konformitätsbewertung entweder die eigenverantwortliche Überprüfung durch den Hersteller (sog. interne Fertigungskontrolle) oder die Überprüfung durch den Hersteller unter Hinzuziehung einer neutralen, staatlich anerkannten Konformitätsbewertungsstelle (sog. **notifizierte Stelle**) vorgesehen.

Die ggf. hinzuzuziehenden notifizierten Stellen verfügen über besondere Kompetenz für die Prüfung der Übereinstimmung eines bestimmten Produkts mit den Anforderungen aus den jeweiligen EG-Richtlinien. Da die Mitgliedsstaaten diese Stelle der Europäischen Kommission mitteilen (notifizieren) müssen, werden sie „notifizierte" oder „benannte Stellen" genannt. Bevor eine Konformitätsbewertungsstelle als „notifizierte Stelle" tätig werden darf, muss sie sich einem nationalen **Anerkennungsverfahren** unterziehen, im Rahmen dessen die Konformitätsbewertungsstelle regelmäßig eine ordnungsgemäße Akkreditierung nachzuweisen hat. Mit der **Akkreditierung** wird der Konformitätsbewertungsstelle bestätigt, dass sie über die fachliche Kompetenz verfügt, um die ihr gesetzlich zugewiesenen Aufgaben der Konformitätsbewertung zu erfüllen.

IV. EG-Konformitätserklärung und CE-Kennzeichnung

Hat der Hersteller die Konformität seines Produkts mit den wesentlichen Anforderungen einer einschlägigen CE-Richtlinie im Rahmen des anzuwendenden Konformitätsbewertungsverfahrens - ggf. unter Hinzuziehung einer notifizierten Stelle - geprüft und nachgewiesen, muss er dies in Form einer sog. **EG-Konformitätserklärung** schriftlich bestätigen. Ausgestaltung und notwendiger Inhalt dieser Erklärung ergeben sich dabei aus den Vorgaben der jeweiligen EG-Richtlinie (i.d.R. in einem der Anhänge zur jeweiligen EG-Richtlinie).

Darüber hinaus sehen die CE-Richtlinien als für die Marktüberwachungsbehörden auf den ersten Blick sichtbare Bestätigung der Übereinstimmung des Produkts mit den Anforderungen der Richtlinie die Kennzeichnung des Produkts mit dem **CE-Zeichen** vor. EG-Konformitätserklärung und CE-Kennzeichnung wurden also geschaffen, um es den nationalen Marktüberwachungsbehörden zu ermöglichen, die (vom Hersteller behauptete) Konformität des Produkts mit den durch die jeweilige CE-Richtlinie europaweit harmonisierten Produktanforderungen zu überprüfen. Die CE-Kennzeichnung wird in diesem Zusammenhang auch treffend als „Reisepass eines Produkts für den europäischen Binnenmarkt" bezeichnet. Die **CE-Kennzeichnung** kann in diesem Zusammenhang auch als **„kleine Schwester" der EG-Konformitätserklärung** begriffen werden: Mit der CE-Kennzeichnung gibt der Hersteller zu erkennen, dass er das Produkt erfolgreich auf seine Übereinstimmung mit den Anforderungen einer (oder mehrerer) CE-Richtlinien überprüft hat. In der EG-Konformitätserklärung präzisiert der Hersteller diese Aussage, indem er angibt, welche CE-Richtlinie(n) und ggf. welche harmonisierte(n) Norm(en) er konkret berücksichtigt hat.

V. Bedeutung des Produktsicherheitsgesetzes (ProdSG)

Das deutsche Produktsicherheitsgesetz (ProdSG) ist die **zentrale deutsche Rechtsvorschrift für die Vermarktung von Non-Food Produkten**. Das Produktsicherheitsgesetz hat zum 1.1.2011 das bis dahin geltende Geräte- und Produktsicherheitsgesetz (GPSG) abgelöst. Das Gesetz ist für Hersteller, Einführer und Händler von Produkten unter verschiedenen Aspekten von Bedeutung, von denen die Wesentlichsten nachfolgend kurz skizziert werden sollen.

1. Umsetzung zahlreicher CE-Richtlinien in nationales Recht

Mit Hilfe des Produktsicherheitsgesetzes und der auf seiner Grundlage erlassenen Verordnungen werden zahlreiche CE-Richtlinien in nationales deutsches Recht überführt. Vorgaben, die in allen CE-Richtlinien gleichermaßen geregelt sind, hat der deutsche Gesetzgeber dabei im ProdSG selbst niedergeschrieben. Spezifische Vorgaben aus den einzelnen CE-Richtlinien, die sich nicht „über einen Kamm scheren lassen“, finden sich dagegen in den einzelnen Verordnungen zum Produktsicherheitsgesetz. So sind die spezifisch produktbezogenen Vorschriften der EG-Maschinenrichtlinie 2006/42/EG beispielweise nicht im ProdSG selbst umgesetzt, sondern in der Neunten Verordnung zum Produktsicherheitsgesetz (**9. ProdSV – sog. Maschinenverordnung**). In Deutschland ergeben sich die Anforderungen aus der EG-Maschinenrichtlinie 2006/42/EG somit – formal-juristisch korrekt – aus der 9. ProdSV. Diese Verordnung verweist hinsichtlich der wesentlichen Sicherheitsanforderungen an Maschinen zurück auf Anhang I der EG-Maschinenrichtlinie 2006/42/EG, ohne dass diese Anforderungen im Verordnungstext selbst noch einmal wiedergegeben würden. Dieser Regelungstechnik ist es zu verdanken, dass in der Praxis beispielsweise schlicht von der „Einhaltung der Maschinenrichtlinie“ und nicht etwa von der „Einhaltung der 9. ProdSG in Verbindung mit Anhang I der Maschinenrichtlinie“ gesprochen wird.

Das Produktsicherheitsgesetz und die auf seiner Grundlage erlassenen Verordnungen sind somit für den Rechtsanwender immer dann von Bedeutung, wenn die nationale Umsetzung einer EG-Richtlinie unter die Lupe genommen werden soll.

2. Umsetzung der Allgemeinen Produktsicherheitsrichtlinie 2001/95/EG

Darüber hinaus dient das Produktsicherheitsgesetz der Umsetzung der Allgemeinen Produktsicherheitsrichtlinie 2001/95/EG in deutsches Recht. Die Allgemeine Produktsicherheitsrichtlinie bildet gewissermaßen ein **allgemeines „Sicherheitsnetz“ für Verbraucherprodukte**.

Das heißt, die Anforderungen der Allgemeinen Produktsicherheitsrichtlinie gelten *vollumfänglich* für diejenigen Verbraucherprodukte, die nicht von einer produktspezifischen EG-Richtlinie erfasst werden (**sog. Auffangfunktion**). Als illustratives Beispiel sei eine (mit Hilfe einer handbetriebenen Kurbel zu bedienende) im Warenhaus zu erwerbende Brotschneidemaschine genannt, die mangels eines Antriebssystems nicht unter den Anwendungsbereich der EG-Maschinenrichtlinie 2006/42/EG fällt. Da es sich gleichwohl um ein Verbraucherprodukt handelt, ergeben sich die Anforderungen an die sicherheitstechnische Beschaffenheit dieses Produkts aus der Allgemeinen Produktsicherheitsrichtlinie.

Für Verbraucherprodukte, die als solche von einer oder mehreren produktspezifischen EG-Richtlinien erfasst werden, gelten die Anforderungen der Allgemeinen Produktsicherheitsrichtlinie nur insoweit, als die betreffenden EG-Richtlinien keine entsprechenden (spezielleren) Anforderungen (z. B. an die Produktkennzeichnung, an die Sicherheit bei vorhersehbarer Fehlanwendung, an den Umgang mit erkannten Sicherheitsrisiken etc.) enthalten (**sog. Dachfunktion**). Beispielhaft sei hier an eine Bohrmaschine für den Do-it-yourself-Anwender gedacht, die unter den Anwendungsbereich der EG-Maschinenrichtlinie 2006/42/EG fällt. Die Allgemeine Produktsicherheitsrichtlinie kommt hier ergänzend zur Anwendung und statuiert beispielsweise besondere Anforderungen an die dem Produkt beizufügenden Sicherheitshinweise oder behördliche Meldepflichten im Falle eines erkannten Produktrisikos nach dem Inverkehrbringen.

Zu beachten ist, dass es sich bei der Allgemeinen Produktsicherheitsrichtlinie nicht um eine CE-Richtlinie handelt, weil sie keine CE-Kennzeichnung der ihr unterfallenden Produkte vorschreibt. Ein Verbraucherprodukt erhält deshalb nur dann eine CE-Kennzeichnung, wenn es unter eine CE-Richtlinie fällt und deren Vorgaben erfüllt. Es erhält aber keine CE-Kennzeichnung, wenn es nicht von einer CE-Richtlinie erfasst wird und insoweit nur den (dann alleine geltenden) Anforderungen der Allgemeinen Produktsicherheitsrichtlinie entspricht.

3. Zuständigkeiten und Befugnisse der Marktüberwachungsbehörden

Im Produktsicherheitsgesetz sind überdies auch die Zuständigkeiten und Befugnisse der deutschen Marktüberwachungsbehörden geregelt. Verstöße gegen die Allgemeine Produktsicherheitsrichtlinie oder gegen die Vorgaben einzelner CE-Richtlinien, die über das ProdSG in nationales Recht überführt werden, sanktionieren die zuständigen Behörden somit nach Maßgabe der entsprechenden Vorschriften des Produktsicherheitsgesetzes.

Das ProdSG ist daher von großer praktischer Bedeutung, wenn ein Produkt gegen Beanstandungen der zuständigen Marktüberwachungsbehörden verteidigt werden soll.

Das Produktsicherheitsgesetz ist im Teil 4 dieses Buches abgedruckt.

B. Rechtliche Konsequenzen bei Missachtung der gesetzlichen Vorgaben

In den ersten beiden Teilen dieses Buches haben Sie einen groben, beispielhaften Überblick erhalten, welche Anforderungen der Gesetzgeber an die Sicherheit von Produkten stellt und wie der Hersteller eines Produkts sicherstellen kann, dass er die geltenden Sicherheitsanforderungen einhält. Nachfolgend soll darauf eingegangen werden, welche Konsequenzen mit dem Inverkehrbringen unsicherer Produkte im Allgemeinen und mit der Missachtung gesetzlicher Sicherheitsvorgaben im Besonderen einhergehen können. Bevor Sie anhand einiger exemplarischer Einzelfälle (C.) sowohl die behördlichen als auch die haftungs- und strafrechtlichen Konsequenzen kennenlernen, sollen vorab kurz die wesentlichen rechtlichen Grundlagen vorgestellt werden, auf denen diese Konsequenzen beruhen.

I. Behördliche Konsequenzen

An erster Stelle sollen die behördlichen Konsequenzen von Verstößen gegen produktsicherheitsrechtliche Vorgaben erwähnt werden. Die Besonderheit der behördlichen Konsequenzen besteht darin, dass sie bereits dann eingreifen, wenn das betreffende Produkt im Feld noch gar nicht „auffällig“ geworden ist.

1. Die zuständigen Marktüberwachungsbehörden

Die Einhaltung der Anforderungen des Produktsicherheitsrechts wird nicht etwa durch zentrale europäische Behörden, sondern von den zuständigen nationalen Behörden in den einzelnen EU-Mitgliedsstaaten (sog. Marktüberwachungsbehörden) überwacht. In Deutschland liegt der behördliche Vollzug des Produktsicherheitsrechts ganz überwiegend in den Händen der **Bundesländer** und ist dort häufig bei den jeweiligen Gewerbeaufsichts- und Arbeitsschutzbehörden angesiedelt. Dies führt dazu, dass **in Deutschland derzeit mehr als 100 verschiedene Marktüberwachungsbehörden** mit dem Vollzug des Produktsicherheitsrechts befasst sind. Es liegt auf der Hand, dass der behördliche Vollzug der Rechtsvorschriften angesichts dieser Vielfalt zuständiger Behörden bundesweit nicht immer einheitlich ausfällt und mit einzelnen Behörden im Beanstandungsfall mitunter heftig um die richtige Interpretation produktsicherheitsrechtlicher Vorschriften gerungen werden muss.

2. Vertriebsbehindernde Maßnahmen durch die Marktüberwachungsbehörden

Wenn die Marktüberwachungsbehörden den **begründeten Verdacht haben, dass ein Produkt nicht den gesetzlichen Anforderungen entspricht**, sind sie nach Maßgabe des § 26 Abs. 4 ProdSG dazu befugt (und dazu verpflichtet!), die erforderlichen Maßnahmen zu treffen. Sie können dabei insbesondere:

- das Ausstellen eines Produkts untersagen;
- einzelne Produkte aus dem Handel entnehmen, um sie stichprobenartig auf die Einhaltung der gesetzlichen Sicherheitsvorgaben zu überprüfen;
- das Bereitstellen eines Produkts auf dem Markt (endgültig) verbieten;
- Maßnahmen anordnen, die gewährleisten, dass ein Produkt erst (wieder) auf dem Markt bereit gestellt wird, wenn es den gesetzlichen Anforderungen entspricht;
- verbieten, dass ein Produkt, das nicht den gesetzlichen Anforderungen entspricht, in den Verkehr gebracht wird;
- anordnen, dass ein Produkt von einer geeigneten Prüfstelle auf die Einhaltung der gesetzlichen Anforderungen hin geprüft wird und die Ausstellung und Bereitstellung des Produkts während der Zeit der Prüfung verbieten;
- anordnen, dass geeignete, klar und leicht verständliche Warnhinweise über Risiken, die von dem Produkt ausgehen, in deutscher Sprache angebracht werden;
- die Rücknahme oder den Rückruf eines bereits auf dem Markt bereitgestellten Produkts anordnen, wenn es den gesetzlichen Sicherheitsanforderungen nicht entspricht und von ihm eine Gefahr ausgeht, die auf andere Weise nicht zu beseitigen ist;
- anordnen, dass alle Personen, die einer von einem in Verkehr gebrachten Produkt ausgehenden Gefahr ausgesetzt sein können, durch den Hersteller rechtzeitig und in geeigneter Form auf diese Gefahr hingewiesen werden;
- Produkte sicherstellen, vernichten oder unbrauchbar machen.

All diese Maßnahmen können die Behörden treffen, ohne dass das betreffende Produkt im Feld jemals (auch nur beinahe) zu einem Unfall geführt hat. Dies macht noch einmal deutlich, dass das Produktsicherheitsrecht auf **präventive Wirkung** ausgerichtet ist und lediglich **Mindestanforderungen an die Sicherheit von Produkten** stellt, bei deren Unterschreiten sich der Staat ein Eingreifen vorbehält, bevor es zu einem Unfall kommt.

Die Marktüberwachungsbehörden machen von diesen Möglichkeiten, insbesondere von der Untersagung des weiteren Inverkehrbringens eines nicht den gesetzlichen Anforderungen entsprechenden Produkts, in der Praxis regelmäßig Gebrauch. Um einen bundesweit einigermaßen einheitlichen Überwachungsdruck zu gewährleisten, sind die zuständigen Behörden nach Maßgabe des Produktsicherheitsgesetzes dazu verpflichtet, eine bestimmte **Mindestanzahl an Produktprüfungen** vorzunehmen (jedes Jahr 0,5 Stichproben pro 1.000 Einwohner eines Bundeslandes). Gerade wenn es sich bei dem behördlich beanstandeten Gegenstand um ein Volumenprodukt handelt, mit dem der Hersteller einen Großteil seines Umsatzes erwirtschaftet, sind die wirtschaftlichen Folgen behördlich angeordneter, vertriebsbehindernder Maßnahmen oftmals verheerend.

Zu beachten ist, dass sich die Marktüberwachungsbehörden mit vertriebsbehindernden Maßnahmen häufig nicht an den Hersteller, sondern an einen in ihrem **Zuständigkeitssprengel** ansässigen Händler richten. Handelt es sich bei diesem Händler um ein Filialunternehmen, führt dies häufig dazu, dass das Produkt kurzerhand in sämtlichen Filialen ausgelistet wird, weil der Händler, der meist noch eine Vielzahl weiterer Produkte im Sortiment hat, in der Regel keinerlei Interesse daran hat, sich mit der für ihn zuständigen Marktüberwachungsbehörde „anzulegen". Er wird das Produkt daher ungeprüft an den Hersteller retournieren. Der Hersteller seinerseits hat dann oft Schwierigkeiten, sich gegen die Maßnahme der Behörde zur Wehr zu setzen, weil er selbst nicht Adressat der behördlichen Maßnahme gegenüber dem Händler ist. Diese **Vollzugspraxis** macht deutlich, wie gravierend die wirtschaftlichen Folgen vertriebsbehindernder Maßnahmen durch die Marktüberwachungsbehörden für den Hersteller sein können.

Vgl. hierzu auch Fall 1 (nachfolgend unter Ziff. C.).

3. Verhängung von Bußgeldern durch die Marktüberwachungsbehörden

In den ersten beiden Teilen dieses Buches wurde bereits aufgezeigt, dass sich die Anforderungen des Produktsicherheitsrechts nicht nur auf die sicherheitstechnische Beschaffenheit eines Produkts beziehen, sondern dass die gesetzlichen Vorschriften darüber hinaus **auch rein formale Anforderungen** enthalten. Gerade die Nichteinhaltung dieser formellen Anforderungen, die das Produkt als solches noch nicht unsicher machen, sanktioniert der Gesetzgeber als Ordnungswidrigkeit und droht nicht unerhebliche Bußgelder an, die von den Marktüberwachungsbehörden verhängt werden.

Für folgende Verstöße gegen formale Anforderungen des Produktsicherheitsrechts können beispielsweise **Bußgelder in Höhe von 10.000 EUR, teils sogar bis zu 100.000 EUR** verhängt werden:

- Fehlen einer erforderlichen Gebrauchsanleitung in deutscher Sprache;
- fehlende oder fehlerhafte Herstellerkennzeichnung (Name und vollständige Kontaktanschrift) eines Verbraucherprodukts;

- Anbringen der CE-Kennzeichnung auf einem Produkt, obwohl es nicht unter eine „CE-Richtlinie“ fällt;
- fehlerhafte Anbringung der erforderlichen CE-Kennzeichnung (z. B. zu klein, falsche Proportionen etc.);
- Unterlassen der vorgeschriebenen Kennzeichnung eines Produkts mit dem CE-Zeichen;
- kein Bereithalten der erforderlichen EG-Konformitätserklärung;
- kein Bereithalten der erforderlichen technischen Unterlagen;
- Fehlen der ggf. erforderlichen Gefahrenhinweise auf dem Produkt;
- fehlende Kooperation mit den Marktüberwachungsbehörden;
- Verstoß gegen die sog. Selbstanschwärzungspflicht nach § 6 Abs. 4 ProdSG (vgl. hierzu sogleich unten, B.I.4).

Im Zusammenhang mit der Höhe der oben genannten Bußgelder ist zu berücksichtigen, dass die Behörden dazu angehalten sind, zu verhindern, dass mit dem Vertrieb nicht rechtskonformer Produkte wirtschaftliche Vorteile erzielt werden. Es ist den Behörden daher auf Grund des Ordnungswidrigkeitengesetzes möglich, einen über die Höchstsumme der einzelnen Bußgelder hinaus erwirtschafteten Gewinn abzuschöpfen.

4. Die sog. behördliche Notifikationspflicht („Selbstanschwärzungspflicht“)

Wer meint, behördliche Konsequenzen drohen nur dann, wenn die zuständigen Marktüberwachungsbehörden einen Verstoß gegen produktsicherheitsrechtliche Vorgaben selbst ermitteln, ist „auf dem Holzweg“.

Nach § 6 Abs. 4 ProdSG muss der Hersteller, sobald er weiß oder wissen muss, dass von seinem bereits auf dem Markt bereit gestellten Verbraucherprodukt Risiken für die Sicherheit und Gesundheit von Personen ausgehen, unverzüglich die zuständigen Marktaufsichtsbehörden informieren (sog. „Selbstanschwärzungspflicht“ – in amtsdeutscher Sprache **„behördliche Notifikationspflicht“**). Verstößt der Hersteller gegen diese Pflicht, indem er ein erkanntes Sicherheitsproblem den Behörden nicht auf eigene Initiative, nur verzögert oder nur unvollständig mitteilt, begeht er eine Ordnungswidrigkeit, die zu einem Bußgeld in Höhe von bis zu 10.000 EUR führen kann. Wenn das Produkt europaweit vertrieben wird, hat der Hersteller dafür Sorge zu tragen, dass **alle zuständigen nationalen Behörden in Europa** informiert werden, da andernfalls Sanktionen in jedem einzelnen Mitgliedsstaat der EU drohen. Die Sanktionen in anderen Mitgliedsstaaten können dabei durchaus schärfer ausfallen als in Deutschland, weil jeder Mitgliedsstaat Art und Intensität der Sanktionierung selbst bestimmen kann.

Derzeit gilt die behördliche Notifikationspflicht nur für die Hersteller von Verbraucherprodukten. **Künftig (ab 2016) gilt die „Selbstanschwärzungspflicht“ auch für zahlreiche b2b-Produkte**, wobei die Behörden auch dann proaktiv informiert werden müssen, wenn das betreffende Produkt zwar keine Risiken für die Sicherheit und Gesundheit von Personen birgt, aber gleichwohl nicht den produktsicherheitsrechtlichen Anforderungen entspricht (vgl. hierzu oben, A.II.3. zu den neuen, Anfang 2014 in Kraft getretenen EG-Richtlinien des sog. „alignment package“).

II. Zivilrechtliche Konsequenzen – Mängelgewährleistung, Produzentenhaftung und Produkthaftung

Neben behördlichen Konsequenzen bringt das Inverkehrbringen unsicherer und nicht gesetzeskonformer Produkte auch zivilrechtliche Folgen mit sich. Das Zivilrecht regelt die **Beziehungen zwischen rechtlich gleichgestellten Rechtssubjekten**, also in erster Linie die Rechtsbeziehungen zwischen Privatpersonen (natürliche oder juristische Personen). Im Bereich der Produkthaftung regelt das Zivilrecht die Frage, inwiefern für die Schäden, die durch ein sicherheitstechnisch fehlerhaftes Produkt verursacht werden (Personen oder Sachschäden), Ersatz zu leisten ist.

Kommt es durch einen sicherheitstechnischen Produktfehler zu einem Unfall, bei dem Personen verletzt oder Sachen beschädigt werden, muss der Hersteller damit rechnen, vom Geschädigten auf **Schadensersatz** in Anspruch genommen zu werden. Die Schäden können beträchtlich sein: Neben dem Ersatz des Sachwerts für beschädigte Sachen, gehören beispielsweise Heilbehandlungskosten verletzter Personen, Verdienstausfallentschädigung, ggf. Erwerbsunfähigkeitsrenten und Schmerzensgelder zu den denkbaren Schadenspositionen, die der Hersteller dem Geschädigten ggf. zu ersetzen hat. Das deutsche Zivilrecht hält hierfür verschiedene Anspruchsgrundlagen bereit, die nachfolgend kurz vorgestellt werden:

1. Mängelgewährleistung vs. Produkthaftung

In Bezug auf das fehlerhafte Produkt selbst steht dem Geschädigten zunächst das vertragliche Mängelgewährleistungsrecht zur Seite, das den Zweck verfolgt, den Käufer einer Sache davor zu schützen, dass er für die Zahlung des Kaufpreises eine Gegenleistung erhält, die aufgrund eines Mangels „ihr Geld nicht wert ist“. Dies ist dann der Fall, wenn die **Ist-Beschaffenheit** des Produkts von der (vereinbarten) **Soll-Beschaffenheit** abweicht.

Mängelgewährleistungsrechte hat der Geschädigte allerdings **nur gegenüber seinem Vertragspartner**, von dem er das Produkt erworben hat. Der durch ein fehlerhaftes

Produkt Geschädigte wird für die daraus resultierenden Schäden jedoch in aller Regel den Hersteller des Produktes in Anspruch nehmen wollen, weil er bei diesem regelmäßig nicht nur einen zahlungskräftigeren Schuldner vermutet, sondern auch eher davon ausgehen kann, dass dieser - anders als beispielsweise der Händler - keine „Ausflüchte" findet, wenn es um die Verantwortlichkeit für den Sicherheitsmangel geht. Mit dem Hersteller verbinden den Geschädigten aber häufig gerade keine direkten Vertragsbeziehungen. Für Ersatzansprüche gegen den Hersteller ist der Geschädigte deshalb auf außervertragliche Ansprüche angewiesen, weshalb mögliche Ansprüche des Geschädigten aus dem Mängelgewährleistungsrecht an dieser Stelle nicht weiter vertieft werden sollen.

Neben der vertraglichen Mängelgewährleistung stehen dem Geschädigten ggf. auch **gesetzliche Ansprüche** zu, die **keine Vertragsbeziehung voraussetzen** und sich deshalb auch direkt gegen den Hersteller richten können. Diese gesetzliche Haftung des Herstellers für Schäden, die durch sein sicherheitstechnisch fehlerhaftes Produkt verursacht wurden, wird im allgemeinen Sprachgebrauch unter dem **Oberbegriff „Produkthaftung"** zusammengefasst. Die Produkthaftung des Herstellers ergibt sich in Deutschland aus zwei verschiedenen Anspruchsgrundlagen, die jeweils das Vorliegen unterschiedlicher Voraussetzungen erfordern. Dem Geschädigten können sowohl deliktische Ansprüche nach dem BGB (sog. Produzentenhaftung) als auch Schadensersatzansprüche nach dem Produkthaftungsgesetz (ProdHaftG) zustehen.

2. Produzentenhaftung - deliktische Haftung aus § 823 Abs. 1 BGB

Der deliktische Schadensersatzanspruch aus § 823 Abs. 1 BGB steht nicht in spezifischem Zusammenhang mit der Haftung für fehlerhafte Produkte. Die Rechtsvorschrift des § 823 Abs. 1 BGB ist seit dem Inkrafttreten des BGB im Jahr 1900 nahezu unverändert geblieben. Der Gesetzgeber hatte seinerzeit primär andere deliktische Handlungen im Auge als das Inverkehrbringen fehlerhafter Produkte. Dennoch stützt die Rechtsprechung bis heute Schadensersatzansprüche wegen fehlerhafter Produkte auf diese Rechtsvorschrift, wenn auch unter Zugrundelegung einiger Besonderheiten, auf die nachfolgend kurz einzugehen sein wird.

Zunächst sei jedoch ein Blick auf den Wortlaut der Vorschrift des § 823 Abs. 1 BGB gewagt, der wie folgt lautet:

> *Wer vorsätzlich oder fahrlässig das Leben, den Körper, die Gesundheit, die Freiheit, das Eigentum oder ein sonstiges Recht eines anderen widerrechtlich verletzt, ist dem anderen zum Ersatz des daraus entstehenden Schadens verpflichtet.*

Die allgemeinen **Voraussetzungen eines Schadensersatzanspruches gem. § 823 Abs. 1 BGB** lassen sich demnach wie folgt zusammenfassen:

(1) Es bedarf zunächst einer (Verletzungs-)Handlung des Ersatzpflichtigen.

(2) Diese Handlung muss zu einer Verletzung eines der in § 823 Abs. 1 BGB genannten Rechtsgüter (Leben, Gesundheit, Freiheit, Eigentum etc.) geführt haben.

(3) Die Handlung des Ersatzpflichtigen muss rechtswidrig gewesen sein, was sich aus dem Wörtchen „widerrechtlich" ergibt.

(4) Die Verletzungshandlung muss schuldhaft (also vorsätzlich oder fahrlässig) herbeigeführt worden sein.

(5) Die Verletzung eines der in der Vorschrift genannten Rechtsgüter muss zu einem Schaden auf Seiten des Anspruchstellers geführt haben.

Ganz allgemein und nach dem Wortlaut des Gesetzes formuliert haftet gem. § 823 Abs. 1 BGB also derjenige, der vorsätzlich oder fahrlässig Leben, Gesundheit, Eigentum (oder ein sonstiges absolut geschätztes Recht) eines Menschen widerrechtlich verletzt, für Ersatz des dadurch entstandenen Schadens.

Die Verletzung der geschützten Rechtsgüter des Geschädigten kann zunächst durch eine **aktive Handlung** des Schädigers verursacht werden, die die Rechtsordnung verbietet, die also rechtswidrig ist. Eine Verletzung kann ihre Ursache aber auch darin haben, dass der Schädiger gerade nicht gehandelt hat, ein bestimmtes Handeln also **unterlassen** hat. Zu einer zivilrechtlichen Haftung führt ein schlichtes Unterlassen allerdings nur dann, wenn der Unterlassende nach der Rechtsordnung eine Pflicht zu einem bestimmten aktiven Handeln hatte. Im Zusammenhang mit der Haftung für fehlerhafte Produkte hat die Rechtsprechung bestimmte Handlungspflichten des Herstellers konkretisiert, deren Nichtbeachtung eine Haftung nach § 823 Abs. 1 BGB auslösen kann. Dabei geht die Rechtsprechung davon aus, dass der Hersteller mit dem Inverkehrbringen eines Produktes eine (potentielle) Gefahrenquelle eröffnet, wobei es ihm gleichzeitig möglich und zumutbar ist, die zur Gefahrenabwehr erforderlichen Maßnahmen zu treffen. Aus dieser Erwägung wird die Verpflichtung des Herstellers abgeleitet, alle geeigneten und zumutbaren Maßnahmen zu ergreifen, um die von einem Produkt ausgehenden Gefahren zu minimieren und unter Kontrolle zu halten. Diese Maßnahmen zur Absicherung der potentiellen Gefahrenquelle „Vertrieb unsicherer Produkte" werden **Verkehrssicherungspflichten** genannt.

a) Verkehrssicherungspflichten des Herstellers

Im Einzelnen hat die Rechtsprechung seit den 1960er Jahren folgende Verkehrssicherungspflichten für Hersteller von Produkten entwickelt und in zahlreichen Urteilen konkretisiert:

(1) Konstruktionspflicht

Den Hersteller trifft zunächst die Pflicht, sein Produkt im Hinblick auf das technische Design so zu konstruieren und zu konzipieren dass es dem gebotenen Sicherheitsstandard entspricht und Risiken **sowohl bei bestimmungemäßer Verwendung als auch bei vorhersehbarer Fehlverwendung** auf Grund des technischen Designs so weit wie möglich minimiert sind.

Als Maßstab für den insoweit gebotenen Sicherheitsstandard ist dabei der zum Zeitpunkt des Inverkehrbringens (eines jeden einzelnen Produkts) für den Hersteller erkennbare und ermittelbare Stand von Wissenschaft und Technik heranzuziehen. Die im ersten Teil besprochenen gesetzlichen Sicherheitsanforderungen (z. B. die Vorgaben der EG-Maschinenrichtlinie) sowie der Inhalt einschlägiger technischer Normen (z. B. EN-Normen, DIN-Normen, VDE-Normen etc.) spiegeln dabei lediglich einen vom Hersteller einzuhaltenden Mindeststandard an Sicherheit wider, der regelmäßig hinter dem Stand von Wissenschaft und Technik zurückbleibt. Den zum Zeitpunkt des Inverkehrbringens eines Produkts existierenden **neuesten Stand von Wissenschaft und Technik** hat sich der Hersteller mit zumutbarem Aufwand selbst zu erarbeiten, beispielsweise durch die Lektüre einschlägiger Fachliteratur, durch den Besuch einschlägiger Fachkongresse etc.

Vgl. hierzu auch die Fälle 2, 3 und 4 (nachfolgend unter Ziff. C.).

Im Rahmen der Konstruktionspflicht ist weiterhin der **Grundsatz inhärenter Sicherheit** zu beachten. Dieser Grundsatz besagt, dass das von einem Produkt ausgehende Risiko für die Sicherheit und Gesundheit von Personen oder für die Integrität von Sachwerten – soweit technisch möglich und zumutbar – in erster Linie konstruktiv minimiert werden muss. Nur dann, wenn eine sicherere Konstruktion des Produkts nicht möglich ist, darf der Hersteller auf Schutzeinrichtungen am Produkt zurückgreifen, um das Risiko zu minimieren. Erst dann, wenn auch Schutzeinrichtungen nicht möglich sind, darf das von dem Produkt ausgehende Risiko mit Mitteln der Instruktion bekämpft werden.

Lässt sich im Schadensfall nachweisen, dass ein bestimmtes Unfallgeschehen hätte vermieden werden können, indem der Hersteller sein Produkt nach Maßgabe des zum Zeitpunkt des Inverkehrbringens existierenden Stand von Wissenschaft und Technik sicherer konstruiert hätte, steht eine Verletzung der Konstruktionspflicht und somit ein haftungsrelevanter **Konstruktionsfehler** im Raum. In aller Regel ist in diesem Fall die gesamte Produktionsserie von dem Fehler betroffen.

(2) Fabrikationspflicht

Im Rahmen der Fabrikationspflicht hat der Hersteller den durch die Konstruktion des Produkts erreichten Sicherheitsstandard im Rahmen der Fertigung auf sämtliche produzierten Produkte zu übertragen. Er muss mit Hilfe aller zumutbaren **Vorkehrungen** dafür sorgen, dass nicht einzelne Produkte durch Ungenauigkeiten oder Fehler im Rahmen des Fertigungsprozesses von dem durch die Konstruktion des Produkts geschaffenen Sicherheitsstandard abweichen.

Fehler in der Fabrikationsphase haben ihre Ursache meist in menschlichem Versagen. Der Hersteller hat daher Herstellungsablauf und Herstellungsverfahren technisch und personell so zu optimieren, dass Fehler im Rahmen der Fertigung des Produktes nicht entstehen können. Hierfür bedarf es der **Implementierung geeigneter Prozesse** (Qualitätssicherungsmaßnahmen, Fertigungskontrollen, Wareneingangskontrollen etc.). Auch in diesem Zusammenhang gilt es zu beachten, dass die Einhaltung entsprechender technischer Normen bei der Implementierung von Qualitätssicherungsmaßnahmen (z. B. Normen der Reihe ISO 9000) allenfalls den vom Hersteller geforderten Mindeststandard skizziert, der im Rahmen der Implementierung entsprechender Prozesse zu beachten ist. Charakteristische Folge einer Verletzung der Fabrikationspflicht ist es, dass sich ein bestimmter Produktfehler – anders als beim Konstruktionsfehler – nicht auf die gesamte Serie eines Produkts bezieht, sondern nur auf einzelne Produkte bzw. auf einzelne Chargen der Produktserie.

Wird die Fabrikationspflicht schuldhaft verletzt, steht ein haftungsrelevanter **Fabrikationsfehler** (auch Fertigungsfehler genannt) im Raum.

(3) Instruktionspflicht

Die Instruktionspflicht bezieht sich auf die Darbietung des Produkts. Der Hersteller muss im Rahmen der Instruktionspflicht die korrekte Handhabung des Produkts erläutern und auf Gefahren hinweisen, die bei der Verwendung des Produkts entstehen können. Mit Hilfe entsprechender Instruktionen hat der Hersteller den Verwender des Produkts gerade vor den vom Produkt ausgehenden **Restgefahren** zu warnen, die trotz ordnungsgemäßer Konstruktion verbleiben und somit konstruktiv nicht vermeidbar sind. Der Hersteller darf aber nicht etwa technisch mögliche und zumutbare konstruktive Sicherheitsmaßnahmen durch Warnhinweise ersetzen (**keine „Flucht in die Instruktion“**).

Vgl. hierzu auch Fall 7 (nachfolgend unter Ziff. C.).

Bei der Instruktion des Verwenders muss der Hersteller nicht nur diejenige Verwendung seines Produktes im Auge haben, die er sich selbst vorstellt (also die bestimmungsgemäße Verwendung), sondern muss auch damit rechnen, dass das Produkt vom Verbraucher in einer anderen als der vorhergesehenen Weise verwendet wird (**vorhersehbare Fehlanwendung**).

Vgl. hierzu auch Fall 7 (nachfolgend unter Ziff. C.).

Inhalt und Umfang der Instruktionspflicht richten sich nach der am wenigsten informierten und damit am meisten gefährdeten Benutzergruppe des betreffenden Produkts. Je erheblicher die von dem Produkt ausgehende Restgefahr ist, desto höhere Anforderungen sind an die Pflicht des Herstellers zur Aufklärung und Warnung vor diesen Gefahren zu stellen. Die Warnungen haben das von dem Produkt ausgehende Risiko klar und verständlich (auch in Bezug auf die Sprachfassung!) zu benennen und müssen sowohl die möglichen Folgen einer Missachtung der Warnung vor Augen führen als auch geeignete Möglichkeiten aufzuzeigen, wie sich der Verwender vor der Verwirklichung des betreffenden Risikos schützen kann.

Vgl. hierzu auch Fall 3 (nachfolgend unter Ziff. C.).

Auch in Zusammenhang mit der Instruktionspflicht stellen die Vorgaben des öffentlichen Produktsicherheitsrechts (z. B. die Anforderungen der EG-Maschinenrichtlinie an Inhalt und Ausgestaltung der Betriebsanleitung einer Maschine – vgl. Anhang I, Ziff. 1.7.4 der EG-Maschinenrichtlinie 2006/42/EG) lediglich den gesetzlich geforderten Minimalstandard einer hinreichenden Instruktion dar.

Stellt sich im Falle eines Unfalls heraus, dass dieser hätte vermieden werden können, wenn der Verwender vor dem von dem Produkt ausgehenden (Rest-) Risiko durch geeignete Instruktionen gewarnt worden wäre, steht ein haftungsrelevanter Instruktionsfehler im Raum.

(4) Produktbeobachtungs- und Gefahrenabwendungspflicht

Konstruktionspflicht, Fabrikationspflicht und Instruktionspflicht hat der Hersteller jeweils vor dem Inverkehrbringen seines Produkts zu beachten. Die Verkehrssicherungspflichten des Herstellers enden allerdings nicht am Werkstor des Herstellers, sondern reichen weit über das Inverkehrbringen eines Produkts hinaus.

(a) Beobachtung der eigenen Produkte, vergleichbarer Wettbewerbsprodukte sowie des Zubehör- und Anbauteilemarktes

Nach dem Inverkehrbringen hat der Hersteller die von ihm in den Verkehr gebrachten Produkte auf dem Markt auch weiterhin fortlaufend auf bisher unbekannt gebliebene Risiken zu beobachten und sich über bisher noch unbekannte gefährliche Verwendungsfolgen auf dem Laufenden zu halten. Diese Produktbeobachtungspflicht gilt **zeitlich unbegrenzt**, solange die betroffenen Produkte tatsächlich verwendet werden. Die Produktbeobachtungspflicht wird mitunter auch als „Marktbeobachtungspflicht" bezeichnet, was den Kern der Pflicht allerdings nicht vollständig trifft: Es geht nicht um die Beobachtung des produktrelevanten „Marktes", sondern um die **sicherheitstechnische Bewährung des Produkts** selbst im Feld.

Im Rahmen seiner Produktbeobachtungspflicht hat der Hersteller durch geeignete **organisatorische Maßnahmen** dafür zu sorgen, dass er über die von dem Produkt ausgehenden Risiken und Sicherheitsdefizite schnell und umfassend Kenntnis erlangt. In diesem Zusammenhang verdichtet sich die Produktbeobachtungspflicht zu einer Pflicht zur Einrichtung und Aufrechterhaltung eines **effektiven Beschwerde- und Reklamationsmanagements**, mit Hilfe dessen bekannt gewordene (potentiell sicherheitsrelevante) Mängel sowie mit dem Produkt in Zusammenhang zu bringende Unfälle erfasst und analysiert werden können.

Die Produktbeobachtungspflicht beschränkt sich nicht allein auf das vom Hersteller in Verkehr gebrachte Produkt. Der Hersteller hat im Rahmen seiner Produktbeobachtungspflicht auch im Blick zu behalten, welche Risiken ggf. von vergleichbaren **Wettbewerbsprodukten** ausgehen. Ein sicherheitstechnisch fehlerhaftes Wettbewerbsprodukt, das im Feld zu Risiken für die Sicherheit und Gesundheit von Personen führt, muss in diesem Zusammenhang stets Anlass sein, darüber nachzudenken, ob das eigene Produkt möglicherweise vergleichbare Sicherheitsmängel aufweist (z. B. verursacht durch Einsatz desselben Zulieferers), die bisher – für das eigene Produkt – noch nicht erkannt wurden.

Darüber hinaus muss der Hersteller im Rahmen der Produktbeobachtung im Blick haben, wie sich sein Produkt in **Kombination mit anderen Produkten** (z. B. mit fremdhergestellten Anbau- und Zubehörteilen) verhält. So kann ein Produkt für sich betrachtet zwar ausreichend sicher sein, in Kombination mit bestimmungsgemäß vorgesehenen Anbau- oder Zubehörteilen anderer Hersteller aber plötzlich bisher unbekannte Gefahrenquellen eröffnen, an die der Hersteller zum Zeitpunkt des Inverkehrbringens noch nicht gedacht hatte.

Vgl. hierzu auch Fall 6 (nachfolgend unter Ziff. C.).

(b) Gefahrenabwendungspflicht

Stellt der Hersteller im Rahmen seiner Produktbeobachtung fest, dass von seinem Produkt alleine oder in Kombination mit anderen Produkten signifikante Risiken für die Sicherheit und Gesundheit von Personen oder für die Integrität bedeutender Sachgüter ausgeht, wandelt sich die (eher passiv zu beschreibende) Produktbeobachtungspflicht in eine **aktive Gefahrenabwendungspflicht.** Der Hersteller ist in dieser Konstellation dazu verpflichtet, alles ihm Mögliche und Zumutbare zu unternehmen, um die betroffenen Verwender seines Produkts davor zu schützen, dass sich das erkannte Risiko realisiert.

Welche **Maßnahmen** der Hersteller **zur Abwehr der von dem Produkt ausgehenden Risiken** konkret zu treffen hat, hängt dabei vom jeweiligen Einzelfall ab. Denkbar sind in diesem Zusammenhang Maßnahmen, die von einer schlichten Warnung bis hin zur Nachrüstung des betroffenen Produktes oder zur Initiierung eines Rückrufes des Produkts reichen können. Gehen von dem Produkt Risiken für Leib und Leben von Personen aus, erfordert dies größten zumutbaren Aufwand im Hinblick auf die Abwehr dieser Risiken. Bei lediglich zu erwartenden Sachschäden können dagegen bereits weniger einschneidende Maßnahmen ausreichen, wie beispielsweise eine Warnung vor bestimmtem Fehlgebrauch oder vor einer bestimmten Kombination mit anderen Produkten.

Mit Blick auf ein **Urteil des Bundesgerichtshofes (BGH)** aus dem Jahr 2008 (sog. Pflegebetten-Urteil) ist jedoch zu beachten, dass der Hersteller eines Produkts für den **b2b-Bereich** im Rahmen seiner Gefahrenabwendungspflicht regelmäßig nicht dazu verpflichtet ist, eine **kostenlose Beseitigung des nachträglich erkannten Sicherheitsmangels** anzubieten, wenn und soweit die Mängelgewährleistungsfrist für das betreffende Produkt bereits abgelaufen ist. In dieser Konstellation kann es daher ausreichen, wenn der Hersteller die Verwender seines Produkts vor dem erkannten Risiko warnt und sie darüber informiert, wie sie sich vor der Realisierung des Risikos schützen können (z. B. Warnung vor einem konkreten Sicherheitsrisiko einer Maschine, verbunden mit einer Aufforderung, die Maschine stillzulegen oder den Mangel – kostenpflichtig – beseitigen zu lassen).

Vgl. hierzu auch Fall 10 (nachfolgend unter Ziff. C.).

Die hinter dieser Rechtsprechung stehende Überlegung lässt sich wie folgt zusammenfassen: Der Hersteller eines Produkts hat während der Dauer der Mängelgewährleistungsfrist erkannte Sachmängel – egal ob sicherheitsrelevant oder nicht sicherheitsrelevant – kostenlos zu beseitigen. Nach Ablauf der Gewährleistungsfrist besteht indes aufgrund des Mängelgewährleistungsrechts keine Verpflichtung zur (kostenlosen) Beseitigung von Mängeln. Der Hersteller bleibt aufgrund seiner Produktbeobachtungs- und Gefahrenabwendungspflicht zwar dazu verpflichtet, die betroffenen Verwender vor der Verwirklichung des erkannten Sicherheitsrisikos zu schützen. Dies – so der Bundesgerichtshof – kann der Hersteller in dieser Konstellation allerdings auch dadurch bewerkstelligen, dass er die betroffenen Verwender vor dem erkannten Risiko warnt, ihnen aufzeigt, wie sie sich schützen können und notfalls dazu auffordert, das Produkt nicht weiter zu verwenden.

Mit anderen Worten: Eine Gefahrenabwendungsmaßnahme wird nach Auffassung des BGH in dieser Konstellation nicht etwa dadurch wirksamer, dass der Hersteller kostenlose Beseitigung des Sicherheitsmangels anbietet. Entscheidend sei vielmehr, dass der Hersteller seinen „Wissensvorsprung“ in Bezug auf die erkannte Unsicherheit des Produkts an die betroffenen Verwender weitergibt und diese in die Lage versetzt, sich selbst zu schützen.

Die skizzierte Rechtsprechung des BGH wird in der rechtswissenschaftlichen Literatur mitunter heftig kritisiert und ihre **Übertragbarkeit auf andere Fallkonstellationen** bisweilen in Zweifel gezogen. Die Zweifler argumentieren mit dem notwendigen Schutz derjenigen Personen, die zwar den erkannten Risiken des Produkts ausgesetzt sind, aber vom Hersteller persönlich nicht gewarnt wurden (**sog. innocent bystander**). Diese Personen (z. B. zufällig mit dem Produkt in Berührung kommende Personen) könnten letztlich nur dadurch effektiv geschützt werden, dass der Sicherheitsmangel beseitigt werde. Um seiner Gefahrenabwendungspflicht hinreichend nachzukommen – so wird weiter argumentiert – müsse der Hersteller über eine entsprechende Warnung hinaus auch nach Ablauf der Mängelgewährleistungspflicht dafür sorgen, dass das Produkt (auf seine Kosten) in einen sicheren Zustand versetzt werde.

Ob und inwieweit sich ein Hersteller, der ein sicherheitstechnisch fehlerhaftes Produkt in den Verkehr gebracht hat, im konkreten Fall auf die skizzierte Rechtsprechung berufen und eine kostenlose Beseitigung des Sicherheitsmangels verweigern kann, muss in jedem **Einzelfall** anhand der gegebenen Umstände sorgfältig geprüft werden. Die Zeiten, in denen der Hersteller in jeder Konstellation bedingungslos über die gesamte Produktlebensdauer hinweg finanziell für sicherheitstechnische Fehler geradezustehen hatte, gehören mit dem genannten Urteil gleichwohl der Vergangenheit an.

b) Verschulden (Vorsatz oder Fahrlässigkeit)

Voraussetzung einer Haftung des Herstellers nach den Grundsätzen der deliktischen Produzentenhaftung ist es, dass ihn in Bezug auf die Verletzung einer der o.g. Verkehrssicherungspflichten ein Verschuldensvorwurf trifft. Unter Verschulden wird gem. § 276 Abs. 1 BGB Vorsatz und Fahrlässigkeit verstanden. Vorsätzlich handelt derjenige, der den betreffenden Verstoß gegen die Verkehrssicherungspflicht **mit Wissen und Wollen** herbeiführt. Unter Fahrlässigkeit wird dagegen das **Außerachtlassen der im Verkehr erforderlichen Sorgfalt** verstanden (gemeint ist der Verkehrskreis, im Rahmen dessen sich der Hersteller bewegt). Steht also der Vorwurf im Raum, der betreffende Verstoß gegen eine der genannten Verkehrssicherungspflichten sei für den Hersteller vorhersehbar gewesen und dieser habe insoweit die erforderliche Sorgfalt, die in entsprechenden Verkehrskreisen üblicherweise an den Tag gelegt werde, nicht beachtet, heißt dies nichts anderes, als dass dem Hersteller insoweit (jedenfalls) Fahrlässigkeit angelastet wird.

c) Umkehr der Beweislast für das Verschulden des Herstellers

Nach den allgemeinen Regeln des Beweisrechts muss derjenige, der einen Anspruch erhebt, das **Vorliegen sämtlicher anspruchsbegründender Tatsachen beweisen**. Der Geschädigte, der auf Grundlage der Produzentenhaftung gegen den Hersteller einen Schadensersatzanspruch geltend macht, müsste nach dieser allgemeinen Regel also nicht nur beweisen, dass dem Hersteller ein Konstruktions-, Fabrikations-, Instruktions- oder Produktbeobachtungsfehler unterlaufen ist, sondern darüber hinaus auch, dass der Hersteller diesen Fehler schuldhaft (also vorsätzlich oder fahrlässig) begangen hat. Der Geschädigte hat mangels Einblick in die Konstruktions- und Fertigungsprozesse des Herstellers in der Praxis allerdings kaum die Möglichkeit, rechtssicher zu beweisen, dass der Hersteller seine Pflichten schuldhaft verletzt hat. Im Rahmen der Produzentenhaftung hat die Rechtsprechung zugunsten des Geschädigten deshalb eine sog. **Beweislastumkehr** eingeführt. Diese Beweislastumkehr führt dazu, dass – ausnahmsweise – der Hersteller zu beweisen hat, dass die festgestellte Verletzung einer Verkehrssicherungspflicht nicht auf Vorsatz oder Fahrlässigkeit beruht.

Vgl. hierzu auch Fall 2 (nachfolgend unter Ziff. C.).

Da die Produzentenhaftung ungeachtet der Beweislastumkehr stets ein Verschulden des Herstellers voraussetzt, haftet der Hersteller trotz eines nachgewiesenen Fabrikationsfehlers beispielsweise nicht, wenn lediglich ein einzelnes Produkt durch einen nach Stand von Wissenschaft und Technik unvermeidbaren Fabrikationsfehler gefährlich wird (**sog. Ausreißer**), falls der Hersteller sämtliche möglichen und zumutbaren Vorkehrungen zur Vermeidung entsprechender Fabrikationsfehler getroffen hatte. Der Hersteller hat in dieser Konstellation die erforderliche Sorgfalt gerade nicht außer Acht gelassen. Wegen der erwähnten Beweislastumkehr hinsichtlich des Verschuldens obliegt es allerdings dem Hersteller, nachzuweisen, dass es sich bei dem fehlerhaften Produkt tatsächlich um einen „Ausreißer" handelt und er im Übrigen sämtliche nach Stand von Wissenschaft und Technik möglichen und zumutbaren Vorkehrungen getroffen hat, um Fabrikationsfehler auszuschließen.

d) Verjährung

Ansprüche aus der Produzentenhaftung unterliegen einer regelmäßigen **Verjährungsfrist von drei Jahren**. Dies führt aber nicht dazu, dass sich der Hersteller nach Ablauf von drei Jahren seit Inverkehrbringen des Produkts darauf verlassen kann, dass ihn keine Ansprüche aus der Produzentenhaftung mehr treffen können. Die 3-Jahres-Frist beginnt nämlich erst mit dem Schluss des Jahres, in dem der Anspruch entstanden ist und der Anspruchsteller **Kenntnis** von den anspruchsbegründenden Umständen sowie von der Person des Schuldners erlangt hat bzw. hätte erlangen können. Da der Anspruch erst dann entsteht, wenn durch ein sicherheitstechnisch fehlerhaftes Produkt ein Schaden entsteht und auch ab diesem Zeitpunkt noch einige Zeit vergehen kann, bis der Geschädigte Kenntnis davon erlangt, dass das Produkt fehlerhaft war, können den Hersteller Ansprüche aus Produzentenhaftung auch deutlich später als drei Jahre nach dem Inverkehrbringen des Produkts treffen.

Soweit der Anspruch allerdings auf der Verletzung des Lebens oder der Gesundheit einer Person beruht, tritt Verjährung unabhängig von jeglicher Form der Kenntnis des Geschädigten **spätestens 30 Jahre nach dem Inverkehrbringen** des Produktes ein.

3. Produkthaftung nach dem Produkthaftungsgesetz

Neben der Produzentenhaftung existiert in Deutschland seit dem 1.1.1990 noch eine weitere Anspruchsgrundlage mit Hilfe derer der Geschädigte eines sicherheitstechnisch fehlerhaften Produkts Schadensersatzansprüche geltend machen kann. Hierbei handelt es sich um die Haftung nach dem weithin bekannten Produkthaftungsgesetz (ProdHaftG). Dieses Gesetz begründet eine **verschuldensunabhängige Haftung** des Herstellers für Schäden, die durch ein fehlerhaftes Produkt verursacht werden.

Mit dem Produkthaftungsgesetz hat der deutsche Gesetzgeber die sog. **EG-Produkthaftungsrichtlinie (RL 374/85/EWG)** umgesetzt, mit der die Europäische Gemeinschaft in den 1980er Jahren ihre Mitgliedsstaaten dazu angehalten hatte, einen europaweit einheitlichen Standard für die Haftung des Herstellers für sicherheitstechnisch fehlerhafte Produkte zu schaffen. Die Haftung nach dem Produkthaftungsgesetz steht seither neben der nach wie vor anwendbaren Produzentenhaftung gem. § 823 Abs. 1 BGB. Der Geschädigte kann sich also aussuchen, ob er seine Schadensersatzansprüche auf deliktische Produzentenhaftung (§ 823 Abs. 1 BGB) oder auf das Produkthaftungsgesetz stützt. Beide Anspruchsgrundlagen haben unterschiedliche Voraussetzungen. Der Geschädigte wird also stets diejenige Anspruchsgrundlage wählen, von der er (bzw. seine Anwälte) glauben, dass sie am ehesten zum Erfolg führt.

Das Produkthaftungsgesetz ist im Teil 4 dieses Buches abgedruckt.

a) Voraussetzungen der Haftung nach dem Produkthaftungsgesetz

Die Voraussetzungen der Haftung nach dem Produkthaftungsgesetz sind in **§ 1 Abs. 1 ProdHaftG** geregelt und sind – wie sich dem nachfolgend abgedruckten Wortlaut entnehmen lässt – auch für den „Nicht-Juristen" weitgehend verständlich formuliert:

Wird durch den Fehler eines Produkts jemand getötet, sein Körper oder seine Gesundheit verletzt oder eine Sache beschädigt, so ist der Hersteller des Produkts verpflichtet, dem Geschädigten den daraus entstehenden Schaden zu ersetzen. Im Falle der Sachbeschädigung gilt dies nur, wenn eine andere Sache als das fehlerhafte Produkt beschädigt wird und diese andere Sache ihrer Art nach gewöhnlich für den privaten Ge- oder Verbrauch bestimmt und hierzu von dem Geschädigten hauptsächlich verwendet worden ist.

Wie sich aus dem Gesetzeswortlaut ergibt, kommt es für die Haftung nach dem Produkthaftungsgesetz – anders als bei der deliktischen Produzentenhaftung – nicht darauf an, ob der Hersteller eine ihm obliegende Verkehrssicherungspflicht schuldhaft verletzt hat. Anknüpfungspunkt für die Haftung ist vielmehr schlicht das **Inverkehrbringen eines sicherheitstechnisch fehlerhaften Produkts.**

b) Haftungsadressaten nach dem Produkthaftungsgesetz

Nach erster Lektüre der maßgeblichen Vorschrift des § 1 Abs. 1 ProdHaftG könnte der Eindruck entstehen, dass das Produkthaftungsgesetz die Haftung für fehlerhafte Produkte auf den faktischen Hersteller des Endprodukts beschränkt. Tatsächlich geht die Haftung nach dem Produkthaftungsgesetz allerdings weit über den faktischen Hersteller hinaus, wie sich aus der Begriffsdefinition des Herstellers in § 4 ProdHaftG ergibt.

(1) Tatsächlicher Hersteller

Gem. § 4 Abs. 1 Satz 1 ProdHaftG ist Hersteller im Sinne des Produkthaftungsgesetzes zunächst der tatsächliche Hersteller eines bestimmten Endproduktes. Darüber hinaus ist allerdings auch der tatsächliche Hersteller eines Teilproduktes oder eines Grundstoffes als Hersteller im Sinne des Gesetzes einzustufen.

(2) Quasi-Hersteller

Hersteller im Sinne des ProdHaftG ist weiterhin nicht nur derjenige, der ein (Teil-)Produkt tatsächlich selbst hergestellt hat, sondern gem. § 4 Abs. 1 Satz 2 ProdHaftG auch jeder, der sich **durch Anbringen seines Namens, seiner Marke oder eines anderen unterscheidungskräftigen Kennzeichens** als Hersteller ausgibt, obwohl er es in Wahrheit nicht ist (sog. „Quasi-Hersteller"). Von Bedeutung ist die Haftung als Quasi-Hersteller beispielsweise für Versandhäuser oder Handelsketten, die häufig in Niedriglohnländern fertigen lassen, die Ware dann aber ausschließlich unter ihrem eigenen Namen zum Verkauf anbieten. Aber auch bei gängigen Industrieprodukten ist es inzwischen übliche Praxis, dass Waren, für die das spezifische Know-how im eigenen Haus des Markenherstellers fehlt, von anderen Unternehmen zugekauft und anschließend unter eigenem Namen (bzw. unter der eigenen Marke) vertrieben werden. Schließlich kann die Quasi-Hersteller-Haftung auch mit Blick auf sog. Merchandising-Artikel von Bedeutung sein, falls neben dem Kennzeichen des Werbenden ein weiterer Hinweis auf den tatsächlichen Hersteller des Produkts fehlt.

(3) EWR-Importeur

Neben dem tatsächlichen Hersteller eines (Teil-)Produkts und dem Quasi-Hersteller haftet nach dem Produkthaftungsgesetz aber auch derjenige, der ein Produkt zu kommerziellen Vertriebszwecken **erstmals in den Europäischen Wirtschaftsraum (EWR) einführt**. Der EWR-Importeur gilt gem. § 4 Abs. 2 ProdHaftG kraft gesetzlicher Fiktion als Hersteller des eingeführten Produkts, auch wenn er in Wahrheit mit dessen Herstellung nichts zu tun hat. Mit der Einbeziehung des EWR-Importeurs in den Kreis der Ersatzpflichtigen wollte der Europäische Gesetzgeber den Verbraucher davor schützen, einen Schadensersatzprozess gegen einen tatsächlichen Hersteller führen zu müssen, der seinen Sitz außerhalb des Europäischen Wirtschaftsraumes hat. Ziel des europäischen Gesetzgebers war es, einem durch ein sicherheitstechnisch fehlerhaftes Produkt Geschädigten stets eine im EWR ansässige Person als Haftungsschuldner zur Verfügung zu stellen.

(4) Händler (Lieferant)

Unter Umständen kann sogar ein schlichter Vertriebshändler im Sinne des Produkthaftungsgesetzes einem Hersteller gleich gestellt und somit Haftungsschuldner für ein sicherheitstechnisch fehlerhaftes Produkt werden. Dies ist gem. § 4 Abs. 3 ProdSG dann der Fall, wenn der tatsächliche Hersteller eines Produkts nicht festgestellt werden kann und der vom Geschädigten angesprochene Händler binnen vier Wochen nach entsprechender Aufforderung nicht in der Lage ist, den Hersteller oder – jedenfalls – seinen **Vorlieferanten zu benennen**.

c) Haftung für Personen- und Sachschäden

Die Haftung nach dem ProdHaftG setzt stets eine Rechtsgutsverletzung in Gestalt der Tötung eines Menschen, einer Körper- oder Gesundheitsverletzung oder einer Sachbeschädigung voraus. Im Falle einer Sachbeschädigung besteht eine Haftung allerdings nur dann, wenn durch das fehlerhafte Produkt eine **andere Sache als das fehlerhafte Produkt selbst** beschädigt wurde. Eine weitere Einschränkung besteht darin, dass Sachschäden nur dann zu einer Haftung führen können, wenn die beschädigte Sache ihrer Art nach gewöhnlich **für den privaten Gebrauch oder Verbrauch bestimmt und hierzu von dem Geschädigten auch hauptsächlich verwendet** wurde. Werden also beispielsweise durch eine sicherheitstechnisch fehlerhafte Maschine andere gewerblich verwendete Produktionsmittel beschädigt, kommen Schadensersatzansprüche auf Grundlage des Produkthaftungsgesetzes also nicht in Betracht (wohl aber solche aus der deliktischen Produzentenhaftung gem. § 823 Abs. 1 BGB).

d) Produktfehler im Sinne des Produkthaftungsgesetzes

Ob ein Produkt im Sinne des Produkthaftungsgesetzes „fehlerhaft" ist, bestimmt sich nach der Fehlerdefinition in § 3 ProdHaftG. Danach liegt ein Produktfehler vor, wenn das Produkt nicht diejenige Sicherheit bietet, die von ihm berechtigterweise erwartet werden kann (**sog. berechtigte Sicherheitserwartung**). Welche Sicherheitserwartung an ein Produkt berechtigterweise gestellt werden darf, beurteilt sich im Einzelfall unter Berücksichtigung seiner Darbietung, seinem billigerweise zu erwartenden Gebrauch sowie des Zeitpunkts, in dem es in Verkehr gebracht wurde. Maßstab ist auch in diesem Zusammenhang der zum Zeitpunkt des Inverkehrbringens des betreffenden Produkts existierende **Stand von Wissenschaft und Technik**. Es kommt dabei nicht auf die Erwartungshaltung des Geschädigten an, sondern auf die berechtigte Sicherheitserwartung eines durchschnittlichen Verbrauchers (sog. objektive Verbrauchererwartung). Zu beachten ist auch, dass es für die berechtigterweise zu erwartende Sicherheit nicht entscheidend ist, mit welchem Gebrauch des Produkts der Hersteller gerechnet hat, sondern darauf, welche Verwendungsmöglichkeiten ein objektiver Dritter aus der Perspektive des Herstellers in Betracht gezogen hätte. Der „billigerweise zu erwartende Gebrauch" ist letztlich nichts anderes als die in anderem Zusammenhang bereits erwähnte vernünftigerweise vorhersehbare Fehlanwendung eines Produkts.

Vgl. hierzu auch Fall 4 (nachfolgend unter Ziff. C.).

Völlig **unerheblich** für die Haftung nach dem Produkthaftungsgesetz ist es dagegen, ob die **Gebrauchstauglichkeit** des Produktes beeinträchtigt ist. Ein solcher nicht sicherheitsrelevanter Produktmangel (Qualitätsmangel) ist allein Gegenstand der vertraglichen Mängelgewährleistungsansprüche und begründet für sich keine Haftung nach dem Produkthaftungsgesetz.

Kein Produktfehler im Sinne des Produkthaftungsgesetzes liegt gem. § 3 Abs. 2 ProdSG außerdem vor, wenn nach dem Inverkehrbringen eines bestimmten Produkts ein **sicherheitstechnisch verbessertes Produkt** entwickelt und anschließend vermarktet wird. Nicht jeder technische Fortschritt hat demnach zur Folge, dass ein Vorgängermodell als unsicher und damit als fehlerhaft im Sinne des Produkthaftungsgesetzes eingestuft wird. Diese Einschränkung ist vor allem auf Betreiben der Industrie in die Produkthaftungsrichtlinie aufgenommen worden, weil in US-Produkthaftpflichtprozessen die Entwicklung verbesserter Produkte häufig als Beweis dafür herangezogen wurde, dass früher ausgelieferte Modelle fehlerhaft gewesen seien.

e) Kein Verschulden (Vorsatz oder Fahrlässigkeit) erforderlich

Eine weitere Besonderheit der Haftung nach dem Produkthaftungsgesetz liegt darin, dass der Ersatzpflichtige auch dann haftet, wenn ihn im Hinblick auf das Inverkehrbringen eines fehlerhaften Produktes kein Verschuldensvorwurf trifft. Rechtstechnisch handelt es sich deshalb um eine **sog. Gefährdungshaftung**, die nicht an die schuldhafte Missachtung einer Verkehrssicherungspflicht, sondern an die potentielle Gefährdung des Verbrauchers durch in Verkehr gebrachte fehlerhafte Produkte anknüpft. Der europäische Gesetzgeber wollte damit einen einheitlichen Standard verschuldensunabhängiger Haftung für fehlerhafte Produkte in den Mitgliedsstaaten schaffen und dem geschädigten Verbraucher den oftmals schwierigen Verschuldensnachweis ersparen. Diese Intention ist vor dem Hintergrund zu sehen, dass vor Erlass der Produktsicherheitsrichtlinie nicht in allen Mitgliedsstaaten eine der deutschen Produzentenhaftung entsprechende Beweislastumkehr existierte und die Geschädigten in diesen Ländern den häufig kaum möglichen Beweis eines Herstellerverschuldens zu führen hatten.

Wegen der Entkoppelung der Schadensersatzpflicht vom Verschuldensvorwurf haftet der Hersteller nach dem Produkthaftungsgesetz auch für **sog. Ausreißer**, also für solche Fabrikationsfehler, die trotz sämtlicher nach Stand von Wissenschaft und Technik möglicher und zumutbarer Vorkehrungen unvermeidbar waren. Der Nachweis, dass sämtliche möglichen Vorkehrungen getroffen wurden, kann den Hersteller im Rahmen seiner Haftung nach dem ProdHaftG - anders als bei der deliktischen Produzentenhaftung - nicht entlasten, weil es auf ein Verschulden nicht ankommt.

f) Haftungsbegrenzungen

Anders als die deliktische Produzentenhaftung gelten bei der Haftung nach dem Produkthaftungsgesetz bestimmte **Haftungshöchstsummen**. Für Personenschäden, die durch ein sicherheitstechnisch fehlerhaftes Produkt verursacht werden, haftet der Ersatzpflichtige gem. § 10 ProdHaftG „lediglich" bis zu einem Höchstbetrag von 85 Millionen Euro und zwar unabhängig davon, wie viele Personenschäden ein fehlerhaftes Produkt verursacht hat. Reicht dieser Betrag nicht aus, um sämtliche geschädigten Personen entsprechend zu entschädigen, erhält jeder Geschädigte nur einen quotalen Anteil am Entschädigungsbetrag.

Im Falle einer Sachbeschädigung (Beschädigung einer privat genutzten Sache) ist der Ersatzpflichtige darüber hinaus nur insoweit zum Schadensersatz verpflichtet, als der Sachschaden 500 Euro übersteigt (**sog. Selbstbehalt des Geschädigten**).

g) Verjährung und Anspruchsausschluss

Ansprüche aus dem Produkthaftungsgesetz unterliegen einer **Verjährung von drei Jahren**, wobei der Lauf der Frist mit Kenntnis des Geschädigten von Schaden, Fehler und der Person des Ersatzpflichtigen beginnt. Schadensersatzansprüche können den Hersteller daher auch dann treffen, wenn das Inverkehrbringen des Produkts bereits länger als drei Jahre zurückliegt.

Zu beachten ist allerdings, dass für die Haftung nach dem Produkthaftungsgesetz eine **absolute Ausschlussfrist von 10 Jahren** gilt, die mit dem Inverkehrbringen des Produkts zu laufen beginnt. Nach Ablauf dieser Frist kann der Geschädigte somit keine Ansprüche nach dem Produkthaftungsgesetz mehr geltend machen (wohl aber ggf. nach der deliktischen Produzentenhaftung).

III. Strafrechtliche Produktverantwortung

Anders als das Recht der Ordnungswidrigkeiten, das die Verhängung von Sanktionen (Bußgeldern) gegenüber Unternehmen ermöglicht, kennt das deutsche Strafrecht bis heute **keine Strafbarkeit von Unternehmen**. Soll mit Hilfe des Strafrechts „jemand" dafür zur Verantwortung gezogen werden, dass etwa ein Mensch durch ein unsicheres Produkt verletzt oder getötet wurde, muss auf die hinter dem Unternehmen stehenden natürlichen Personen zurückgegriffen werden.

1. Strafrechtliche Individualverantwortlichkeit

Wird durch ein sicherheitstechnisch fehlerhaftes Produkt ein Unfall mit Personenschaden verursacht, nimmt die Staatsanwaltschaft als Strafverfolgungsbehörde **von Amts wegen strafrechtliche Ermittlungen** auf, um zu klären, ob ein strafwürdiges Verhalten einer Person des Herstellerunternehmens vorliegt. Dabei wird in einem ersten Schritt geprüft, ob „der Hersteller" (also das Herstellerunternehmen) seinen Sorgfaltspflichten nachgekommen ist. Stellt sich heraus, dass dies nicht der Fall war, wird geprüft, ob und inwieweit eine oder mehrere Personen des Herstellerunternehmens individuell für die begangenen Pflichtverletzungen strafrechtlich zur Verantwortung gezogen werden können.

2. Mögliche Straftatbestände

Das strafrechtlich relevante Verhalten von Personen kann entweder in einer aktiven Handlung oder aber darin liegen, dass die betreffende Person eine Handlung, zu der sie rechtlich verpflichtet ist, unterlässt. Beide Varianten kommen in Betracht, wenn sich durch ein sicherheitstechnisch fehlerhaftes Produkt ein Unfall ereignet und dabei ein Mensch zu Schaden kommt. Im Raum stehen dann insbesondere die allgemeinen Straftatbestände der **fahrlässigen oder vorsätzlichen Körperverletzung** (§§ 229, 223 StGB) bzw. der **fahrlässigen oder vorsätzlichen Tötung** (§§ 222, 212 StGB).

Vgl. hierzu auch Fall 8 (nachfolgend unter Ziff. C.).

3. Strafrechtliche Verantwortung durch aktives Handeln

Als strafrechtlich relevante **(aktive) Handlung** kann das Inverkehrbringen eines sicherheitstechnisch fehlerhaften Produkts eingestuft werden, wenn ein maßgeblicher Pflichtenverstoß sich im Einzelfall einer (oder mehreren) bestimmten Person(en) zurechnen lässt und diese Personen insoweit fahrlässig oder gar vorsätzlich gehandelt haben. Häufig gelingt eine solche Zurechnung auf ganz bestimmte, individualisierte Personen aufgrund der stark arbeitsteilig ausgestalteten Produktions- und Vertriebsprozesse den Strafverfolgungsbehörden jedoch nicht, sodass bei weitem nicht jedem durch ein sicherheitstechnisch fehlerhaftes Produkt verursachten Unfall eine strafrechtliche Anklage folgt.

4. Strafrechtliche Verantwortung durch Unterlassen gebotener Handlungen

Strafrechtlich relevantes **Unterlassen** steht dagegen im Raum, wenn der Hersteller beispielsweise aufgrund seiner Produktbeobachtung davon Kenntnis erlangt (oder hätte erlangen müssen), dass von seinem Produkt im Feld signifikante Risiken für die Sicherheit und Gesundheit von Personen ausgehen und er **erforderliche Gefahrenabwendungsmaßnahmen** (z.B. eine unverzügliche Warnung der betroffenen Verwender oder einen Produktrückruf) **nicht, nicht rechtzeitig oder nicht im rechtlich gebotenen Umfang** durchführt. Der strafrechtliche Vorwurf liegt in dieser Konstellation darin, dass das betroffene Herstellerunternehmen die Unfallfolgen (z.B. Verletzung oder Tod eines Menschen) hätte vermeiden können (und müssen!), indem es rechtzeitig geeignete Maßnahmen durchgeführt hätte, um die betroffenen Verwender des Produkts zu schützen. Der Hersteller ist insoweit im strafrechtlichen Sinne **Garant** für die Sicherheit und Gesundheit von Personen, wenn er weiß (oder wissen müsste), dass von seinem Produkt im Feld Sicherheitsrisiken ausgehen, die (aufgrund überlegenen Wissens) nur er durch entsprechende Gefahrenabwendungsmaßnahmen (z.B. Warnung oder Rückruf) minimieren kann. Die strafrechtlichen Ermittlungen fokussieren sich in dieser Konstellation regelmäßig auf die Geschäftsleitung des Herstellerunternehmens, der es primär obliegt, die Produktbeobachtung im eigenen Unternehmen sicherzustellen und über die Durchführung ggf. erforderlicher Gefahrenabwendungsmaßnahmen zu entscheiden. Dies gilt jedenfalls solange, wie diese Aufgabe unternehmensintern nicht wirksam auf andere Personen delegiert wurde.

Vgl. hierzu auch Fälle 8 und 9 (nachfolgend unter Ziff. C.).

5. Mögliche Adressaten strafrechtlicher Ermittlungen

Die strafrechtliche Produktverantwortung ist nicht von vornherein auf Geschäftsführer, Vorstände oder leitende Angestellte beschränkt. Jede Person, die im Unternehmen Verantwortung dafür trägt, dass ein sicherheitstechnisch fehlerhaftes Produkt in den Verkehr gebracht wurde bzw. eine erforderliche Gefahrenabwendungsmaßnahme bezüglich bereits im Feld befindlicher Produkte unterlassen wird, kann hierfür ggf. strafrechtlich zur Verantwortung gezogen werden. Während im Falle unterlassener Gefahrenabwendungsmaßnahmen oftmals zunächst die Geschäftsleitung im Fokus der Strafverfolgung steht, weil es letztlich nur sie in der Hand hat, über die Durchführung einer entsprechenden Maßnahme zu entscheiden, kann die strafrechtliche Verantwortung für das Inverkehrbringen eines sicherheitstechnisch fehlerhaften Produkts auch bei einem Konstruktionsleiter oder sogar einem einzelnen Konstrukteur zu verorten sein. Die Zurechnung einer strafrechtlich relevanten Pflichtverletzung auf eine bestimmte Person im Herstellerunternehmen hängt dabei im Einzelfall davon ab, inwieweit die betreffende Pflicht unternehmensintern wirksam auf die betreffende Person delegiert wurde.

Vgl. hierzu auch Fall 9 (nachfolgend unter Ziff. C.).

C. Exemplarische Fälle aus Rechtsprechung und anwaltlicher Praxis

Nachfolgend möchten wir Ihnen einige Fälle präsentieren, die die Einstandspflichten des Herstellers für die fehlende Sicherheit seines Produkts beispielhaft veranschaulichen. Es geht dabei nicht darum, Angst vor den rechtlichen Folgen des Vertriebs unsicherer Produkte zu verbreiten. Vielmehr sollen die Fallgestaltungen ein Gefühl dafür vermitteln, auf welchen Wegen die zuständigen Behörden sowie die Gerichte im Falle der Nichtbeachtung gesetzlich vorgeschriebener Sicherheitsanforderungen entsprechende Sanktionen herleiten.

Die Fallgestaltungen lehnen sich durchwegs an „reale Fälle“ an, die in der Vergangenheit von den zuständigen Behörden und Gerichten in Deutschland entschieden wurden. Zum Zwecke der besseren Lesbarkeit und der Zuspitzung auf die wesentlichen Gesichtspunkte sind sie gegenüber der jeweils zugrunde liegenden Originalentscheidung stark verkürzt und mitunter erheblich abgewandelt. Die Lektüre ist daher nicht geeignet, ein repräsentatives Abbild der produkthaftungsrechtlichen Rechtsprechung abzugeben. Sie mag gleichwohl dazu dienen, die in diesem Buch beschriebenen Grundsätze ein Stück weit zu veranschaulichen.

Fall 1: Haartrockner – Behördliches Vertriebsverbot gegenüber einem Händler

angelehnt an die Entscheidung einer Marktüberwachungsbehörde (aus der anwaltlichen Praxis, anonymisiert)

- Behördliches Vertriebsverbot
- Vorhersehbare Fehlanwendung
- Untersagungsverfügung gegen einen Händler

Eine deutsche Marktüberwachungsbehörde untersagt einem Händler den Vertrieb des Produkts eines österreichischen Herstellers wegen Verstoßes gegen Vorgaben des öffentlich-rechtlichen Produktsicherheitsrechts.

Sachverhalt:

Ein in Österreich ansässiger Hersteller bringt elektrische Haartrockner für den privaten Gebrauch in Verkehr, die in großer Stückzahl über drei große Elektronikfachmarktketten europaweit an den Endkunden vertrieben werden. Die Wettbewerbssituation im Marktsegment ist angespannt. Ein deutscher Wettbewerber erwirbt anonym fünf der Geräte des Herstellers im Handel und prüft sie „auf Herz und Nieren“, wobei ihm auffällt, dass die Befestigung der Isolierungsummantelung des Netzkabels unter starker Zugbelastung nachgibt und am Eingang zum Gerätegehäuse bis zu einer Länge von ca. 2,5 cm die (lediglich einfach isolierten) Leitungsadern freilegt. Sobald die am Netzkabel anliegende Zugkraft nachlässt, rutscht die Ummantelung des Netzkabels wieder bis knapp vor den Eingang des Gerätegehäuses zurück.

Der Wettbewerber wendet sich anonym an die für die Stadt München zuständige Marktüberwachungsbehörde, weil dort die größte Filiale einer Elektronikfachmarktkette ansässig ist. In seinem - getarnt als Verbraucherbeschwerde - versandten Schreiben an die Behörde schildert er das Phänomen als „empörende Nachlässigkeit“ des österreichischen Herstellers.

Dem österreichischen Hersteller des Haartrockners sind bisher keine Reklamationen des Geräts in Bezug auf das Netzkabel, geschweige denn irgendwelche sicherheitskritischen Feldvorfälle bekannt geworden.

Die Entscheidung der Marküberwachungsbehörde:

Die Behörde nimmt das Beschwerdeschreiben des Wettbewerbers zum Anlass, in einer Filiale des Elektronikfachmarktes ein Exemplar des angeschwärzten Produkts zu entnehmen. Sie unterzieht das Gerät einer technischen Überprüfung. Das vom Wettbewerber geschilderte Phänomen kann dabei nur reproduziert werden, wenn an dem Kabel extreme Zugkräfte angelegt werden.

Die Behörde erlässt daraufhin – nach ordnungsgemäßer Anhörung – gleichwohl ein Vertriebsverbot gegenüber der in ihrem Zuständigkeitsbereich ansässigen Münchener Filiale des Elektrofachmarktes. Zur Begründung führt die Behörde aus, dass entsprechend starke Zugbelastungen des Kabels bei „vorhersehbarer Fehlanwendung" des Produkts möglich seien. Das Produkt könne daher für den Verbraucher gefährlich werden.

Der Filialleiter des Elektronikfachmarktes leitet das Behördenschreiben umgehend an den zentralen Einkauf der Elektronikmarktkette weiter. Dieser entscheidet, das Produkt in sämtlichen europäischen Filialen aus dem Sortiment zu nehmen. Weder der Filialleiter noch der Einkaufsleiter teilen die Auffassung der Behörde. Sie sind – ebenso wie der Hersteller – der Auffassung, dass kein Mensch auf die Idee käme, das Netzkabel einer extremen Zugspannung auszusetzen, um anschließend in eingestecktem Zustand an ggf. freigelegten Leitungsadern des Netzkabels zu hantieren. Dem Einkaufsleiter ist auch bewusst, dass von dem Vertriebsverbot der Münchener Behörde lediglich die Münchener Filiale des Unternehmens betroffen ist. Angesichts der rund 15.000 weiteren Artikel, die das Filialunternehmen im Sortiment hat, ist er allerdings an einer Auseinandersetzung mit der zuständigen Marktüberwachungsbehörde nicht interessiert. Er retourniert daher die gesamte vom Hersteller bezogene Ware unter Verweis auf das Behördenschreiben und verlangt vom Hersteller den Kaufpreis zurück.

Fazit:

Diese Maßnahme der Marktüberwachungsbehörde macht deutlich, welche Konsequenzen allein der Vollzug des Produktsicherheitsrechts durch die Marktüberwachungsbehörden für den Hersteller haben kann. Wird ein Volumenprodukt, mit dem der Hersteller den Großteil seines Umsatzes erwirtschaftet, von einem behördlichen Vertriebsverbot betroffen, kann dies für den Hersteller **schnell existenzgefährdende Folgen** haben, obwohl das Produkt auf dem Markt bis dahin überhaupt keinen Schaden verursacht hat.

Der skizzierte Fall macht überdies deutlich, dass die Marktüberwachungsbehörden gerade auch durch **Hinweise von Wettbewerbern** veranlasst werden, Produktprüfungen vorzunehmen und im Anschluss daran vertriebsbehindernde Maßnahmen zu ergreifen.

Weiterhin ist zu beachten, dass die Marktüberwachungsbehörden auch gegen einen schlichten Händler des Produkts vorgehen können, der sich in ihrem örtlichen Zuständigkeitsbereich befindet. Dies gilt auch dann, wenn die am Sitz des Herstellers örtlich zuständige Marktüberwachungsbehörde keinen Anlass zur Beanstandung des Produkts sieht. Dieses Phänomen ist dem Föderalismus in Deutschland geschuldet, der die **Zuständigkeit für die Marktüberwachung bei den Ländern verortet**. Im vorliegenden Fall lag es für die Behörde sogar nahe, lediglich gegenüber dem deutschen Händler ein Vertriebsverbot zu verhängen: Da der Hersteller des betroffenen Produkts in Österreich ansässig ist, hatten die deutschen Behörden keine „Handhabe“, gegen den Hersteller selbst vorzugehen, solange die österreichischen Behörden den Fall anders einschätzen.

Dem österreichischen Hersteller nützte die beschränkte Wirkung des Vertriebsverbots auf die Münchener Filiale der Elektronikmarktkette freilich wenig: Der Händler eines Produkt ist regelmäßig wenig „motiviert“ das Produkt eines einzelnen Herstellers mit der notwenigen Hingabe zu verteidigen und sich dabei mit der für ihn zuständigen Behörde anzulegen. Der einfachste Weg besteht für ihn darin das betroffene Produkt, unter Verweis auf die (vermeintlich objektive) Beanstandung der Behörde auszulisten und sich so weiteren Ärger mit der Behörde zu ersparen. Ob die Beanstandung der Behörde zutreffend ist, spielt für den Händler dabei - wie auch in diesem Fall - häufig keine Rolle.

Das Perfide an Konstellationen dieser Art ist, dass sich die Behörden diesen Automatismus in der Reaktion des Händlers bisweilen ganz bewusst zunutze machen: Häufig erlässt die Behörde gegenüber dem Händler noch nicht einmal einen formellen Bescheid, sondern droht diesen nur an. **Regelmäßig darf die Behörde davon ausgehen, dass eine entsprechende Drohung bereits ausreicht, um den Händler dazu zu veranlassen, das Produkt auszulisten**. Der Vorteil für die Behörde besteht dann darin, dass sie sich für ihre Maßnahme im Nachhinein nicht rechtfertigen oder gar vor einem Gericht verantworten muss.

Schließlich veranschaulicht dieser Fall auch, dass die Marktüberwachungsbehörden gestützt auf § 3 Abs. 1 ProdSG ein Produkt auch deshalb aus dem Verkehr ziehen können, weil es bei **„vorhersehbarer Fehlanwendung“** ein (vermeintliches?) Risiko für die Sicherheit und Gesundheit von Personen darstellt. Dieser Vorwurf trifft den Hersteller insbesondere dann besonders unvorbereitet, wenn er sein Produkt in vollständiger Übereinstimmung mit den einschlägigen harmonisierten Normen konzipiert hat.

Fall 2: Wasserrutsche - Produkthaftung

angelehnt an eine Entscheidung des Oberlandesgerichts Schleswig-Holstein

- Konstruktionsfehler, Fertigungsfehler
- Keine Entlastung des Herstellers durch Einbindung Dritter (z. B. TÜV)
- Beweislastumkehr zu Gunsten des Geschädigten

Der Hersteller einer Wasserrutsche wird von einem Verbraucher auf Schadensersatz in Anspruch genommen, weil sich dieser beim Rutschen in einem Spalt der Rutsche den rechten Daumen abgerissen hat.

Sachverhalt:

Die Beklagte war Herstellerin einer Wasserrutsche, die sich aus 2 Halbschalen zusammensetzt. Der eigentliche Rutschvorgang findet ausschließlich in der unteren Halbschale statt. Die obere Halbschale dient allein dem Witterungsschutz, weil die Wasserrutsche zum Teil auch außerhalb der Schwimmhalle im Freien verläuft.

In einer außerhalb der Schwimmhalle liegenden Kurve klaffte ein ca. 50 cm langer und 6 cm breiter Spalt zwischen den beiden Halbschalen der Rutsche auf, der vom Aufsichtspersonal des Schwimmhallenbetreibers nicht bemerkt worden war. Als der Kläger die Rutsche benutzte, geriet er mit der rechten Hand in diesen Spalt, wodurch ihm der Daumen abgerissen wurde. Der Daumen des Klägers wurde etwa 10 Minuten später im Wasserbecken aufgefunden, konnte anschließend aber replantiert werden. Der Kläger hatte in der Folge gleichwohl Verkürzungen und Verdickungen seines Daumens zu verkraften.

Von der Herstellerin der Wasserrutsche forderte der Kläger Schadensersatz und Schmerzensgeld. Er warf der Beklagten sowohl Konstruktions- als auch Verarbeitungsfehler vor, die zu dem Spalt zwischen beiden Schalenhälften geführt haben sollen.

Der Hersteller hat die Vorwürfe des Klägers im Prozess zurückgewiesen. Er habe die Rutsche nach Maßgabe der einschlägigen technischen Norm DIN 7937 konzipiert und überdies vom TÜV abnehmen lassen und sei daher für den Spalt nicht verantwortlich.

Die Entscheidung des Gerichts:

Das Gericht hat den Hersteller zum Schadensersatz verurteilt und ihm fehlerhafte Konstruktion der Wasserrutsche vorgeworfen.

Ein **Konstruktionsfehler**, so das Gericht, liege vor, **wenn das Produkt schon seiner Konzeption nach unter dem gebotenen Sicherheitsstandard bleibt**. Ursache hierfür könne die Entscheidung für eine unzulängliche Steckverbindung gewesen sein. Wenn die Entstehung des Spalts zwischen der Unterschale und der Oberschale der Rutsche darauf beruhte, dass die Beklagte die Belastbarkeit der gewählten Steckverbindung falsch berechnet und physikalische Gegebenheiten nicht ausreichend berücksichtigt habe, haftete der Rutsche ein Konstruktionsfehler an.

Der im Rechtsstreit vom Gericht bestellte **Sachverständige** hat als Ursache für die Entstehung des Spalts das Verschieben der beiden Wannen innerhalb der Klemmverbindung angesehen, für die auch extreme Witterungsbedingungen verantwortlich sein könnten. Allerdings, so der Sachverständige, habe die Klemmverbindung nicht den anerkannten Regeln der Technik entsprochen.

Das Gericht machte in seinem Urteil auch Ausführungen zur **Beweislast**. Werde eine Person dadurch geschädigt, dass ein Produkt fehlerhaft hergestellt worden ist, sei es Sache des Herstellers, den Beweis zu führen, dass ihn daran kein Verschulden trifft. Prüfungen des TÜV oder Kontrollpflichten des Betreibers beseitigten die Haftung des Herstellers gegenüber einem Dritten in diesem Zusammenhang nicht. Mögliche Fehler des TÜV habe sich der Hersteller gegenüber dem geschädigten Dritten zurechnen zu lassen.

Fazit:

Diese Entscheidung macht deutlich, dass die Einhaltung einschlägiger Normen den Hersteller im Schadensfall ebenso wenig vor einer Produkthaftung schützt wie die Prüfung des Produkts durch externe (sachverständige) Dritte – wie hier z. B. durch den TÜV. **Der Hersteller bleibt vielmehr für die sicherheitsgerechte Konstruktion seines Produkts auch dann verantwortlich, wenn er sich der Unterstützung Dritter bedient.** Er kann seine Verantwortung weder auf den TÜV verlagern noch darf er sich im Falle eines Unfalls allein darauf zurückziehen, der Betreiber der Anlage hätte den Sicherheitsmangel rechtzeitig erkennen müssen.

Fall 3: Schnellspannvorrichtung Fahrrad - Produkthaftung

angelehnt an eine Entscheidung des Oberlandesgerichts Düsseldorf

- Maßgeblicher Sicherheitsmaßstab bei der Konstruktion
- Anforderungen an die Instruktion
- Bedeutung von DIN-Normen bei der Konstruktion

Der Hersteller eines Fahrrads wird auf Schadensersatz in Anspruch genommen, weil sich die Schnellspannvorrichtung zur Befestigung des Vorderrads während der Fahrt gelöst hat.

Sachverhalt:

Der Kläger erwarb im Handel ein Fahrrad, dessen Vorderradnabe mit einer sog. Schnellspannvorrichtung ausgerüstet war, die ohne Werkzeuge durch einfaches Umlegen des Spannhebels einen schnellen Aus- und Einbau des Vorderrads ermöglichte. Als der Kläger mit dem Fahrrad unterwegs war, erlitt er einen Unfall, weil sich das Vorderrad während der Fahrt löste. Dabei zog sich der Kläger schwere Kopfverletzungen zu, infolge derer er sich einer sechsmonatigen Heilbehandlung unterziehen musste. Mit seiner Klage gegen den Hersteller beanspruchte er den Ersatz seines Schadens (Heilbehandlungskosten, Verdienstausfall usw.) sowie ein Schmerzensgeld.

Zur Begründung machte der Kläger geltend, das Fahrrad habe nicht den berechtigten Erwartungen an die Sicherheit des verkauften Produkts entsprochen. Die Vorderradgabel habe nicht über eine Sicherung gegen das Herausfallen des Vorderrads bei gelöster Schnellspannvorrichtung verfügt. Darin liege ein Konstruktionsfehler des Herstellers, zumal andere Hersteller dieser Gefahr durch den Einbau einer zusätzlichen Sicherung Rechnung trügen. Außerdem habe es der Hersteller unterlassen, durch warnende Hinweise in der Bedienungsanleitung auf die Gefahr einer falsch eingestellten Schnellspannvorrichtung hinzuweisen. ■

Die Entscheidung des Gerichts:

Das Gericht hat den Hersteller zur Zahlung von Schadensersatz einschließlich Schmerzensgeld verurteilt. Von Bedeutung sind in diesem Zusammenhang zunächst die allgemeinen Ausführungen des Gerichts zur Frage, ob das Fahrrad einen Konstruktionsfehler aufgewiesen habe (was im Ergebnis verneint wurde):

Für die Konstruktion eines Produkts, so das Gericht, sei das Sicherheitsniveau entscheidend, dessen konstruktive Verwirklichung **nach dem jeweiligen Erkenntnisstand von Wissenschaft und Technik möglich und zumutbar sei**. Dieses Sicherheitsniveau kennzeichne im allgemeinen die Obergrenze der Sicherheitsanforderungen, während die anerkannten Regeln der Technik lediglich als Untergrenze den Mindeststandard darstellten.

Die Einhaltung der einschlägigen **DIN-Normen** genügt somit jedenfalls dann nicht mehr zur Erfüllung der dem Hersteller obliegenden Verkehrssicherungspflichten, wenn die technische Entwicklung den Inhalt solcher technischer Normen bereits überholt hat, oder wenn sich bei der Benutzung eines Produkts Gefahren gezeigt haben, die in den DIN-Normen noch nicht berücksichtigt worden sind. Für den vorliegenden Fall sah das Gericht hierfür allerdings keine (nachweisbaren) Anhaltspunkte.

Die Tatsache, dass andere Hersteller ihre mit Schnellspannvorrichtungen ausgerüsteten Fahrräder mit Ausfallsicherungen ausgestattet haben, beweise nach Auffassung des Gerichts weder, dass solche Ausfallsicherungen zum Zeitpunkt des Inverkehrbringens des betroffenen Fahrrades dem Stand von Wissenschaft und Technik entsprachen, noch dass das betroffene Fahrrad einen Konstruktionsfehler aufweise.

Obwohl das Gericht im Ergebnis keinen Konstruktionsfehler feststellen konnte, entließ es den Hersteller allerdings gleichwohl nicht aus der Haftung:

Der Hersteller habe die ihm obliegende Pflicht verletzt, in ausreichender Form auf die besonderen Gefahren hinzuweisen, die bei der Benutzung der Schnellspannvorrichtung drohten (sog. Instruktionspflicht). Grundsätzlich müsse der Hersteller vor jeder von dem Produkt ausgehenden Restgefahr warnen, die bei bestimmungsgemäßem Gebrauch droht und nicht schon zu dem allgemeinen Erfahrungswissen des Benutzerkreises gehört. Darüber hinaus erstrecke sich die **Instruktionspflicht des Herstellers** aber auch auf solche Gefahren, die bei unsachgemäßer oder bestimmungswidriger Benutzung des Produkts auftreten könnten. Dies insbesondere dann, wenn der Hersteller nach der allgemeinen Lebenserfahrung damit rechnen müsse, dass die unsachgemäße Benutzung gefährlich werden könne und die Gefahr für den Benutzer nicht ohne weiteres erkennbar sei. Die Pflicht des Herstellers zur Warnung könne in diesem Fall nur dann entfallen, wenn der Hersteller davon ausgehen kann, dass sein Produkt nur in die Hände von Personen gelangt, die mit der Handhabung und den auch bei unsachgemäßem Gebrauch drohenden Gefahren vertraut sind.

Fazit:

Auch die Einhaltung sämtlicher einschlägiger technischer Normen schließt die Haftung des Herstellers für die Folgen eines Unfalls nicht von Vornherein aus, weil der Hersteller sein Produkt so sicher konstruieren muss, wie dies nach dem aktuellen Stand von Wissenschaft und Technik möglich ist. Hersteller und Konstrukteure neuer Produkte müssen sich deshalb mit aller Sorgfalt an den neuesten, ihnen zugänglichen technischen und wissenschaftlichen Erkenntnissen und Möglichkeiten orientieren und dabei auch technische Fortschritte und Erkenntnisse beachten, die über die im Augenblick allgemein anerkannten Regeln hinausgehen.

Da technische Normen allenfalls den Stand der Technik zum Zeitpunkt ihrer Entstehung widerspiegeln können, kommt der Hersteller mit der Einhaltung entsprechender Normen nur den absoluten Mindestanforderungen an die geforderte Produktsicherheit nach. Er muss ggf. über diese Mindestanforderungen hinausgehen, um das Produkt so sicher zu konstruieren, dass es nicht zu Unfällen kommt. **Hält der Hersteller dagegen nicht einmal den durch einschlägige technische Normen verkörperten Mindestsicherheitsstandard ein, indiziert dies im Schadensfall regelmäßig die Produkthaftung des Herstellers.**

Neben den Ausführungen zur Konstruktionspflicht des Herstellers sind auch die Erwägungen des Gerichts von Interesse, die im vorliegenden Fall zur Annahme eines Instruktionsfehlers geführt haben: **Selbst wenn der Hersteller seine Produkte dem aktuellen Stand von Wissenschaft und Technik entsprechend konzipiert hat, muss er auf verbleibende Restgefahren in der gebotenen Deutlichkeit hinweisen**. Dabei muss er auch die ggf. unsachgemäße Benutzung seines Produkts in Erwägung ziehen.

Im vorliegenden Fall hätte der Hersteller im Rahmen seiner Risikobeurteilung möglicherweise berücksichtigen müssen, dass der Hebel der Schnellspannvorrichtung unbeabsichtigt gelockert und die Befestigung des Vorderrades dadurch gelöst werden könnte. In der Bedienungsanleitung hätte der Hersteller dann die richtige Bedienung der Schnellspannvorrichtung in verständlicher Weise erläutern und beispielsweise mit Nachdruck auf die Notwendigkeit hinweisen müssen, jeweils vor Fahrtantritt die Stellung des Spannhebels zu überprüfen.

Fall 4: Lederschleifmaschine - Produkthaftung

angelehnt an eine Entscheidung des Oberlandesgerichts Celle

- Unverbindlichkeit technischer Normen
- Stand der Technik
- Konstruktionsfehler

Der Hersteller einer Schleifmaschine wird auf Schadensersatz in Anspruch genommen, weil er auf eine trennende Schutzeinrichtung an einer Maschine verzichtet hat, die nach den Vorgaben einer einschlägigen technischen Norm erforderlich gewesen wäre.

Sachverhalt:

Die Klägerin arbeitete in einem Unternehmen der Lederindustrie. Dort hatte sie Spalthäute in eine von der Beklagten hergestellten Schleifmaschine einzuführen. Die Klägerin geriet während der Arbeit versehentlich in die Arbeitswalze der Maschine, wobei ihre Hand sowie ihr Unterarm durch die Maschine abgeschliffen wurden.

Die Maschine verfügte nicht über eine trennende Schutzeinrichtung vor der Arbeitswalze, die den Arbeitszylinder bei einer Störung der Maschine stoppt. Die DIN EN 972 - Gerbereimaschinen - Walzenmaschinen - Allgemeine Sicherheitsanforderungen sah die Implementierung einer trennenden Schutzeinrichtung vor, die die Maschine im Falle einer Betriebsstörung automatisch zum Stillstand bringt. Der Hersteller hatte diese Norm allerdings nicht beachtet, weil dort nach seiner Auffassung nur andere Maschinen wie etwa Abwelkmaschinen aufgelistet waren. ■

Die Entscheidung des Gerichts:

Das Gericht verurteilte den Hersteller der Maschine zum Schadensersatz, weil eine ordnungsgemäß konstruierte Maschine den Unfall der Klägerin vermieden hätte.

In ihrem Urteil haben die Richter zunächst ausdrücklich betont, dass die Haftung des Herstellers im vorliegenden Fall nicht auf einem Verstoß gegen die in der DIN EN 972 enthaltenen Sicherheitsvorgaben beruhe. Diese **Norm sei „nicht sklavisch nach ihrem Wortlaut anzuwenden“**, so das Gericht. Entscheidend sei vielmehr der sicherheitstechnische Zweck dieser Normen. Der Hersteller hätte – mit Mitteln seiner

Wahl – konstruktiv dafür sorgen müssen, dass der Arbeitszylinder der Maschine im Falle einer Betriebsstörung gestoppt werde. Dies hätte er entweder durch Umsetzung der Vorgaben einer einschlägigen technischen Norm oder konstruktiv auf anderem Wege bewerkstelligen können. Entscheidend sei nicht die „sklavische Einhaltung" der technischen Norm selbst, sondern die Umsetzung des geforderten Sicherheitsniveaus, das die betreffende Norm zum Ausdruck bringt.

Fazit:

Der skizzierte Fall eignet sich hervorragend, um die **rechtliche Bedeutung technischer Normen** im Zusammenhang mit der Produkthaftung zu veranschaulichen.

Technische Normen sind keine Rechtsvorschriften. Ihre Einhaltung kann nicht erzwungen werden. Der Hersteller kann sein Produkt daher stets unter (bewusster) Missachtung der Normvorgaben konzipieren. Die Normen beschreiben allerdings regelmäßig einen zum Zeitpunkt ihres Erlasses existierenden **„Stand der Technik"** und **indizieren den geforderten Sicherheitsstandard**. Der Hersteller muss deshalb, auch wenn er konkrete Norminhalte außer Acht lässt, jedenfalls dasselbe konstruktive Sicherheitsniveau erreichen, wie dies bei normkonformer Konzipierung des Produkts der Fall gewesen wäre.

Zu beachten ist allerdings, dass auch die vollständig normkonforme Konzipierung eines Produkts nicht stets zu einer Haftungsbefreiung des Herstellers im Schadensfall führt. Normen repräsentieren – wenn überhaupt –lediglich den Stand der Technik zum Zeitpunkt ihres Erlasses, aber nicht unbedingt zum Zeitpunkt ihrer Anwendung. Außerdem gilt als Maßstab der gebotenen Sicherheit im Produkthaftungsrecht nicht der Stand der Technik, sondern der neueste „Stand von Wissenschaft und Technik", der durch technische Normen häufig gerade nicht abgebildet wird.

Fall 5: Fußboden-Abschälmaschine – Produkthaftung

angelehnt an eine Entscheidung des Landgerichts Düsseldorf

- Verstoß gegen die EG-Maschinenrichtlinie
- Vorhersehbare Fehlanwendung
- Verbot der „Flucht in die Instruktion"

Der Hersteller einer Maschine wird wegen fehlender Schutzeinrichtungen an der Maschine auf Schadensersatz in Anspruch genommen. Das Gericht leitet einen Konstruktionsfehler unmittelbar aus der Nichteinhaltung der Anforderungen aus Anhang I der EG-Maschinenrichtlinie her.

Sachverhalt:

Der Kläger arbeitete in einer Raumausstattungsfirma. Bei der Ausführung von Bodenarbeiten benutzte er eine von der Beklagten hergestellte Fußboden-Abschälmaschine, die das Ablösen von Belägen ermöglicht. Hierzu muss die zu bearbeitende Platte auf die Maschine gelegt werden, die die Platte automatisch einzieht und abschält. Als der Kläger an der Maschine arbeitete, versuchte er, eine verklemmte Platte durch manuellen Druck in die Einzugsrolle hineinzudrücken und geriet dabei mit seinen Fingern in den Einzug, wobei ihm vier Finger der rechten Hand gebrochen wurden. Die Einzugsrollen sowie das Schälmesser verfügten über keinerlei Abdeckung oder Verkleidung. In der Betriebsanleitung wurde darauf hingewiesen, dass die Maschine sofort mit Hilfe des Notaus-Schalters stillgesetzt werden müsse, wenn sich eine Platte während des Arbeitsvorgangs verklemmt. Außerdem wurde ausdrücklich davor gewarnt, in die laufende Maschine zu fassen. An der Maschine befand sich ein deutlich wahrnehmbarer Hinweis „Quetschgefahr!".

Die Entscheidung des Gerichts:

Das Gericht erkannte in der fehlenden Abdeckung der Einzugsrollen und der Messer einen Konstruktionsfehler der Maschine. Ein solcher liege vor, wenn das Produkt schon seiner Konstruktion nach hinter dem gebotenen Sicherheitsstandard zurückbleibe. **Maßgeblich für die Bestimmung des konkret gebotenen Sicherheitsstandards seien insbesondere die einschlägigen gesetzlichen Regelungen des Produktsicherheitsrechts**. In der vorliegenden Konstellation erkannte das Gericht einen Verstoß gegen Ziff. 1.3.7 des Anhangs I der Maschinenrichtlinie 98/37/EG, wonach bewegliche Teile einer Maschine entweder so konzipiert sein müssen, dass Gefahren von vornherein vermieden werden, oder mit Schutzeinrichtungen versehen sein müssen, die jedes Risiko des Erreichens der Gefahrenstelle mit den Händen ausschließen.

Der Hersteller, so das Gericht, könne sich nicht dadurch entlasten, dass das „Nachschieben" einer verklemmten Platte keinen bestimmungsgemäßen Gebrauch der Maschine darstelle und die Maschine überdies einen ausdrücklichen Hinweis auf die „Quetschgefahr" enthalten habe. Vielmehr seien Maschinen nach den Vorgaben in Anhang I, Ziff. 1.1.2 der EG-Maschinenrichtlinie 98/37/EG so zu konzipieren, dass Gefährdungen des Verwenders **auch im Falle einer vorhersehbaren Fehlanwendung** ausgeschlossen sind. Das von der Maschine ausgehende Gefährdungspotential hätte konstruktiv durch die Anbringung einer Schutzklappe verhindert werden können. Warnhinweise könnten eine solche Schutzvorrichtung nicht ersetzen.

Fazit:

In diesem Fall hat das Gericht das Vorliegen eines Konstruktionsfehlers unmittelbar mit einem **Verstoß gegen die Vorgaben aus Anhang I der EG-Maschinenrichtlinie** begründet, was den Zusammenhang zwischen produktsicherheitsrechtlichen Vorgaben und dem Produkthaftungsrecht veranschaulicht.

Die Entscheidung verdeutlicht, dass der **Hersteller nicht primär zur Einhaltung technischer Normen, sondern zur Beachtung der gesetzlichen Vorgaben** - hier: Anhangs I der EG-Maschinenrichtlinie 98/37/EG - **verpflichtet** ist. Harmonisierte technische Normen dienen ggf. dazu, diese gesetzlichen Anforderungen auf rechtlich unverbindliche Weise zu konkretisieren.

Die **gesetzlichen Vorgaben des Produktsicherheitsrechts** (hier: diejenigen der EG-Maschinenrichtlinie) stellen **lediglich Minimalanforderungen an gesetzlich geforderte Produktsicherheit** dar. Hält der Hersteller diese Mindestvorgaben nicht ein, können die zuständigen Marktüberwachungsbehörden den Vertrieb des Produkts bereits dann verbieten, wenn es noch gar nicht zu einem Unfall gekommen ist. Im Falle eines Unfalls, der sich auf die Nichteinhaltung der gesetzlich geregelten Minimalanforderungen zurückführen lässt, ist eine Produkthaftung des Herstellers regelmäßig unausweichlich.

Schließlich lohnt es sich mit Blick auf die skizzierte Entscheidung, noch einmal die wesentliche Aussage des Gerichts zur rechtlichen Wirksamkeit des an der Maschine angebrachten Warnhinweises hervorzuheben: **Warnhinweise können niemals erforderliche Schutzvorrichtungen ersetzen!**

Fall 6: Motorrad-Lenkerverkleidung - Produkthaftung

angelehnt an eine Entscheidung des Bundesgerichtshofes

- Produktbeobachtungspflicht auch für Anbau- und Zubehörteile
- Produktbeobachtungspflicht für Kombinationsrisiken
- Gefahrenabwendungspflicht

Der Hersteller eines Motorrades wird auf Schadensersatz in Anspruch genommen, weil Zubehörteile für das Motorrad, die von einem anderen Hersteller stammen, das Stabilitätsverhalten des Motorrades negativ beeinflusst haben und dadurch mehrere Personen zu Schaden kamen.

Sachverhalt:

Der Geschädigte kaufte vom Hersteller ein Motorrad, an dem er nachträglich eine Hartschalen-Lenkerverkleidung anbrachte. Diese Lenkerverkleidung wurde von einem anderen Hersteller auf dem freien Zubehörmarkt vertrieben. Zum Zeitpunkt des Inverkehrbringens des betroffenen Motorrads wurde dieses Zubehörteil auf dem Markt noch nicht angeboten.

Der Geschädigte fuhr mit dem Motorrad zur Mittagszeit bei trockenem Wetter mit einer Geschwindigkeit von etwa 140 km/h auf der Autobahn. Am Auslauf einer leicht abschüssigen Rechtskurve kam die Maschine plötzlich ins Schleudern und prallte seitlich gegen die Mittelleitplanke. Der Fahrer stürzte vom Motorrad, schlug mit dem Kopf gegen einen Stützpfeiler der Leitplanke und erlitt dabei schwerste Verletzungen.

Einige Wochen vor dem Unfall hatte der ADAC dem Hersteller des Motorrades einen Film vorgeführt, der gefährliche Pendelerscheinungen der mit einer entsprechenden Verkleidung ausgerüsteten Maschine zeigte. Unverzüglich danach angestellte Versuche des Herstellers führten zu der Erkenntnis, dass durch die Verkleidung die Stabilität des Motorrades bei hohen Geschwindigkeiten beeinträchtigt wird.

Am Tag vor dem Unfall des Geschädigten hatte der Motorradhersteller seine Vertragshändler darauf hingewiesen, dass ihm verschiedene Reklamationen über instabiles Fahrverhalten zugegangen seien; dabei habe sich jeweils herausgestellt, dass die Motorräder mit Zubehör, insbesondere Hartschalenverkleidungen, ausgerüstet gewesen seien. Außerdem hatte der Motorradhersteller jeden ihm bekannten Fahrer dieser Maschine persönlich angeschrieben und darauf hingewiesen, dass die Verwendung von nichtserienmäßigem Zubehör, insbesondere von Verkleidungen, die Fahrstabilität beeinträchtigen kann. Den Geschädigten erreichte dieses Schreiben tragischer Weise nicht mehr rechtzeitig.

Der Hersteller der Lenkerverkleidung existierte zum Zeitpunkt des Unfalls nicht mehr; er hatte einige Monate zuvor Insolvenz anmelden müssen.

Die Entscheidung des Gerichts:

Das Gericht hat zunächst festgestellt, dass etwaige **Konstruktions- oder Fabrikationsmängel des Motorrades nicht ursächlich für den Unfall** gewesen seien, sondern eine Verminderung der Fahrstabilität allein durch den Anbau der Lenkerverkleidung entstanden sei. Der Zubehöranbieter habe die Lenkerverkleidung selbstständig entwickelt, hergestellt und auf den Markt gebracht; der Motorradhersteller habe dieses Produkt weder empfohlen noch damit geworben.

Dennoch verurteilte das Gericht den Motorradhersteller zum Schadensersatz, weil dieser seiner Produktbeobachtungspflicht nicht in ausreichendem Maße nachgekommen sei.

Grundsätzlich, so das Gericht, treffe den Hersteller eines Produkts die Pflicht, seine bereits auf dem Markt befindlichen Produkte daraufhin zu beobachten, ob von ihnen Gefahren ausgehen, die zum Zeitpunkt der Herstellung noch nicht bekannt waren. Erkenne der Hersteller solche Gefahren nach dem Inverkehrbringen – etwa durch Kundenreklamationen, Presseberichte etc. – **verwandle sich seine (passive) Produktbeobachtungspflicht in eine (aktive) Gefahrenabwendungspflicht**. Die Intensität dieser Gefahrenabwendungspflicht hänge dabei vom Ausmaß der erkannten Gefahr ab. Die Pflicht zur Gefahrenabwendung könne daher im Einzelfall von einer nachträglichen Instruktion der betroffenen Verwender über eine Nachrüstungsmaßnahme bis hin zu einem Rückruf des betroffenen Produkts vom Markt reichen.

Der Hersteller, so das Gericht weiter, sei allerdings nicht nur zur Beobachtung seiner eigenen Produkte verpflichtet. Er müsse darüber hinaus auch die Produkte anderer Hersteller im Blick behalten, die in Verbindung mit seinem eigenen Produkt eine Gefahr für den Verwender darstellen können (sog. Kombinationsgefahr).

Grundsätzlich treffe den Hersteller also auch eine Produktbeobachtungspflicht hinsichtlich der für sein Produkt auf dem Markt angebotenen Zubehör- und Kombinationsprodukte, die so allgemein gebräuchlich sind, dass der Verwender damit rechnen könne, diese gefahrlos zusammen mit dem Hauptprodukt nutzen zu können. Der Hersteller habe die **Pflicht, fremde Zubehörteile auf ihre Tauglichkeit zur Kombination mit dem eigenen Produkt** jedenfalls dann aktiv zu überprüfen, wenn Anhaltspunkte dafür bestünden, dass das Zubehör in Verbindung mit dem eigenen Produkt für den Benutzer gefährlich werden könne.

Spätestens zu dem Zeitpunkt, als der Motorradhersteller aufgrund der Hinweise des ADAC Anhaltspunkte dafür gehabt habe, dass auf dem Zubehörmarkt erhältliche Lenkerverkleidungen die Fahrstabilität beeinträchtigen könnten, hätte er handeln müssen. Konkret, so das Gericht, wäre es geboten gewesen den Kunden nachträglich genaue **Gebrauchsempfehlungen mit dem Hinweis auf die mögliche Gefährdung** durch nicht empfohlenes Zubehör an die Hand zu geben. Der Hersteller hätte die Benutzer also jedenfalls darauf hinweisen müssen, dass die Fahrsicherheit bei Verwendung der Lenkerverkleidung beeinträchtigt werden könne.

Fazit:

Mit dem hier skizzierten Urteil hat die Rechtsprechung die Produktbeobachtungspflicht erstmals auch auf Anbau- und Zubehörteile fremder Hersteller erstreckt.

Auch wenn dem Hersteller in der vorliegenden Konstellation weder ein Konstruktionsfehler noch ein Instruktionsfehler zum Zeitpunkt des Inverkehrbringens seines Produkts vorgeworfen wurde, hat ihn das Gericht nicht vollständig aus der Produkthaftung entlassen. Grundsätzlich ist der Hersteller im Rahmen seiner Produktbeobachtungspflicht dazu angehalten, **seine eigenen Produkte** auf dem Markt daraufhin zu beobachten, ob von diesen Gefahren ausgehen, die ursprünglich nicht erkannt wurden. Erkennt der Hersteller nachträglich solche Gefahren, ist er verpflichtet, der Verwirklichung dieser Gefahren mit geeigneten Maßnahmen aktiv zu begegnen.

Der Hersteller hat in diesem Zusammenhang übrigens auch **die Produkte seiner direkten Wettbewerber** auf evtl. von ihnen ausgehende Gefahren hin zu beobachten. Stellt der Hersteller einer Maschine beispielsweise fest, dass vom Produkt eines Wettbewerbers, das eine vergleichbare Bauart aufweist, Gefahren ausgehen, muss der Hersteller prüfen, ob diese Gefahr (früher oder später) auch von den eigenen Produkten ausgehen könnte und ggf. entsprechend reagieren.

Die Produktbeobachtungspflicht des Herstellers geht allerdings – und dies zeigt der hier skizzierte Fall eindrucksvoll – über die Pflicht zur Beobachtung der eigenen Produkte und derjenigen des unmittelbaren Wettbewerbs hinaus und erstreckt sich auch auf Kombinationsgefahren, die erst dadurch entstehen, dass das eigene Produkt mit Anbau- oder Zubehörteilen eines Fremdherstellers kombiniert wird. Der Hersteller muss daher stets auch diejenigen **Produkte des Zubehörmarktes** im Blick behalten, die von seinem Produkt erst durch die Kombination mit dem Fremdprodukt eine Gefahr für die Sicherheit und Gesundheit von Personen ausgehen lassen.

Fall 7: Gartenhäcksler – Produkthaftung

angelehnt an eine Entscheidung des Obersten Gerichtshofes in Österreich

- Vorhersehbare Fehlanwendung
- Grundsatz inhärenter Sicherheit bei der Konstruktion
- Verbot der „Flucht in die Instruktion“

Der Hersteller eines Gartenhäckslers wird auf Schadensersatz in Anspruch genommen, weil er vor Restrisiken des Produkt lediglich gewarnt, diese aber nicht konstruktiv minimiert hat.

Sachverhalt:

Der Kläger, ein Hobbygärtner, hat in einem Baumarkt einen Gartenhäcksler erworben, mit dem laut Herstellerangaben auch feuchtes Material verarbeitet werden kann. Beim Häckseln sammeln sich in der Auswurföffnung des Geräts allerdings Häckselrückstände, die regelmäßig entfernt werden müssen. Anders als bei trockenem Material erfordert die Verarbeitung von feuchtem Material allerdings - konstruktionsbedingt - die Entfernung von Metallstäben am Gerät, die bei Normalbetrieb die Auswurföffnung des Häckslers absichern. Als der Kläger das feuchte Häckselgut entfernen wollte, griff er versehentlich in den (ungesicherten) Auswurf und kam mit den rotierenden Messern in Kontakt, wobei ihm vier Finger abgetrennt wurden. An dem Gerät waren Warnhinweise angebracht, die ausdrücklich davor warnten, in den Auswurf zu greifen. Auch die Betriebsanleitung des Geräts enthielt entsprechende Warnhinweise.

Der Geschädigte verklagte den Hersteller der Maschine auf Schadensersatz, da das Gerät nicht ausreichend gegen ein Hineingreifen des Verwenders gesichert gewesen sei. Der Hersteller verteidigte sich mit dem Argument, dass in der Betriebsanleitung und auf dem Gerät selbst eindringlich davor gewarnt worden sei, in die laufende Maschine zu greifen.

Die Entscheidung des Gerichts:

Das Gericht verurteilte den Hersteller des Häckslers zur Zahlung der Hälfte des vom Kläger geltend gemachten Schadensersatzes. Aus Sicht des Gerichts war das Gerät konstruktiv unsicher. Der Hersteller sei verpflichtet, sein Produkt so zu konstruieren, dass von dem Produkt keine Risiken ausgingen, die sich in zumutbarer Weise auf konstruktivem Wege beseitigen ließen. Von dieser Pflicht könne er sich nicht allein dadurch befreien, dass er in der Betriebsanleitung oder durch auf dem Produkt angebrachte Warnungen auf mögliche Gefahren hinweise.

Das Beseitigen von Häckselgut vor dem Auswurf des Geräts sei, so das Gericht weiter, ein den Lebenserfahrungen entsprechender Gebrauch des Gerätes, mit dem der Hersteller rechnen müsse (**sog. vorhersehbare Fehlanwendung**).

Fazit:

Dieser Fall illustriert in besonders anschaulicher Weise den **Grundsatz inhärenter Sicherheit** und das spiegelbildlich zu verstehende **Verbot der „Flucht in die Instruktion“**.

Der Grundsatz inhärenter Sicherheit besagt, dass die Sicherheit eines Produkts vom Hersteller in erster Linie auf konstruktivem Wege gewährleistet werden muss. Nur dann, wenn eine Risikominimierung mit Mitteln der Konstruktion in zumutbarem

Maße nicht möglich ist, darf den von dem Produkt ausgehenden Risiken mit geeigneten Schutzausrüstungen am Produkt selbst begegnet werden. Nur soweit von dem Produkt anschließend immer noch Restrisiken ausgehen, darf (und muss!) der Verwirklichung dieser Risiken mit Mitteln der Instruktion begegnet werden. Im Bereich des präventiv wirkenden Produktsicherheitsrechts, ist dieser Grundsatz beispielsweise in Anhang I, Ziff. 1.1.2 der EG-Maschinenrichtlinie 2006/42/EG niedergeschrieben. In der Produkthaftung ist dieselbe Regel unter dem Stichwort **„Vorrang der Konstruktion"** bekannt.

Das Erfordernis größtmöglicher konstruktiver Sicherheit lässt sich nicht durch die Anbringung entsprechender Warnhinweise umgehen. Inwieweit Warnhinweise zur Minimierung von verbleibenden Restgefahren als ausreichend zu erachten sind, hängt stets vom **Einzelfall** und insbesondere von der Art des Produkts sowie vom potentiellen Verwenderkreis ab. Bei einem Gerät, das für den Verbraucher konzipiert ist, können diese Anforderungen höher liegen als bei Geräten, die von geschultem erfahrenem Fachpersonal bedient werden.

Dass das Gericht vorliegend von einer vorhersehbaren Fehlanwendung des Geschädigten ausgegangen ist, mag angesichts der vorhandenen Warnhinweise am Gerät überraschen. Mit diesem Warnhinweis – so könnte man argumentieren – hat der Hersteller zum Ausdruck gebracht, dass er die konkrete Fehlanwendung durchaus im Blick gehabt hatte. **Grundsätzlich darf ein Hersteller auch davon ausgehen, dass Warnhinweise vom Verwender beachtet werden**. In der hier vorliegenden Konstellation liegt der Vorwurf des Gerichts allerdings darin, dass der Warnhinweis als Mittel der Risikominimierung nicht zulässig war. Der Hersteller hätte die vorhersehbare (und vom Hersteller ja auch vorhergesehene) Fehlanwendung des Produkts und die sich daraus resultierenden Risiken konstruktiv beseitigen müssen. Die Missachtung des Warnhinweises durch den Verwender hat in der vorliegenden Konstellation unter dem Gesichtspunkt des Mitverschuldens immerhin dazu geführt, dass der Geschädigte lediglich die Hälfte des geltend gemachtes Schadens zugesprochen bekam.

Fall 8: Lederspray – Strafrechtliche Produktverantwortung

angelehnt an eine Entscheidung des Landgerichts Mainz sowie des Bundesgerichtshofes

- Strafrechtliche Verurteilung mehrerer Geschäftsführer
- Fahrlässige und vorsätzliche Körperverletzung
- Strafrechtliche Gefahrenabwendungspflicht

Die Geschäftsführer eines Herstellers von Lederpflegeprodukten werden wegen Körperverletzung verurteilt, weil sie ein gefährliches Produkt nicht rechtzeitig zurückgerufen haben.

Sachverhalt:

Angeklagt wurden die Geschäftsführer eines Herstellers von Schuh- und Lederpflegeartikeln. Während des Vertriebs dieser Produkte gingen beim Hersteller Meldungen ein, wonach verschiedene Personen nach der Verwendung eines Ledersprays unter Atembeschwerden, Husten, Übelkeit, Schüttelfrost, Fieber und ähnlichen Beschwerden litten. Die Betroffenen mussten vielfach ärztliche Hilfe in Anspruch nehmen und wurden teilweise auch intensivmedizinisch behandelt.

Nach Eingang der Beschwerden wurde eine unternehmensinterne Untersuchung durchgeführt, an deren Ende eine Sondersitzung der Geschäftsleitung stand. In dieser Sitzung wurden sämtliche Geschäftsführer mit den eingegangenen Meldungen konfrontiert. Der ebenfalls geladene Chefchemiker des Unternehmens sollte die Ergebnisse der unternehmensinternen Prüfung vorstellen. Er trug vor, dass nach den Untersuchungsergebnissen kein Anhaltspunkt dafür bestünde, dass das betroffene Lederspray toxische Eigenschaften aufweise und damit gesundheitsschädlich wirke. Die Geschäftsführung entschied daraufhin, den Vertrieb des Produkts vorerst nicht zu stoppen und auch keine Rückrufaktion in Bezug auf die bereits auf dem Markt befindlichen Produkte in die Wege zu leiten. Vielmehr sollten zunächst weitere externe Untersuchungen in Auftrag gegeben werden. Falls diese Untersuchungen einen „echten Produktfehler" oder ein „nachweisbares Verbraucherrisiko" zu Tage fördern würden, sollte das Produkt zurückgerufen werden. Bis dahin einigte man sich darauf, lediglich die auf der Produktverpackung aufgebrachten Warnhinweise zu verbessern. In der Folgezeit erlitten weitere Personen, die das Produkt verwendeten, erhebliche Gesundheitsschäden.

Die Staatsanwaltschaft erhob Anklage gegen die Geschäftsführer des Herstellers wegen des Verdachts auf Köperverletzung durch Unterlassen.

Die Entscheidung des Gerichts:

Obwohl sich im Rahmen des Prozesses wissenschaftlich nicht klären ließ, welche der in dem Lederspray enthaltenen Substanzen die Gesundheitsschäden der Verwender ausgelöst hatte, hat das Gericht die Angeklagten sowohl wegen fahrlässiger als auch wegen vorsätzlicher Körperverletzung verurteilt, weil sie es unterlassen haben, das Produkt vom Markt zurückzurufen und stattdessen Produktion und Vertrieb des Produkts fortgeführt hätten.

Für diejenigen Schadensfälle, die sich vor der Sondersitzung der Geschäftsleitung ereignet haben, sah das Gericht den Tatbestand der fahrlässigen Körperverletzung erfüllt, weil die verantwortlichen Personen bereits aufgrund der Schadensmeldungen hätten erkennen können, dass das Produkt gesundheitsgefährdend sei. Wegen der

Schadensfälle, die sich nach der Geschäftsführersitzung ereignet hatten, verurteilte das Gericht die Angeklagten sogar wegen vorsätzlicher gefährlicher Körperverletzung durch Unterlassen.

Das Gericht hat es als unerheblich eingestuft, dass die betroffenen Geschäftsführer letztlich nicht klären konnten, welche Substanz des Ledersprays die gesundheitlichen Beeinträchtigungen hervorgerufen hatte, da hinreichend Klarheit darüber bestanden habe, dass die Gesundheitsschäden in unmittelbarem Zusammenhang mit der Verwendung des Produkts standen.

Fazit:

Das Inverkehrbringen sicherheitstechnisch unzulänglicher Produkte kann neben der zivilrechtlichen Haftung, die auf den Ersatz des entstandenen materiellen Schadens gerichtet ist, auch eine strafrechtliche Haftung der verantwortlichen Personen nach sich ziehen.

Besonders heikel wird es dann, wenn die verantwortlichen Personen die Einleitung von Gefahrenabwendungsmaßnahmen unterlassen, obwohl sie bereits wissen (oder wissen mussten), dass das Produkt Sicherheit und Gesundheit von Personen gefährden kann. Sie müssen dann damit rechnen, dass ihnen im Nachhinein vorgeworfen wird, die Schädigung von Personen durch die Unterlassung der Durchführung geeigneter Gefahrenabwendungsmaßnahmen „billigend in Kauf genommen“ zu haben.

Als Straftatbestände kommen in entsprechenden Fallkonstellationen insbesondere die fahrlässige oder vorsätzliche (ggf. auch gefährliche und/oder schwere) Körperverletzung sowie fahrlässige Tötung oder Totschlag in Betracht. Die Strafrahmen dieser Delikte reichen von Geldstrafen bis zu mehrjährigen Freiheitsstrafen.

Fall 9: Förderanlage - Strafrechtliche Produktverantwortung

aus der anwaltlichen Praxis, anonymisiert

- Strafrechtliche Ermittlungen wegen fahrlässiger Tötung
- Unzureichendes Reklamations- und Beschwerdemanagement
- Strafrechtliche Durchsuchung im Herstellerunternehmen

Die Staatsanwaltschaft ermittelt gegen die Geschäftsführer eines Herstellers von Förderanlagen, weil diese fahrlässig nicht erkannt haben, dass von den im Feld befindlichen Produkten signifikante Risiken für die Sicherheit und Gesundheit von Personen ausgehen.

Sachverhalt:

Ein deutscher Hersteller stellt Förderanlagen her, mit Hilfe derer große Halbfertigteile bei der industriellen Serienfertigung zu den einzelnen Arbeitsschritten transportiert werden können. Die Anlagen werden weltweit exportiert. Eines Tages erhält der Hersteller ein Schreiben von einem Kunden in Asien, in dem mitgeteilt wird, dass beim Betrieb einer dorthin gelieferten Anlage ein eigentümliches, bisher noch unbekanntes Problem aufgetreten sei. Während des Betriebs der Förderanlage sei es aufgrund nicht nachvollziehbarer Ursachen zu einer Schleifenbildung des Fördergurtes gekommen. Ein Mitarbeiter sei von einem Fördergurt erfasst und bis in die nächste Verankerung der Anlage mitgerissen worden. Die Arbeitskollegen hätten den Vorfall bemerkt und unmittelbar die Not-Halt-Befehlseinrichtung betätigt. Der Arbeiter sei verletzt, aber insgesamt wohlauf. Man sei ein zufriedener Kunde, wolle aber gleichwohl den Hersteller über diesen merkwürdigen Vorfall informieren.

Ein Jahr später ereignete sich ein ähnlicher Vorfall an einer Anlage in Australien. Der betroffene Mitarbeiter hat nicht unerhebliche Verletzungen davon getragen. Auch dieser Kunde brachte den Vorfall dem deutschen Hersteller mit einer „verwunderten E-Mail" zur Kenntnis. Die Angelegenheit verlief nach dem Austausch diverser E-Mails zwischen dem Hersteller und dem Betreiber letztlich jedoch im Sande.

Einige Monate später kam es zu einem dritten Vorfall, diesmal in Deutschland. Ein Auszubildender wurde von einem Fördergurt erfasst. Da er zum Unfallzeitpunkt alleine in der Fertigung war, konnte niemand den „Notaus-Schalter" betätigen. Der junge Mann wurde von dem Fördergurt stranguliert und kam ums Leben.

Die Staatsanwaltschaft durchsucht den Betrieb des Herstellers und stößt dabei auf die Korrespondenz des Herstellers mit den Betreibern, bei denen sich die vorangegangenen Beinahe-Unfälle ereignet hatten. Weiterhin findet die Staatsanwaltschaft interne Korrespondenz, aus der hervorgeht, dass die jeweiligen Fertigungsgruppenleiter das beschriebene Problem als „technisch eher fernliegend" beurteilt und mit Blick auf den im Unternehmen herrschenden Profitabilitätsdruck davon Abstand genommen hatten, die Geschäftsleitung von den Beinahe-Unfällen zu informieren, um „hier kein Fass aufzumachen".

Vorgehen der Staatsanwaltschaft:

Die Staatsanwaltschaft erhebt Anklage gegen die Fertigungsgruppenleiter wegen fahrlässiger Tötung. Die Hauptverhandlung wird demnächst eröffnet werden. Als Nebenkläger werden die Eltern des verstorbenen Auszubildenden auftreten. Die Angeklagten werden sich darauf einstellen müssen, im Prozess gefragt zu werden, auf was sie nach Bekanntwerden der beiden Beinahe-Unfälle noch gewartet haben, bevor sie sich dazu durchgerungen hätten, diese Informationen an die Unternehmensspitze weiterzugeben.

Fazit:

Die strafrechtliche Verantwortung für sicherheitstechnisch fehlerhafte Produkte beschränkt sich nicht auf die Geschäftsführung des Herstellerunternehmens. Strafrechtlich kann für die Unfallfolgen grundsätzlich jeder zur Verantwortung gezogen werden, dem die Verletzung bzw. der Tod eines Menschen objektiv zurechenbar ist. Dies können insbesondere solche Personen sein, die - wie hier - trotz ernstzunehmender Hinweise auf die Gefährlichkeit des Produkts verhindern, dass das Unternehmen geeignete Gefahrenabwendungsmaßnahmen ergreift.

Fall 10: Brennende Pflegebetten – Pflicht zur kostenlosen Umrüstung gefährlicher Produkte?

angelehnt an eine Entscheidung des Bundesgerichtshofes

- Anforderungen an die Gefahrenabwendungspflicht
- Warnung und Stilllegungsaufforderung
- Kosten erforderlicher Umrüstungsmaßnahmen

Ein Hersteller von Pflegebetten wird auf Ersatz der Kosten einer Umrüstungsaktion in Anspruch genommen, die erforderlich geworden war, um die Pflegebetten in einen sicheren Zustand zu versetzen.

Sachverhalt:

Die Klägerin, eine gesetzliche Pflegekasse, hatte von der Beklagten elektrisch verstellbare Pflegebetten erworben und diese Betten pflegebedürftigen Personen in deren Privathaushalten zur Verfügung gestellt. Aufgrund eines konstruktiv unzureichend ausgestalteten Spritzwasserschutzes der Antriebseinheit der Pflegebetten gerieten mehrere Pflegebetten in Brand.

Die Herstellerin der Pflegebetten nahm die Vorfälle zum Anlass, die gesetzlichen Pflegekassen vor dem erkannten Risiko zu warnen und forderte die Pflegekassen zur Minimierung des Risikos für die Sicherheit und Gesundheit der betroffenen Personen dazu auf, die Pflegebetten umgehend außer Betrieb zu nehmen. Darüber hinaus bot die Herstellerin den Pflegekassen an, die betroffenen Pflegebetten nachträglich im Wege einer Umrüstung mit dem erforderlichen Spritzwasserschutz zu versehen. Hierfür – so die Herstellerin – würden allerdings Kosten in Höhe von 200 Euro je Bett anfallen, die von den Pflegekassen zu tragen seien.

Die Pflegekassen forderten die Herstellerin zunächst mit Verweis auf die Gefahrenabwendungspflicht der Herstellerin dazu auf, die Umrüstungsmaßnahme kostenlos durchzuführen. Als die Herstellerin dies (erneut) verweigerte, führten die Pflegekassen die Umrüstungsmaßnahme auf eigene Kosten durch und nahmen die Herstellerin auf Erstattung der Kosten in Anspruch. ■

Die Entscheidung des Gerichts:

Das Gericht hat die Klage auf Ersatz der Kosten für die erforderliche Nachrüstung der Pflegebetten abgewiesen.

Die Herstellerin, so das Gericht, sei **zur kostenlosen Nachrüstung der Pflegebetten nicht verpflichtet** gewesen. Zwar sei die Herstellerin aufgrund ihrer Produktbeobachtungspflicht und der daraus resultierenden Gefahrenabwendungspflicht dazu verpflichtet gewesen, **effektive Gefahrenabwendungsmaßnahmen** zu ergreifen, um das von den Produkten ausgehende Risiko für die Sicherheit und Gesundheit von Personen zu minimieren. Mit der **Warnung** vor den erkannten Brandrisiken und der damit verbunden Aufforderung an die Pflegekassen, die Pflegebetten umgehend außer Betrieb zu nehmen, sei die Herstellerin ihrer Gefahrenabwendungspflicht allerdings in ausreichendem Maße nachgekommen.

Zwar seien die **Gefahrenabwendungspflichten** des Herstellers **nicht in jedem Fall auf eine Warnung beschränkt** und könnten im Einzelfall auch darüber hinaus gehen. Dies etwa dann, wenn Grund zur Annahme bestünde, dass eine Warnung den Benutzern des Produkts nicht ermöglicht, die von dem Produkt ausgehenden Gefahren einzuschätzen, oder wenn befürchtet werden müsse, dass sich die gewarnten Personen über die Warnung hinwegsetzen und dadurch Dritte (sog. innocent bystander) gefährdeten. Hierfür sah das Gericht im konkreten Fall mit Blick auf die eigenen Verkehrssicherungspflichten der betroffenen Pflegekassen allerdings keine Anhaltspunkte.

Im Ergebnis begründete das Gericht seine Entscheidung mit der Erwägung, dass die Herstellerin aufgrund der abgelaufenen Gewährleistungspflichten über die ausgesprochene Warnung hinaus nicht dazu verpflichtet werden könne, eine kostenlose Instandsetzung der Pflegebetten anzubieten, weil sie hierzu auch im Falle eines schlichten Qualitätsmangels nicht (mehr) verpflichtet gewesen wäre.

Fazit:

Die Entscheidung des Gerichts hat erhebliche Auswirkungen für die gesamte b2b-Industrie, weil sie klarstellt, dass eine ggf. zur Gefahrenabwehr erforderliche **Umrüstung** eines Produkts vom Hersteller **nicht zwangsläufig** in jedem Fall **kostenlos** angeboten und durchgeführt werden muss.

Die hinter dieser Rechtsprechung stehende Überlegung lässt sich wie folgt zusammenfassen: Der Hersteller eines Produkts hat während der Dauer der Mängelgewährleistungsfrist bekannt gewordene Sachmängel – egal ob sicherheitsrelevant oder nicht sicherheitsrelevant – kostenlos zu beseitigen. Nach Ablauf der Gewährleistungsfrist besteht indes aufgrund des Mängelgewährleistungsrechts keine Verpflichtung zur (kostenlosen) Beseitigung von Mängeln. Der Hersteller bleibt aufgrund seiner Produktbeobachtungs- und Gefahrenabwendungspflicht zwar dazu verpflichtet, die betroffenen Verwender vor der Verwirklichung des erkannten Sicherheitsrisikos effektiv zu schützen. Dies kann im Einzelfall allerdings auch dadurch bewerkstelligt werden, dass die betroffenen Verwender vor dem erkannten Risiko gewarnt werden und ihnen aufgezeigt wird, wie sie sich selbst schützen können.

Das Urteil des Gerichts wird in der rechtswissenschaftlichen Literatur mitunter heftig kritisiert und seine **Übertragbarkeit auf andere Fallkonstellationen** bisweilen in Zweifel gezogen. Die Zweifler argumentieren dabei insbesondere mit dem notwendigen Schutz derjenigen Personen, die zwar den erkannten Risiken des Produkts ausgesetzt sind, aber vom Hersteller persönlich nicht gewarnt wurden (**sog. innocent bystander**). Diese Personen (z.B. zufällig mit dem Produkt in Berührung kommende Personen) könnten letztlich nur dadurch effektiv geschützt werden, dass der Sicherheitsmangel (auf Kosten des Herstellers) beseitigt bzw. das unsichere Produkt aus dem Verkehr gezogen werde.

Ob und inwieweit sich ein Hersteller, der ein sicherheitstechnisch fehlerhaftes Produkt in den Verkehr gebracht hat, im konkreten Fall auf diese Gerichtsentscheidung berufen und eine kostenlose Beseitigung des Sicherheitsmangels verweigern kann, muss in jedem **Einzelfall** anhand der gegebenen Umstände sorgfältig geprüft werden. Die Zeiten, in denen der Hersteller in jeder Gefahrenkonstellation bedingungslos über die gesamte Produktlebensdauer hinweg finanziell für sicherheitstechnische Fehler einzustehen hatte, gehören mit diesem Urteil gleichwohl der Vergangenheit an.

TEIL 4

Originaltexte der rechtlichen Bestimmungen

Produktsicherheitsgesetz (ProdSG)

Gesetz über die Bereitstellung von Produkten auf dem Markt (Produktsicherheitsgesetz - ProdSG)

ProdSG

Ausfertigungsdatum: 08.11.2011

Vollzitat:

„Produktsicherheitsgesetz vom 8. November 2011 (BGBl. I S. 2178, 2179; 2012 I S. 131)"

*) Dieses Gesetz dient der Umsetzung

1. der Richtlinie 2001/95/EG des Europäischen Parlaments und des Rates vom 3. Dezember 2001 über die allgemeine Produktsicherheit (ABl. L 11 vom 15.1.2002, S. 4), die zuletzt durch die Verordnung (EG) Nr. 596/2009 (ABl. L 188 vom 18.7.2009, S. 14) geändert worden ist,
2. der Richtlinie 2006/95/EG des Europäischen Parlaments und des Rates vom 12. Dezember 2006 zur Angleichung der Rechtsvorschriften der Mitgliedstaaten betreffend elektrische Betriebsmittel zur Verwendung innerhalb bestimmter Spannungsgrenzen (ABl. L 374 vom 27.12.2006, S. 10),
3. der Richtlinie 94/9/EG des Europäischen Parlaments und des Rates vom 23. März 1994 zur Angleichung der Rechtsvorschriften der Mitgliedstaaten für Geräte und Schutzsysteme zur bestimmungsgemäßen Verwendung in explosionsgefährdeten Bereichen (ABl. L 100 vom 19.4.1994, S. 1, L 257 vom 10.10.1996, S. 44, L 21 vom 26.1.2000, S. 42), die durch die Verordnung (EG) Nr. 1882/2003 (ABl. L 284 vom 31.10.2003, S. 1) geändert worden ist,
4. der Richtlinie 2009/105/EG des Europäischen Parlaments und des Rates vom 16. September 2009 über einfache Druckbehälter (ABl. L 264 vom 8.10.2009, S. 12),
5. der Richtlinie 75/324/EWG des Rates vom 20. Mai 1975 zur Angleichung der Rechtsvorschriften der Mitgliedstaaten über Aerosolpackungen (ABl. L 147 vom 9.6.1975, S. 40, L 220 vom 8.8.1987, S. 22), die zuletzt durch die Verordnung (EG) Nr. 219/2009 (ABl. L 87 vom 31.3.2009, S. 109) geändert worden ist,
6. der Richtlinie 97/23/EG des Europäischen Parlaments und des Rates vom 29. Mai 1997 zur Angleichung der Rechtsvorschriften der Mitgliedstaaten über Druckgeräte (ABl. L 181 vom 9.7.1997, S. 1, L 265 vom 9.10.2009, S. 110), die durch die Verordnung (EG) Nr. 1882/2003 (ABl. L 284 vom 31.10.2003, S. 1) geändert worden ist,
7. der Richtlinie 2006/42/EG des Europäischen Parlaments und des Rates vom 17. Mai 2006 über Maschinen und zur Änderung der Richtlinie 95/16/EG (ABl. L 157 vom 9.6.2006, S. 24, L 76 vom 16.3.2007, S. 35), die zuletzt durch die Richtlinie 2009/127/EG (ABl. L 310 vom 25.11.2009, S. 29) geändert worden ist,
8. der Richtlinie 95/16/EG des Europäischen Parlaments und des Rates vom 29. Juni 1995 zur Angleichung der Rechtsvorschriften der Mitgliedstaaten über Aufzüge (ABl. L 213 vom 7.9.1995,

S. 1), die zuletzt durch die Richtlinie 2006/42/EG (ABl. L 157 vom 9.6.2006, S. 24) geändert worden ist,

9. der Richtlinie 2000/14/EG des Europäischen Parlaments und des Rates vom 8. Mai 2000 zur Angleichung der Rechtsvorschriften der Mitgliedstaaten über umweltbelastende Geräuschemissionen von zur Verwendung im Freien vorgesehenen Geräten und Maschinen (ABl. L 162 vom 3.7.2000, S. 1, L 311 vom 28.11.2001, S. 50), die zuletzt durch die Verordnung (EG) Nr. 219/2009 (ABl. L 87 vom 31.3.2009, S. 109) geändert worden ist,
10. der Richtlinie 2009/142/EG des Europäischen Parlaments und des Rates vom 30. November 2009 über Gasverbrauchseinrichtungen (ABl. L 330 vom 16.12.2009, S. 10),
11. der Richtlinie 89/686/EWG des Rates vom 21. Dezember 1989 zur Angleichung der Rechtsvorschriften der Mitgliedstaaten für persönliche Schutzausrüstungen (ABl. L 399 vom 30.12.1989, S. 18), die zuletzt durch die Verordnung (EG) Nr. 1882/2003 (ABl. L 284 vom 31.10.2003, S. 1) geändert worden ist,
12. der Richtlinie 2009/48/EG des Europäischen Parlaments und des Rates vom 18. Juni 2009 über die Sicherheit von Spielzeug (ABl. L 170 vom 30.6.2009, S. 1),
13. der Richtlinie 94/25/EG des Europäischen Parlaments und des Rates vom 16. Juni 1994 zur Angleichung der Rechts- und Verwaltungsvorschriften der Mitgliedstaaten über Sportboote (ABl. L 164 vom 30.6.1994, S. 15, L 127 vom 10.6.1995, S. 27, L 41 vom 15.2.2000, S. 20), die zuletzt durch die Verordnung (EG) Nr. 1137/2008 (ABl. L 311 vom 21.11.2008, S. 1) geändert worden ist,
14. des Beschlusses Nr. 768/2008/EG des Europäischen Parlaments und des Rates vom 9. Juli 2008 über einen gemeinsamen Rechtsrahmen für die Vermarktung von Produkten und zur Aufhebung des Beschlusses 93/465/EWG des Rates (ABl. L 218 vom 13.8.2008, S. 82).

Fußnote

(+++ Textnachweis ab: 1.12.2011 +++)

(+++ Amtlicher Hinweis des Normgebers auf EG-Recht: Umsetzung der

EGRL 95/2001	(CELEX Nr: 32001L0095)
EGRL 95/2006	(CELEX Nr: 32006L0095)
EGRL 9/94	(CELEX Nr: 31994L0094)
EGRL 105/2009	(CELEX Nr: 32009L0105)
EWGRL 324/75	(CELEX Nr: 31975L0324)
EGRL 23/97	(CELEX Nr: 31997L0023)
EGRL 42/2006	(CELEX Nr: 32006L0042)
EGRL 16/95	(CELEX Nr: 31995L0016)
EGRL 14/2000	(CELEX Nr: 32000L0014)
EGRL 142/2009	(CELEX Nr: 32009L0142)
EWGRL 686/89	(CELEX Nr: 31989L0686)
EGRL 48/2009	(CELEX Nr: 32009L0048)
EGRL 25/94	(CELEX Nr: 31994L0025)
EGBes 768/2008	(CELEX Nr: 32008D0768) +++)

Das G wurde als Art. 1 des G v. 8.11.2011 I 2178 vom Bundestag mit Zustimmung des Bundesrates beschlossen. Es ist gem. Art. 37 Abs. 1 Satz 2 dieses G am 1.12.2011 in Kraft getreten.

Inhaltsübersicht

Abschnitt 1

Allgemeine Vorschriften

§ 1 Anwendungsbereich

(1) Dieses Gesetz gilt, wenn im Rahmen einer Geschäftstätigkeit Produkte auf dem Markt bereitgestellt, ausgestellt oder erstmals verwendet werden.

(2) Dieses Gesetz gilt auch für die Errichtung und den Betrieb überwachungsbedürftiger Anlagen, die gewerblichen oder wirtschaftlichen Zwecken dienen oder durch die Beschäftigte gefährdet werden können, mit Ausnahme der überwachungsbedürftigen Anlagen

1. der Fahrzeuge von Magnetschwebebahnen, soweit diese Fahrzeuge den Bestimmungen des Bundes zum Bau und Betrieb solcher Bahnen unterliegen,
2. des rollenden Materials von Eisenbahnen, ausgenommen Ladegutbehälter, soweit dieses Material den Bestimmungen der Bau- und Betriebsordnungen des Bundes und der Länder unterliegt,
3. in Unternehmen des Bergwesens, ausgenommen in deren Tagesanlagen.

(3) Dieses Gesetz gilt nicht für

1. Antiquitäten,
2. gebrauchte Produkte, die vor ihrer Verwendung instand gesetzt oder wiederaufgearbeitet werden müssen, sofern der Wirtschaftsakteur denjenigen, an den sie abgegeben werden, darüber ausreichend unterrichtet,
3. Produkte, die ihrer Bauart nach ausschließlich zur Verwendung für militärische Zwecke bestimmt sind,
4. Lebensmittel, Futtermittel, lebende Pflanzen und Tiere, Erzeugnisse menschlichen Ursprungs und Erzeugnisse von Pflanzen und Tieren, die unmittelbar mit ihrer künftigen Reproduktion zusammenhängen,
5. Medizinprodukte im Sinne des § 3 des Medizinproduktegesetzes, soweit im Medizinproduktegesetz nichts anderes bestimmt ist,
6. Umschließungen (wie ortsbewegliche Druckgeräte, Verpackungen und Tanks) für die Beförderung gefährlicher Güter, soweit diese verkehrsrechtlichen Vorschriften unterliegen, und
7. Pflanzenschutzmittel im Sinne des § 2 Nummer 9 des Pflanzenschutzgesetzes oder des Artikels 2 Absatz 1 der Verordnung (EG) Nr. 1107/2009 des Europäischen Parlaments und des Rates vom 21. Oktober 2009 über das Inverkehrbringen von Pflanzenschutzmitteln und zur Aufhebung der Richtlinien 79/117/EWG und 91/414/ EWG des Rates (ABl. L 309 vom 24.11.2009, S. 1).

Satz 1 Nummer 2 und 5 gilt nicht für die Vorschriften in Abschnitt 9 dieses Gesetzes.

(4) Die Vorschriften dieses Gesetzes gelten nicht, soweit in anderen Rechtsvorschriften entsprechende oder weitergehende Vorschriften vorgesehen sind. Satz 1 gilt nicht für die Vorschriften in Abschnitt 9 dieses Gesetzes.

§ 2 Begriffsbestimmungen

Im Sinne dieses Gesetzes

1. ist Akkreditierung die Bestätigung durch eine nationale Akkreditierungsstelle, dass eine Konformitätsbewertungsstelle die in harmonisierten Normen festgelegten Anforderungen und gegebenenfalls zusätzliche Anforderungen, einschließlich solcher in relevanten sektoralen Akkreditierungssystemen, erfüllt, um eine spezielle Konformitätsbewertungstätigkeit durchzuführen,
2. ist Ausstellen das Anbieten, Aufstellen oder Vorführen von Produkten zu Zwecken der Werbung oder der Bereitstellung auf dem Markt,
3. ist Aussteller jede natürliche oder juristische Person, die ein Produkt ausstellt,
4. ist Bereitstellung auf dem Markt jede entgeltliche oder unentgeltliche Abgabe eines Produkts zum Vertrieb, Verbrauch oder zur Verwendung auf dem Markt der Europäischen Union im Rahmen einer Geschäftstätigkeit,
5. ist bestimmungsgemäße Verwendung

a) die Verwendung, für die ein Produkt nach den Angaben derjenigen Person, die es in den Verkehr bringt, vorgesehen ist oder

b) die übliche Verwendung, die sich aus der Bauart und Ausführung des Produkts ergibt,

6. ist Bevollmächtigter jede im Europäischen Wirtschaftsraum ansässige natürliche oder juristische Person, die der Hersteller schriftlich beauftragt hat, in seinem Namen bestimmte Aufgaben wahrzunehmen, um seine Verpflichtungen nach der einschlägigen Gesetzgebung der Europäischen Union zu erfüllen,
7. ist CE-Kennzeichnung die Kennzeichnung, durch die der Hersteller erklärt, dass das Produkt den geltenden Anforderungen genügt, die in den Harmonisierungsrechtsvorschriften der Europäischen Union, die ihre Anbringung vorschreiben, festgelegt sind,
8. ist Einführer jede im Europäischen Wirtschaftsraum ansässige natürliche oder juristische Person, die ein Produkt aus einem Staat, der nicht dem Europäischen Wirtschaftsraum angehört, in den Verkehr bringt,
9. ist ernstes Risiko jedes Risiko, das ein rasches Eingreifen der Marktüberwachungsbehörden erfordert, auch wenn das Risiko keine unmittelbare Auswirkung hat,
10. ist Gefahr die mögliche Ursache eines Schadens,
11. ist GS-Stelle eine Konformitätsbewertungsstelle, der von der Befugnis erteilenden Behörde die Befugnis erteilt wurde, das GS-Zeichen zuzuerkennen,
12. ist Händler jede natürliche oder juristische Person in der Lieferkette, die ein Produkt auf dem Markt bereitstellt, mit Ausnahme des Herstellers und des Einführers,
13. ist harmonisierte Norm eine Norm, die von einem der in Anhang I der Richtlinie 98/34/EG des Europäischen Parlaments und des Rates vom 22. Juni 1998 über ein Informationsverfahren auf dem Gebiet der Normen und technischen Vorschriften und der Vorschriften für die Dienste der Informationsgesellschaft (ABl. L 204 vom 21.7.1998, S. 37), die zuletzt durch die Richtlinie 2006/96/EG (ABl. L 363 vom 20.12.2006, S. 81) geändert worden ist, anerkannten europäischen Normungsgremien auf der Grundlage eines Ersuchens der Europäischen Kommission nach Artikel 6 jener Richtlinie erstellt wurde,
14. ist Hersteller jede natürliche oder juristische Person, die ein Produkt herstellt oder entwickeln oder herstellen lässt und dieses Produkt unter ihrem eigenen Namen oder ihrer eigenen Marke vermarktet; als Hersteller gilt auch jeder, der

a) geschäftsmäßig seinen Namen, seine Marke oder ein anderes unterscheidungskräftiges Kennzeichen an einem Produkt anbringt und sich dadurch als Hersteller ausgibt oder

b) ein Produkt wiederaufarbeitet oder die Sicherheitseigenschaften eines Verbraucherprodukts beeinflusst und dieses anschließend auf dem Markt bereitstellt,

15. ist Inverkehrbringen die erstmalige Bereitstellung eines Produkts auf dem Markt; die Einfuhr in den Europäischen Wirtschaftsraum steht dem Inverkehrbringen eines neuen Produkts gleich,

16. ist Konformitätsbewertung das Verfahren zur Bewertung, ob spezifische Anforderungen an ein Produkt, ein Verfahren, eine Dienstleistung, ein System, eine Person oder eine Stelle erfüllt worden sind,

17. ist Konformitätsbewertungsstelle eine Stelle, die Konformitätsbewertungstätigkeiten einschließlich Kalibrierungen, Prüfungen, Zertifizierungen und Inspektionen durchführt,

18. ist Marktüberwachung jede von den zuständigen Behörden durchgeführte Tätigkeit und von ihnen getroffene Maßnahme, durch die sichergestellt werden soll, dass die Produkte mit den Anforderungen dieses Gesetzes übereinstimmen und die Sicherheit und Gesundheit von Personen oder andere im öffentlichen Interesse schützenswerte Bereiche nicht gefährden,

19. ist Marktüberwachungsbehörde jede Behörde, die für die Durchführung der Marktüberwachung zuständig ist,

20. ist notifizierte Stelle eine Konformitätsbewertungsstelle,

a) der die Befugnis erteilende Behörde die Befugnis erteilt hat, Konformitätsbewertungsaufgaben nach den Rechtsverordnungen nach § 8 Absatz 1, die erlassen wurden, um Rechtsvorschriften der Europäischen Union umzusetzen oder durchzuführen, wahrzunehmen, und die von der Befugnis erteilenden Behörde der Europäischen Kommission und den übrigen Mitgliedstaaten notifiziert worden ist oder

b) die der Europäischen Kommission und den übrigen Mitgliedstaaten von einem Mitgliedstaat der Europäischen Union oder einem anderen Vertragsstaat des Abkommens über den Europäischen Wirtschaftsraum auf Grund eines europäischen Rechtsaktes als notifizierte Stelle mitgeteilt worden ist,

21. ist Notifizierung die Mitteilung der Befugnis erteilenden Behörde an die Europäische Kommission und die übrigen Mitgliedstaaten, dass eine Konformitätsbewertungsstelle Konformitätsbewertungsaufgaben gemäß den nach § 8 Absatz 1 zur Umsetzung oder Durchführung von Rechtsvorschriften der Europäischen Union erlassenen Rechtsverordnungen wahrnehmen kann,

22. sind Produkte Waren, Stoffe oder Zubereitungen, die durch einen Fertigungsprozess hergestellt worden sind,

23. ist Risiko die Kombination aus der Eintrittswahrscheinlichkeit einer Gefahr und der Schwere des möglichen Schadens,

24. ist Rücknahme jede Maßnahme, mit der verhindert werden soll, dass ein Produkt, das sich in der Lieferkette befindet, auf dem Markt bereitgestellt wird,

25. ist Rückruf jede Maßnahme, die darauf abzielt, die Rückgabe eines dem Endverbraucher bereitgestellten Produkts zu erwirken,

26. sind Verbraucherprodukte neue, gebrauchte oder wiederaufgearbeitete Produkte, die für Verbraucher bestimmt sind oder unter Bedingungen, die nach vernünftigem Ermessen vorhersehbar sind, von Verbrauchern benutzt werden könnten, selbst wenn sie nicht für diese bestimmt sind;

als Verbraucherprodukte gelten auch Produkte, die dem Verbraucher im Rahmen einer Dienstleistung zur Verfügung gestellt werden,

27. sind Produkte verwendungsfertig, wenn sie bestimmungsgemäß verwendet werden können, ohne dass weitere Teile eingefügt zu werden brauchen; verwendungsfertig sind Produkte auch, wenn

a) alle Teile, aus denen sie zusammengesetzt werden sollen, zusammen von einer Person in den Verkehr gebracht werden,

b) sie nur noch aufgestellt oder angeschlossen zu werden brauchen oder

c) sie ohne die Teile in den Verkehr gebracht werden, die üblicherweise gesondert beschafft und bei der bestimmungsgemäßen Verwendung eingefügt werden,

28. ist vorhersehbare Verwendung die Verwendung eines Produkts in einer Weise, die von derjenigen Person, die es in den Verkehr bringt, nicht vorgesehen, jedoch nach vernünftigem Ermessen vorhersehbar ist,

29. sind Wirtschaftsakteure Hersteller, Bevollmächtigte, Einführer und Händler,

30. sind überwachungsbedürftige Anlagen

a) Dampfkesselanlagen mit Ausnahme von Dampfkesselanlagen auf Seeschiffen,

b) Druckbehälteranlagen außer Dampfkesseln,

c) Anlagen zur Abfüllung von verdichteten, verflüssigten oder unter Druck gelösten Gasen,

d) Leitungen unter innerem Überdruck für brennbare, ätzende oder giftige Gase, Dämpfe oder Flüssigkeiten,

e) Aufzugsanlagen,

f) Anlagen in explosionsgefährdeten Bereichen,

g) Getränkeschankanlagen und Anlagen zur Herstellung kohlensaurer Getränke,

h) Acetylenanlagen und Calciumcarbidlager,

i) Anlagen zur Lagerung, Abfüllung und Beförderung von brennbaren Flüssigkeiten.

Zu den überwachungsbedürftigen Anlagen gehören auch Mess-, Steuer- und Regeleinrichtungen, die dem sicheren Betrieb dieser überwachungsbedürftigen Anlagen dienen; zu den in den Buchstaben b, c und d bezeichneten überwachungsbedürftigen Anlagen gehören nicht die Energieanlagen im Sinne des Energiewirtschaftsgesetzes. Überwachungsbedürftige Anlagen stehen den Produkten im Sinne von Nummer 22 gleich, soweit sie nicht schon von Nummer 22 erfasst werden,

31. sind die für die Kontrolle der Außengrenzen zuständigen Behörden die Zollbehörden.

Abschnitt 2

Voraussetzungen für die Bereitstellung von Produkten auf dem Markt sowie für das Ausstellen von Produkten

§ 3 Allgemeine Anforderungen an die Bereitstellung von Produkten auf dem Markt

(1) Soweit ein Produkt einer oder mehreren Rechtsverordnungen nach § 8 Absatz 1 unterliegt, darf es nur auf dem Markt bereitgestellt werden, wenn es

1. die darin vorgesehenen Anforderungen erfüllt und
2. die Sicherheit und Gesundheit von Personen oder sonstige in den Rechtsverordnungen nach § 8 Absatz 1 aufgeführte Rechtsgüter bei bestimmungsgemäßer oder vorhersehbarer Verwendung nicht gefährdet.

(2) Ein Produkt darf, soweit es nicht Absatz 1 unterliegt, nur auf dem Markt bereitgestellt werden, wenn es bei bestimmungsgemäßer oder vorhersehbarer Verwendung die Sicherheit und Gesundheit von Personen nicht gefährdet. Bei der Beurteilung, ob ein Produkt der Anforderung nach Satz 1 entspricht, sind insbesondere zu berücksichtigen:

1. die Eigenschaften des Produkts einschließlich seiner Zusammensetzung, seine Verpackung, die Anleitungen für seinen Zusammenbau, die Installation, die Wartung und die Gebrauchsdauer,
2. die Einwirkungen des Produkts auf andere Produkte, soweit zu erwarten ist, dass es zusammen mit anderen Produkten verwendet wird,
3. die Aufmachung des Produkts, seine Kennzeichnung, die Warnhinweise, die Gebrauchs- und Bedienungsanleitung, die Angaben zu seiner Beseitigung sowie alle sonstigen produktbezogenen Angaben oder Informationen,
4. die Gruppen von Verwendern, die bei der Verwendung des Produkts stärker gefährdet sind als andere.

Die Möglichkeit, einen höheren Sicherheitsgrad zu erreichen, oder die Verfügbarkeit anderer Produkte, die ein geringeres Risiko darstellen, ist kein ausreichender Grund, ein Produkt als gefährlich anzusehen.

(3) Wenn der Schutz von Sicherheit und Gesundheit erst durch die Art der Aufstellung eines Produkts gewährleistet werden, ist hierauf bei der Bereitstellung auf dem Markt ausreichend hinzuweisen, sofern in den Rechtsverordnungen nach § 8 keine anderen Regelungen vorgesehen sind.

(4) Sind bei der Verwendung, Ergänzung oder Instandhaltung eines Produkts bestimmte Regeln zu beachten, um den Schutz von Sicherheit und Gesundheit zu gewährleisten, ist bei der Bereitstellung auf dem Markt hierfür eine Gebrauchsanleitung in deutscher Sprache mitzuliefern, sofern in den Rechtsverordnungen nach § 8 keine anderen Regelungen vorgesehen sind.

(5) Ein Produkt, das die Anforderungen nach Absatz 1 oder Absatz 2 nicht erfüllt, darf ausgestellt werden, wenn der Aussteller deutlich darauf hinweist, dass es diese Anforderungen nicht erfüllt und erst erworben werden kann, wenn die entsprechende Übereinstimmung hergestellt ist. Bei einer Vorführung sind die erforderlichen Vorkehrungen zum Schutz der Sicherheit und Gesundheit von Personen zu treffen.

§ 4 Harmonisierte Normen

(1) Bei der Beurteilung, ob ein Produkt den Anforderungen nach § 3 Absatz 1 oder Absatz 2 entspricht, können harmonisierte Normen zugrunde gelegt werden.

(2) Bei einem Produkt, das harmonisierten Normen oder Teilen dieser Normen entspricht, deren Fundstellen im Amtsblatt der Europäischen Union veröffentlicht worden sind, wird vermutet, dass es den Anforderungen nach § 3 Absatz 1 oder Absatz 2 genügt, soweit diese von den betreffenden Normen oder von Teilen dieser Normen abgedeckt sind.

(3) Ist die Marktüberwachungsbehörde der Auffassung, dass eine harmonisierte Norm den von ihr abgedeckten Anforderungen nach § 3 Absatz 1 oder Absatz 2 nicht vollständig entspricht, so unterrichtet sie hiervon unter Angabe der Gründe die Bundesanstalt für Arbeitsschutz und Arbeitsmedizin. Die Bundesanstalt für Arbeitsschutz und Arbeitsmedizin überprüft die eingegangenen Meldungen auf Vollständigkeit und Schlüssigkeit; sie beteiligt den Ausschuss für Produktsicherheit. Sie leitet die Meldungen dem zuständigen Bundesressort zu.

§ 5 Normen und andere technische Spezifikationen

(1) Bei der Beurteilung, ob ein Produkt den Anforderungen nach § 3 Absatz 2 entspricht, können Normen und andere technische Spezifikationen zugrunde gelegt werden.

(2) Bei einem Produkt, das Normen oder anderen technischen Spezifikationen oder Teilen von diesen entspricht, die vom Ausschuss für Produktsicherheit ermittelt und deren Fundstellen von der Bundesanstalt für Arbeitsschutz und Arbeitsmedizin im Gemeinsamen Ministerialblatt bekannt gegeben worden sind, wird vermutet, dass es den Anforderungen nach § 3 Absatz 2 genügt, soweit diese von den betreffenden Normen oder anderen technischen Spezifikationen oder deren Teilen abgedeckt sind.

(3) Ist die Marktüberwachungsbehörde der Auffassung, dass eine Norm oder andere technische Spezifikation den von ihr abgedeckten Anforderungen nach § 3 Absatz 2 nicht vollständig entspricht, so unterrichtet sie hiervon unter Angabe der Gründe die Bundesanstalt für Arbeitsschutz und Arbeitsmedizin. Diese informiert den Ausschuss für Produktsicherheit.

§ 6 Zusätzliche Anforderungen an die Bereitstellung von Verbraucherprodukten auf dem Markt

(1) Der Hersteller, sein Bevollmächtigter und der Einführer haben jeweils im Rahmen ihrer Geschäftstätigkeit bei der Bereitstellung eines Verbraucherprodukts auf dem Markt

1. sicherzustellen, dass der Verwender die Informationen erhält, die er benötigt, um die Risiken, die mit dem Verbraucherprodukt während der üblichen oder vernünftigerweise vorhersehbaren Gebrauchsdauer verbunden sind und die ohne entsprechende Hinweise nicht unmittelbar erkennbar sind, beurteilen und sich gegen sie schützen zu können,
2. den Namen und die Kontaktanschrift des Herstellers oder, sofern dieser nicht im Europäischen Wirtschaftsraum ansässig ist, den Namen und die Kontaktanschrift des Bevollmächtigten oder des Einführers anzubringen,
3. eindeutige Kennzeichnungen zur Identifikation des Verbraucherprodukts anzubringen.

Die Angaben nach Satz 1 Nummer 2 und 3 sind auf dem Verbraucherprodukt oder, wenn dies nicht möglich ist, auf dessen Verpackung anzubringen. Ausnahmen von den Verpflichtungen nach Satz 1 Nummer 2 und 3 sind zulässig, wenn es vertretbar ist, diese Angaben wegzulassen, insbesondere weil sie dem Verwender bereits bekannt sind oder weil es mit einem unverhältnismäßigen Aufwand verbunden wäre, sie anzubringen.

(2) Der Hersteller, sein Bevollmächtigter und der Einführer haben jeweils im Rahmen ihrer Geschäftstätigkeit Vorkehrungen für geeignete Maßnahmen zur Vermeidung von Risiken zu treffen, die mit dem Verbraucherprodukt verbunden sein können, das sie auf dem Markt bereitgestellt haben; die Maßnahmen müssen den Produkteigenschaften angemessen sein und reichen bis zur Rücknahme, zu angemessenen und wirksamen Warnungen und zum Rückruf.

(3) Der Hersteller, sein Bevollmächtigter und der Einführer haben jeweils im Rahmen ihrer Geschäftstätigkeit bei den auf dem Markt bereitgestellten Verbraucherprodukten

1. Stichproben durchzuführen,
2. Beschwerden zu prüfen und, falls erforderlich, ein Beschwerdebuch zu führen sowie
3. die Händler über weitere das Verbraucherprodukt betreffende Maßnahmen zu unterrichten.

Welche Stichproben geboten sind, hängt vom Grad des Risikos ab, das mit den Produkten verbunden ist, und von den Möglichkeiten, das Risiko zu vermeiden.

(4) Der Hersteller, sein Bevollmächtigter und der Einführer haben nach Maßgabe von Anhang I der Richtlinie 2001/95/EG des Europäischen Parlaments und des Rates vom 3. Dezember 2001 über die allgemeine Produktsicherheit (ABl. L 11 vom 15.1.2002, S. 4) jeweils unverzüglich die an ihrem Geschäftssitz zuständige Marktüberwachungsbehörde zu unterrichten, wenn sie wissen oder auf Grund der ihnen vorliegenden Informationen oder ihrer Erfahrung wissen müssen, dass ein Verbraucherprodukt, das sie auf dem Markt bereitgestellt haben, ein Risiko für die Sicherheit und Gesundheit von Personen darstellt; insbesondere haben sie die Marktüberwachungsbehörde über die Maßnahmen zu unterrichten, die sie zur Vermeidung dieses Risikos getroffen haben. Die Marktüberwachungsbehörde unterrichtet unverzüglich die Bundesanstalt für Arbeitsschutz und Arbeitsmedizin über den Sachverhalt, insbesondere bei Rückrufen. Eine Unterrichtung nach Satz 1 darf nicht zur strafrechtlichen Verfolgung des Unterrichtenden oder für ein Verfahren nach dem Gesetz über Ordnungswidrigkeiten gegen den Unterrichtenden verwendet werden.

(5) Der Händler hat dazu beizutragen, dass nur sichere Verbraucherprodukte auf dem Markt bereitgestellt werden. Er darf insbesondere kein Verbraucherprodukt auf dem Markt bereitstellen, von dem er weiß oder auf Grund der ihm vorliegenden Informationen oder seiner Erfahrung wissen muss, dass es nicht den Anforderungen nach § 3 entspricht. Absatz 4 gilt für den Händler entsprechend.

§ 7 CE-Kennzeichnung

(1) Für die CE-Kennzeichnung gelten die allgemeinen Grundsätze nach Artikel 30 der Verordnung (EG) Nr. 765/2008 des Europäischen Parlaments und des Rates vom 9. Juli 2008 über die Vorschriften für die Akkreditierung und Marktüberwachung im Zusammenhang mit der Vermarktung von Produkten und zur Aufhebung der Verordnung (EWG) Nr. 339/93 des Rates (ABl. L 218 vom 13.8.2008, S. 30).

(2) Es ist verboten, ein Produkt auf dem Markt bereitzustellen,

1. wenn das Produkt, seine Verpackung oder ihm beigefügte Unterlagen mit der CE-Kennzeichnung versehen sind, ohne dass die Rechtsverordnungen nach § 8 Absatz 1 oder andere Rechtsvorschriften dies vorsehen oder ohne dass die Anforderungen der Absätze 3 bis 5 erfüllt sind, oder
2. das nicht mit der CE-Kennzeichnung versehen ist, obwohl eine Rechtsverordnung nach § 8 Absatz 1 oder eine andere Rechtsvorschrift ihre Anbringung vorschreibt.

(3) Sofern eine Rechtsverordnung nach § 8 Absatz 1 oder eine andere Rechtsvorschrift nichts anderes vorsieht, muss die CE-Kennzeichnung sichtbar, lesbar und dauerhaft auf dem Produkt oder seinem Typenschild angebracht sein. Falls die Art des Produkts dies nicht zulässt oder nicht rechtfertigt, wird die CE-Kennzeichnung auf der Verpackung angebracht sowie auf den Begleitunterlagen, sofern entsprechende Unterlagen vorgeschrieben sind.

(4) Nach der CE-Kennzeichnung steht die Kennnummer der notifizierten Stelle nach § 2 Nummer 20, soweit diese Stelle in der Phase der Fertigungskontrolle tätig war. Die Kennnummer ist entweder von der notifizierten Stelle selbst anzubringen oder vom Hersteller oder seinem Bevollmächtigten nach den Anweisungen der Stelle.

(5) Die CE-Kennzeichnung muss angebracht werden, bevor das Produkt in den Verkehr gebracht wird. Nach der CE-Kennzeichnung und gegebenenfalls nach der Kennnummer kann ein Piktogramm oder ein anderes Zeichen stehen, das auf ein besonderes Risiko oder eine besondere Verwendung hinweist.

§ 8 Ermächtigung zum Erlass von Rechtsverordnungen

(1) Die Bundesministerien für Arbeit und Soziales, für Wirtschaft und Technologie, für Ernährung, Landwirtschaft und Verbraucherschutz, für Umwelt, Naturschutz und Reaktorsicherheit, für Verkehr, Bau und Stadtentwicklung und der Verteidigung werden ermächtigt, jeweils für ihren Zuständigkeitsbereich im Einvernehmen mit den anderen zuvor genannten Bundesministerien für Produkte nach Anhörung des Ausschusses für Produktsicherheit und mit Zustimmung des Bundesrates Rechtsverordnungen zum Schutz der Sicherheit und Gesundheit von Personen, zum Schutz der Umwelt sowie sonstiger Rechtsgüter vor Risiken, die von Produkten ausgehen, zu erlassen, auch um Verpflichtungen aus zwischenstaatlichen Vereinbarungen zu erfüllen oder um die von der Europäischen Union erlassenen Rechtsvorschriften umzusetzen oder durchzuführen. Durch diese Rechtsverordnungen können geregelt werden:

1. Anforderungen an

a) die Beschaffenheit von Produkten,

b) die Bereitstellung von Produkten auf dem Markt,

c) das Ausstellen von Produkten,

d) die erstmalige Verwendung von Produkten,

e) die Kennzeichnung von Produkten,

f) Konformitätsbewertungsstellen,

2. produktbezogene Aufbewahrungs- und Mitteilungspflichten,

3. Handlungspflichten von Konformitätsbewertungsstellen

sowie behördliche Maßnahmen und Zuständigkeiten, die sich auf die Anforderungen nach Nummer 1 und die Pflichten nach den Nummern 2 und 3 beziehen und die erforderlich sind, um die von der Europäischen Union erlassenen Rechtsakte umzusetzen oder durchzuführen.

(2) Die Bundesregierung wird ermächtigt, mit Zustimmung des Bundesrates durch Rechtsverordnung für einzelne Produktbereiche zu bestimmen, dass eine Stelle, die Aufgaben der Konformitätsbewertung oder der Bewertung und Überprüfung der Leistungsbeständigkeit von Produkten wahrnimmt, für den Nachweis der an sie gestellten rechtlichen Anforderungen eine von einer nationalen Akkreditierungsstelle ausgestellte Akkreditierungsurkunde vorlegen muss. In einer Rechtsverordnung nach Satz 1 kann auch vorgesehen werden, die Überwachung der Tätigkeit der Stellen für einzelne

Produktbereiche der Deutschen Akkreditierungsstelle zu übertragen. Soweit die Bundesregierung keine Rechtsverordnung nach Satz 1 erlassen hat, werden die Landesregierungen ermächtigt, eine solche Rechtsverordnung zu erlassen.

(3) Rechtsverordnungen nach Absatz 1 oder Absatz 2 können in dringenden Fällen, insbesondere wenn es zur unverzüglichen Umsetzung oder Durchführung von Rechtsakten der Europäischen Union erforderlich ist, ohne Zustimmung des Bundesrates erlassen werden; sie treten spätestens sechs Monate nach ihrem Inkrafttreten außer Kraft. Ihre Geltungsdauer kann nur mit Zustimmung des Bundesrates verlängert werden.

Abschnitt 3

Bestimmungen über die Befugnis erteilende Behörde

§ 9 Aufgaben der Befugnis erteilenden Behörde

(1) Die Befugnis erteilende Behörde erteilt Konformitätsbewertungsstellen auf Antrag die Befugnis, bestimmte Konformitätsbewertungstätigkeiten durchzuführen. Sie ist zuständig für die Einrichtung und Durchführung der dazu erforderlichen Verfahren. Sie ist auch zuständig für die Einrichtung und Durchführung der Verfahren, die zur Überwachung der Konformitätsbewertungsstellen erforderlich sind, denen sie die Befugnis zur Durchführung bestimmter Konformitätsbewertungstätigkeiten erteilt hat.

(2) Die Befugnis erteilende Behörde führt die Notifizierung von Konformitätsbewertungsstellen durch.

(3) Die Befugnis erteilende Behörde überwacht, ob die Konformitätsbewertungsstellen, denen sie die Befugnis zur Durchführung bestimmter Konformitätsbewertungstätigkeiten erteilt hat, die Anforderungen erfüllen und ihren gesetzlichen Verpflichtungen nachkommen. Sie trifft die notwendigen Anordnungen zur Beseitigung festgestellter Mängel oder zur Verhütung künftiger Verstöße.

(4) Die Befugnis erteilende Behörde übermittelt der zuständigen Marktüberwachungsbehörde auf Anforderung die Informationen, die für deren Aufgabenerfüllung erforderlich sind.

§ 10 Anforderungen an die Befugnis erteilende Behörde

(1) Die Länder haben die Befugnis erteilende Behörde so einzurichten, dass es zu keinerlei Interessenkonflikt mit den Konformitätsbewertungsstellen kommt; insbesondere darf die Befugnis erteilende Behörde weder Tätigkeiten, die Konformitätsbewertungsstellen durchführen, noch Beratungsleistungen auf einer gewerblichen oder wettbewerblichen Basis anbieten oder erbringen.

(2) Bedienstete der Befugnis erteilenden Behörde, die die Begutachtung einer Konformitätsbewertungsstelle durchgeführt haben, dürfen nicht mit der Entscheidung über die Erteilung der Befugnis, als Konformitätsbewertungsstelle tätig werden zu dürfen, betraut werden.

(3) Der Befugnis erteilenden Behörde müssen kompetente Mitarbeiter in ausreichender Zahl zur Verfügung stehen, so dass sie ihre Aufgaben ordnungsgemäß wahrnehmen kann.

§ 11 Befugnisse der Befugnis erteilenden Behörde

(1) Die Befugnis erteilende Behörde kann von den Konformitätsbewertungsstellen, denen sie die Befugnis zur Durchführung bestimmter Konformitätsbewertungstätigkeiten erteilt hat, die zur Erfüllung ihrer Überwachungsaufgaben erforderlichen Auskünfte und sonstige Unterstützung verlangen sowie die dazu erforderlichen Anordnungen treffen. Die Befugnis erteilende Behörde ist insbesondere befugt zu verlangen, dass ihr die Unterlagen vorgelegt werden, die der Konformitätsbewertung zugrunde liegen. Sie und die von ihr beauftragten Personen sind befugt, zu den Betriebs- und Geschäftszeiten Betriebsgrundstücke und Geschäftsräume sowie Prüflaboratorien zu betreten und zu besichtigen, soweit dies zur Erfüllung ihrer Überwachungsaufgaben erforderlich ist.

(2) Die Auskunftspflichtigen haben die Maßnahmen nach Absatz 1 zu dulden. Sie können die Auskunft auf Fragen verweigern, sofern die Beantwortung sie selbst oder einen der in § 383 Absatz 1 Nummer 1 bis 3 der Zivilprozessordnung bezeichneten Angehörigen der Gefahr strafrechtlicher Verfolgung oder eines Verfahrens nach dem Gesetz über Ordnungswidrigkeiten aussetzen würde. Sie sind über ihr Recht zur Auskunftsverweigerung zu belehren.

Abschnitt 4

Notifizierung von Konformitätsbewertungsstellen

§ 12 Anträge auf Notifizierung

(1) Eine Konformitätsbewertungsstelle kann bei der Befugnis erteilenden Behörde die Befugnis beantragen, als notifizierte Stelle tätig werden zu dürfen.

(2) Dem Antrag nach Absatz 1 legt die Konformitätsbewertungsstelle eine Beschreibung der Konformitätsbewertungstätigkeiten, der Konformitätsbewertungsverfahren und der Produkte bei, für die sie Kompetenz beansprucht, sowie, wenn vorhanden, eine Akkreditierungsurkunde, die von einer nationalen Akkreditierungsstelle ausgestellt wurde und in der diese bescheinigt, dass die Konformitätsbewertungsstelle die Anforderungen des § 13 erfüllt.

(3) Kann die Konformitätsbewertungsstelle keine Akkreditierungsurkunde vorweisen, legt sie der Befugnis erteilenden Behörde als Nachweis alle Unterlagen vor, die erforderlich sind, um überprüfen, feststellen und regelmäßig überwachen zu können, ob sie die Anforderungen des § 13 erfüllt.

§ 13 Anforderungen an die Konformitätsbewertungsstelle für ihre Notifizierung

(1) Die Konformitätsbewertungsstelle muss Rechtspersönlichkeit besitzen. Sie muss selbstständig Verträge abschließen, unbewegliches Vermögen erwerben und darüber verfügen können sowie vor Gericht klagen und verklagt werden können.

(2) Bei der Konformitätsbewertungsstelle muss es sich um einen unabhängigen Dritten handeln, der mit der Einrichtung oder dem Produkt, die oder das er bewertet, in keinerlei Verbindung steht. Die Anforderung nach Satz 1 kann auch von einer Konformitätsbewertungsstelle erfüllt werden, die einem Wirtschaftsverband oder einem Fachverband angehört und die Produkte bewertet, an deren Entwurf, Herstellung, Bereitstellung, Montage, Gebrauch oder Wartung Unternehmen beteiligt sind, die von diesem Verband vertreten werden, wenn die Konformitätsbewertungsstelle nachweist, dass

sich aus dieser Verbandsmitgliedschaft keine Interessenkonflikte im Hinblick auf ihre Konformitätsbewertungstätigkeiten ergeben.

(3) Die Konformitätsbewertungsstelle, ihre oberste Leitungsebene und die für die Konformitätsbewertungstätigkeiten zuständigen Mitarbeiter dürfen weder Konstrukteur, Hersteller, Lieferant, Installateur, Käufer, Eigentümer, Verwender oder Wartungsbetrieb der zu bewertenden Produkte noch Bevollmächtigter einer dieser Parteien sein. Dies schließt weder die Verwendung von bereits einer Konformitätsbewertung unterzogenen Produkten, die für die Tätigkeit der Konformitätsbewertungsstelle erforderlich sind, noch die Verwendung solcher Produkte zum persönlichen Gebrauch aus. Die Konformitätsbewertungsstelle, ihre oberste Leitungsebene und die für die Konformitätsbewertungstätigkeiten zuständigen Mitarbeiter dürfen weder direkt an Entwurf, Herstellung oder Bau, Vermarktung, Installation, Verwendung oder Wartung dieser Produkte beteiligt sein noch dürfen sie die an diesen Tätigkeiten beteiligten Parteien vertreten. Sie dürfen sich nicht mit Tätigkeiten befassen, die ihre Unabhängigkeit bei der Beurteilung oder ihre Integrität im Zusammenhang mit den Konformitätsbewertungstätigkeiten beeinträchtigen können. Dies gilt insbesondere für Beratungsdienstleistungen. Die Konformitätsbewertungsstelle gewährleistet, dass Tätigkeiten ihrer Zweigunternehmen oder Unterauftragnehmer die Vertraulichkeit, Objektivität und Unparteilichkeit ihrer Konformitätsbewertungstätigkeiten nicht beeinträchtigen.

(4) Die Konformitätsbewertungsstelle und ihre Mitarbeiter haben die Konformitätsbewertungstätigkeiten mit der größtmöglichen Professionalität und der erforderlichen fachlichen Kompetenz in dem betreffenden Bereich durchzuführen; sie dürfen keinerlei Einflussnahme, insbesondere finanzieller Art, durch Dritte ausgesetzt sein, die sich auf ihre Beurteilung oder die Ergebnisse ihrer Konformitätsbewertung auswirken könnte und speziell von Personen oder Personengruppen ausgeht, die ein Interesse am Ergebnis dieser Konformitätsbewertung haben.

(5) Die Konformitätsbewertungsstelle muss in der Lage sein, alle Konformitätsbewertungsaufgaben zu bewältigen, für die sie gemäß ihrem Antrag nach § 12 Absatz 2 die Kompetenz beansprucht, gleichgültig, ob diese Aufgaben von ihr selbst, in ihrem Auftrag oder unter ihrer Verantwortung erfüllt werden. Die Konformitätsbewertungsstelle muss für jedes Konformitätsbewertungsverfahren und für jede Art und Kategorie von Produkten, für die sie einen Antrag nach § 12 Absatz 2 gestellt hat, über Folgendes verfügen:

1. die erforderliche Anzahl von Mitarbeitern mit Fachkenntnis und ausreichender einschlägiger Erfahrung, um die bei der Konformitätsbewertung anfallenden Aufgaben zu erfüllen,
2. Beschreibungen von Verfahren, nach denen die Konformitätsbewertung durchgeführt wird, um die Transparenz und die Wiederholbarkeit dieser Verfahren sicherzustellen, sowie über eine angemessene Politik und geeignete Verfahren, bei denen zwischen den Aufgaben, die sie als notifizierte Stelle wahrnimmt, und anderen Tätigkeiten unterschieden wird, und
3. Verfahren zur Durchführung von Tätigkeiten unter gebührender Berücksichtigung der Größe eines Unternehmens, der Branche, in der es tätig ist, seiner Struktur, des Grades an Komplexität der jeweiligen Produkttechnologie und der Tatsache, dass es sich bei dem Produktionsprozess um eine Massenfertigung oder Serienproduktion handelt.

Die Konformitätsbewertungsstelle muss über die erforderlichen Mittel zur angemessenen Erledigung der technischen und administrativen Aufgaben, die mit der Konformitätsbewertung verbunden sind, verfügen und sie hat Zugang zu allen benötigten Ausrüstungen oder Einrichtungen.

(6) Die Konformitätsbewertungsstelle stellt sicher, dass die Mitarbeiter, die für die Durchführung der Konformitätsbewertungstätigkeiten zuständig sind,

1. eine Fach- und Berufsausbildung besitzen, die sie für alle Konformitätsbewertungstätigkeiten qualifiziert, für die die Konformitätsbewertungsstelle einen Antrag nach § 12 gestellt hat,
2. über eine ausreichende Kenntnis der Produkte und der Konformitätsbewertungsverfahren verfügen und die entsprechende Befugnis besitzen, solche Konformitätsbewertungen durchzuführen,
3. angemessene Kenntnisse und Verständnis der wesentlichen Anforderungen, der geltenden harmonisierten Normen und der betreffenden Bestimmungen der Harmonisierungsrechtsvorschriften der Europäischen Union und ihrer Durchführungsvorschriften besitzen und
4. die Fähigkeit zur Erstellung von Bescheinigungen, Protokollen und Berichten als Nachweis für durchgeführte Konformitätsbewertungen haben.

(7) Die Konformitätsbewertungsstelle hat ihre Unparteilichkeit, die ihrer obersten Leitungsebene und die ihres Konformitätsbewertungspersonals sicherzustellen. Die Vergütung der obersten Leitungsebene und des Konformitätsbewertungspersonals darf sich nicht nach der Anzahl der durchgeführten Konformitätsbewertungen oder deren Ergebnissen richten.

(8) Die Konformitätsbewertungsstelle hat eine Haftpflichtversicherung abzuschließen, die die mit ihrer Tätigkeit verbundenen Risiken angemessen abdeckt.

(9) Die Mitarbeiter der Konformitätsbewertungsstelle dürfen die ihnen im Rahmen einer Konformitätsbewertung bekannt gewordenen Tatsachen, deren Geheimhaltung im Interesse der Konformitätsbewertungsstelle oder eines Dritten liegt, nicht unbefugt offenbaren oder verwerten, auch wenn ihre Tätigkeit beendet ist. Die von der Konformitätsbewertungsstelle zu beachtenden Bestimmungen zum Schutz personenbezogener Daten bleiben unberührt.

§ 14 Konformitätsvermutung

(1) Weist eine Konformitätsbewertungsstelle durch eine Akkreditierung nach, dass sie die Kriterien der einschlägigen harmonisierten Normen oder von Teilen dieser Normen erfüllt, deren Fundstellen im Amtsblatt der Europäischen Union veröffentlicht worden sind, wird vermutet, dass sie die Anforderungen nach § 13 in dem Umfang erfüllt, in dem die anwendbaren harmonisierten Normen diese Anforderungen abdecken.

(2) Ist die Befugnis erteilende Behörde der Auffassung, dass eine harmonisierte Norm den von ihr abgedeckten Anforderungen nach § 13 nicht voll entspricht, so unterrichtet sie hiervon unter Angabe der Gründe die Bundesanstalt für Arbeitsschutz und Arbeitsmedizin. Die Bundesanstalt für Arbeitsschutz und Arbeitsmedizin überprüft die eingegangenen Meldungen auf Vollständigkeit und Schlüssigkeit; sie beteiligt den Ausschuss für Produktsicherheit. Sie leitet die Meldungen dem Bundesministerium für Arbeit und Soziales zu.

§ 15 Notifizierungsverfahren, Erteilung der Befugnis

(1) Hat die Befugnis erteilende Behörde festgestellt, dass eine Konformitätsbewertungsstelle die Anforderungen nach § 13 erfüllt, so erteilt sie dieser die Befugnis, Konformitätsbewertungsaufgaben nach den Rechtsverordnungen nach § 8 Absatz 1, die erlassen wurden, um Rechtsvorschriften der Europäischen Union umzusetzen oder durchzuführen, wahrzunehmen, und notifiziert diese anschließend mit Hilfe des elektronischen Notifizierungsinstruments, das von der Europäischen Kommission entwickelt und verwaltet wird. Die Befugnis ist unter der aufschiebenden Bedingung zu erteilen, dass nach der Notifizierung

1. innerhalb von zwei Wochen, sofern eine Akkreditierungsurkunde nach § 12 Absatz 2 vorliegt, oder

2. innerhalb von zwei Monaten, sofern keine Akkreditierungsurkunde nach § 12 Absatz 2 vorliegt,

weder die Europäische Kommission noch die übrigen Mitgliedstaaten Einwände erhoben haben. Die Befugnis kann unter weiteren Bedingungen erteilt und mit Auflagen verbunden werden. Sie kann befristet und mit dem Vorbehalt des Widerrufs sowie nachträglicher Auflagen erteilt werden.

(2) Beruht die Bestätigung der Kompetenz nicht auf einer Akkreditierungsurkunde gemäß § 12 Absatz 2, legt die Befugnis erteilende Behörde der Europäischen Kommission und den übrigen Mitgliedstaaten die Unterlagen, die die Kompetenz der Konformitätsbewertungsstelle bestätigen, als Nachweis vor. Sie legt ferner die Vereinbarungen vor, die getroffen wurden, um sicherzustellen, dass die Konformitätsbewertungsstelle regelmäßig überwacht wird und stets den Anforderungen nach § 13 genügt.

(3) Die Befugnis erteilende Behörde meldet der Europäischen Kommission und den übrigen Mitgliedstaaten jede später eintretende Änderung der Notifizierung.

(4) Die Befugnis erteilende Behörde erteilt der Europäischen Kommission auf Verlangen sämtliche Auskünfte über die Grundlage für die Notifizierung oder die Erhaltung der Kompetenz der betreffenden Stelle.

§ 16 Verpflichtungen der notifizierten Stelle

(1) Die notifizierte Stelle führt die Konformitätsbewertung im Einklang mit den Konformitätsbewertungsverfahren gemäß den Rechtsverordnungen nach § 8 Absatz 1 und unter Wahrung der Verhältnismäßigkeit durch.

(2) Stellt die notifizierte Stelle fest, dass ein Hersteller die Anforderungen nicht erfüllt hat, die in den Rechtsverordnungen nach § 8 Absatz 1 festgelegt sind, fordert sie den Hersteller auf, angemessene Korrekturmaßnahmen zu ergreifen und stellt keine Konformitätsbescheinigung aus.

(3) Hat die notifizierte Stelle bereits eine Konformitätsbescheinigung ausgestellt und stellt sie im Rahmen der Überwachung der Konformität fest, dass das Produkt die Anforderungen nicht mehr erfüllt, fordert sie den Hersteller auf, angemessene Korrekturmaßnahmen zu ergreifen; falls nötig, setzt sie die Bescheinigung aus oder zieht sie zurück.

(4) Werden keine Korrekturmaßnahmen ergriffen oder genügen diese nicht, um die Erfüllung der Anforderungen sicherzustellen, schränkt die notifizierte Stelle alle betreffenden Konformitätsbescheinigungen ein, setzt sie aus oder zieht sie zurück.

(5) Die notifizierte Stelle hat an den einschlägigen Normungsaktivitäten und den Aktivitäten der Koordinierungsgruppe notifizierter Stellen, die im Rahmen der jeweiligen Harmonisierungsrechtsvorschriften der Europäischen Union geschaffen wurde, mitzuwirken oder dafür zu sorgen, dass ihr Konformitätsbewertungspersonal darüber informiert wird. Sie hat die von dieser Gruppe erarbeiteten Verwaltungsentscheidungen und Dokumente als allgemeine Leitlinie anzuwenden.

§ 17 Meldepflichten der notifizierten Stelle

(1) Die notifizierte Stelle meldet der Befugnis erteilenden Behörde

1. jede Verweigerung, Einschränkung, Aussetzung oder Rücknahme einer Konformitätsbescheinigung,
2. alle Umstände, die Folgen für die der notifizierten Stelle nach § 15 Absatz 1 erteilten Befugnis haben,

3. jedes Auskunftsersuchen über Konformitätsbewertungstätigkeiten, das sie von den Marktüberwachungsbehörden erhalten hat,
4. auf Verlangen, welchen Konformitätsbewertungstätigkeiten sie nachgegangen ist und welche anderen Tätigkeiten, einschließlich grenzüberschreitender Tätigkeiten und der Vergabe von Unteraufträgen, sie ausgeführt hat.

(2) Die notifizierte Stelle übermittelt den anderen notifizierten Stellen, die unter der jeweiligen Harmonisierungsrechtsvorschrift der Europäischen Union notifiziert sind, ähnlichen Konformitätsbewertungstätigkeiten nachgehen und gleichartige Produkte abdecken, einschlägige Informationen über die negativen und auf Verlangen auch über die positiven Ergebnisse von Konformitätsbewertungen.

§ 18 Zweigunternehmen einer notifizierten Stelle und Vergabe von Unteraufträgen

(1) Vergibt die notifizierte Stelle bestimmte mit der Konformitätsbewertung verbundene Aufgaben an Unterauftragnehmer oder überträgt sie diese Aufgaben einem Zweigunternehmen, stellt sie sicher, dass der Unterauftragnehmer oder das Zweigunternehmen die Anforderungen des § 13 erfüllt und unterrichtet die Befugnis erteilende Behörde entsprechend.

(2) Die notifizierte Stelle trägt die volle Verantwortung für die Arbeiten, die von Unterauftragnehmern oder Zweigunternehmen ausgeführt werden, unabhängig davon, wo diese niedergelassen sind.

(3) Arbeiten dürfen nur dann an einen Unterauftragnehmer vergeben oder einem Zweigunternehmen übertragen werden, wenn der Auftraggeber dem zustimmt.

(4) Die notifizierte Stelle hält die einschlägigen Unterlagen über die Begutachtung der Qualifikation des Unterauftragnehmers oder des Zweigunternehmens und über die von ihm gemäß den Rechtsverordnungen nach § 8 Absatz 1 ausgeführten Arbeiten für die Befugnis erteilende Behörde bereit.

§ 19 Widerruf der erteilten Befugnis

(1) Falls die Befugnis erteilende Behörde feststellt oder darüber unterrichtet wird, dass eine notifizierte Stelle die in § 13 genannten Anforderungen nicht mehr erfüllt oder dass sie ihren Verpflichtungen nicht nachkommt, widerruft sie ganz oder teilweise die erteilte Befugnis. Sie unterrichtet unverzüglich die Europäische Kommission und die übrigen Mitgliedstaaten darüber.

(2) Im Falle des Widerrufs nach Absatz 1 oder wenn die notifizierte Stelle ihre Tätigkeit einstellt, ergreift die Befugnis erteilende Behörde die geeigneten Maßnahmen, um zu gewährleisten, dass die Akten dieser Stelle von einer anderen notifizierten Stelle weiterbearbeitet und für die Befugnis erteilende Behörde und die Marktüberwachungsbehörden auf deren Verlangen bereitgehalten werden.

Abschnitt 5

GS-Zeichen

§ 20 Zuerkennung des GS-Zeichens

(1) Ein verwendungsfertiges Produkt darf mit dem GS-Zeichen gemäß Anlage versehen werden, wenn das Zeichen von einer GS-Stelle auf Antrag des Herstellers oder seines Bevollmächtigten zuerkannt worden ist.

(2) Dies gilt nicht, wenn das verwendungsfertige Produkt mit der CE-Kennzeichnung versehen ist und die Anforderungen an diese CE-Kennzeichnung mit denen nach § 21 Absatz 1 mindestens gleichwertig sind.

§ 21 Pflichten der GS-Stelle

(1) Die GS-Stelle darf das GS-Zeichen nur zuerkennen, wenn

1. das geprüfte Baumuster den Anforderungen nach § 3 entspricht und, wenn es sich um ein Verbraucherprodukt handelt, zusätzlich den Anforderungen nach § 6 entspricht,
2. das geprüfte Baumuster den Anforderungen anderer Rechtsvorschriften hinsichtlich der Gewährleistung des Schutzes von Sicherheit und Gesundheit von Personen entspricht,
3. bei der Prüfung des Baumusters die vom Ausschuss für Produktsicherheit für die Zuerkennung des GS- Zeichens ermittelten Spezifikationen angewendet worden sind,
4. Vorkehrungen getroffen wurden, die gewährleisten, dass die verwendungsfertigen Produkte mit dem geprüften Baumuster übereinstimmen.

Die GS-Stelle hat zu dokumentieren, dass diese Anforderungen erfüllt sind.

(2) Die GS-Stelle hat eine Bescheinigung über die Zuerkennung des GS-Zeichens auszustellen. Die Zuerkennung ist auf höchstens fünf Jahre zu befristen oder auf ein bestimmtes Fertigungskontingent oder -los zu beschränken. Die GS-Stelle hat eine Liste der ausgestellten Bescheinigungen zu veröffentlichen.

(3) Die GS-Stelle trifft die erforderlichen Maßnahmen, wenn sie Kenntnis davon erhält, dass ein Produkt ihr GS- Zeichen ohne gültige Zuerkennung trägt. Sie unterrichtet die anderen GS-Stellen und die Befugnis erteilende Behörde unverzüglich über den Missbrauch des GS-Zeichens.

(4) Die GS-Stelle stellt Informationen, die ihr zu Fällen des Missbrauchs des GS-Zeichens vorliegen, der Öffentlichkeit auf elektronischem Weg zur Verfügung.

(5) Die GS-Stelle hat die Herstellung der verwendungsfertigen Produkte und die rechtmäßige Verwendung des GS-Zeichens mit geeigneten Maßnahmen zu überwachen. Sind die Anforderungen für die Zuerkennung des GS-Zeichens nachweislich nicht mehr erfüllt, hat die GS-Stelle die Zuerkennung zu entziehen. Sie unterrichtet die anderen GS-Stellen und die Befugnis erteilende Behörde vom Entzug der Zuerkennung. Die GS-Stelle kann die Zuerkennung aussetzen, sofern begründete Zweifel an der rechtmäßigen Zuerkennung des GS-Zeichens bestehen.

§ 22 Pflichten des Herstellers und des Einführers

(1) Der Hersteller hat dafür Sorge zu tragen, dass die von ihm hergestellten verwendungsfertigen Produkte mit dem geprüften Baumuster übereinstimmen. Er hat die Maßnahmen nach § 21 Absatz 5 zu dulden.

(2) Der Hersteller darf das GS-Zeichen nur verwenden und mit ihm werben, wenn ihm von der GS-Stelle eine Bescheinigung nach § 21 Absatz 2 ausgestellt wurde und solange die Anforderungen nach § 21 Absatz 1 erfüllt sind. Er darf das GS-Zeichen nicht verwenden oder mit ihm werben, wenn ihm eine Bescheinigung nach § 21 Absatz 2 nicht ausgestellt wurde oder wenn die GS-Stelle die Zuerkennung nach § 21 Absatz 5 Satz 2 entzogen oder nach § 21 Absatz 5 Satz 4 ausgesetzt hat.

(3) Der Hersteller hat bei der Gestaltung des GS-Zeichens die Vorgaben der Anlage zu beachten.

(4) Der Hersteller darf kein Zeichen verwenden oder mit keinem Zeichen werben, das mit dem GS-Zeichen verwechselt werden kann.

(5) Der Einführer darf ein Produkt, das das GS-Zeichen trägt, nur in den Verkehr bringen, wenn er zuvor geprüft hat, dass für das Produkt eine Bescheinigung nach § 21 Absatz 2 vorliegt. Er hat die Prüfung nach Satz 1 zu dokumentieren, bevor er das Produkt in den Verkehr bringt; die Dokumentation muss mindestens das Datum der Prüfung nach Satz 1, den Namen der GS-Stelle, die die Bescheinigung nach § 21 Absatz 2 ausgestellt hat, sowie die Nummer der Bescheinigung über die Zuerkennung des GS-Zeichens enthalten.

§ 23 GS-Stellen

(1) Eine Konformitätsbewertungsstelle kann bei der Befugnis erteilenden Behörde beantragen, als GS-Stelle für einen bestimmten Aufgabenbereich tätig werden zu dürfen. Das Verfahren zur Prüfung des Antrags kann nach den Vorschriften des Verwaltungsverfahrensgesetzes über eine einheitliche Stelle abgewickelt werden und muss innerhalb von sechs Monaten abgeschlossen sein. Die Frist beginnt mit Eingang der vollständigen Unterlagen. Die Befugnis erteilende Behörde kann diese Frist einmalig um höchstens drei Monate verlängern. Die Fristverlängerung ist ausreichend zu begründen und dem Antragsteller rechtzeitig mitzuteilen.

(2) Die Befugnis erteilende Behörde darf nur solchen Konformitätsbewertungsstellen die Befugnis erteilen, als GS-Stelle tätig zu werden, die die Anforderungen der §§ 13 und 18 erfüllen. § 14 Absatz 1 und § 19 Absatz 1 Satz 1 und Absatz 2 gelten entsprechend.

(3) Die Befugnis kann unter Bedingungen erteilt und mit Auflagen verbunden werden. Sie kann befristet und mit dem Vorbehalt des Widerrufs sowie nachträglicher Auflagen erteilt werden.

(4) Die Befugnis erteilende Behörde benennt der Bundesanstalt für Arbeitsschutz und Arbeitsmedizin die GS-Stellen. Die Bundesanstalt für Arbeitsschutz und Arbeitsmedizin gibt die GS-Stellen der Öffentlichkeit auf elektronischem Weg bekannt.

(5) Eine Konformitätsbewertungsstelle, die in einem anderen Mitgliedstaat der Europäischen Union oder der Europäischen Freihandelszone ansässig ist, kann der Bundesanstalt für Arbeitsschutz und Arbeitsmedizin von der Befugnis erteilenden Behörde als GS-Stelle für einen bestimmten Aufgabenbereich benannt werden. Voraussetzung für die Benennung ist, dass

1. ein Verwaltungsabkommen zwischen dem Bundesministerium für Arbeit und Soziales und dem jeweiligen Mitgliedstaat der Europäischen Union oder der Europäischen Freihandelszone abgeschlossen wurde und

2. in einem Verfahren zur Erteilung einer Befugnis festgestellt wurde, dass die Anforderungen des Verwaltungsabkommens nach Nummer 1 erfüllt sind.

In dem Verwaltungsabkommen nach Satz 2 müssen geregelt sein:

1. die Anforderungen an die GS-Stelle entsprechend Absatz 2 sowie § 21 Absatz 2 bis 5,
2. die Beteiligung der Befugnis erteilenden Behörde an dem Verfahren zur Erteilung einer Befugnis, das im jeweiligen Mitgliedstaat durchgeführt wird, und
3. eine den Grundsätzen des § 9 entsprechende Überwachung der GS-Stelle.

Abschnitt 6

Marktüberwachung

§ 24 Zuständigkeiten und Zusammenarbeit

(1) Vorbehaltlich der Sätze 2 und 3 obliegt die Marktüberwachung den nach Landesrecht zuständigen Behörden. Zuständigkeiten zur Durchführung dieses Gesetzes, die durch andere Rechtsvorschriften zugewiesen sind, bleiben unberührt. Werden die Bestimmungen dieses Gesetzes nach Maßgabe des § 1 Absatz 4 ergänzend zu Bestimmungen in anderen Rechtsvorschriften angewendet, sind die für die Durchführung der anderen Rechtsvorschriften zuständigen Behörden auch für die Durchführung der Bestimmungen dieses Gesetzes zuständig, sofern nichts anderes vorgesehen ist. Im Geschäftsbereich des Bundesministeriums der Verteidigung obliegt die Marktüberwachung dem Bundesministerium der Verteidigung und den von ihm bestimmten Stellen.

(2) Die in Absatz 1 genannten Marktüberwachungsbehörden arbeiten mit den für die Kontrolle der Außengrenzen zuständigen Behörden gemäß Kapitel III Abschnitt 3 der Verordnung (EG) Nr. 765/2008 zusammen. Im Rahmen dieser Zusammenarbeit können die für die Kontrolle der Außengrenzen zuständigen Behörden auf Ersuchen den Marktüberwachungsbehörden die Informationen, die sie bei der Überführung von Produkten in den zollrechtlich freien Verkehr erlangt haben und die für die Aufgabenerfüllung der Marktüberwachungsbehörden erforderlich sind, übermitteln.

(3) Die für die Kontrolle der Außengrenzen zuständigen Behörden und die Marktüberwachungsbehörden schützen im Rahmen des geltenden Rechts Betriebsgeheimnisse und personenbezogene Daten.

§ 25 Aufgaben der Marktüberwachungsbehörden

(1) Die Marktüberwachungsbehörden haben eine wirksame Marktüberwachung auf der Grundlage eines Überwachungskonzepts zu gewährleisten. Das Überwachungskonzept soll insbesondere umfassen:

1. die Erhebung und Auswertung von Informationen zur Ermittlung von Mängelschwerpunkten und Warenströmen,
2. die Aufstellung und Durchführung von Marktüberwachungsprogrammen, auf deren Grundlage die Produkte überprüft werden; die Marktüberwachungsprogramme sind regelmäßig zu aktualisieren.

Die Marktüberwachungsbehörden überprüfen und bewerten regelmäßig, mindestens alle vier Jahre, die Wirksamkeit des Überwachungskonzepts.

(2) Die Marktüberwachungsbehörden stellen die Marktüberwachungsprogramme nach Absatz 1 Nummer 2 der Öffentlichkeit auf elektronischem Weg und gegebenenfalls in anderer Form zur Verfügung.

(3) Die Länder stellen sicher, dass ihre Marktüberwachungsbehörden ihre Aufgaben ordnungsgemäß wahrnehmen können. Dafür statten sie sie mit den notwendigen Ressourcen aus. Sie stellen eine effiziente Zusammenarbeit und einen wirksamen Informationsaustausch ihrer Marktüberwachungsbehörden untereinander sowie zwischen ihren Marktüberwachungsbehörden und denjenigen der anderen Mitgliedstaaten der Europäischen Union sicher. Sie sorgen dafür, dass das Überwachungskonzept entwickelt und fortgeschrieben wird und dass länderübergreifende Maßnahmen zur Vermeidung ernster Risiken vorbereitet werden.

(4) Die Marktüberwachungsbehörden leisten den Marktüberwachungsbehörden anderer Mitgliedstaaten im für deren Aufgabenerfüllung erforderlichen Umfang Amtshilfe. Dafür stellen sie hierfür erforderliche Informationen und Unterlagen bereit, führen geeignete Untersuchungen oder andere angemessene Maßnahmen durch und beteiligen sich an Untersuchungen, die in anderen Mitgliedstaaten eingeleitet wurden.

§ 26 Marktüberwachungsmaßnahmen

(1) Die Marktüberwachungsbehörden kontrollieren anhand angemessener Stichproben auf geeignete Art und Weise und in angemessenem Umfang, ob die Produkte die Anforderungen nach Abschnitt 2 oder nach anderen Rechtsvorschriften, bei denen nach § 1 Absatz 4 die Vorschriften dieses Gesetzes ergänzend zur Anwendung kommen, erfüllen. Dazu überprüfen sie die Unterlagen oder führen, wenn dies angezeigt ist, physische Kontrollen und Laborprüfungen durch. Sie gehen bei den Stichproben nach Satz 1 je Land von einem Richtwert von 0,5 Stichproben pro 1 000 Einwohner und Jahr aus; dies gilt nicht für Produkte, bei denen nach § 1 Absatz 4 die Vorschriften dieses Gesetzes ergänzend zur Anwendung kommen. Die Marktüberwachungsbehörden berücksichtigen die geltenden Grundsätze der Risikobewertung, eingegangene Beschwerden und sonstige Informationen.

(2) Die Marktüberwachungsbehörden treffen die erforderlichen Maßnahmen, wenn sie den begründeten Verdacht haben, dass ein Produkt nicht die Anforderungen nach Abschnitt 2 oder nach anderen Rechtsvorschriften, bei denen nach § 1 Absatz 4 die Vorschriften dieses Gesetzes ergänzend zur Anwendung kommen, erfüllt. Sie sind insbesondere befugt,

1. das Ausstellen eines Produkts zu untersagen, wenn die Anforderungen des § 3 Absatz 5 nicht erfüllt sind,
2. Maßnahmen anzuordnen, die gewährleisten, dass ein Produkt erst dann auf dem Markt bereitgestellt wird, wenn es die Anforderungen nach § 3 Absatz 1 oder Absatz 2 erfüllt,
3. anzuordnen, dass ein Produkt von einer notifizierten Stelle, einer GS-Stelle oder einer in gleicher Weise geeigneten Stelle überprüft wird,
4. die Bereitstellung eines Produkts auf dem Markt oder das Ausstellen eines Produkts für den Zeitraum zu verbieten, der für die Prüfung zwingend erforderlich ist,
5. anzuordnen, dass geeignete, klare und leicht verständliche Hinweise zu Risiken, die mit dem Produkt verbunden sind, in deutscher Sprache angebracht werden,
6. zu verbieten, dass ein Produkt auf dem Markt bereitgestellt wird,

7. die Rücknahme oder den Rückruf eines auf dem Markt bereitgestellten Produkts anzuordnen,
8. ein Produkt sicherzustellen, dieses Produkt zu vernichten, vernichten zu lassen oder auf andere Weise unbrauchbar zu machen,
9. anzuordnen, dass die Öffentlichkeit vor den Risiken gewarnt wird, die mit einem auf dem Markt bereitgestellten Produkt verbunden sind; die Marktüberwachungsbehörde kann selbst die Öffentlichkeit warnen, wenn der Wirtschaftsakteur nicht oder nicht rechtzeitig warnt oder eine andere ebenso wirksame Maßnahme nicht oder nicht rechtzeitig trifft.

(3) Die Marktüberwachungsbehörde widerruft oder ändert eine Maßnahme nach Absatz 2 umgehend, sobald der Wirtschaftsakteur nachweist, dass er wirksame Maßnahmen getroffen hat.

(4) Die Marktüberwachungsbehörden haben den Rückruf oder die Rücknahme von Produkten anzuordnen oder die Bereitstellung von Produkten auf dem Markt zu untersagen, wenn diese ein ernstes Risiko insbesondere für die Sicherheit und Gesundheit von Personen darstellen. Die Entscheidung, ob ein Produkt ein ernstes Risiko darstellt, wird auf der Grundlage einer angemessenen Risikobewertung unter Berücksichtigung der Art der Gefahr und der Wahrscheinlichkeit ihres Eintritts getroffen; die Möglichkeit, einen höheren Sicherheitsgrad zu erreichen, oder die Verfügbarkeit anderer Produkte, die ein geringeres Risiko darstellen, ist kein ausreichender Grund, um anzunehmen, dass ein Produkt ein ernstes Risiko darstellt.

(5) Beschließt die Marktüberwachungsbehörde, ein Produkt vom Markt zu nehmen, das in einem anderen Mitgliedstaat der Europäischen Union oder einem anderen Vertragsstaat des Abkommens über den Europäischen Wirtschaftsraum hergestellt wurde, setzt sie den betroffenen Wirtschaftsakteur nach Maßgabe des Artikels 19 Absatz 3 der Verordnung (EG) Nr. 765/2008 davon in Kenntnis.

§ 27 Adressaten der Marktüberwachungsmaßnahmen

(1) Die Maßnahmen der Marktüberwachungsbehörde sind gegen den jeweils betroffenen Wirtschaftsakteur oder Aussteller gerichtet. Maßnahmen gegen jede andere Person sind nur zulässig, solange ein gegenwärtiges ernstes Risiko nicht auf andere Weise abgewehrt werden kann. Entsteht der anderen Person durch die Maßnahme ein Schaden, so ist dieser zu ersetzen, es sei denn, die Person kann auf andere Weise Ersatz erlangen oder ihr Vermögen wird durch die Maßnahme geschützt.

(2) Die nach Absatz 1 betroffene Person ist vor Erlass der Maßnahme nach § 28 des Verwaltungsverfahrensgesetzes anzuhören mit der Maßgabe, dass die Anhörungsfrist nicht kürzer als zehn Tage sein darf. Wurde eine Maßnahme getroffen, ohne dass die betroffene Person angehört wurde, wird ihr so schnell wie möglich Gelegenheit gegeben, sich zu äußern. Die Maßnahme wird daraufhin umgehend überprüft.

§ 28 Betretensrechte und Befugnisse

(1) Die Marktüberwachungsbehörden und die von ihnen beauftragten Personen sind befugt, zu den Betriebs- und Geschäftszeiten Geschäftsräume und Betriebsgrundstücke zu betreten, in oder auf denen im Rahmen einer Geschäftstätigkeit Produkte

1. hergestellt werden,
2. erstmals verwendet werden,
3. zum Zweck der Bereitstellung auf dem Markt lagern oder
4. ausgestellt sind,

soweit dies zur Erfüllung ihrer Überwachungsaufgaben erforderlich ist. Sie sind befugt, diese Produkte zu besichtigen, zu prüfen oder prüfen zu lassen sowie insbesondere zu diesem Zweck in Betrieb nehmen zu lassen. Diese Besichtigungs- und Prüfbefugnis haben die Marktüberwachungsbehörden und ihre Beauftragten auch dann, wenn die Produkte in Seehäfen zum weiteren Transport bereitgestellt sind. Hat die Kontrolle ergeben, dass das Produkt die Anforderungen nach Abschnitt 2 nicht erfüllt, erheben die Marktüberwachungsbehörden die Kosten für Besichtigungen und Prüfungen nach den Sätzen 2 und 3 von den Personen, die das Produkt herstellen oder zum Zweck der Bereitstellung auf dem Markt einführen, lagern oder ausstellen.

(2) Die Marktüberwachungsbehörden und die von ihnen beauftragten Personen können Proben entnehmen, Muster verlangen und die für ihre Aufgabenerfüllung erforderlichen Unterlagen und Informationen anfordern. Die Proben, Muster, Unterlagen und Informationen sind ihnen unentgeltlich zur Verfügung zu stellen.

(3) Die Marktüberwachungsbehörden können von den notifizierten Stellen und den GS-Stellen sowie deren mit der Leitung und der Durchführung der Fachaufgaben beauftragtem Personal die zur Erfüllung ihrer Aufgaben erforderlichen Auskünfte und Unterlagen verlangen. Sie haben im Falle ihres Tätigwerdens nach Satz 1 die Befugnis erteilende Behörde zu unterrichten.

(4) Die Wirtschaftsakteure und Aussteller haben jeweils Maßnahmen nach den Absätzen 1 und 2 zu dulden sowie die Marktüberwachungsbehörden und deren Beauftragte zu unterstützen. Die Wirtschaftsakteure, Aussteller und das in Absatz 3 Satz 1 genannte Personal sind verpflichtet, der Marktüberwachungsbehörde auf Verlangen die Auskünfte zu erteilen, die für deren Aufgabenerfüllung erforderlich sind. Die Auskunftspflichtigen können die Auskunft auf Fragen verweigern, wenn die Beantwortung sie selbst oder einen der in § 383 Absatz 1 Nummer 1 bis 3 der Zivilprozessordnung bezeichneten Angehörigen der Gefahr strafrechtlicher Verfolgung oder eines Verfahrens nach dem Gesetz über Ordnungswidrigkeiten aussetzen würde. Sie sind über ihr Recht zur Auskunftsverweigerung zu belehren.

Abschnitt 7

Informations- und Meldepflichten

§ 29 Unterstützungsverpflichtung, Meldeverfahren

(1) Die Marktüberwachungsbehörden und die Bundesanstalt für Arbeitsschutz und Arbeitsmedizin haben einander zu unterstützen und sich gegenseitig über Maßnahmen nach diesem Gesetz zu informieren.

(2) Trifft die Marktüberwachungsbehörde eine Maßnahme nach § 26 Absatz 2, durch die die Bereitstellung eines Produkts auf dem Markt untersagt oder eingeschränkt oder seine Rücknahme oder sein Rückruf angeordnet wird, so unterrichtet sie hiervon die Bundesanstalt für Arbeitsschutz und Arbeitsmedizin und begründet die Maßnahme. Dabei gibt sie auch an, ob der Anlass für die Maßnahme außerhalb des Geltungsbereichs dieses Gesetzes liegt oder ob die Auswirkungen dieser Maßnahme über den Geltungsbereich dieses Gesetzes hinausreichen. Ist das Produkt mit der CE-Kennzeichnung versehen und folgt dieser die Kennnummer der notifizierten Stelle, so unterrichtet die Marktüberwachungsbehörde die notifizierte Stelle sowie die Befugnis erteilende Behörde über

die von ihr getroffene Maßnahme. Ist das Produkt mit dem GS-Zeichen versehen, so unterrichtet die Marktüberwachungsbehörde die GS-Stelle, die das GS-Zeichen zuerkannt hat, sowie die Befugnis erteilende Behörde über die von ihr getroffene Maßnahme.

(3) Die Bundesanstalt für Arbeitsschutz und Arbeitsmedizin überprüft die eingegangenen Meldungen nach Absatz 2 Satz 1 auf Vollständigkeit und Schlüssigkeit. Sie leitet diese Meldungen der Europäischen Kommission und den übrigen Mitgliedstaaten der Europäischen Union zu, wenn die Marktüberwachungsbehörde angegeben hat, dass der Anlass für die Maßnahme außerhalb des Geltungsbereichs dieses Gesetzes liegt oder dass die Auswirkungen dieser Maßnahme über den Geltungsbereich dieses Gesetzes hinausreichen.

(4) Die Bundesanstalt für Arbeitsschutz und Arbeitsmedizin unterrichtet die Marktüberwachungsbehörden sowie die zuständigen Bundesressorts über Meldungen der Europäischen Kommission oder eines anderen Mitgliedstaates der Europäischen Union.

§ 30 Schnellinformationssystem RAPEX

(1) Trifft die Marktüberwachungsbehörde eine Maßnahme nach § 26 Absatz 4 oder beabsichtigt sie dies, so unterrichtet sie die Bundesanstalt für Arbeitsschutz und Arbeitsmedizin unverzüglich über diese Maßnahme. Dabei gibt sie auch an, ob der Anlass für die Maßnahme außerhalb des Geltungsbereichs dieses Gesetzes liegt oder ob die Auswirkungen dieser Maßnahme über den Geltungsbereich dieses Gesetzes hinausreichen.Außerdem informiert sie die Bundesanstalt für Arbeitsschutz und Arbeitsmedizin unverzüglich über Änderungen einer solchen Maßnahme oder ihre Rücknahme.

(2) Ist ein Produkt auf dem Markt bereitgestellt worden, das ein ernstes Risiko darstellt, so unterrichtet die Marktüberwachungsbehörde die Bundesanstalt für Arbeitsschutz und Arbeitsmedizin ferner über alle Maßnahmen, die ein Wirtschaftsakteur freiwillig getroffen und der Marktüberwachungsbehörde mitgeteilt hat.

(3) Bei der Unterrichtung nach den Absätzen 1 und 2 werden alle verfügbaren Informationen übermittelt, insbesondere die erforderlichen Daten für die Identifizierung des Produkts, zur Herkunft und Lieferkette des Produkts, zu den mit dem Produkt verbundenen Gefahren, zur Art und Dauer der getroffenen Maßnahme sowie zu den von den Wirtschaftsakteuren freiwillig getroffenen Maßnahmen.

(4) Die Bundesanstalt für Arbeitsschutz und Arbeitsmedizin überprüft die eingegangenen Meldungen auf Vollständigkeit und Schlüssigkeit. Sie leitet diese Meldungen unverzüglich der Europäischen Kommission und den übrigen Mitgliedstaaten der Europäischen Union zu, wenn die Marktüberwachungsbehörde angegeben hat, dass der Anlass für die Maßnahme außerhalb des Geltungsbereichs dieses Gesetzes liegt oder dass die Auswirkungen dieser Maßnahme über den Geltungsbereich dieses Gesetzes hinausreichen. Für die Meldungen wird das System für Marktüberwachung und Informationsaustausch nach Artikel 12 der Richtlinie 2001/95/EG angewendet. Die Bundesanstalt für Arbeitsschutz und Arbeitsmedizin unterrichtet die Marktüberwachungsbehörden sowie die zuständigen Bundesressorts über Meldungen, die ihr über das System zugehen.

§ 31 Veröffentlichung von Informationen

(1) Die Bundesanstalt für Arbeitsschutz und Arbeitsmedizin macht Anordnungen nach § 26 Absatz 2 Satz 2 Nummer 6, 7, 8 und 9 und Absatz 4, die unanfechtbar geworden sind oder deren sofortiger Vollzug angeordnet worden ist, öffentlich bekannt. Personenbezogene Daten dürfen nur veröffentlicht werden, wenn sie zur Identifizierung des Produkts erforderlich sind. Liegen die Voraussetzungen für die Veröffentlichung personenbezogener Daten nicht mehr vor, hat die Veröffentlichung zu unterblei-

ben. Bereits elektronisch veröffentlichte Daten sind unverzüglich zu entfernen, soweit dies technisch möglich ist.

(2) Die Marktüberwachungsbehörden und die Bundesanstalt für Arbeitsschutz und Arbeitsmedizin haben die Öffentlichkeit, vorzugsweise auf elektronischem Weg, über sonstige ihnen zur Verfügung stehende Erkenntnisse zu Produkten, die mit Risiken für die Sicherheit und Gesundheit von Personen verbunden sind, zu informieren. Dies betrifft insbesondere Informationen zur Identifizierung der Produkte, über die Art der Risiken und die getroffenen Maßnahmen. Würden durch die Veröffentlichung der Informationen Betriebs- oder Geschäftsgeheimnisse oder wettbewerbsrelevante Informationen, die dem Wesen nach Betriebsgeheimnissen gleichkommen, offenbart, so sind vor der Veröffentlichung die Betroffenen anzuhören. Die Veröffentlichung personenbezogener Daten ist nur zulässig, soweit

1. der Betroffene eingewilligt hat oder
2. sie zur Abwehr von Gefahren für die Sicherheit und Gesundheit von Personen unverzichtbar ist und schutzwürdige Interessen des Betroffenen nicht entgegenstehen.

Vor der Veröffentlichung ist der Betroffene anzuhören. Liegen die Voraussetzungen für die Veröffentlichung personenbezogener Daten nicht mehr vor, hat die Veröffentlichung zu unterbleiben. Bereits elektronisch veröffentlichte Daten sind unverzüglich zu entfernen, soweit dies technisch möglich ist.

(3) Informationen nach Absatz 2 dürfen nicht veröffentlicht werden, soweit

1. dadurch die Vertraulichkeit der Beratung von Behörden berührt oder eine erhebliche Gefahr für die öffentliche Sicherheit verursacht werden kann,
2. es sich um Daten handelt, die Gegenstand eines laufenden Gerichtsverfahrens, strafrechtlichen Ermittlungsverfahrens, Disziplinarverfahrens oder ordnungswidrigkeitsrechtlichen Verfahrens sind, oder
3. der Schutz geistigen Eigentums, insbesondere der Urheberrechte, den Informationsanspruch überwiegt.

(4) Die Bundesanstalt für Arbeitsschutz und Arbeitsmedizin kann die Öffentlichkeit auf eine bereits durch den Betroffenen selbst erfolgte Information der Öffentlichkeit über eine von ihm veranlasste Rücknahme oder Rückrufaktion hinweisen.

(5) Stellt sich im Nachhinein heraus, dass die Informationen, die die Marktüberwachungsbehörden und die Bundesanstalt für Arbeitsschutz und Arbeitsmedizin an die Öffentlichkeit gegeben haben, falsch sind oder dass die zugrunde liegenden Umstände unrichtig wiedergegeben wurden, informieren sie darüber unverzüglich die Öffentlichkeit in der gleichen Art und Weise, in der sie die betreffenden Informationen zuvor bekannt gegeben haben, sofern

1. dies zur Wahrung erheblicher Belange des Gemeinwohls erforderlich ist oder
2. der Betroffene dies beantragt.

Abschnitt 8

Besondere Vorschriften

§ 32 Aufgaben der Bundesanstalt für Arbeitsschutz und Arbeitsmedizin

(1) Die Bundesanstalt für Arbeitsschutz und Arbeitsmedizin ermittelt und bewertet im Rahmen ihres allgemeinen Forschungsauftrags präventiv Sicherheitsrisiken und gesundheitliche Risiken, die mit der Verwendung von Produkten verbunden sind und macht Vorschläge zu ihrer Verringerung.

(2) In Einzelfällen nimmt die Bundesanstalt für Arbeitsschutz und Arbeitsmedizin in Abstimmung mit den Marktüberwachungsbehörden Risikobewertungen von Produkten vor, wenn hinreichende Anhaltspunkte dafür vorliegen, dass von ihnen eine unmittelbare Gefahr für die Sicherheit und Gesundheit von Personen ausgeht oder mit ihnen ein ernstes Risiko verbunden ist. Über das Ergebnis der Bewertung unterrichtet sie unverzüglich die zuständige Marktüberwachungsbehörde und in Abstimmung mit dieser den betroffenen Wirtschaftsakteur.

(3) In Einzelfällen nimmt die Bundesanstalt für Arbeitsschutz und Arbeitsmedizin in eigener Zuständigkeit Risikobewertungen von Produkten vor, soweit ein pflichtgemäßes Handeln gegenüber den Organen der Europäischen Union dies erfordert.

(4) Die Bundesanstalt für Arbeitsschutz und Arbeitsmedizin unterstützt die Marktüberwachungsbehörden bei der Entwicklung und Durchführung des Überwachungskonzepts nach § 25 Absatz 1, insbesondere indem sie festgestellte Mängel in der Beschaffenheit von Produkten wissenschaftlich auswertet. Sie unterrichtet die Marktüberwachungsbehörden sowie den Ausschuss für Produktsicherheit regelmäßig über den Stand der Erkenntnisse und veröffentlicht die gewonnenen Erkenntnisse regelmäßig in dem von ihr betriebenen zentralen Produktsicherheitsportal. Die Vorschriften über die Erhebung, Verarbeitung und Nutzung personenbezogener Daten für Zwecke der wissenschaftlichen Forschung bleiben unberührt.

§ 33 Ausschuss für Produktsicherheit

(1) Beim Bundesministerium für Arbeit und Soziales wird ein Ausschuss für Produktsicherheit eingesetzt. (2) Der Ausschuss hat die Aufgaben,

1. die Bundesregierung in Fragen der Produktsicherheit zu beraten,
2. Normen und andere technische Spezifikationen zu ermitteln, soweit es für ein Produkt keine harmonisierte Norm gibt,
3. die in § 21 Absatz 1 Satz 1 Nummer 3 bezeichneten Spezifikationen zu ermitteln und
4. Empfehlungen hinsichtlich der Eignung eines Produkts für die Zuerkennung des GS-Zeichens auszusprechen.

(3) Dem Ausschuss sollen sachverständige Personen aus dem Kreis der Marktüberwachungsbehörden, der Konformitätsbewertungsstellen, der Träger der gesetzlichen Unfallversicherung, des Deutschen Instituts für Normung e. V., der Kommission Arbeitsschutz und Normung, der Arbeitgebervereinigungen, der Gewerkschaften und der beteiligten Verbände, insbesondere der Hersteller, der Händler und der Verbraucher, angehören. Die Mitgliedschaft ist ehrenamtlich.

(4) Das Bundesministerium für Arbeit und Soziales beruft im Einvernehmen mit dem Bundesministerium für Ernährung, Landwirtschaft und Verbraucherschutz und dem Bundesministerium für Wirtschaft und Technologie die Mitglieder des Ausschusses und für jedes Mitglied einen Stellvertreter oder eine Stellvertreterin. Der Ausschuss gibt sich eine Geschäftsordnung und wählt den Vorsitzenden oder die Vorsitzende aus seiner Mitte. Die Zahl der Mitglieder soll 21 nicht überschreiten. Die Geschäftsordnung und die Wahl des oder der Vorsitzenden bedürfen der Zustimmung des Bundesministeriums für Arbeit und Soziales.

(5) Die Bundesministerien sowie die für Sicherheit, Gesundheit und Umwelt zuständigen obersten Landesbehörden und Bundesoberbehörden haben das Recht, in Sitzungen des Ausschusses vertreten zu sein und gehört zu werden.

(6) Die Geschäfte des Ausschusses führt die Bundesanstalt für Arbeitsschutz und Arbeitsmedizin.

Abschnitt 9

Überwachungsbedürftige Anlagen

§ 34 Ermächtigung zum Erlass von Rechtsverordnungen

(1) Zum Schutz der Beschäftigten und Dritter vor Gefahren durch Anlagen, die mit Rücksicht auf ihre Gefährlichkeit einer besonderen Überwachung bedürfen (überwachungsbedürftige Anlagen), wird die Bundesregierung ermächtigt, nach Anhörung der beteiligten Kreise mit Zustimmung des Bundesrates durch Rechtsverordnung zu bestimmen,

1. dass die Errichtung solcher Anlagen, ihre Inbetriebnahme, die Vornahme von Änderungen an bestehenden Anlagen und sonstige die Anlagen betreffenden Umstände angezeigt und der Anzeige bestimmte Unterlagen beigefügt werden müssen;
2. dass die Errichtung solcher Anlagen, ihr Betrieb sowie die Vornahme von Änderungen an bestehenden Anlagen der Erlaubnis einer in der Rechtsverordnung bezeichneten oder nach Bundes- oder Landesrecht zuständigen Behörde bedürfen;
3. dass solche Anlagen oder Teile von solchen Anlagen nach einer Bauartprüfung allgemein zugelassen und mit der allgemeinen Zulassung Auflagen zum Betrieb und zur Wartung verbunden werden können;
4. dass solche Anlagen, insbesondere die Errichtung, die Herstellung, die Bauart, die Werkstoffe, die Ausrüstung und die Unterhaltung sowie ihr Betrieb, bestimmten, dem Stand der Technik entsprechenden Anforderungen genügen müssen;
5. dass solche Anlagen einer Prüfung vor Inbetriebnahme, regelmäßig wiederkehrenden Prüfungen und Prüfungen auf Grund behördlicher Anordnungen unterliegen.

(2) In den Rechtsverordnungen nach Absatz 1 können Vorschriften über die Einsetzung technischer Ausschüsse erlassen werden. Die Ausschüsse sollen die Bundesregierung oder das zuständige Bundesministerium in technischen Fragen beraten. Sie schlagen dem Stand der Technik entsprechende Regeln (technische Regeln) unter Berücksichtigung der für andere Schutzziele vorhandenen Regeln und, soweit dessen Zuständigkeiten berührt sind, in Abstimmung mit der Kommission für Anlagensicherheit nach § 51a Absatz 1 des Bundes-Immissionsschutzgesetzes vor. In die Ausschüsse sind neben

Vertretern der beteiligten Bundesbehörden und oberster Landesbehörden, der Wissenschaft und der zugelassenen Überwachungsstellen im Sinne des § 37 insbesondere Vertreter der Arbeitgeber, der Gewerkschaften und der Träger der gesetzlichen Unfallversicherung zu berufen.

3) Technische Regeln können vom Bundesministerium für Arbeit und Soziales im Gemeinsamen Ministerialblatt veröffentlicht werden.

(4) Eine Erlaubnis nach einer Rechtsverordnung nach Absatz 1 Nummer 2 erlischt, wenn der Inhaber innerhalb von zwei Jahren nach ihrer Erteilung nicht mit der Errichtung der Anlage begonnen, die Bauausführung zwei Jahre unterbrochen oder die Anlage während eines Zeitraumes von drei Jahren nicht betrieben hat. Die Fristen können aus wichtigem Grund von der Erlaubnisbehörde auf Antrag verlängert werden.

§ 35 Befugnisse der zuständigen Behörde

(1) Die zuständige Behörde kann im Einzelfall die erforderlichen Maßnahmen zur Erfüllung der durch Rechtsverordnung nach § 34 auferlegten Pflichten anordnen. Sie kann darüber hinaus die Maßnahmen anordnen, die im Einzelfall erforderlich sind, um Gefahren für Beschäftigte oder Dritte abzuwenden.

(2) Die zuständige Behörde kann die Stilllegung oder Beseitigung einer Anlage anordnen, die ohne die auf Grund einer Rechtsverordnung nach § 34 Absatz 1 Nummer 2 erforderliche Erlaubnis oder ohne die auf Grund einer Rechtsverordnung nach § 34 Absatz 1 Nummer 5 erforderliche Prüfung durch eine zugelassene Überwachungsstelle errichtet, betrieben oder geändert wird.

(3) Im Falle von Anordnungen nach Absatz 1 kann die zuständige Behörde den Betrieb der betreffenden Anlage untersagen, bis der Zustand hergestellt ist, der den Anordnungen entspricht. Das Gleiche gilt, wenn eine Anordnung nach anderen, die Einrichtung oder die Arbeitsstätte, in der die Anlage betrieben wird, betreffenden Vorschriften getroffen wird.

§ 36 Zutrittsrecht des Beauftragten der zugelassenen Überwachungsstelle

Eigentümer von überwachungsbedürftigen Anlagen und Personen, die solche Anlagen herstellen oder betreiben, sind verpflichtet, den Beauftragten zugelassener Überwachungsstellen, denen die Prüfung der Anlagen obliegt, auf Verlangen die Anlagen zugänglich zu machen, die vorgeschriebene oder behördlich angeordnete Prüfung zu gestatten, die hierfür benötigten Arbeitskräfte und Hilfsmittel bereitzustellen sowie die Angaben zu machen und die Unterlagen vorzulegen, die zur Erfüllung ihrer Aufgaben erforderlich sind. Das Grundrecht des Artikels 13 des Grundgesetzes wird insoweit eingeschränkt.

§ 37 Durchführung der Prüfung und Überwachung, Verordnungsermächtigung

(1) Die Prüfungen der überwachungsbedürftigen Anlagen werden, soweit in den nach § 34 Absatz 1 erlassenen Rechtsverordnungen nichts anderes bestimmt ist, von zugelassenen Überwachungsstellen vorgenommen.

(2) Für überwachungsbedürftige Anlagen

1. der Bundespolizei kann das Bundesministerium des Innern,
2. im Geschäftsbereich des Bundesministeriums der Verteidigung kann dieses Ministerium,
3. der Eisenbahnen des Bundes, soweit die Anlagen dem Eisenbahnbetrieb dienen, kann das Bundesministerium für Verkehr, Bau und Stadtentwicklung bestimmen, welche Stellen die Prüfung und Überwachung vornehmen.

(3) Die Bundesregierung kann in den Rechtsverordnungen nach § 34 Absatz 1 mit Zustimmung des Bundesrates die Anforderungen bestimmen, denen die zugelassenen Überwachungsstellen nach Absatz 1 über die in Absatz 5 genannten allgemeinen Anforderungen für eine Befugniserteilung hinaus genügen müssen.

(4) Die Landesregierungen können durch Rechtsverordnungen

1. Einzelheiten des Verfahrens zur Erteilung einer Befugnis nach Absatz 5 regeln,
2. sonstige Voraussetzungen für die Erteilung der Befugnis an eine zugelassene Überwachungsstelle nach Absatz 1 festlegen, soweit dies zur Gewährleistung der Sicherheit der Anlagen geboten ist, und
3. die Erfassung überwachungsbedürftiger Anlagen durch Datei führende Stellen regeln.

In den Rechtsverordnungen nach Satz 1 können auch Verpflichtungen der zugelassenen Überwachungsstellen

1. zur Kontrolle der fristgemäßen Veranlassung der in einer Rechtsverordnung nach § 34 Absatz 1 vorgesehenen wiederkehrenden Prüfungen einschließlich der Nachprüfungen zur Beseitigung von Mängeln und zur Unterrichtung der zuständigen Behörde bei Nichtbeachtung,
2. zur Gewährleistung eines für die Prüfung der überwachungsbedürftigen Anlagen erforderlichen flächendeckenden Angebots von Prüfleistungen,
3. zur Erstellung und Führung von Anlagendateien,
4. zur Übermittlung der zur Erfüllung ihrer Aufgaben erforderlichen Auskünfte an die zuständige Behörde,
5. zur Beteiligung an den Kosten Datei führender Stellen für die Erstellung und Führung von Anlagendateien und
6. zur Übermittlung der zur Erfüllung ihrer Aufgaben erforderlichen Auskünfte an Datei führende Stellen begründet werden.

(5) Zugelassene Überwachungsstelle ist jede von der zuständigen Landesbehörde als Prüfstelle für einen bestimmten Aufgabenbereich dem Bundesministerium für Arbeit und Soziales benannte und von ihm im Gemeinsamen Ministerialblatt bekannt gemachte Überwachungsstelle. Die Überwachungsstelle kann benannt werden, wenn die Befugnis erteilende Behörde in einem Verfahren festgestellt hat, dass die Einhaltung der folgenden allgemeinen Anforderungen sowie der in einer Rechtsverordnung nach § 34 Absatz 1 enthaltenen besonderen Anforderungen gewährleistet ist:

1. Unabhängigkeit der Überwachungsstelle sowie ihres mit der Leitung oder der Durchführung der Fachaufgaben beauftragten Personals von Personen, die an der Planung oder Herstellung, dem Vertrieb, dem Betrieb oder der Instandhaltung der überwachungsbedürftigen Anlagen beteiligt oder in anderer Weise von den Ergebnissen der Prüfung oder Bescheinigung abhängig sind;
2. Verfügbarkeit der für die angemessene unabhängige Erfüllung der Aufgaben erforderlichen Organisationsstrukturen, des erforderlichen Personals und der notwendigen Mittel und Ausrüstungen;
3. ausreichende technische Kompetenz, berufliche Integrität und Erfahrung sowie fachliche Unabhängigkeit des beauftragten Personals;
4. Bestehen einer Haftpflichtversicherung;
5. Wahrung der im Zusammenhang mit der Tätigkeit der zugelassenen Überwachungsstelle bekannt gewordenen Betriebs- und Geschäftsgeheimnisse vor unbefugter Offenbarung;

6. Einhaltung der für die Durchführung von Prüfungen und die Erteilung von Bescheinigungen festgelegten Verfahren;
7. Sammlung und Auswertung der bei den Prüfungen gewonnenen Erkenntnisse sowie Unterrichtung des Personals in einem regelmäßigen Erfahrungsaustausch;
8. Zusammenarbeit mit anderen zugelassenen Überwachungsstellen zum Austausch der im Rahmen der Tätigkeit gewonnenen Erkenntnisse, soweit dies der Verhinderung von Schadensfällen dienen kann.

Als zugelassene Überwachungsstellen können, insbesondere zur Durchführung von Rechtsakten des Rates oder der Kommission der Europäischen Union, die Sachbereiche dieses Gesetzes betreffen, auch Prüfstellen von Unternehmen oder Unternehmensgruppen ohne Erfüllung der Anforderungen nach Satz 2 Nummer 1 benannt werden, wenn dies in einer Rechtsverordnung nach § 34 Absatz 1 vorgesehen ist und die darin festgelegten Anforderungen erfüllt sind.

(6) Die Befugnis kann unter Bedingungen erteilt und mit Auflagen verbunden werden. Sie ist zu befristen und kann mit dem Vorbehalt des Widerrufs sowie nachträglicher Auflagen erteilt werden. Erteilung, Ablauf, Rücknahme, Widerruf und Erlöschen sind dem Bundesministerium für Arbeit und Soziales unverzüglich anzuzeigen.

(7) Die Befugnis erteilende Behörde überwacht die Erfüllung der in Absatz 5 Satz 2 genannten allgemeinen Anforderungen sowie der in einer Rechtsverordnung nach § 34 Absatz 1 enthaltenen besonderen Anforderungen. Sie kann von der zugelassenen Überwachungsstelle und deren mit der Leitung und der Durchführung der Fachaufgaben beauftragtem Personal die zur Erfüllung ihrer Überwachungsaufgaben erforderlichen Auskünfte und sonstige Unterstützung verlangen sowie die dazu erforderlichen Anordnungen treffen. Ihre Beauftragten sind befugt, zu den Betriebs- und Geschäftszeiten Grundstücke und Geschäftsräume zu betreten und zu besichtigen sowie die Vorlage von Unterlagen für die Erteilung der Bescheinigungen zu verlangen. Die Auskunftspflichtigen haben die Maßnahmen nach Satz 3 zu dulden.

(8) Die für die Durchführung der nach § 34 Absatz 1 erlassenen Rechtsverordnungen zuständigen Behörden können von der zugelassenen Überwachungsstelle und deren mit der Leitung und der Durchführung der Fachaufgaben beauftragtem Personal die zur Erfüllung ihrer Aufgaben erforderlichen Auskünfte und sonstige Unterstützung verlangen sowie die dazu erforderlichen Anordnungen treffen. Ihre Beauftragten sind befugt, zu den Betriebs- und Geschäftszeiten Grundstücke und Geschäftsräume zu betreten und zu besichtigen sowie die Vorlage und Übersendung von Unterlagen für die Erteilung der Bescheinigungen zu verlangen. Wenn sie nach den Sätzen 1 und 2 tätig werden, haben sie die Befugnis erteilende Behörde zu unterrichten.

§ 38 Aufsichtsbehörden

(1) Die Aufsicht über die Ausführung der nach § 34 Absatz 1 erlassenen Rechtsverordnungen obliegt den nach Landesrecht zuständigen Behörden. Hierbei finden § 22 Absatz 1 und 2 sowie § 23 Absatz 2 des Arbeitsschutzgesetzes entsprechende Anwendung.

(2) Für Anlagen, die der Überwachung durch die Bundesverwaltung unterstehen, kann in Rechtsverordnungen nach § 34 Absatz 1 die Aufsicht dem Bundesministerium des Innern oder einem anderen Bundesministerium für mehrere Geschäftsbereiche der Bundesverwaltung übertragen werden; das Bundesministerium kann die Aufsicht einer von ihm bestimmten Stelle übertragen. § 48 des Bundeswasserstraßengesetzes und § 4 des Bundesfernstraßengesetzes bleiben unberührt.

Abschnitt 10

Straf- und Bußgeldvorschriften

§ 39 Bußgeldvorschriften

(1) Ordnungswidrig handelt, wer vorsätzlich oder fahrlässig

1. entgegen § 3 Absatz 3 einen Hinweis nicht, nicht richtig, nicht vollständig oder nicht rechtzeitig gibt,
2. entgegen § 3 Absatz 4 eine Gebrauchsanleitung nicht, nicht richtig, nicht vollständig, nicht in der vorgeschriebenen Weise oder nicht rechtzeitig mitliefert,
3. entgegen § 6 Absatz 1 Satz 1 Nummer 2 einen Namen oder eine Kontaktanschrift nicht, nicht richtig, nicht vollständig oder nicht rechtzeitig anbringt,
4. entgegen § 6 Absatz 4 Satz 1 die zuständige Marktüberwachungsbehörde nicht, nicht richtig, nicht vollständig oder nicht rechtzeitig unterrichtet,
5. entgegen § 7 Absatz 1 in Verbindung mit Artikel 30 Absatz 5 Satz 1 der Verordnung (EG) Nr. 765/2008 des Europäischen Parlaments und des Rates vom 9. Juli 2008 über die Vorschriften für die Akkreditierung und Marktüberwachung im Zusammenhang mit der Vermarktung von Produkten und zur Aufhebung der Verordnung (EWG) Nr. 339/93 des Rates (ABl. L 218 vom 13.8.2008, S. 30) eine Kennzeichnung, ein Zeichen oder eine Aufschrift auf einem Produkt anbringt,
6. entgegen § 7 Absatz 2 ein Produkt auf dem Markt bereitstellt,
7. einer Rechtsverordnung nach
a) § 8 Absatz 1 Satz 2 Nummer 1 oder Nummer 3 oder § 34 Absatz 1 Nummer 2, 4 oder Nummer 5 oder
b) § 8 Absatz 1 Satz 2 Nummer 2 oder § 34 Absatz 1 Nummer 1 oder einer vollziehbaren Anordnung auf Grund einer solchen Rechtsverordnung zuwiderhandelt, soweit die Rechtsverordnung für einen bestimmten Tatbestand auf diese Bußgeldvorschrift verweist,
8. einer vollziehbaren Anordnung nach
a) § 11 Absatz 1 Satz 1 oder Satz 2, § 26 Absatz 2 Satz 2 Nummer 1 oder Nummer 3 oder § 37 Absatz 7 Satz 2 zuwiderhandelt oder
b) § 26 Absatz 2 Satz 2 Nummer 2, 4, 6 bis 8 oder Nummer 9 oder Absatz 4 Satz 1 zuwiderhandelt,
9. entgegen § 22 Absatz 2 Satz 2 oder Absatz 4 ein dort genanntes Zeichen verwendet oder mit ihm wirbt,
10. entgegen § 22 Absatz 3 eine Vorgabe der Anlage Nummer 1, 2, 3, 4, 7, 8 Satz 1, Nummer 9 Satz 2 oder Satz 3 oder Nummer 10 nicht beachtet,
11. entgegen § 22 Absatz 5 Satz 2 eine Prüfung nicht, nicht richtig, nicht vollständig oder nicht rechtzeitig dokumentiert,
12. entgegen § 28 Absatz 4 Satz 1 eine Maßnahme nicht duldet oder eine Marktüberwachungsbehörde oder einen Beauftragten nicht unterstützt,

13. entgegen § 28 Absatz 4 Satz 2 eine Auskunft nicht, nicht richtig, nicht vollständig oder nicht rechtzeitig erteilt,
14. entgegen § 36 Satz 1 eine Anlage nicht oder nicht rechtzeitig zugänglich macht, eine Prüfung nicht gestattet, eine Arbeitskraft oder ein Hilfsmittel nicht oder nicht rechtzeitig bereitstellt, eine Angabe nicht, nicht richtig, nicht vollständig oder nicht rechtzeitig macht oder eine Unterlage nicht oder nicht rechtzeitig vorlegt,
15. entgegen § 38 Absatz 1 Satz 2 in Verbindung mit § 22 Absatz 2 Satz 6 des Arbeitsschutzgesetzes eine Maßnahme nicht duldet,
16. einer unmittelbar geltenden Vorschrift in Rechtsakten der Europäischen Gemeinschaft oder der Europäischen Union zuwiderhandelt, die inhaltlich einem in

a) Nummer 8 Buchstabe b oder

b) den Nummern 1 bis 6, 8 Buchstabe a oder den Nummern 11 bis 13

bezeichneten Gebot oder Verbot entspricht, soweit eine Rechtsverordnung nach Absatz 3 für einen bestimmten Tatbestand auf diese Bußgeldvorschrift verweist, oder

17. einer unmittelbar geltenden Vorschrift in Rechtsakten der Europäischen Gemeinschaft oder der Europäischen Union oder einer vollziehbaren Anordnung auf Grund einer solchen Vorschrift zuwiderhandelt, die inhaltlich einer Regelung entspricht, zu der die in

a) Nummer 7 Buchstabe a oder

b) Nummer 7 Buchstabe b

genannten Vorschriften ermächtigen, soweit eine Rechtsverordnung nach Absatz 3 für einen bestimmten Bußgeldtatbestand auf diese Bußgeldvorschrift verweist.

(2) Die Ordnungswidrigkeit kann in den Fällen des Absatzes 1 Nummer 7 Buchstabe a, Nummer 8 Buchstabe b, Nummer 9, 16 Buchstabe a und Nummer 17 Buchstabe a mit einer Geldbuße bis zu hunderttausend Euro, in den übrigen Fällen mit einer Geldbuße bis zu zehntausend Euro geahndet werden.

(3) Die Bundesregierung wird ermächtigt, soweit es zur Durchsetzung von Rechtsakten der Europäischen Gemeinschaft oder der Europäischen Union erforderlich ist, durch Rechtsverordnung ohne Zustimmung des Bundesrates die Tatbestände zu bezeichnen, die als Ordnungswidrigkeit nach Absatz 1 Nummer 16 und 17 geahndet werden können.

§ 40 Strafvorschriften

Mit Freiheitsstrafe bis zu einem Jahr oder mit Geldstrafe wird bestraft, wer eine in § 39 Absatz 1 Nummer 7 Buchstabe a, Nummer 8 Buchstabe b, Nummer 9, 16 Buchstabe a oder Nummer 17 Buchstabe a bezeichnete vorsätzliche Handlung beharrlich wiederholt oder durch eine solche vorsätzliche Handlung Leben oder Gesundheit eines anderen oder fremde Sachen von bedeutendem Wert gefährdet.

Anlage Gestaltung des GS-Zeichens

(Fundstelle: BGBl. I 2011, 2196)

1. Das GS-Zeichen besteht aus der Beschriftung und der Umrandung.
2. Die Dicke der Umrandung beträgt ein Drittel des Rasterabstands.

3. Die Wörter „geprüfte Sicherheit“ sind in der Schriftart Arial zu setzen sowie fett und kursiv zu formatieren bei einem Rasterabstand von 0,3 cm in der Schriftgröße 25 pt.

4. Bei Verkleinerung oder Vergrößerung des GS-Zeichens müssen die Proportionen des oben abgebildeten Rasters eingehalten werden.
5. Das Raster dient ausschließlich zur Festlegung der Proportionen; es ist nicht Bestandteil des GS-Zeichens.
6. Für die Darstellung des GS-Zeichens ist sowohl dunkle Schrift auf hellem Grund als auch helle Schrift auf dunklem Grund zulässig.
7. Mit dem GS-Zeichen ist das Symbol der GS-Stelle zu kombinieren. Das Symbol der GS-Stelle ersetzt das Wort „Id-Zeichen“ in der obigen Darstellung. Es muss einen eindeutigen Rückschluss auf die GS-Stelle zulassen und darf zu keinerlei Verwechslung mit anderen GS-Stellen führen.
8. Das Symbol der GS-Stelle ist in der linken oberen Ecke des GS-Zeichens anzubringen. Es kann geringfügig über den äußeren Rand des GS-Zeichens hinausreichen, wenn dies aus Platzgründen erforderlich ist und sofern das Gesamtbild des GS-Zeichens nicht verfälscht wird.
9. Wird das GS-Zeichen mit einer Höhe von 2 cm oder weniger abgebildet, ist es zulässig, das Symbol der GS-Stelle links neben dem GS-Zeichen abzubilden. In diesem Fall muss jedoch das Symbol der GS-Stelle das GS-Zeichen berühren, damit die Einheit des Sicherheitszeichens erhalten bleibt. Außerdem darf das Symbol der GS-Stelle nicht größer sein als das GS-Zeichen, damit es dieses nicht dominiert.
10. Andere grafische Darstellungen und Beschriftungen dürfen nicht mit dem GS-Zeichen verknüpft werden, wenn dadurch der Charakter und die Aussage des GS-Zeichens beeinträchtigt werden.

EG-Maschinenrichtlinie 2006/42/EG

RICHTLINIE 2006/42/EG DES EUROPÄISCHEN PARLAMENTS UND DES RATES

vom 17. Mai 2006

über Maschinen und zur Änderung der Richtlinie 95/16/EG (Neufassung)
(Text von Bedeutung für den EWR)

DAS EUROPÄISCHE PARLAMENT UND DER RAT DER EUROPÄISCHEN UNION –

gestützt auf den Vertrag zur Gründung der Europäischen Gemeinschaft, insbesondere auf Artikel 95,

auf Vorschlag der Kommission ([1]),

nach Stellungnahme des Europäischen Wirtschafts- und Sozialausschusses ([2]),

gemäß dem Verfahren des Artikels 251 des Vertrags ([3]), in Erwägung nachstehender Gründe:

(1) Mit der Richtlinie 98/37/EG des Europäischen Parlaments und des Rates vom 22. Juni 1998 zur Angleichung der Rechts- und Verwaltungsvorschriften der Mitgliedstaaten für Maschinen ([4]) wurde eine Kodifizierung der Richtlinie 89/392/EWG ([5]) vorgenommen. Da nun neue substanzielle Änderungen der Richtlinie 98/37/EG vorgenommen werden, ist es aus Gründen der Klarheit angebracht, diese Richtlinie neu zu fassen.

(2) Der Maschinenbau ist ein wichtiger technischer Teilsektor und einer der industriellen Kernbereiche der Wirtschaft in der Gemeinschaft. Die sozialen Kosten der durch den Umgang mit Maschinen unmittelbar hervorgerufenen zahlreichen Unfälle lassen sich verringern, wenn der Aspekt der Sicherheit in die Konstruktion und den Bau von Maschinen einbezogen wird und wenn Maschinen sachgerecht installiert und gewartet werden.

(3) Es obliegt den Mitgliedstaaten, in ihrem Hoheitsgebiet die Sicherheit und die Gesundheit von Personen, insbesondere von Arbeitnehmern und Verbrauchern, und gegebenenfalls von Haustieren und Sachen, insbesondere in Bezug auf Risiken beim Umgang mit Maschinen, zu gewährleisten.

(4) Um den Benutzern Rechtssicherheit zu garantieren, sollten der Anwendungsbereich dieser Richtlinie und die für ihre Anwendung maßgebenden Begriffe so genau wie möglich definiert sein.

---

[1] ABl. C 154 E vom 29.5.2001, S. 164.

[2] ABl. C 311 vom 7.11.2001, S. 1.

[3] Stellungnahme des Europäischen Parlaments vom 4. Juli 2002 (ABl. C 271 E vom 12.11.2003, S. 491), Gemeinsamer Standpunkt des Rates vom 18. Juli 2005 (ABl. C 251 E vom 11.10.2001, S. 1) und Standpunkt des Europäischen Parlaments vom 15. Dezember 2005 (noch nicht im Amtsblatt veröffentlicht). Beschluss des Rates vom 25. April 2006.

[4] ABl. L 207 vom 23.7.1998, S. 1. Geändert durch die Richtlinie 98/79/EG (ABl. L 331 vom 7.12.1998, S. 1).

[5] Richtlinie 89/392/EWG des Rates vom 14. Juni 1989 zur Angleichung der Rechtsvorschriften der Mitgliedstaaten für Maschinen (ABl. L 183 vom 29.6.1989, S. 9).

(5) Die verbindlichen Bestimmungen der Mitgliedstaaten für Baustellenaufzüge zur Personenbeförderung oder zur Personen- und Güterbeförderung, die häufig durch de facto verbindliche technische Spezifikationen und/oder durch freiwillige Normen ergänzt werden, haben nicht notwendigerweise ein unterschiedliches Maß an Sicherheit und Gesundheitsschutz zur Folge, bilden aber wegen ihrer Verschiedenheit ein Hemmnis für den innergemeinschaftlichen Handel. Zudem weichen die einzelstaatlichen Konformitätsnachweissysteme für solche Maschinen stark voneinander ab. Es ist deshalb angebracht, Baustellenaufzüge zur Personenbeförderung oder zur Personen- und Güterbeförderung nicht aus dem Anwendungsbereich der vorliegenden Richtlinie auszuschließen.

(6) Waffen, einschließlich Feuerwaffen, die der Richtlinie 91/477/EWG des Rates vom 18. Juni 1991 über die Kontrolle des Erwerbs und des Besitzes von Waffen ([1]) unterliegen, sollten aus dem Anwendungsbereich der vorliegenden Richtlinie ausgeschlossen werden; dieser Ausschluss von Feuerwaffen sollte nicht für tragbare Befestigungsgeräte mit Treibladung und andere Schussgeräte gelten, die ausschließlich für industrielle oder technische Zwecke ausgelegt sind. Es ist erforderlich, Übergangsregelungen vorzusehen, die es den Mitgliedstaaten gestatten, das Inverkehrbringen und die Inbetriebnahme solcher Maschinen zuzulassen, die gemäß den zum Zeitpunkt des Erlasses dieser Richtlinie geltenden einzelstaatlichen Bestimmungen hergestellt wurden; dies gilt auch für Bestimmungen zur Durchführung des Übereinkommens über die gegenseitige Anerkennung der Beschusszeichen für Handfeuerwaffen vom 1. Juli 1969. Zudem werden solche Übergangsregelungen es den europäischen Normenorganisationen gestatten, Normen auszuarbeiten, die ein Sicherheitsniveau entsprechend dem Stand der Technik gewährleisten.

(7) Diese Richtlinie gilt nicht für das Heben von Personen mit Maschinen, die hierfür nicht ausgelegt sind. Dies berührt jedoch nicht das Recht der Mitgliedstaaten, mit Blick auf die Durchführung der Richtlinie 89/655/EWG des Rates vom 30. November 1989 über Mindestvor schriften für Sicherheit und Gesundheitsschutz bei Benutzung von Arbeitsmitteln durch Arbeitnehmer bei der Arbeit (Zweite Einzelrichtlinie im Sinne des Artikels 16 Absatz 1 der Richtlinie 89/391/EWG) ([2]) im Einklang mit dem Vertrag einzelstaatliche Maßnahmen in Bezug auf diese Maschinen zu ergreifen.

(8) Was land- und forstwirtschaftliche Zugmaschinen betrifft, so sollten die Vorschriften dieser Richtlinie für Risiken, die von der Richtlinie 2003/37/EG des Europäischen Parlaments und des Rates vom 26. Mai 2003 über die Typgenehmigung für land- oder forstwirtschaftliche Zugmaschinen, ihre Anhänger und die von ihnen gezogenen auswechselbaren Maschinen sowie für Systeme, Bauteile und selbständige technische Einheiten dieser Fahrzeuge ([3]) derzeit nicht erfasst sind, nicht mehr zur Anwendung gelangen, wenn diese Risiken von der Richtlinie 2003/37/EG erfasst werden.

(9) Die Marktaufsicht ist ein wesentliches Instrument zur Sicherstellung der korrekten und einheitlichen Anwendung von Richtlinien. Es ist deshalb notwendig, einen Rechtsrahmen zu schaffen, in dem die Marktaufsicht abgestimmt erfolgen kann.

(10) Den Mitgliedstaten obliegt es, dafür Sorge zu tragen, dass diese Richtlinie in ihrem Gebiet wirksam durchgesetzt und, soweit möglich, im Einklang mit den Vorschriften dieser Richtlinie eine Verbesserung des Sicherheitsniveaus der betroffenen Maschinen gewährleistet wird. Die Mitgliedstaaten sollten dafür sorgen, dass sie in der Lage sind, eine effektive Marktaufsicht gemäß den von der

---

[1] ABl. L 256 vom 13.9.1991, S. 51.

[2] ABl. L 393 vom 30.12.1989, S. 13. Zuletzt geändert durch die Richtlinie 2001/45/EG des Europäischen Parlaments und des Rates (ABl. L 195 vom 19.7.2001, S. 46).

[3] ABl. L 171 vom 9.7.2003, S. 1. Zuletzt geändert durch die Richtlinie 2005/67/EG der Kommission (ABl. L 273 vom 19.10.2005, S. 17).

Kommission entwickelten Leitlinien durchzuführen, damit die korrekte und einheitliche Anwendung dieser Richtlinie gewährleistet ist.

(11) Bei der Marktaufsicht ist klar zu unterscheiden zwischen der Anfechtung einer harmonisierten Norm, aufgrund deren die Konformität einer Maschine mit der Richtlinie vermutet wird, und der Schutzklausel in Bezug auf eine Maschine.

(12) Die Inbetriebnahme einer Maschine im Sinne dieser Richtlinie kann sich nur auf den bestimmungsgemäßen oder vernünftigerweise vorhersehbaren Gebrauch der Maschine selbst beziehen. Das schließt nicht aus, dass gegebenenfalls Benutzungsbedingungen für den Bereich außerhalb der Maschine vorgeschrieben werden, soweit diese Bedingungen nicht zu Veränderungen der Maschine gegenüber den Bestimmungen der vorliegenden Richtlinie führen.

(13) Es ist zudem notwendig, auf Gemeinschaftsebene einen geeigneten Mechanismus vorzusehen, nach dem besondere Maßnahmen erlassen werden können, mit denen die Mitgliedstaaten verpflichtet werden, das Inverkehrbringen bestimmter Maschinenarten, von denen aufgrund von Unzulänglichkeiten der relevanten harmonisierten Normen oder aufgrund ihrer technischen Eigenschaften die gleichen Risiken für die Gesundheit oder die Sicherheit von Personen ausgehen, zu verbieten oder einzuschränken, oder solche Maschinen besonderen Bedingungen zu unterwerfen. Um eine angemessene Beurteilung der Erforderlichkeit solcher Maßnahmen gewährleisten zu können, sollten diese von der Kommission, die von einem Ausschuss unterstützt werden sollte, mit Blick auf die mit den Mitgliedstaaten und anderen interessierten Parteien geführten Konsultationen getroffen werden. Da diese Maßnahmen keine unmittelbare Anwendung auf die Wirtschaftsbeteiligten finden, sollten die Mitgliedstaaten alle zu ihrer Umsetzung notwendigen Maßnahmen ergreifen.

(14) Es sollte den grundlegenden Sicherheits- und Gesundheitsschutzanforderungen genügt werden, damit gewährleistet ist, dass die Maschinen sicher sind; es sollte jedoch eine differenzierte Anwendung dieser Anforderungen erfolgen, um dem Stand der Technik zum Zeitpunkt der Konstruktion sowie technischen und wirtschaftlichen Erfordernissen Rechnung zu tragen.

(15) Kann eine Maschine auch von Verbrauchern, also Laien, benutzt werden, sollte der Hersteller dies bei ihrer Konstruktion und ihrem Bau berücksichtigen. Das Gleiche gilt, wenn die Maschine normalerweise dazu verwendet wird, Dienstleistungen für Verbraucher zu erbringen.

(16) Zwar sind nicht alle Bestimmungen dieser Richtlinie auf unvollständige Maschinen anwendbar, doch muss der freie Verkehr derartiger Maschinen mittels eines besonderen Verfahrens gewährleistet werden.

(17) Auf Messen, Ausstellungen und Ähnlichem sollte es möglich sein, Maschinen auszustellen, die nicht mit den Bestimmungen dieser Richtlinie übereinstimmen. Interessenten sollten jedoch in angemessener Weise darauf hingewiesen werden, dass diese Maschinen von der Richtlinie abweichen und in diesem Zustand nicht erworben werden können.

(18) Diese Richtlinie legt nur allgemein gültige grundlegende Sicherheits- und Gesundheitsschutzanforderungen fest, die durch eine Reihe von spezifischeren Anforderungen für bestimmte Maschinengattungen ergänzt werden. Damit die Hersteller die Übereinstimmung mit diesen grundlegenden Anforderungen leichter nachweisen können und damit die Übereinstimmung überprüft werden kann, sind auf Ebene der Gemeinschaft harmonisierte Normen wünschenswert, deren Gegenstand die Verhütung von Risiken ist, die sich aus der Konstruktion und dem Bau von Maschinen ergeben können. Diese Normen werden von privatrechtlichen Institutionen ausgearbeitet, und ihr nicht rechtsverbindlicher Charakter sollte gewahrt bleiben.

(19) In Anbetracht der Risiken, die mit dem Betrieb der von dieser Richtlinie erfassten Maschinen verbunden sind, sollten Verfahren festgelegt werden, mit denen die Erfüllung der grundlegenden Sicherheits- und Gesundheitsschutzanforderungen überprüft werden kann. Diese Verfahren sollten

entsprechend dem Gefahrenpotenzial dieser Maschinen gestaltet werden. Für jede Art von Maschinen sollte folglich ein angemessenes Verfahren vorgesehen werden, das dem Beschluss 93/465/EWG des Rates vom 22. Juli 1993 über die in den technischen Harmonisierungsrichtlinien zu verwendenden Module für die verschiedenen Phasen der Konformitätsbewertungsverfahren und die Regeln für die Anbringung und Verwendung der CE-Konformitätskennzeichnung ([1]) entspricht, das die Art der für solche Maschinen erforderlichen Prüfung berücksichtigt.

(20) Es sollte allein in der Verantwortung der Hersteller liegen, die Übereinstimmung ihrer Maschinen mit den Bestimmungen dieser Richtlinie nachzuweisen. Für einige Arten von Maschinen mit höherem Risikopotenzial ist jedoch ein strengeres Nachweisverfahren wünschenswert.

(21) Die CE-Kennzeichnung sollte uneingeschränkt als einzige Kennzeichnung anerkannt werden, die die Übereinstimmung der Maschine mit den Anforderungen dieser Richtlinie garantiert. Jede andere Kennzeichnung, die möglicherweise von Dritten hinsichtlich ihrer Bedeutung oder Gestalt oder in beiderlei Hinsicht mit der CE-Kennzeichnung verwechselt werden kann, sollte untersagt werden.

(22) Die CE-Kennzeichnung muss gleichberechtigt neben der Angabe des Herstellers stehen und deshalb mittels der gleichen Technik angebracht werden wie diese. Um eventuell auf Bauteilen vorhandene CE-Kennzeichnungen von der CE-Kennzeichnung der Maschine zu unterscheiden, muss Letztere neben dem Namen dessen angebracht werden, der für die Maschine verantwortlich ist, d.h. neben dem Namen des Herstellers oder seines Bevollmächtigten.

(23) Der Hersteller oder sein Bevollmächtigter sollte ferner dafür sorgen, dass für die Maschine, die er in Verkehr bringen will, eine Risikobeurteilung vorgenommen wird. Dazu sollte er ermitteln, welche grundlegenden Sicherheits- und Gesundheitsschutzanforderungen für seine Maschine gelten, und die entsprechenden Maßnahmen treffen.

(24) Der Hersteller oder sein in der Gemeinschaft ansässiger Bevollmächtigter sollte unbedingt vor Ausstellung der EG-Konformitätserklärung eine technische Dokumentation erstellen. Diese Dokumentation braucht nicht jederzeit körperlich vorhanden zu sein, sie muss aber auf Verlangen vorgelegt werden können. Sie muss keine detaillierten Pläne der für die Herstellung der Maschinen verwendeten Baugruppen enthalten, es sei denn, die Kenntnis solcher Pläne ist für die Prüfung der Übereinstimmung mit den grundlegenden Sicherheits- und Gesundheitsschutzanforderungen unerlässlich.

(25) Den Personen, an die eine im Rahmen dieser Richtlinie getroffene Entscheidung ergeht, sollten die Gründe für diese Entscheidung und die ihnen zur Verfügung stehenden Rechtsbehelfe mitgeteilt werden.

(26) Die Mitgliedstaaten sollten Sanktionen vorsehen, die bei Verstößen gegen die Bestimmungen dieser Richtlinie Anwendung finden. Diese Sanktionen sollten wirksam, verhältnismäßig und abschreckend sein.

(27) Die Anwendung dieser Richtlinie auf bestimmte Maschinen zum Heben von Personen erfordert eine genauere Abgrenzung der Erzeugnisse, die von der vorliegenden Richtlinie erfasst werden im Hinblick auf jene, die von der Richtlinie 95/16/EG des Europäischen Parlaments und des Rates vom 29. Juni 1995 zur Angleichung der Rechtsvorschriften der Mitgliedstaaten über Aufzüge ([2]) erfasst werden. Eine Neubestimmung des Anwendungsbereichs der letzteren Richtlinie wird daher für notwendig erachtet, und die Richtlinie 95/16/EG sollte daher entsprechend geändert werden.

(28) Da das Ziel dieser Richtlinie, nämlich die grundlegenden Sicherheits- und Gesundheitsschutzanforderungen in Bezug auf die Konstruktion und den Bau von in den Verkehr gebrachten Maschinen

[1] ABl. L 220 vom 30.8.1993, S. 23.

[2] ABl. L 213 vom 7.9.1995, S. 1. Geändert durch die Verordnung (EG) Nr. 1882/2003 (ABl. L 284 vom 31.10.2003, S. 1).

festzulegen, auf Ebene der Mitgliedstaaten nicht ausreichend erreicht werden kann und besser auf Gemeinschaftsebene zu erreichen ist, kann die Gemeinschaft im Einklang mit dem in Artikel 5 des Vertrags niedergelegten Subsidiaritätsprinzip tätig werden. Entsprechend dem in demselben Artikel genannten Verhältnismäßigkeitsprinzip geht diese Richtlinie nicht über das für die Erreichung dieses Ziels erforderliche Maß hinaus.

(29) Gemäß Nummer 34 der Interinstitutionellen Vereinbarung über bessere Rechtsetzung ([1]) sind die Mitgliedstaaten aufgefordert, für ihre eigenen Zwecke und im Interesse der Gemeinschaft eigene Tabellen aufzustellen, aus denen im Rahmen des Möglichen die Entsprechungen zwischen dieser Richtlinie und den Umsetzungsmaßnahmen zu entnehmen sind, und diese zu veröffentlichen.

(30) Die zur Durchführung dieser Richtlinie erforderlichen Maßnahmen sollten gemäß dem Beschluss 1999/468/EG des Rates vom 28. Juni 1999 zur Festlegung der Modalitäten für die Ausübung der der Kommission übertragenen Durchführungsbefugnisse ([2]) erlassen werden –

HABEN FOLGENDE RICHTLINIE ERLASSEN:

Artikel 1

Anwendungsbereich

(1) Diese Richtlinie gilt für die folgenden Erzeugnisse:

a) Maschinen;

b) auswechselbare Ausrüstungen;

c) Sicherheitsbauteile;

d) Lastaufnahmemittel;

e) Ketten, Seile und Gurte;

f) abnehmbare Gelenkwellen;

g) unvollständige Maschinen.

(2) Vom Anwendungsbereich dieser Richtlinie sind ausgenommen:

a) Sicherheitsbauteile, die als Ersatzteile zur Ersetzung identischer Bauteile bestimmt sind und die vom Hersteller der Ursprungsmaschine geliefert werden;

b) spezielle Einrichtungen für die Verwendung auf Jahrmärkten und in Vergnügungsparks;

c) speziell für eine nukleare Verwendung konstruierte oder eingesetzte Maschinen, deren Ausfall zu einer Emission von Radioaktivität führen kann;

d) Waffen einschließlich Feuerwaffen;

e) die folgenden Beförderungsmittel:

- land- und forstwirtschaftliche Zugmaschinen in Bezug auf die Risiken, die von der Richtlinie 2003/37/EG erfasst werden, mit Ausnahme der auf diesen Fahrzeugen angebrachten Maschinen,
- Kraftfahrzeuge und Kraftfahrzeuganhänger im Sinne der Richtlinie 70/156/EWG des Rates vom 6. Februar 1970 zur Angleichung der Rechtsvorschriften der Mitgliedstaaten über die

---

[1] ABl. C 321 vom 31.12.2003, S. 1.
[2] ABl. L 184 vom 17.7.1999, S. 23.

Betriebserlaubnis für Kraftfahrzeuge und Kraftfahrzeuganhänger ([1]) mit Ausnahme der auf diesen Fahrzeugen angebrachten Maschinen,

- Fahrzeuge im Sinne der Richtlinie 2002/24/EG des Europäischen Parlaments und des Rates vom 18. März 2002 über die Typgenehmigung für zweirädrige oder dreirädrige Kraftfahrzeuge ([2]) mit Ausnahme der auf diesen Fahrzeugen angebrachten Maschinen,
- ausschließlich für sportliche Wettbewerbe bestimmte Kraftfahrzeuge und
- Beförderungsmittel für die Beförderung in der Luft, auf dem Wasser und auf Schienennetzen mit Ausnahme der auf diesen Beförderungsmitteln angebrachten Maschinen;

f) Seeschiffe und bewegliche Offshore-Anlagen sowie Maschinen, die auf solchen Schiffen und/oder in solchen Anlagen installiert sind;

g) Maschinen, die speziell für militärische Zwecke oder zur Aufrechterhaltung der öffentlichen Ordnung konstruiert und gebaut wurden;

h) Maschinen, die speziell für Forschungszwecke konstruiert und gebaut wurden und zur vorübergehenden Verwendung in Laboratorien bestimmt sind;

i) Schachtförderanlagen;

j) Maschinen zur Beförderung von Darstellern während künstlerischer Vorführungen;

k) elektrische und elektronische Erzeugnisse folgender Arten, soweit sie unter die Richtlinie 73/23/EWG des Rates vom 19. Februar 1973 zur Angleichung der Rechtsvorschriften der Mitgliedstaaten betreffend elektrische Betriebsmittel zur Verwendung innerhalb bestimmter Spannungsgrenzen ([3]) fallen:

- für den häuslichen Gebrauch bestimmte Haushaltsgeräte,
- Audio- und Videogeräte,
- informationstechnische Geräte,
- gewöhnliche Büromaschinen,
- Niederspannungsschaltgeräte und -steuergeräte,
- Elektromotoren;

l) die folgenden Arten von elektrischen Hochspannungsausrüstungen:

- Schalt- und Steuergeräte,
- Transformatoren.

Artikel 2

Begriffsbestimmungen

Im Sinne dieser Richtlinie bezeichnet der Ausdruck „Maschine" die in Artikel 1 Absatz 1 Buchstaben a bis f aufgelisteten Erzeugnisse.

Ferner bezeichnet der Ausdruck

---

[1] ABl. L 42 vom 23.2.1970, S. 1. Zuletzt geändert durch die Richtlinie 2006/28/EG der Kommission (ABl. L 65 vom 7.3.2006, S. 27).

[2] ABl. L 124 vom 9.5.2002, S. 1. Zuletzt geändert durch die Richtlinie 2005/30/EG der Kommission (ABl. L 106 vom 27.4.2005, S. 17).

[3] ABl. L 77 vom 26.3.1973, S. 29. Geändert durch die Richtlinie 93/68/EWG (ABl. L 220 vom 30.8.1993, S. 1).

a) „Maschine“

- eine mit einem anderen Antriebssystem als der unmittelbar eingesetzten menschlichen oder tierischen Kraft ausgestattete oder dafür vorgesehene Gesamtheit miteinander verbundener Teile oder Vorrichtungen, von denen mindestens eines bzw. eine beweglich ist und die für eine bestimmte Anwendung zusammengefügt sind;
- eine Gesamtheit im Sinne des ersten Gedankenstrichs, der lediglich die Teile fehlen, die sie mit ihrem Einsatzort oder mit ihren Energie- und Antriebsquellen verbinden;
- eine einbaufertige Gesamtheit im Sinne des ersten und zweiten Gedankenstrichs, die erst nach Anbringung auf einem Beförderungsmittel oder Installation in einem Gebäude oder Bauwerk funktionsfähig ist;
- eine Gesamtheit von Maschinen im Sinne des ersten, zweiten und dritten Gedankenstrichs oder von unvollständigen Maschinen im Sinne des Buchstabens g, die, damit sie zusammenwirken, so angeordnet sind und betätigt werden, dass sie als Gesamtheit funktionieren;
- eine Gesamtheit miteinander verbundener Teile oder Vorrichtungen, von denen mindestens eines bzw. eine beweglich ist und die für Hebevorgänge zusammengefügt sind und deren einzige Antriebsquelle die unmittelbar eingesetzte menschliche Kraft ist;

b) „auswechselbare Ausrüstung“ eine Vorrichtung, die der Bediener einer Maschine oder Zugmaschine nach deren Inbetriebnahme selbst an ihr anbringt, um ihre Funktion zu ändern oder zu erweitern, sofern diese Ausrüstung kein Werkzeug ist;

c) „Sicherheitsbauteil“ ein Bauteil,

- das zur Gewährleistung einer Sicherheitsfunktion dient,
- gesondert in Verkehr gebracht wird,
- dessen Ausfall und/oder Fehlfunktion die Sicherheit von Personen gefährdet und
- das für das Funktionieren der Maschine nicht erforderlich ist oder durch für das Funktionieren der Maschine übliche Bauteile ersetzt werden kann.

Eine nicht erschöpfende Liste von Sicherheitsbauteilen findet sich in Anhang V, der gemäß Artikel 8 Absatz 1 Buchstabe a aktualisiert werden kann;

d) „Lastaufnahmemittel“ ein nicht zum Hebezeug gehörendes Bauteil oder Ausrüstungsteil, das das Ergreifen der Last ermöglicht und das zwischen Maschine und Last oder an der Last selbst angebracht wird oder das dazu bestimmt ist, ein integraler Bestandteil der Last zu werden, und das gesondert in Verkehr gebracht wird; als Lastaufnahmemittel gelten auch Anschlagmittel und ihre Bestandteile;

e) „Ketten, Seile und Gurte“ für Hebezwecke als Teil von Hebezeugen oder Lastaufnahmemitteln entwickelte und hergestellte Ketten, Seile und Gurte;

f) „abnehmbare Gelenkwelle“ ein abnehmbares Bauteil zur Kraftübertragung zwischen einer Antriebs- oder Zugmaschine und einer anderen Maschine, das die ersten Festlager beider Maschinen verbindet. Wird die Vorrichtung zusammen mit der Schutzeinrichtung in Verkehr gebracht, ist diese Kombination als ein einziges Erzeugnis anzusehen;

g) „unvollständige Maschine“ eine Gesamtheit, die fast eine Maschine bildet, für sich genommen aber keine bestimmte Funktion erfüllen kann. Ein Antriebssystem stellt eine unvollständige Maschine dar. Eine unvollständige Maschine ist nur dazu bestimmt, in andere Maschinen oder in andere unvollständige Maschinen oder Ausrüstungen eingebaut oder mit ihnen zusammengefügt zu werden, um zusammen mit ihnen eine Maschine im Sinne dieser Richtlinie zu bilden;

h) „Inverkehrbringen“ die entgeltliche oder unentgeltliche erstmalige Bereitstellung einer Maschine oder einer unvollständigen Maschine in der Gemeinschaft im Hinblick auf ihren Vertrieb oder ihre Benutzung;

i) „Hersteller“ jede natürliche oder juristische Person, die eine von dieser Richtlinie erfasste Maschine oder eine unvollständige Maschine konstruiert und/oder baut und für die Übereinstimmung der Maschine oder unvollständigen Maschine mit dieser Richtlinie im Hinblick auf ihr Inverkehrbringen unter ihrem eigenen Namen oder Warenzeichen oder für den Eigengebrauch verantwortlich ist. Wenn kein Hersteller im Sinne der vorstehenden Begriffsbestimmung existiert, wird jede natürliche oder juristische Person, die eine von dieser Richtlinie erfasste Maschine oder unvollständige Maschine in Verkehr bringt oder in Betrieb nimmt, als Hersteller betrachtet;

j) „Bevollmächtigter“ jede in der Gemeinschaft ansässige natürliche oder juristische Person, die vom Hersteller schriftlich dazu bevollmächtigt wurde, in seinem Namen alle oder einen Teil der Pflichten und Formalitäten zu erfüllen, die mit dieser Richtlinie verbunden sind;

k) „Inbetriebnahme“ die erstmalige bestimmungsgemäße Verwendung einer von dieser Richtlinie erfassten Maschine in der Gemeinschaft;

l) „harmonisierte Norm“ eine nicht verbindliche technische Spezifikation, die von einer europäischen Normenorganisation, nämlich dem Europäischen Komitee für Normung (CEN), dem Europäischen Komitee für Elektrotechnische Normung (Cenelec) oder dem Europäischen Institut für Telekommunikationsnormen (ETSI), aufgrund eines Auftrags der Kommission nach den in der Richtlinie 98/34/EG des Europäischen Parlaments und des Rates vom 22. Juni 1998 über ein Informationsverfahren auf dem Gebiet der Normen und technischen Vorschriften und der Vorschriften für die Dienste der Informationsgesellschaft ([1]) festgelegten Verfahren angenommen wurde.

Artikel 3

Spezielle Richtlinien

Werden die in Anhang I genannten, von einer Maschine ausgehenden Gefährdungen ganz oder teilweise von anderen Gemeinschaftsrichtlinien genauer erfasst, so gilt diese Richtlinie für diese Maschine und diese Gefährdungen nicht bzw. ab dem Beginn der Anwendung dieser anderen Richtlinien nicht mehr.

Artikel 4

Marktaufsicht

(1) Die Mitgliedstaaten treffen alle erforderlichen Maßnahmen, um sicherzustellen, dass Maschinen nur in Verkehr gebracht und/oder in Betrieb genommen werden dürfen, wenn sie den für sie geltenden Bestimmungen dieser Richtlinie entsprechen und wenn sie bei ordnungsgemäßer Installation und Wartung und bei bestimmungsgemäßer oder vernünftigerweise vorhersehbarer Verwendung die Sicherheit und Gesundheit von Personen und gegebenenfalls von Haustieren und Sachen nicht gefährden.

(2) Die Mitgliedstaaten treffen alle erforderlichen Maßnahmen, um sicherzustellen, dass unvollständige Maschinen nur in Verkehr gebracht werden können, wenn sie den für sie geltenden Bestimmungen dieser Richtlinie entsprechen.

---

[1] ABl. L 204 vom 21.7.1998, S. 37. Zuletzt geändert durch die Beitrittsakte von 2003.

(3) Für die Kontrolle der Übereinstimmung der Maschinen und unvollständigen Maschinen mit den Bestimmungen der Absätze 1 und 2 richten die Mitgliedstaaten zuständige Behörden ein oder benennen solche Behörden.

(4) Die Mitgliedstaaten legen die Aufgaben, die Organisation und die Befugnisse der in Absatz 3 genannten zuständigen Behörden fest und teilen diese Angaben und etwaige spätere Änderungen der Kommission und den anderen Mitgliedstaaten mit.

Artikel 5

Inverkehrbringen und Inbetriebnahme

(1) Der Hersteller oder sein Bevollmächtigter muss vor dem Inverkehrbringen und/oder der Inbetriebnahme einer Maschine

a) sicherstellen, dass die Maschine die in Anhang I aufgeführten, für sie geltenden grundlegenden Sicherheits- und Gesundheitsschutzanforderungen erfüllt;

b) sicherstellen, dass die in Anhang VII Teil A genannten technischen Unterlagen verfügbar sind;

c) insbesondere die erforderlichen Informationen, wie die Betriebsanleitung, zur Verfügung stellen;

d) die zutreffenden Konformitätsbewertungsverfahren gemäß Artikel 12 durchführen;

e) die EG-Konformitätserklärung gemäß Anhang II Teil 1 Abschnitt A ausstellen und sicherstellen, dass sie der Maschine beiliegt;

f) die CE-Kennzeichnung gemäß Artikel 16 anbringen.

(2) Vor dem Inverkehrbringen einer unvollständigen Maschine stellen der Hersteller oder sein Bevollmächtigter sicher, dass das in Artikel 13 genannte Verfahren abgeschlossen worden ist.

(3) Der Hersteller oder sein Bevollmächtigter muss im Hinblick auf das in Artikel 12 genannte Verfahren über die notwendigen Mittel verfügen oder Zugang zu ihnen haben, um sicherzustellen, dass die Maschine die in Anhang I aufgeführten grundlegenden Sicherheits- und Gesundheitsschutzanforderungen erfüllt.

(4) Fällt eine Maschine unter weitere Richtlinien, die andere Aspekte regeln und ebenfalls das Anbringen einer CE-Kennzeichnung vorschreiben, so bedeutet die CE-Kennzeichnung, dass diese Maschine auch den Bestimmungen dieser anderen Richtlinien entspricht.

Hat jedoch der Hersteller oder sein Bevollmächtigter nach einer oder mehrerer dieser Richtlinien während einer Übergangszeit die Wahl der anzuwendenden Regelung, so wird durch die CE-Kennzeichnung lediglich die Konformität mit den Bestimmungen der von ihm angewandten Richtlinien angezeigt. Die Nummern der jeweils angewandten Richtlinien laut Veröffentlichung im Amtsblatt der Europäischen Union sind in der EG-Konformitätserklärung anzugeben.

Artikel 6

Freier Warenverkehr

(1) Die Mitgliedstaaten dürfen das Inverkehrbringen und/ oder die Inbetriebnahme von Maschinen in ihrem Hoheitsgebiet nicht untersagen, beschränken oder behindern, wenn diese den Bestimmungen dieser Richtlinie entsprechen.

(2) Die Mitgliedstaaten dürfen das Inverkehrbringen von unvollständigen Maschinen nicht untersagen, beschränken oder behindern, wenn sie laut einer nach Anhang II Teil 1 Abschnitt B ausgefertigten

Einbauerklärung des Herstellers oder seines Bevollmächtigten dazu bestimmt sind, in eine Maschine eingebaut oder mit anderen unvollständigen Maschinen zu einer Maschine zusammengefügt zu werden.

(3) Die Mitgliedstaaten lassen es zu, dass bei Messen, Ausstellungen, Vorführungen und Ähnlichem Maschinen oder unvollständige Maschinen gezeigt werden, die den Bestimmungen dieser Richtlinie nicht entsprechen, sofern ein sichtbares Schild deutlich auf diesen Umstand und darauf hinweist, dass sie erst lieferbar sind, wenn die Konformität hergestellt wurde. Ferner ist bei der Vorführung derartiger nichtkonformer Maschinen oder unvollständiger Maschinen durch geeignete Sicherheitsmaßnahmen der Schutz von Personen zu gewährleisten.

Artikel 7

Konformitätsvermutung und harmonisierte Normen

(1) Die Mitgliedstaaten betrachten eine Maschine, die mit der CE-Kennzeichnung versehen ist und der die EG-Konformitätserklärung mit den in Anhang II Teil 1 Abschnitt A aufgeführten Angaben beigefügt ist, als den Bestimmungen dieser Richtlinie entsprechend.

(2) Ist eine Maschine nach einer harmonisierten Norm hergestellt worden, deren Fundstellen im Amtsblatt der Europäischen Union veröffentlicht worden sind, so wird davon ausgegangen, dass sie den von dieser harmonisierten Norm erfassten grundlegenden Sicherheits- und Gesundheitsschutzanforderungen entspricht.

(3) Die Kommission veröffentlicht die Fundstellen der harmonisierten Normen im Amtsblatt der Europäischen Union.

(4) Die Mitgliedstaaten treffen geeignete Maßnahmen, um den Sozialpartnern auf nationaler Ebene eine Einflussnahme auf die Erarbeitung und Weiterverfolgung harmonisierter Normen zu ermöglichen.

Artikel 8

Spezifische Maßnahmen

(1) Die Kommission kann nach dem in Artikel 22 Absatz 3 genannten Verfahren jede geeignete Maßnahme treffen, um die Bestimmungen der Richtlinie in folgenden Punkten durchzuführen:

a) Aktualisierung der in Artikel 2 Buchstabe c genannten und in Anhang V enthaltenen, nicht erschöpfenden Liste der Sicherheitsbauteile;

b) Beschränkung des Inverkehrbringens der in Artikel 9 genannten Maschinen.

(2) Die Kommission kann nach dem in Artikel 22 Absatz 2 genannten Verfahren jede für die Durchführung und die praktische Anwendung dieser Richtlinie erforderliche Maßnahme treffen, einschließlich Maßnahmen, die zur Gewährleistung der in Artikel 19 Absatz 1 vorgesehenen Zusammenarbeit der Mitgliedstaaten untereinander und mit der Kommission erforderlich sind.

Artikel 9

Besondere Maßnahmen für Maschinen mit besonderem Gefahrenpotenzial

(1) Ist die Kommission gemäß dem Verfahren nach Artikel 10 zu der Auffassung gelangt, dass eine harmonisierte Norm den von ihr erfassten grundlegenden Sicherheits- und Gesundheitsschutzanforderungen des Anhangs I nicht vollständig entspricht, so kann die Kommission gemäß Absatz 3 des vorliegenden Artikels Maßnahmen ergreifen, mit denen die Mitgliedstaaten verpflichtet werden, das

Inverkehrbringen von Maschinen zu verbieten oder einzuschränken, die technische Merkmale aufweisen, von denen wegen der Unzulänglichkeiten der Norm Risiken ausgehen, oder diese Maschinen besonderen Bedingungen unterwerfen.

Ist die Kommission gemäß dem Verfahren nach Artikel 11 zu der Auffassung gelangt, dass eine von einem Mitgliedstaat getroffene Maßnahme gerechtfertigt ist, so kann die Kommission gemäß Absatz 3 des vorliegenden Artikels Maßnahmen ergreifen, mit denen die Mitgliedstaaten verpflichtet werden, das Inverkehrbringen von Maschinen zu verbieten oder einzuschränken, von denen aufgrund ihrer technischen Eigenschaften die gleichen Risiken ausgehen, oder diese Maschinen besonderen Bedingungen zu unterwerfen.

(2) Jeder Mitgliedstaat kann von der Kommission verlangen, die Notwendigkeit einer weiteren Anpassung der in Absatz 1 genannten Maßnahmen zu prüfen.

(3) In den in Absatz 1 genannten Fällen konsultiert die Kommission die Mitgliedstaaten und andere interessierte Parteien, wobei sie angibt, welche Maßnahmen sie zu ergreifen beabsichtigt, um auf Gemeinschaftsebene ein hohes Maß an Sicherheits- und Gesundheitsschutz für Personen zu gewährleisten.

Sie erlässt nach dem in Artikel 22 Absatz 3 genannten Verfahren die erforderlichen Maßnahmen unter Berücksichtigung der Ergebnisse dieser Konsultationen.

Artikel 10

Anfechtung einer harmonisierten Norm

Ist ein Mitgliedstaat oder die Kommission der Auffassung, dass eine harmonisierte Norm den von ihr erfassten grundlegenden Sicherheits- und Gesundheitsschutzanforderungen des Anhangs I nicht vollständig entspricht, so befasst die Kommission oder der Mitgliedstaat den mit der Richtlinie 98/34/EG eingesetzten Ausschuss unter Darlegung der Gründe. Der Ausschuss nimmt hierzu umgehend Stellung. Aufgrund der Stellungnahme des Ausschusses entscheidet die Kommission, die Fundstelle der betreffenden harmonisierten Norm im Amtsblatt der Europäischen Union zu veröffentlichen, nicht zu veröffentlichen, mit Einschränkungen zu veröffentlichen, zu belassen, mit Einschränkungen zu belassen oder zu streichen.

Artikel 11

Schutzklausel

(1) Stellt ein Mitgliedstaat fest, dass eine von dieser Richtlinie erfasste und mit der CE-Kennzeichnung versehene Maschine, der die EG-Konformitätserklärung beigefügt ist, bei bestimmungsgemäßer oder vernünftigerweise vorhersehbarer Verwendung die Sicherheit und Gesundheit von Personen und gegebenenfalls von Haustieren oder Sachen zu gefährden droht, so trifft er alle zweckdienlichen Maßnahmen, um diese Maschine aus dem Verkehr zu ziehen, ihr Inverkehrbringen und/oder die Inbetriebnahme dieser Maschine zu untersagen oder den freien Verkehr hierfür einzuschränken.

(2) Der Mitgliedstaat unterrichtet die Kommission und die übrigen Mitgliedstaaten unverzüglich über eine solche Maßnahme, begründet seine Entscheidung und gibt insbesondere an, ob die Nichtübereinstimmung zurückzuführen ist auf

a) Nichterfüllung der in Artikel 5 Absatz 1 Buchstabe a genannten grundlegenden Anforderungen;

b) unsachgemäße Anwendung der in Artikel 7 Absatz 2 genannten harmonisierten Normen;

c) Mängel der in Artikel 7 Absatz 2 genannten harmonisierten Normen selbst.

(3) Die Kommission konsultiert unverzüglich die Betroffenen.

Die Kommission prüft im Anschluss an diese Konsultation, ob die von dem Mitgliedstaat getroffenen Maßnahmen gerechtfertigt sind oder nicht, und teilt ihre Entscheidung dem Mitgliedstaat, der die Initiative ergriffen hat, den übrigen Mitgliedstaaten und dem Hersteller oder seinem Bevollmächtigten mit.

(4) Werden die in Absatz 1 genannten Maßnahmen mit Mängeln der harmonisierten Normen begründet und hält der Mitgliedstaat, der die Maßnahmen getroffen hat, an seiner Auffassung fest, so leitet die Kommission oder der Mitgliedstaat das in Artikel 10 vorgesehene Verfahren ein.

(5) Ist eine Maschine, die den Anforderungen nicht entspricht, mit der CE-Kennzeichnung versehen, so ergreift der zuständige Mitgliedstaat gegenüber demjenigen, der die Kennzeichnung angebracht hat, die geeigneten Maßnahmen und unterrichtet hiervon die Kommission. Die Kommission unterrichtet die übrigen Mitgliedstaaten.

(6) Die Kommission stellt sicher, dass die Mitgliedstaaten über den Verlauf und die Ergebnisse des Verfahrens laufend unterrichtet werden.

Artikel 12

Konformitätsbewertungsverfahren für Maschinen

(1) Zum Nachweis der Übereinstimmung der Maschine mit den Bestimmungen dieser Richtlinie führt der Hersteller oder sein Bevollmächtigter eines der in den Absätzen 2, 3 und 4 beschriebenen Konformitätsbewertungsverfahren durch.

(2) Ist die Maschine nicht in Anhang IV aufgeführt, so führt der Hersteller oder sein Bevollmächtigter das in Anhang VIII vorgesehene Verfahren der Konformitätsbewertung mit interner Fertigungskontrolle bei der Herstellung von Maschinen durch.

(3) Ist die Maschine in Anhang IV aufgeführt und nach den in Artikel 7 Absatz 2 genannten harmonisierten Normen hergestellt und berücksichtigen diese Normen alle relevanten grundlegenden Sicherheits- und Gesundheitsschutzanforderungen, so führt der Hersteller oder sein Bevollmächtigter eines der folgenden Verfahren durch:

a) das in Anhang VIII vorgesehene Verfahren der Konformitätsbewertung mit interner Fertigungskontrolle bei der Herstellung von Maschinen;

b) das in Anhang IX beschriebene EG-Baumusterprüfverfahren sowie die in Anhang VIII Nummer 3 beschriebene interne Fertigungskontrolle bei der Herstellung von Maschinen;

c) das in Anhang X beschriebene Verfahren der umfassenden Qualitätssicherung.

(4) Ist die Maschine in Anhang IV aufgeführt und wurden die in Artikel 7 Absatz 2 genannten harmonisierten Normen bei der Herstellung der Maschine nicht oder nur teilweise berücksichtigt oder berücksichtigen diese Normen nicht alle relevanten grundlegenden Sicherheits- und Gesundheitsschutzanforderungen oder gibt es für die betreffende Maschine keine harmonisierten Normen, so führt der Hersteller oder sein Bevollmächtigter eines der folgenden Verfahren durch:

a) das in Anhang IX beschriebene EG-Baumusterprüfverfahren sowie die in Anhang VIII Nummer 3 beschriebene interne Fertigungskontrolle bei der Herstellung von Maschinen;

b) das in Anhang X beschriebene Verfahren der umfassenden Qualitätssicherung.

Artikel 13

Verfahren für unvollständige Maschinen

(1) Der Hersteller einer unvollständigen Maschine oder sein Bevollmächtigter stellt vor dem Inverkehrbringen sicher, dass

a) die speziellen technischen Unterlagen gemäß Anhang VII Teil B erstellt werden;

b) die Montageanleitung gemäß Anhang VI erstellt wird;

c) eine Einbauerklärung gemäß Anhang II Teil 1 Abschnitt B ausgestellt wurde.

(2) Die Montageanleitung und die Einbauerklärung sind der unvollständigen Maschine bis zu ihrem Einbau in die vollständige Maschine beigefügt und sind anschließend Teil der technischen Unterlagen der vollständigen Maschine.

Artikel 14

Benannte Stellen

(1) Die Mitgliedstaaten teilen der Kommission und den anderen Mitgliedstaaten mit, welche Stellen sie für die Durchführung der in Artikel 12 Absätze 3 und 4 genannten, für das Inverkehrbringen erforderlichen Konformitätsbewertung benannt haben, für welche speziellen Konformitätsbewertungsverfahren und Maschinengattungen diese Benennungen erfolgt sind und welche Kennnummern diesen Stellen zuvor von der Kommission zugeteilt wurden. Die Mitgliedstaaten teilen der Kommission und den anderen Mitgliedstaaten spätere Änderungen mit.

(2) Die Mitgliedstaaten stellen sicher, dass die benannten Stellen regelmäßig daraufhin überprüft werden, ob sie jederzeit die in Anhang XI genannten Kriterien einhalten. Die benannte Stelle liefert alle gewünschten sachdienlichen Informationen, einschließlich Haushaltsunterlagen, die der Mitgliedstaat für die Prüfung der Einhaltung der Anforderungen von Anhang XI anfordert.

(3) Die Mitgliedstaaten ziehen zur Beurteilung der zu benennenden und der bereits benannten Stellen die in Anhang XI genannten Kriterien heran.

(4) Die Kommission veröffentlicht im Amtsblatt der Europäischen Union informationshalber eine Liste der benannten Stellen unter Angabe ihrer Kennnummern und der ihnen übertragenen Aufgaben. Sie hält diese Liste auf dem neuesten Stand.

(5) Erfüllt eine Stelle die Beurteilungskriterien der einschlägigen harmonisierten Normen, deren Fundstellen im Amtsblatt der Europäischen Union veröffentlicht sind, so wird davon ausgegangen, dass sie die einschlägigen Kriterien erfüllt.

(6) Stellt eine benannte Stelle fest, dass einschlägige Anforderungen dieser Richtlinie vom Hersteller nicht erfüllt wurden, nicht mehr erfüllt werden oder eine EG-Baumusterprüfbescheinigung oder die Zulassung des Qualitätssicherungssystems nicht hätte ausgestellt bzw. erteilt werden dürfen, so setzt sie unter Berücksichtigung des Grundsatzes der Verhältnismäßigkeit und unter Angabe ausführlicher Gründe die ausgestellte Bescheinigung oder die erteilte Zulassung aus, widerruft sie oder versieht sie mit Einschränkungen, es sei denn, dass der Hersteller durch geeignete Abhilfemaßnahmen die Übereinstimmung mit diesen Anforderungen gewährleistet. Die benannte Stelle unterrichtet die zuständige Behörde nach Artikel 4, wenn die Bescheinigung oder Zulassung ausgesetzt, widerrufen oder mit Einschränkungen versehen wird oder sich ein Eingreifen der zuständigen Behörde als erforderlich erweisen könnte. Der Mitgliedstaat unterrichtet unverzüglich die übrigen Mitgliedstaaten und die Kommission. Ein Einspruchsverfahren ist vorzusehen.

(7) Mit Blick auf die Koordinierung der einheitlichen Anwendung dieser Richtlinie organisiert die Kommission den Erfahrungsaustausch zwischen den für die Benennung, Meldung und Beaufsichtigung der benannten Stellen zuständigen Behörden der Mitgliedstaaten und den benannten Stellen.

(8) Ein Mitgliedstaat, der eine Stelle benannt hat, widerruft deren Benennung unverzüglich, wenn er feststellt,

a) dass die Stelle die in Anhang XI genannten Kriterien nicht mehr erfüllt oder

b) dass die Stelle in gravierender Weise ihren Aufgaben nicht nachkommt.

Er unterrichtet hiervon unverzüglich die Kommission und die übrigen Mitgliedstaaten.

Artikel 15

Installation und Verwendung der Maschinen

Diese Richtlinie berührt nicht das Recht der Mitgliedstaaten, im Einklang mit dem Gemeinschaftsrecht Anforderungen festzulegen, die sie zum Schutz von Personen, insbesondere von Arbeitnehmern, bei der Verwendung der Maschinen für notwendig erachten, sofern dies keine Veränderungen dieser Maschinen gegenüber den Bestimmungen dieser Richtlinie zur Folge hat.

Artikel 16

CE-Kennzeichnung

(1) Die CE-Konformitätskennzeichnung besteht aus den Buchstaben „CE“ mit dem in Anhang III wiedergegebenen Schriftbild.

(2) Die CE-Kennzeichnung ist gemäß Anhang III sichtbar, leserlich und dauerhaft auf dem Erzeugnis anzubringen.

(3) Auf Maschinen dürfen keine Kennzeichnungen, Zeichen oder Aufschriften angebracht werden, die möglicherweise von Dritten hinsichtlich ihrer Bedeutung oder Gestalt oder in beiderlei Hinsicht mit der CE-Kennzeichnung verwechselt werden können. Jede andere Kennzeichnung darf auf Maschinen angebracht werden, wenn sie die Sichtbarkeit, Lesbarkeit und Bedeutung der CE-Kennzeichnung nicht beeinträchtigt.

Artikel 17

Nicht vorschriftsmäßige Kennzeichnung

(1) Die Mitgliedstaaten sehen folgende Sachverhalte als nicht vorschriftsmäßige Kennzeichnung an:

a) Anbringung der in dieser Richtlinie vorgesehenen CE-Kennzeichnung auf von dieser Richtlinie nicht erfassten Erzeugnissen;

b) Fehlen der CE-Kennzeichnung und/oder der EG-Konformitätserklärung zu einer Maschine;

c) Kennzeichnung einer Maschine mit einer anderen als der CE-Kennzeichnung, die nach Artikel 16 Absatz 3 unzulässig ist.

(2) Stellt ein Mitgliedstaat eine Kennzeichnung fest, die nicht in Übereinstimmung mit den relevanten Bestimmungen dieser Richtlinie ist, so ist der Hersteller oder sein Bevollmächtigter verpflichtet, das Erzeugnis mit diesen Vorschriften in Einklang zu bringen und den rechtswidrigen Zustand nach den Vorgaben des betreffenden Mitgliedstaats zu beenden.

(3) Falls die Nichtübereinstimmung weiter besteht, trifft der Mitgliedstaat nach dem Verfahren des Artikels 11 alle geeigneten Maßnahmen, um das Inverkehrbringen des betreffenden Erzeugnisses einzuschränken oder zu untersagen oder um zu gewährleisten, dass es aus dem Verkehr gezogen wird.

Artikel 18

Geheimhaltung

(1) Unbeschadet der einzelstaatlichen Vorschriften und Gepflogenheiten im Bereich der Geheimhaltung sorgen die Mitgliedstaaten dafür, dass alle mit der Anwendung dieser Richtlinie befassten Stellen und Personen Informationen, die sie in Erfüllung ihrer Aufgaben erlangen, vertraulich behandeln müssen. Insbesondere Geschäfts-, Berufs- und Handelsgeheimnisse müssen vertraulich behandelt werden, es sei denn, ihre Weitergabe ist im Interesse der Sicherheit und Gesundheit von Personen geboten.

(2) Absatz 1 lässt die Pflicht der Mitgliedstaaten und der benannten Stellen zum Austausch von Informationen und zu Warnmeldungen unberührt.

(3) Alle von den Mitgliedstaaten und der Kommission nach den Artikeln 9 und 11 getroffenen Entscheidungen werden veröffentlicht.

Artikel 19

Zusammenarbeit der Mitgliedstaaten

(1) Die Mitgliedstaaten sorgen durch geeignete Maßnahmen dafür, dass die in Artikel 4 Absatz 3 genannten zuständigen Behörden untereinander und mit der Kommission zusammenarbeiten und einander die für die einheitliche Anwendung dieser Richtlinie notwendigen Informationen übermitteln.

(2) Zur Koordinierung der einheitlichen Anwendung dieser Richtlinie organisiert die Kommission den Erfahrungsaustausch zwischen den für die Marktaufsicht zuständigen Behörden.

Artikel 20

Rechtsbehelfe

Jede aufgrund dieser Richtlinie getroffene Maßnahme, die das Inverkehrbringen und/oder die Inbetriebnahme einer von dieser Richtlinie erfassten Maschine einschränkt, ist ausführlich zu begründen. Sie wird dem Betroffenen unverzüglich mitgeteilt; gleichzeitig wird ihm mitgeteilt, welche Rechtsbehelfe ihm nach den jeweiligen einzelstaatlichen Rechtsvorschriften zur Verfügung stehen und welche Fristen hierfür gelten.

Artikel 21

Verbreitung von Informationen

Die Kommission sorgt dafür, dass angemessene Informationen über die Durchführung dieser Richtlinie zugänglich gemacht werden.

Artikel 22

Ausschuss

(1) Die Kommission wird von einem Ausschuss (nachstehend „Ausschuss“ genannt) unterstützt.

(2) Wird auf diesen Absatz Bezug genommen, so gelten die Artikel 3 und 7 des Beschlusses 1999/468/EG unter Beachtung von dessen Artikel 8.

(3) Wird auf diesen Absatz Bezug genommen, so gelten die Artikel 5 und 7 des Beschlusses 1999/468/EG unter Beachtung von dessen Artikel 8.

Die Frist nach Artikel 5 Absatz 6 des Beschlusses 1999/468/EG wird auf drei Monate festgesetzt.

(4) Der Ausschuss gibt sich eine Geschäftsordnung.

Artikel 23

Sanktionen

Die Mitgliedstaaten legen für Verstöße gegen die aufgrund dieser Richtlinie erlassenen innerstaatlichen Vorschriften Sanktionen fest und treffen die zu ihrer Anwendung erforderlichen Maßnahmen. Die Sanktionen müssen wirksam, verhältnismäßig und abschreckend sein. Die Mitgliedstaaten teilen der Kommission diese Bestimmungen bis zum 29. Juni 2008 mit; ebenso teilen sie ihr unverzüglich alle Änderungen dieser Bestimmungen mit.

Artikel 24

Änderung der Richtlinie 95/16/EG

Die Richtlinie 95/16/EG wird wie folgt geändert:

1. In Artikel 1 erhalten die Absätze 2 und 3 folgende Fassung:

„(2) Im Sinne dieser Richtlinie gilt als ‚Aufzug‘ ein Hebezeug, das zwischen festgelegten Ebenen mittels eines Lastträgers verkehrt, der sich an starren, gegenüber der Horizontalen um mehr als 15° geneigten Führungen entlang fortbewegt und bestimmt ist

- zur Personenbeförderung,
- zur Personen- und Güterbeförderung,
- nur zur Güterbeförderung, sofern der Lastträger betretbar ist, d.h. wenn eine Person ohne Schwierigkeit in den Lastträger einsteigen kann, und über Steuereinrichtungen verfügt, die im Innern des Lastträgers oder in Reichweite einer dort befindlichen Person angeordnet sind.

Hebeeinrichtungen, die sich nicht an starren Führungen entlang, aber in einer räumlich vollständig festgelegten Bahn bewegen, gelten ebenfalls als Aufzüge im Sinne dieser Richtlinie.

Als ‚Lastträger‘ wird der Teil des Aufzugs bezeichnet, in dem Personen und/oder Güter zur Aufwärts- oder Abwärtsbeförderung untergebracht sind.

(3) Diese Richtlinie gilt nicht für

- Hebezeuge mit einer Fahrgeschwindigkeit von bis zu 0,15 m/s,
- Baustellenaufzüge,
- seilgeführte Einrichtungen einschließlich Seilbahnen,
- speziell für militärische Zwecke oder zur Aufrechterhaltung der öffentlichen Ordnung konzipierte und gebaute Aufzüge,

- Hebezeuge, von denen aus Arbeiten durchgeführt werden können,
- Schachtförderanlagen,
- Hebezeuge zur Beförderung von Darstellern während künstlerischer Vorführungen,
- in Beförderungsmitteln eingebaute Hebezeuge,
- mit einer Maschine verbundene Hebezeuge, die ausschließlich für den Zugang zu Arbeitsplätzen – einschließlich Wartungs- und Inspektionspunkte an Maschinen – bestimmt sind,
- Zahnradbahnen,
- Fahrtreppen und Fahrsteige."

2. Anhang I Nummer 1.2 erhält folgende Fassung:

   „1.2. Lastträger

   Der Lastträger eines Aufzugs ist als Fahrkorb auszubilden. Der Fahrkorb muss so ausgelegt und gebaut sein, dass er die erforderliche Nutzfläche und Festigkeit entsprechend der vom Montagebetrieb festgelegten höchstzulässigen Personenzahl und Tragfähigkeit des Aufzugs aufweist.

   Ist der Aufzug für die Beförderung von Personen bestimmt und lassen seine Abmessungen es zu, muss der Fahrkorb so ausgelegt und gebaut sein, dass für Behinderte der Zugang und die Benutzung aufgrund der Bauart nicht erschwert oder unmöglich gemacht werden und dass geeignete Anpassungen vorgenommen werden können, um für Behinderte die Benutzung zu erleichtern."

Artikel 25

Aufgehobene Rechtsvorschriften

Die Richtlinie 98/37/EG wird aufgehoben.

Verweisungen auf die aufgehobene Richtlinie gelten als Verweisungen auf die vorliegende Richtlinie und sind nach Maßgabe der Entsprechungstabelle in Anhang XII zu lesen.

Artikel 26

Umsetzung

(1) Die Mitgliedstaaten erlassen und veröffentlichen die Rechtsvorschriften, die erforderlich sind, um dieser Richtlinie spätestens ab dem 29. Juni 2008 nachzukommen. Sie setzen die Kommission unverzüglich davon in Kenntnis.

Sie wenden diese Rechtsvorschriften ab dem 29. Dezember 2009 an.

Wenn die Mitgliedstaaten diese Vorschriften erlassen, nehmen sie in den Vorschriften selbst oder durch einen Hinweis bei der amtlichen Veröffentlichung auf diese Richtlinie Bezug. Die Mitgliedstaaten regeln die Einzelheiten der Bezugnahme.

(2) Die Mitgliedstaaten teilen der Kommission den Wortlaut der innerstaatlichen Rechtsvorschriften mit, die sie auf dem unter diese Richtlinie fallenden Gebiet erlassen, und übermitteln ihr eine Tabelle der Entsprechungen zwischen den Bestimmungen dieser Richtlinie und den von ihnen erlassenen innerstaatlichen Vorschriften.

Artikel 27

Ausnahmen

Die Mitgliedstaaten können bis 29. Juni 2011 das Inverkehrbringen und die Inbetriebnahme von tragbaren Befestigungsgeräten mit Treibladung und anderen Schussgeräten, die den zum Zeitpunkt der Annahme der Richtlinie geltenden einzelstaatlichen Vorschriften entsprechen, genehmigen.

Artikel 28

Inkrafttreten

Diese Richtlinie tritt am zwanzigsten Tag nach ihrer Veröffentlichung im Amtsblatt der Europäischen Union in Kraft.

Artikel 29

Adressaten

Diese Richtlinie ist an die Mitgliedstaaten gerichtet.

Geschehen zu Straßburg am 17. Mai 2006.

Im Namen des Europäischen Parlaments	*Im Namen des Rates*
Der Präsident	*Der Präsident*
J. BORRELL FONTELLES	H. WINKLER

ANHANG I
Grundlegende Sicherheits- und Gesundheitsschutzanforderungen für Konstruktion und Bau von Maschinen

Allgemeine Grundsätze

1. Der Hersteller einer Maschine oder sein Bevollmächtigter hat dafür zu sorgen, dass eine Risikobeurteilung vorgenommen wird, um die für die Maschine geltenden Sicherheits- und Gesundheitsschutzanforderungen zu ermitteln. Die Maschine muss dann unter Berücksichtigung der Ergebnisse der Risikobeurteilung konstruiert und gebaut werden.

   Bei den vorgenannten iterativen Verfahren der Risikobeurteilung und Risikominderung hat der Hersteller oder sein Bevollmächtigter

   - die Grenzen der Maschine zu bestimmen, was ihre bestimmungsgemäße Verwendung und jede vernünftigerweise vorhersehbare Fehlanwendung einschließt;
   - die Gefährdungen, die von der Maschine ausgehen können, und die damit verbundenen Gefährdungssituationen zu ermitteln;
   - die Risiken abzuschätzen unter Berücksichtigung der Schwere möglicher Verletzungen oder Gesundheitsschäden und der Wahrscheinlichkeit ihres Eintretens;

- die Risiken zu bewerten, um zu ermitteln, ob eine Risikominderung gemäß dem Ziel dieser Richtlinie erforderlich ist;
- die Gefährdungen auszuschalten oder durch Anwendung von Schutzmaßnahmen die mit diesen Gefährdungen verbundenen Risiken in der in Nummer 1.1.2 Buchstabe b festgelegten Rangfolge zu mindern.

2. Die mit den grundlegenden Sicherheits- und Gesundheitsschutzanforderungen verbundenen Verpflichtungen gelten nur dann, wenn an der betreffenden Maschine bei Verwendung unter den vom Hersteller oder seinem Bevollmächtigten vorgesehenen Bedingungen oder unter vorhersehbaren ungewöhnlichen Bedingungen die entsprechende Gefährdung auftritt. Die in Nummer 1.1.2 aufgeführten Grundsätze für die Integration der Sicherheit sowie die in den Nummern 1.7.3 und 1.7.4 aufgeführten Verpflichtungen in Bezug auf die Kennzeichnung der Maschine und die Betriebsanleitung gelten auf jeden Fall.
3. Die in diesem Anhang aufgeführten grundlegenden Sicherheits- und Gesundheitsschutzanforderungen sind bindend. Es kann jedoch sein, dass die damit gesetzten Ziele aufgrund des Stands der Technik nicht erreicht werden können. In diesem Fall muss die Maschine so weit wie möglich auf diese Ziele hin konstruiert und gebaut werden.
4. Dieser Anhang ist in mehrere Teile gegliedert. Der erste Teil hat einen allgemeinen Anwendungsbereich und gilt für alle Arten von Maschinen. Die weiteren Teile beziehen sich auf bestimmte spezifische Gefährdungen. Dieser Anhang ist jedoch stets in seiner Gesamtheit durchzusehen, damit die Gewissheit besteht, dass alle jeweils relevanten grundlegenden Anforderungen erfüllt werden. Bei der Konstruktion einer Maschine sind in Abhängigkeit von den Ergebnissen der Risikobeurteilung gemäß Nummer 1 der vorliegenden allgemeinen Grundsätze die Anforderungen des allgemeinen Teils und die Anforderungen eines oder mehrerer der anderen Teile zu berücksichtigen.

1. Grundlegende Sicherheits- und Gesundheitsschutzanforderungen

1.1 Allgemeines

1.1.1 Begriffsbestimmungen

Im Sinne dieses Anhangs bezeichnet der Ausdruck

a) „Gefährdung“ eine potenzielle Quelle von Verletzungen oder Gesundheitsschäden;

b) „Gefahrenbereich“ den Bereich in einer Maschine und/oder in ihrem Umkreis, in dem die Sicherheit oder die Gesundheit einer Person gefährdet ist;

c) „gefährdete Person“ eine Person, die sich ganz oder teilweise in einem Gefahrenbereich befindet;

d) „Bedienungspersonal“ die Person bzw. die Personen, die für Installation, Betrieb, Einrichten, Wartung, Reinigung, Reparatur oder Transport von Maschinen zuständig sind;

e) „Risiko“ die Kombination aus der Wahrscheinlichkeit und der Schwere einer Verletzung oder einesGesundheitsschadens, die in einer Gefährdungssituation eintreten können;

f) „trennende Schutzeinrichtung“ ein Maschinenteil, das Schutz mittels einer physischen Barriere bietet;

g) „nichttrennende Schutzeinrichtung“ eine Einrichtung ohne trennende Funktion, die allein oder in Verbindung mit einer trennenden Schutzeinrichtung das Risiko vermindert;

h) „bestimmungsgemäße Verwendung" die Verwendung einer Maschine entsprechend den Angaben in der Betriebsanleitung;

i) „vernünftigerweise vorhersehbare Fehlanwendung" die Verwendung einer Maschine in einer laut Betriebsanleitung nicht beabsichtigten Weise, die sich jedoch aus leicht absehbarem menschlichem Verhalten ergeben kann.

1.1.2 Grundsätze für die Integration der Sicherheit

a) Die Maschine ist so zu konstruieren und zu bauen, dass sie ihrer Funktion gerecht wird und unter den vorgesehenen Bedingungen – aber auch unter Berücksichtigung einer vernünftigerweise vorhersehbaren Fehlanwendung der Maschine – Betrieb, Einrichten und Wartung erfolgen kann, ohne dass Personen einer Gefährdung ausgesetzt sind.

Die getroffenen Maßnahmen müssen darauf abzielen, Risiken während der voraussichtlichen Lebensdauer der Maschine zu beseitigen, einschließlich der Zeit, in der die Maschine transportiert, montiert, demontiert, außer Betrieb gesetzt und entsorgt wird.

b) Bei der Wahl der angemessensten Lösungen muss der Hersteller oder sein Bevollmächtigter folgende Grundsätze anwenden, und zwar in der angegebenen Reihenfolge:

- Beseitigung oder Minimierung der Risiken so weit wie möglich (Integration der Sicherheit in Konstruktion und Bau der Maschine);
- Ergreifen der notwendigen Schutzmaßnahmen gegen Risiken, die sich nicht beseitigen lassen;
- Unterrichtung der Benutzer über die Restrisiken aufgrund der nicht vollständigen Wirksamkeit der getroffenen Schutzmaßnahmen; Hinweis auf eine eventuell erforderliche spezielle Ausbildung oder Einarbeitung und persönliche Schutzausrüstung.

c) Bei der Konstruktion und beim Bau der Maschine sowie bei der Ausarbeitung der Betriebsanleitung muss der Hersteller oder sein Bevollmächtigter nicht nur die bestimmungsgemäße Verwendung der Maschine, sondern auch jede vernünftigerweise vorhersehbare Fehlanwendung der Maschine in Betracht ziehen.

Die Maschine ist so zu konstruieren und zu bauen, dass eine nicht bestimmungsgemäße Verwendung verhindert wird, falls diese ein Risiko mit sich bringt. Gegebenenfalls ist in der Betriebsanleitung auf Fehlanwendungen der Maschine hinzuweisen, die erfahrungsgemäß vorkommen können.

d) Bei der Konstruktion und beim Bau der Maschine muss den Belastungen Rechnung getragen werden, denen das Bedienungspersonal durch die notwendige oder voraussichtliche Benutzung von persönlichen Schutzausrüstungen ausgesetzt ist.

e) Die Maschine muss mit allen Spezialausrüstungen und Zubehörteilen geliefert werden, die eine wesentliche Voraussetzung dafür sind, dass die Maschine sicher eingerichtet, gewartet und betrieben werden kann.

1.1.3 Materialien und Produkte

Die für den Bau der Maschine eingesetzten Materialien oder die bei ihrem Betrieb verwendeten oder entstehenden Produkte dürfen nicht zur Gefährdung der Sicherheit und der Gesundheit von Personen führen. Insbesondere bei der Verwendung von Fluiden muss die Maschine so konstruiert und gebaut sein, dass sie ohne Gefährdung aufgrund von Einfüllung, Verwendung, Rückgewinnung und Beseitigung benutzt werden kann.

1.1.4 Beleuchtung

Die Maschine ist mit einer den Arbeitsgängen entsprechenden Beleuchtung zu liefern, falls das Fehlen einer solchen Beleuchtung trotz normaler Umgebungsbeleuchtung ein Risiko verursachen kann.

Die Maschine muss so konstruiert und gebaut sein, dass die Beleuchtung keinen störenden Schattenbereich, keine Blendung und keine gefährlichen Stroboskopeffekte bei beweglichen Teilen verursacht.

Falls bestimmte innen liegende Bereiche häufiges Prüfen, Einrichten oder Warten erfordern, sind sie mit geeigneter Beleuchtung zu versehen.

1.1.5 Konstruktion der Maschine im Hinblick auf die Handhabung

Die Maschine oder jedes ihrer Bestandteile müssen

- sicher gehandhabt und transportiert werden können;
- so verpackt oder konstruiert sein, dass sie sicher und ohne Beschädigung gelagert werden können.

Beim Transport der Maschine und/oder ihrer Bestandteile müssen ungewollte Lageveränderungen und Gefährdungen durch mangelnde Standsicherheit ausgeschlossen sein, wenn die Handhabung entsprechend der Betriebsanleitung erfolgt.

Wenn sich die Maschine oder ihre verschiedenen Bestandteile aufgrund ihres Gewichtes, ihrer Abmessungen oder ihrer Form nicht von Hand bewegen lassen, muss die Maschine oder jeder ihrer Bestandteile

- entweder mit Befestigungseinrichtungen ausgestattet sein, so dass sie von einer Lastaufnahmeeinrichtung aufgenommen werden können,
- oder mit einer solchen Befestigungseinrichtung ausgestattet werden können
- oder so geformt sein, dass die üblichen Lastaufnahmemittel leicht angelegt werden können.

Maschinen oder ihre Bestandteile, die von Hand transportiert werden, müssen

- entweder leicht transportierbar sein
- oder mit Greifvorrichtungen ausgestattet sein, die einen sicheren Transport ermöglichen.

Für die Handhabung von Werkzeugen und/oder Maschinenteilen, die auch bei geringem Gewicht eine Gefährdung darstellen können, sind besondere Vorkehrungen zu treffen.

1.1.6 Ergonomie

Bei bestimmungsgemäßer Verwendung müssen Belästigung, Ermüdung sowie körperliche und psychische Fehlbeanspruchung des Bedienungspersonals auf das mögliche Mindestmaß reduziert sein unter Berücksichtigung ergonomischer Prinzipien wie:

- Möglichkeit der Anpassung an die Unterschiede in den Körpermaßen, der Körperkraft und der Ausdauer des Bedienungspersonals;
- ausreichender Bewegungsfreiraum für die Körperteile des Bedienungspersonals;
- Vermeidung eines von der Maschine vorgegebenen Arbeitsrhythmus;
- Vermeidung von Überwachungstätigkeiten, die dauernde Aufmerksamkeit erfordern;
- Anpassung der Schnittstelle Mensch-Maschine an die voraussehbaren Eigenschaften des Bedienungspersonals.

1.1.7 Bedienungsplätze

Der Bedienungsplatz muss so gestaltet und ausgeführt sein, dass Risiken aufgrund von Abgasen und/oder Sauerstoffmangel vermieden werden.

Ist die Maschine zum Einsatz in einer gefährlichen Umgebung vorgesehen, von der Risiken für Sicherheit und Gesundheit des Bedieners ausgehen, oder verursacht die Maschine selbst eine gefährliche Umgebung, so sind geeignete Einrichtungen vorzusehen, damit gute Arbeitsbedingungen für den Bediener gewährleistet sind und er gegen vorhersehbare Gefährdungen geschützt ist.

Gegebenenfalls muss der Bedienungsplatz mit einer geeigneten Kabine ausgestattet sein, die so konstruiert, gebaut und/oder ausgerüstet ist, dass die vorstehenden Anforderungen erfüllt sind. Der Ausstieg muss ein schnelles Verlassen der Kabine gestatten. Außerdem ist gegebenenfalls ein Notausstieg vorzusehen, der in eine andere Richtung weist als der Hauptausstieg.

1.1.8 Sitze

Soweit es angezeigt ist und es die Arbeitsbedingungen gestatten, müssen Arbeitsplätze, die einen festen Bestandteil der Maschine bilden, für die Anbringung von Sitzen ausgelegt sein.

Soll der Bediener seine Tätigkeit sitzend ausführen und ist der Bedienungsplatz fester Bestandteil der Maschine, so muss die Maschine mit einem Sitz ausgestattet sein.

Der Sitz für den Bediener muss diesem sicheren Halt bieten. Ferner müssen der Sitz und sein Abstand zu den Stellteilen auf den Bediener abgestimmt werden können.

Ist die Maschine Schwingungen ausgesetzt, muss der Sitz so konstruiert und gebaut sein, dass die auf den Bediener übertragenen Schwingungen auf das mit vertretbarem Aufwand erreichbare niedrigste Niveau reduziert werden. Die Sitzverankerung muss allen Belastungen standhalten, denen sie ausgesetzt sein kann. Befindet sich unter den Füßen des Bedieners kein Boden, sind rutschhemmende Fußstützen vorzusehen.

1.2 Steuerungen und Befehlseinrichtungen

1.2.1 Sicherheit und Zuverlässigkeit von Steuerungen

Steuerungen sind so zu konzipieren und zu bauen, dass es nicht zu Gefährdungssituationen kommt. Insbesondere müssen sie so ausgelegt und beschaffen sein, dass

- sie den zu erwartenden Betriebsbeanspruchungen und Fremdeinflüssen standhalten;
- ein Defekt der Hardware oder der Software der Steuerung nicht zu Gefährdungssituationen führt;
- Fehler in der Logik des Steuerkreises nicht zu Gefährdungssituationen führen;
- vernünftigerweise vorhersehbare Bedienungsfehler nicht zu Gefährdungssituationen führen.

Insbesondere ist Folgendes zu beachten:

- Die Maschine darf nicht unbeabsichtigt in Gang gesetzt werden können;
- die Parameter der Maschine dürfen sich nicht unkontrolliert ändern können, wenn eine derartige unkontrollierte Änderung zu Gefährdungssituationen führen kann;
- das Stillsetzen der Maschine darf nicht verhindert werden können, wenn der Befehl zum Stillsetzen bereits erteilt wurde;
- ein bewegliches Maschinenteil oder ein von der Maschine gehaltenes Werkstück darf nicht herabfallen oder herausgeschleudert werden können;

- automatisches oder manuelles Stillsetzen von beweglichen Teilen jeglicher Art darf nicht verhindert werden;
- nichttrennende Schutzeinrichtungen müssen uneingeschränkt funktionsfähig bleiben oder aber einen Befehl zum Stillsetzen auslösen;
- die sicherheitsrelevanten Teile der Steuerung müssen kohärent auf eine Gesamtheit von Maschinen und/oder unvollständigen Maschinen einwirken.

Bei kabelloser Steuerung muss ein automatisches Stillsetzen ausgelöst werden, wenn keine einwandfreien Steuersignale empfangen werden; hierunter fällt auch ein Abbruch der Verbindung.

1.2.2 Stellteile

Stellteile müssen

- deutlich sichtbar und erkennbar sein; wenn geeignet, sind Piktogramme zu verwenden;
- so angebracht sein, dass sie sicher, unbedenklich, schnell und eindeutig betätigt werden können;
- so gestaltet sein, dass das Betätigen des Stellteils mit der jeweiligen Steuerwirkung kohärent ist;
- außerhalb der Gefahrenbereiche angeordnet sein, erforderlichenfalls mit Ausnahme bestimmter Stellteile wie NOT-HALT-Befehlsgeräte und Handprogrammiergeräte;
- so angeordnet sein, dass ihr Betätigen keine zusätzlichen Risiken hervorruft;
- so gestaltet oder geschützt sein, dass die beabsichtigte Wirkung, falls sie mit einer Gefährdung verbunden sein kann, nur durch eine absichtliche Betätigung erzielt werden kann;
- so gefertigt sein, dass sie vorhersehbaren Beanspruchungen standhalten; dies gilt insbesondere für Stellteile von NOT-HALT-Befehlsgeräten, die hoch beansprucht werden können.

Ist ein Stellteil für mehrere verschiedene Wirkungen ausgelegt und gebaut, d. h., ist seine Wirkung nicht eindeutig, so muss die jeweilige Steuerwirkung unmissverständlich angezeigt und erforderlichenfalls bestätigt werden.

Stellteile müssen so gestaltet sein, dass unter Berücksichtigung ergonomischer Prinzipien ihre Anordnung, ihre Bewegungsrichtung und ihr Betätigungswiderstand mit der Steuerwirkung kompatibel sind.

Die Maschine muss mit den für sicheren Betrieb notwendigen Anzeigeeinrichtungen und Hinweisen ausgestattet sein. Das Bedienungspersonal muss diese vom Bedienungsstand aus einsehen können.

Von jedem Bedienungsplatz aus muss sich das Bedienungspersonal vergewissern können, dass niemand sich in den Gefahrenbereichen aufhält, oder die Steuerung muss so ausgelegt und gebaut sein, dass das Ingangsetzen verhindert wird, solange sich jemand im Gefahrenbereich aufhält.

Ist das nicht möglich, muss die Steuerung so ausgelegt und gebaut sein, dass dem Ingangsetzen ein akustisches und/oder optisches Warnsignal vorgeschaltet ist. Einer gefährdeten Person muss genügend Zeit bleiben, um den Gefahrenbereich zu verlassen oder das Ingangsetzen der Maschine zu verhindern.

Falls erforderlich, ist dafür zu sorgen, dass die Maschine nur von Bedienungsständen aus bedient werden kann, die sich in einer oder mehreren vorher festgelegten Zonen oder an einem oder mehreren vorher festgelegten Standorten befinden.

Sind mehrere Bedienungsplätze vorhanden, so muss die Steuerung so ausgelegt sein, dass die Steuerung jeweils nur von einem Bedienungsplatz aus möglich ist; hiervon ausgenommen sind Befehlseinrichtungen zum Stillsetzen und Nothalt.

Verfügt eine Maschine über mehrere Bedienungsstände, so muss jeder Bedienungsstand mit allen erforderlichen Befehlseinrichtungen ausgestattet sein, wobei auszuschließen ist, dass sich das Bedienungspersonal gegenseitig behindert oder in eine Gefährdungssituation bringt.

1.2.3 Ingangsetzen

Das Ingangsetzen einer Maschine darf nur durch absichtliches Betätigen einer hierfür vorgesehenen Befehlseinrichtung möglich sein.

Dies gilt auch

- für das Wiederingangsetzen nach einem Stillstand, ungeachtet der Ursache für diesen Stillstand;
- für eine wesentliche Änderung des Betriebszustands.

Gleichwohl kann das Wiederingangsetzen oder die Änderung des Betriebszustands durch absichtliches Betätigen einer anderen Einrichtung als der hierfür vorgesehenen Befehlseinrichtung möglich sein, sofern dadurch keine Gefährdungssituation entsteht.

Bei Maschinen, die im Automatikbetrieb arbeiten, darf das Ingangsetzen oder Wiederingangsetzen nach einer Abschaltung und die Änderung ihres Betriebszustands ohne Bedienereingriff möglich sein, sofern dies nicht zu einer Gefährdungssituation führt.

Verfügt eine Maschine über mehrere Befehlseinrichtungen für das Ingangsetzen und führt dies dazu, dass sich das Bedienungspersonal gegenseitig gefährden kann, so sind zusätzliche Einrichtungen einzubauen, um derartige Risiken auszuschließen. Wenn es aus Sicherheitsgründen erforderlich ist, dass das Ingangsetzen und/oder das Stillsetzen in einer bestimmten Reihenfolge erfolgt, müssen Einrichtungen vorhanden sein, die die Einhaltung der richtigen Abfolge bei diesen Bedienungsvorgängen sicherstellen.

1.2.4 Stillsetzen

1.2.4.1 Normales Stillsetzen

Maschinen müssen mit einer Befehlseinrichtung zum sicheren Stillsetzen der gesamten Maschine ausgestattet sein.

Jeder Arbeitsplatz muss mit einer Befehlseinrichtung ausgestattet sein, mit dem sich entsprechend der Gefährdungslage bestimmte oder alle Funktionen der Maschine stillsetzen lassen, um die Maschine in einen sicheren Zustand zu versetzen.

Der Befehl zum Stillsetzen der Maschine muss Vorrang vor den Befehlen zum Ingangsetzen haben.

Sobald die Maschine stillgesetzt ist oder ihre gefährlichen Funktionen stillgesetzt sind, muss die Energieversorgung des betreffenden Antriebs unterbrochen werden.

1.2.4.2 Betriebsbedingtes Stillsetzen

Ist ein Stillsetzen, bei dem die Energieversorgung des Antriebs unterbrochen wird, betriebsbedingt nicht möglich, so muss der Betriebszustand der Stillsetzung überwacht und aufrechterhalten werden.

1.2.4.3 Stillsetzen im Notfall

Jede Maschine muss mit einem oder mehreren NOT-HALT-Befehlsgeräten ausgerüstet sein, durch die eine unmittelbar drohende oder eintretende Gefahr vermieden werden kann.

Hiervon ausgenommen sind

- Maschinen, bei denen durch das NOT-HALT-Befehlsgerät das Risiko nicht gemindert werden kann, da das NOT-HALT-Befehlsgerät entweder die Zeit des Stillsetzens nicht verkürzt oder es nicht ermöglicht, besondere, wegen des Risikos erforderliche Maßnahmen zu ergreifen;

- handgehaltene und/oder handgeführte Maschinen. Das NOT-HALT-Befehlsgerät muss
- deutlich erkennbare, gut sichtbare und schnell zugängliche Stellteile haben;
- den gefährlichen Vorgang möglichst schnell zum Stillstand bringen, ohne dass dadurch zusätzliche Risiken entstehen;
- erforderlichenfalls bestimmte Sicherungsbewegungen auslösen oder ihre Auslösung zulassen.

Wenn das NOT-HALT-Befehlsgerät nach Auslösung eines Haltbefehls nicht mehr betätigt wird, muss dieser Befehl durch die Blockierung des NOT-HALT-Befehlsgeräts bis zu ihrer Freigabe aufrechterhalten bleiben; es darf nicht möglich sein, das Gerät zu blockieren, ohne dass dieses einen Haltbefehl auslöst; das Gerät darf nur durch eine geeignete Betätigung freigegeben werden können; durch die Freigabe darf die Maschine nicht wieder in Gang gesetzt, sondern nur das Wiederingangsetzen ermöglicht werden.

Die NOT-HALT-Funktion muss unabhängig von der Betriebsart jederzeit verfügbar und betriebsbereit sein. NOT-HALT-Befehlsgeräte müssen andere Schutzmaßnahmen ergänzen, aber dürfen nicht an deren Stelle treten.

1.2.4.4 Gesamtheit von Maschinen

Sind Maschinen oder Maschinenteile dazu bestimmt zusammenzuwirken, so müssen sie so konstruiert und gebaut sein, dass die Einrichtungen zum Stillsetzen, einschließlich der NOT-HALT-Befehlsgeräte, nicht nur die Maschine selbst stillsetzen können, sondern auch alle damit verbundenen Einrichtungen, wenn von deren weiterem Betrieb eine Gefahr ausgehen kann.

1.2.5 Wahl der Steuerungs- oder Betriebsarten

Die gewählte Steuerungs- oder Betriebsart muss allen anderen Steuerungs- und Betriebsfunktionen außer dem NOT-HALT übergeordnet sein.

Ist die Maschine so konstruiert und gebaut, dass mehrere Steuerungs- oder Betriebsarten mit unterschiedlichen Schutzmaßnahmen und/oder Arbeitsverfahren möglich sind, so muss sie mit einem in jeder Stellung abschließbaren Steuerungs- und Betriebsartenwahlschalter ausgestattet sein. Jede Stellung des Wahlschalters muss deutlich erkennbar sein und darf nur einer Steuerungs- oder Betriebsart entsprechen.

Der Wahlschalter kann durch andere Wahleinrichtungen ersetzt werden, durch die die Nutzung bestimmter Funktionen der Maschine auf bestimmte Personenkreise beschränkt werden kann.

Ist für bestimmte Arbeiten ein Betrieb der Maschine bei geöffneter oder abgenommener trennender Schutzeinrichtung und/oder ausgeschalteter nichttrennender Schutzeinrichtung erforderlich, so sind der entsprechenden Stellung des Steuerungs- und Betriebsartenwahlschalters gleichzeitig folgende Steuerungsvorgaben zuzuordnen:

- Alle anderen Steuerungs- oder Betriebsarten sind nicht möglich;
- der Betrieb gefährlicher Funktionen ist nur möglich, solange die entsprechenden Befehlseinrichtungen betätigt werden;
- der Betrieb gefährlicher Funktionen ist nur unter geringeren Risikobedingungen möglich, und Gefährdungen, die sich aus Befehlsverkettungen ergeben, werden ausgeschaltet;
- der Betrieb gefährlicher Funktionen durch absichtliche oder unabsichtliche Einwirkung auf die Sensoren der Maschine ist nicht möglich.

Können diese vier Voraussetzungen nicht gleichzeitig erfüllt werden, so muss der Steuerungs- oder Betriebsartenwahlschalter andere Schutzmaßnahmen auslösen, die so angelegt und beschaffen sind, dass ein sicherer Arbeitsbereich gewährleistet ist.

Vom Betätigungsplatz des Wahlschalters aus müssen sich die jeweils betriebenen Maschinenteile steuern lassen.

1.2.6 Störung der Energieversorgung

Ein Ausfall der Energieversorgung der Maschine, eine Wiederherstellung der Energieversorgung nach einem Ausfall oder eine Änderung der Energieversorgung darf nicht zu gefährlichen Situationen führen.

Insbesondere ist Folgendes zu beachten:

- Die Maschine darf nicht unbeabsichtigt in Gang gesetzt werden können;
- die Parameter der Maschine dürfen sich nicht unkontrolliert ändern können, wenn eine derartige unkontrollierte Änderung zu Gefährdungssituationen führen kann;
- das Stillsetzen der Maschine darf nicht verhindert werden können, wenn der Befehl zum Stillsetzen bereits erteilt wurde;
- ein bewegliches Maschinenteil oder ein von der Maschine gehaltenes Werkstück darf nicht herabfallen oder herausgeschleudert werden können;
- automatisches oder manuelles Stillsetzen von beweglichen Teilen jeglicher Art darf nicht verhindert werden;
- nichttrennende Schutzeinrichtungen müssen uneingeschränkt funktionsfähig bleiben oder aber einen

Befehl zum Stillsetzen auslösen.

1.3 Schutzmaßnahmen gegen mechanische Gefährdungen

1.3.1 Risiko des Verlusts der Standsicherheit

Die Maschine, ihre Bestandteile und ihre Ausrüstungsteile müssen ausreichend standsicher sein, um ein Umstürzen oder Herabfallen oder eine unkontrollierte Lageveränderung beim Transport, der Montage und der Demontage sowie jeder anderer Betätigung an der Maschine zu vermeiden.

Kann aufgrund der Form oder der vorgesehenen Installation der Maschine keine ausreichende Standsicherheit gewährleistet werden, müssen geeignete Befestigungsmittel vorgesehen und in der Betriebsanleitung angegeben werden.

1.3.2 Bruchrisiko beim Betrieb

Die verschiedenen Teile der Maschine und ihre Verbindungen untereinander müssen den bei der Verwendung der Maschine auftretenden Belastungen standhalten.

Die verwendeten Materialien müssen – entsprechend der vom Hersteller oder seinem Bevollmächtigten vorgesehenen Arbeitsumgebung der Maschine – eine geeignete Festigkeit und Beständigkeit insbesondere in Bezug auf Ermüdung, Alterung, Korrosion und Verschleiß aufweisen.

In der Betriebsanleitung ist anzugeben, welche Inspektionen und Wartungsarbeiten in welchen Abständen aus Sicherheitsgründen durchzuführen sind. Erforderlichenfalls ist anzugeben, welche Teile dem Verschleiß unterliegen und nach welchen Kriterien sie auszutauschen sind.

Wenn trotz der ergriffenen Maßnahmen das Risiko des Berstens oder des Bruchs von Teilen weiter besteht, müssen die betreffenden Teile so montiert, angeordnet und/oder gesichert sein, dass Bruchstücke zurückgehalten werden und keine Gefährdungssituationen entstehen.

Starre oder elastische Leitungen, die Fluide – insbesondere unter hohem Druck – führen, müssen den vorgesehenen inneren und äußeren Belastungen standhalten; sie müssen sicher befestigt und/oder geschützt sein, so dass ein Bruch kein Risiko darstellt.

Bei automatischer Zuführung des Werkstücks zum Werkzeug müssen folgende Bedingungen erfüllt sein, um Risiken für Personen zu vermeiden:

- Bei Berührung zwischen Werkzeug und Werkstück muss das Werkzeug seine normalen Arbeitsbedingungen erreicht haben.
- Wird das Werkzeug (absichtlich oder unabsichtlich) in Bewegung gesetzt und/oder angehalten, so müssen

Zuführbewegung und Werkzeugbewegung aufeinander abgestimmt sein.

1.3.3 Risiken durch herabfallende oder herausgeschleuderte Gegenstände

Es sind Vorkehrungen zu treffen, um das Herabfallen oder das Herausschleudern von Gegenständen zu vermeiden, von denen ein Risiko ausgehen kann.

1.3.4 Risiken durch Oberflächen, Kanten und Ecken

Zugängliche Maschinenteile dürfen, soweit ihre Funktion es zulässt, keine scharfen Ecken und Kanten und keine rauen Oberflächen aufweisen, die zu Verletzungen führen können.

1.3.5 Risiken durch mehrfach kombinierte Maschinen

Kann die Maschine mehrere unterschiedliche Arbeitsgänge ausführen, wobei zwischen den einzelnen Arbeitsgängen das Werkstück von Hand entnommen wird (mehrfach kombinierte Maschine), so muss sie so konstruiert und gebaut sein, dass jedes Teilsystem auch einzeln betrieben werden kann, ohne dass die übrigen Teilsysteme für gefährdete Personen ein Risiko darstellen.

Dazu muss jedes Teilsystem, sofern es nicht gesichert ist, einzeln in Gang gesetzt und stillgesetzt werden können.

1.3.6 Risiken durch Änderung der Verwendungsbedingungen

Können mit der Maschine Arbeiten in verschiedenen Verwendungsbedingungen ausgeführt werden, so muss sie so konstruiert und gebaut sein, dass diese Verwendungsbedingungen gefahrlos und zuverlässig gewählt und eingestellt werden können.

1.3.7 Risiken durch bewegliche Teile

Die beweglichen Teile der Maschine müssen so konstruiert und gebaut sein, dass Unfallrisiken durch Berührung dieser Teile verhindert sind; falls Risiken dennoch bestehen, müssen die beweglichen Teile mit trennenden oder nichttrennenden Schutzeinrichtungen ausgestattet sein.

Es müssen alle erforderlichen Vorkehrungen getroffen werden, um ein ungewolltes Blockieren der beweglichen Arbeitselemente zu verhindern. Kann es trotz dieser Vorkehrungen zu einer Blockierung kommen, so müssen gegebenenfalls die erforderlichen speziellen Schutzeinrichtungen und das erforderliche Spezialwerkzeug mitgeliefert werden, damit sich die Blockierung gefahrlos lösen lässt.

Auf die speziellen Schutzeinrichtungen und deren Verwendung ist in der Betriebsanleitung und nach Möglichkeit auf der Maschine selbst hinzuweisen.

1.3.8 Wahl der Schutzeinrichtungen gegen Risiken durch bewegliche Teile

Die für den Schutz gegen Risiken durch bewegliche Teile verwendeten Schutzeinrichtungen sind entsprechend der jeweiligen Risikoart zu wählen. Die Wahl ist unter Beachtung der nachstehenden Leitlinien zu treffen.

1.3.8.1 Bewegliche Teile der Kraftübertragung

Zum Schutz von Personen gegen Gefährdungen durch bewegliche Teile der Kraftübertragung sind zu verwenden:

- feststehende trennende Schutzeinrichtungen gemäß Nummer 1.4.2.1 oder
- bewegliche trennende Schutzeinrichtungen mit Verriegelung gemäß Nummer 1.4.2.2. Die letztgenannte Lösung ist zu wählen, wenn häufige Eingriffe vorgesehen sind.

1.3.8.2 Bewegliche Teile, die am Arbeitsprozess beteiligt sind

Zum Schutz von Personen gegen Gefährdungen durch bewegliche Teile, die am Arbeitsprozess beteiligt sind, sind zu verwenden:

- feststehende trennende Schutzeinrichtungen gemäß Nummer 1.4.2.1 oder
- bewegliche trennende Schutzeinrichtungen mit Verriegelung gemäß Nummer 1.4.2.2 oder
- nichttrennende Schutzeinrichtungen gemäß Nummer 1.4.3 oder
- eine Kombination dieser Lösungen.

Können jedoch bestimmte direkt am Arbeitsprozess beteiligte bewegliche Teile während ihres Betriebes aufgrund von Arbeiten, die das Eingreifen des Bedienungspersonals erfordern, nicht vollständig unzugänglich gemacht werden, so müssen diese Teile versehen sein mit

- feststehenden trennenden Schutzeinrichtungen oder beweglichen trennenden Schutzeinrichtungen mit Verriegelung, die die für den Arbeitsgang nicht benutzten Teile unzugänglich machen, und
- verstellbaren trennenden Schutzeinrichtungen gemäß Nummer 1.4.2.3, die den Zugang zu den beweglichen Teilen auf die Abschnitte beschränken, zu denen ein Zugang erforderlich ist.

1.3.9 Risiko unkontrollierter Bewegungen

Es muss verhindert werden, dass sich aus gleich welcher Ursache ein stillgesetztes Maschinenteil ohne Betätigung der Stellteile aus seiner Ruhestellung bewegt, oder diese Bewegung darf keine Gefährdung darstellen.

1.4 Anforderungen an Schutzeinrichtungen

1.4.1 Allgemeine Anforderungen

Trennende und nichttrennende Schutzeinrichtungen

- müssen stabil gebaut sein,
- müssen sicher in Position gehalten werden,
- dürfen keine zusätzlichen Gefährdungen verursachen,
- dürfen nicht auf einfache Weise umgangen oder unwirksam gemacht werden können,
- müssen ausreichend Abstand zum Gefahrenbereich haben,
- dürfen die Beobachtung des Arbeitsvorgangs nicht mehr als unvermeidbar einschränken und
- müssen die für das Einsetzen und/oder den Wechsel der Werkzeuge und zu Wartungszwecken erforderlichen Eingriffe möglichst ohne Abnahme oder Außerbetriebnahme der Schutzeinrichtungen zulassen, wobei der Zugang ausschließlich auf den für die Arbeit notwendigen Bereich beschränkt sein muss.

Ferner müssen trennende Schutzeinrichtungen nach Möglichkeit vor einem Herausschleudern oder Herabfallen von Werkstoffen und Gegenständen sowie vor den von der Maschine verursachten Emissionen schützen.

1.4.2 Besondere Anforderungen an trennende Schutzeinrichtungen

1.4.2.1 Feststehende trennende Schutzeinrichtungen

Die Befestigungen feststehender trennender Schutzeinrichtungen dürfen sich nur mit Werkzeugen lösen oder abnehmen lassen.

Die Befestigungsmittel müssen nach dem Abnehmen der Schutzeinrichtungen mit den Schutzeinrichtungen oder mit der Maschine verbunden bleiben.

Soweit möglich dürfen trennende Schutzeinrichtungen nach Lösen der Befestigungsmittel nicht in der Schutzstellung verbleiben.

1.4.2.2 Bewegliche trennende Schutzeinrichtungen mit Verriegelung

Bewegliche trennende Schutzeinrichtungen mit Verriegelung müssen

- soweit möglich, mit der Maschine verbunden bleiben, wenn sie geöffnet sind,
- so konstruiert und gebaut sein, dass sie nur durch eine absichtliche Handlung eingestellt werden können. Bewegliche trennende Schutzeinrichtungen mit Verriegelung müssen mit einer Verriegelungseinrichtung verbunden sein,
- die das Ingangsetzen der gefährlichen Maschinenfunktionen verhindert, bis die Schutzeinrichtung geschlossen ist, und
- die einen Befehl zum Stillsetzen auslöst, wenn die Schutzeinrichtungen nicht mehr geschlossen sind. Besteht die Möglichkeit, dass das Bedienungspersonal den Gefahrenbereich erreicht, bevor die durch die

gefährlichen Maschinenfunktionen verursachten Risiken nicht mehr bestehen, so müssen bewegliche trennende Schutzeinrichtungen zusätzlich zu der Verriegelungseinrichtung mit einer Zuhaltung ausgerüstet sein,

- die das Ingangsetzen der gefährlichen Maschinenfunktionen verhindert, bis die Schutzeinrichtung geschlossen und verriegelt ist, und
- die die Schutzeinrichtung in geschlossener und verriegelter Stellung hält, bis das Risiko von Verletzungen aufgrund gefährlicher Funktionen der Maschine nicht mehr besteht.

Bewegliche trennende Schutzeinrichtungen mit Verriegelung müssen so konstruiert sein, dass bei Fehlen oder Störung eines ihrer Bestandteile das Ingangsetzen gefährlicher Maschinenfunktionen verhindert wird oder diese stillgesetzt werden.

1.4.2.3 Zugangsbeschränkende verstellbare Schutzeinrichtungen

Verstellbare Schutzeinrichtungen, die den Zugang auf die für die Arbeit unbedingt notwendigen beweglichen Teile beschränken, müssen

- je nach Art der Arbeit manuell oder automatisch verstellbar sein und
- leicht und ohne Werkzeug verstellt werden können.

1.4.3 Besondere Anforderungen an nichttrennende Schutzeinrichtungen

Nichttrennende Schutzeinrichtungen müssen so konstruiert und in die Steuerung der Maschine integriert sein, dass

- die beweglichen Teile nicht in Gang gesetzt werden können, solange sie vom Bedienungspersonal erreicht werden können,
- Personen die beweglichen Teile nicht erreichen können, solange diese Teile in Bewegung sind, und
- bei Fehlen oder Störung eines ihrer Bestandteile das Ingangsetzen der beweglichen Teile verhindert wird oder die beweglichen Teile stillgesetzt werden.

Ihre Einstellung darf nur durch eine absichtliche Handlung möglich sein.

1.5 Risiken durch sonstige Gefährdungen

1.5.1 Elektrische Energieversorgung

Eine mit elektrischer Energie versorgte Maschine muss so konstruiert, gebaut und ausgerüstet sein, dass alle von Elektrizität ausgehenden Gefährdungen vermieden werden oder vermieden werden können.

Die Schutzziele der Richtlinie 73/23/EWG gelten für Maschinen. In Bezug auf die Gefährdungen, die von elektrischem Strom ausgehen, werden die Verpflichtungen betreffend die Konformitätsbewertung und das Inverkehrbringen und/oder die Inbetriebnahme von Maschinen jedoch ausschließlich durch die vorliegende Richtlinie geregelt.

1.5.2 Statische Elektrizität

Die Maschine muss so konstruiert und gebaut sein, dass eine möglicherweise gefährliche elektrostatische Aufladung vermieden oder begrenzt wird, und/oder mit Einrichtungen zum Ableiten solcher Ladungen ausgestattet sein.

1.5.3 Nichtelektrische Energieversorgung

Eine mit einer nichtelektrischen Energiequelle betriebene Maschine muss so konstruiert, gebaut und ausgerüstet sein, dass alle von dieser Energiequelle ausgehenden potenziellen Risiken vermieden werden.

1.5.4 Montagefehler

Fehler bei der Montage oder erneuten Montage bestimmter Teile, die ein Risiko verursachen könnten, müssen durch die Konstruktion und Bauart dieser Teile unmöglich gemacht oder andernfalls durch Hinweise auf den Teilen selbst und/oder auf ihrem Gehäuse verhindert werden. Die gleichen Hinweise müssen auf beweglichen Teilen und/oder auf ihrem Gehäuse angebracht sein, wenn die Kenntnis von der Bewegungsrichtung für die Vermeidung eines Risikos notwendig ist.

Erforderlichenfalls sind in der Betriebsanleitung zusätzliche Angaben zu diesen Risiken zu machen.

Kann ein fehlerhafter Anschluss ein Risiko verursachen, so muss dies durch die Bauart der Anschlussteile unmöglich gemacht oder andernfalls durch Hinweise auf zu verbindenden Teilen und gegebenenfalls auf den Verbindungsmitteln unmöglich gemacht werden.

1.5.5 Extreme Temperaturen

Jedes Risiko einer Verletzung durch Berührung von heißen oder sehr kalten Maschinenteilen oder Materialien oder durch Aufenthalt in ihrer Nähe muss durch geeignete Vorkehrungen ausgeschlossen werden.

Es sind die notwendigen Vorkehrungen zur Vermeidung von Spritzern von heißen oder sehr kalten Materialien oder zum Schutz vor derartigen Spritzern zu treffen.

1.5.6 Brand

Die Maschine muss so konstruiert und gebaut sein, dass jedes Brand- und Überhitzungsrisiko vermieden wird, das von der Maschine selbst oder von Gasen, Flüssigkeiten, Stäuben, Dämpfen und anderen von der Maschine freigesetzten oder verwendeten Stoffen ausgeht.

1.5.7 Explosion

Die Maschine muss so konstruiert und gebaut sein, dass jedes Explosionsrisiko vermieden wird, das von der Maschine selbst oder von Gasen, Flüssigkeiten, Stäuben, Dämpfen und anderen von der Maschine freigesetzten oder verwendeten Stoffen ausgeht.

Hinsichtlich des Explosionsrisikos, das sich aus dem Einsatz der Maschine in einer explosionsgefährdeten Umgebung ergibt, muss die Maschine den hierfür geltenden speziellen Gemeinschaftsrichtlinien entsprechen.

1.5.8 Lärm

Die Maschine muss so konstruiert und gebaut sein, dass Risiken durch Luftschallemission insbesondere an der Quelle so weit gemindert werden, wie es nach dem Stand des technischen Fortschritts und mit den zur Lärmminderung verfügbaren Mitteln möglich ist.

Der Schallemissionspegel kann durch Bezugnahme auf Vergleichsemissionsdaten für ähnliche Maschinen bewertet werden.

1.5.9 Vibrationen

Die Maschine muss so konstruiert und gebaut sein, dass Risiken durch Maschinenvibrationen insbesondere an der Quelle so weit gemindert werden, wie es nach dem Stand des technischen Fortschritts und mit den zur Verringerung von Vibrationen verfügbaren Mitteln möglich ist.

Der Vibrationspegel kann durch Bezugnahme auf Vergleichsemissionsdaten für ähnliche Maschinen bewertet werden.

1.5.10 Strahlung

Unerwünschte Strahlungsemissionen der Maschine müssen ausgeschlossen oder so weit verringert werden, dass sie keine schädlichen Auswirkungen für den Menschen haben.

Alle funktionsbedingten Emissionen von ionisierender Strahlung sind auf das niedrigste Niveau zu begrenzen, das für das ordnungsgemäße Funktionieren der Maschine während des Einrichtens, des Betriebs und der Reinigung erforderlich ist. Besteht ein Risiko, so sind die notwendigen Schutzmaßnahmen zu ergreifen.

Alle funktionsbedingten Emissionen von nicht ionisierender Strahlung während der Einstellung, des Betriebs oder der Reinigung müssen so weit begrenzt werden, dass sie keine schädlichen Auswirkungen für den Menschen haben.

1.5.11 Strahlung von außen

Die Maschine muss so konstruiert und gebaut sein, dass ihre Funktion durch Strahlung von außen nicht beeinträchtigt wird.

1.5.12 Laserstrahlung

Bei Verwendung von Lasereinrichtungen ist Folgendes zu beachten:

- Lasereinrichtungen an Maschinen müssen so konstruiert und gebaut sein, dass sie keine unbeabsichtigte Strahlung abgeben können.
- Lasereinrichtungen an Maschinen müssen so abgeschirmt sein, dass weder durch die Nutzstrahlung noch durch reflektierte oder gestreute Strahlung noch durch Sekundärstrahlung Gesundheitsschäden verursacht werden.
- Optische Einrichtungen zur Beobachtung oder Einstellung von Lasereinrichtungen an Maschinen müssen so beschaffen sein, dass durch die Laserstrahlung kein Gesundheitsrisiko verursacht wird.

1.5.13 Emission gefährlicher Werkstoffe und Substanzen

Die Maschine muss so konstruiert und gebaut sein, dass das Risiko des Einatmens, des Verschluckens, des Kontaktes mit Haut, Augen und Schleimhäuten sowie des Eindringens von gefährlichen Werkstoffen und von der Maschine erzeugten Substanzen durch die Haut vermieden werden kann.

Kann eine Gefährdung nicht beseitigt werden, so muss die Maschine so ausgerüstet sein, dass gefährliche Werkstoffe und Substanzen aufgefangen, abgeführt, durch Sprühwasser ausgefällt, gefiltert oder durch ein anderes ebenso wirksames Verfahren behandelt werden können.

Ist die Maschine im Normalbetrieb nicht vollkommen geschlossen, so sind die Einrichtungen zum Auffangen und/oder Abführen so anzuordnen, dass sie die größtmögliche Wirkung entfalten.

1.5.14 Risiko, in einer Maschine eingeschlossen zu werden

Die Maschine muss so konstruiert, gebaut oder ausgerüstet sein, dass eine Person nicht in ihr eingeschlossen wird oder, falls das nicht möglich ist, dass eine eingeschlossene Person Hilfe herbeirufen kann.

1.5.15 Ausrutsch-, Stolper- und Sturzrisiko

Die Teile der Maschine, auf denen Personen sich eventuell bewegen oder aufhalten müssen, müssen so konstruiert und gebaut sein, dass ein Ausrutschen, Stolpern oder ein Sturz auf oder von diesen Teilen vermieden wird.

Diese Teile müssen erforderlichenfalls mit Haltevorrichtungen ausgestattet sein, die benutzerbezogen angebracht sind und dem Benutzer einen sicheren Halt ermöglichen.

1.5.16 Blitzschlag

Maschinen, die während ihrer Verwendung vor der Auswirkung von Blitzschlag geschützt werden müssen, sind mit einem Erdungssystem zur Ableitung der betreffenden elektrischen Ladung auszustatten.

1.6 Instandhaltung

1.6.1 Wartung der Maschine

Die Einrichtungs- und Wartungsstellen müssen außerhalb der Gefahrenbereiche liegen. Die Einrichtungs-, Instandhaltungs-, Reparatur-, Reinigungs- und Wartungsarbeiten müssen bei stillgesetzter Maschine durchgeführt werden können.

Kann mindestens eine der vorgenannten Bedingungen aus technischen Gründen nicht erfüllt werden, so sind die erforderlichen Maßnahmen zu ergreifen, damit diese Arbeiten sicher ausgeführt werden können (siehe Nummer 1.2.5).

Bei automatischen Maschinen und gegebenenfalls bei anderen Maschinen ist eine Schnittstelle zum Anschluss einer Fehlerdiagnoseeinrichtung vorzusehen.

Teile von automatischen Maschinen, die häufig ausgewechselt werden müssen, sind für einfache und gefahrlose Montage und Demontage auszulegen. Der Zugang zu diesen Teilen ist so zu gestalten, dass diese Arbeiten mit den notwendigen technischen Hilfsmitteln nach einem festgelegten Verfahren durchgeführt werden können.

1.6.2 Zugang zu den Bedienungsständen und den Eingriffspunkten für die Instandhaltung

Die Maschine muss so konstruiert und gebaut sein, dass alle Stellen, die für den Betrieb, das Einrichten und die Instandhaltung der Maschine zugänglich sein müssen, gefahrlos erreicht werden können.

1.6.3 Trennung von den Energiequellen

Die Maschine muss mit Einrichtungen ausgestattet sein, mit denen sie von jeder einzelnen Energiequelle getrennt werden kann. Diese Einrichtungen sind klar zu kennzeichnen. Sie müssen abschließbar sein, falls eine Wiedereinschaltung eine Gefahr für Personen verursachen kann. Die Trenneinrichtung muss auch abschließbar sein, wenn das Bedienungspersonal die permanente Unterbrechung der Energiezufuhr nicht von jeder Zugangsstelle aus überwachen kann.

Bei elektrisch betriebenen Maschinen, die über eine Steckverbindung angeschlossen sind, genügt die Trennung der Steckverbindung, sofern das Bedienungspersonal die permanente Trennung der Steckverbindung von jeder Zugangsstelle aus überwachen kann.

Die Restenergie oder die gespeicherte Energie, die nach der Unterbrechung der Energiezufuhr noch vorhanden sein kann, muss ohne Risiko für Personen abgeleitet werden können.

Abweichend von den vorstehenden Anforderungen ist es zulässig, dass bestimmte Kreise nicht von ihrer Energiequelle getrennt werden, z. B. um Teile in ihrer Position zu halten, um Daten zu sichern oder um die Beleuchtung innen liegender Teile zu ermöglichen. In diesem Fall müssen besondere Vorkehrungen getroffen werden, um die Sicherheit des Bedienungspersonals zu gewährleisten.

1.6.4 Eingriffe des Bedienungspersonals

Die Maschine muss so konstruiert, gebaut und ausgerüstet sein, dass sich möglichst wenig Anlässe für ein Eingreifen des Bedienungspersonals ergeben. Kann ein Eingreifen des Bedienungspersonals nicht vermieden werden, so muss es leicht und sicher auszuführen sein.

1.6.5 Reinigung innen liegender Maschinenteile

Die Maschine muss so konstruiert und gebaut sein, dass die Reinigung innen liegender Maschinenteile, die gefährliche Stoffe oder Zubereitungen enthalten haben, möglich ist, ohne dass ein Einsteigen in die Maschine erforderlich ist; ebenso müssen diese Stoffe und Zubereitungen, falls erforderlich, von außen abgelassen werden können. Lässt sich das Einsteigen in die Maschine nicht vermeiden, so muss die Maschine so konstruiert und gebaut sein, dass eine gefahrlose Reinigung möglich ist.

1.7 Informationen

1.7.1 Informationen und Warnhinweise an der Maschine

Informationen und Warnhinweise an der Maschine sollten vorzugsweise in Form leicht verständlicher Symbole oder Piktogramme gegeben werden. Alle schriftlichen oder verbalen Informationen und Warnhinweise müssen in der bzw. den Amtssprachen der Gemeinschaft abgefasst sein, die gemäß dem Vertrag von dem Mitgliedstaat, in dem die Maschinen in den Verkehr gebracht und/oder in Betrieb genommen wird, bestimmt werden kann bzw. können, und auf Verlangen können sie zusätzlich auch in jeder anderen vom Bedienungspersonal verstandenen Amtssprache bzw. Amtssprachen der Gemeinschaft abgefasst sein.

1.7.1.1 Informationen und Informationseinrichtungen

Die für die Bedienung einer Maschine erforderlichen Informationen müssen eindeutig und leicht verständlich sein. Dabei ist darauf zu achten, dass das Bedienungspersonal nicht mit Informationen überlastet wird.

Optische Anzeigeeinrichtungen oder andere interaktive Mittel für die Kommunikation zwischen dem Bedienungspersonal und der Maschine müssen leicht zu verstehen sein und leicht zu benutzen sein.

1.7.1.2 Warneinrichtungen

Wenn Sicherheit und Gesundheit der gefährdeten Personen durch Funktionsstörungen einer Maschine, deren Betrieb nicht überwacht wird, beeinträchtigt werden können, muss die Maschine mit einer entsprechenden akustischen oder optischen Warnvorrichtung versehen sein.

Ist die Maschine mit Warneinrichtungen ausgestattet, so müssen deren Signale eindeutig zu verstehen und leicht wahrnehmbar sein. Das Bedienungspersonal muss über Möglichkeiten verfügen, um die ständige Funktionsbereitschaft dieser Warneinrichtungen zu überprüfen.

Die Vorschriften der speziellen Gemeinschaftsrichtlinien über Sicherheitsfarben und -zeichen sind anzuwenden.

1.7.2 Warnung vor Restrisiken

Bestehen trotz der Maßnahmen zur Integration der Sicherheit bei der Konstruktion, trotz der Sicherheitsvorkehrungen und trotz der ergänzenden Schutzmaßnahmen weiterhin Risiken, so sind die erforderlichen Warnhinweise, einschließlich Warneinrichtungen, vorzusehen.

1.7.3 Kennzeichnung der Maschinen

Auf jeder Maschine müssen mindestens folgende Angaben erkennbar, deutlich lesbar und dauerhaft angebracht sein:

- Firmenname und vollständige Anschrift des Herstellers und gegebenenfalls seines Bevollmächtigten,
- Bezeichnung der Maschine,
- CE-Kennzeichnung (siehe Anhang III),
- Baureihen- oder Typbezeichnung,
- gegebenenfalls Seriennummer,
- Baujahr, d. h. das Jahr, in dem der Herstellungsprozess abgeschlossen wurde.

Es ist untersagt, bei der Anbringung der CE-Kennzeichnung das Baujahr der Maschine vor- oder nachzudatieren.

Ist die Maschine für den Einsatz in explosionsgefährdeter Umgebung konstruiert und gebaut, muss sie einen entsprechenden Hinweis tragen.

Je nach Beschaffenheit müssen auf der Maschine ebenfalls alle für die Sicherheit bei der Verwendung wesentlichen Hinweise angebracht sein. Diese Hinweise unterliegen den Anforderungen der Nummer 1.7.1.

Muss ein Maschinenteil während der Benutzung mit Hebezeugen gehandhabt werden, so ist sein Gewicht leserlich, dauerhaft und eindeutig anzugeben.

1.7.4 Betriebsanleitung

Jeder Maschine muss eine Betriebsanleitung in der oder den Amtssprachen der Gemeinschaft des Mitgliedstaats beiliegen, in dem die Maschine in Verkehr gebracht und/oder in Betrieb genommen wird.

Die der Maschine beiliegende Betriebsanleitung muss eine „Originalbetriebsanleitung“ oder eine „Übersetzung der Originalbetriebsanleitung“ sein; im letzteren Fall ist der Übersetzung die Originalbetriebsanleitung beizufügen.

Abweichend von den vorstehenden Bestimmungen kann die Wartungsanleitung, die zur Verwendung durch vom Hersteller oder von seinem Bevollmächtigten beauftragtes Fachpersonal bestimmt ist, in nur einer Sprache der Gemeinschaft abgefasst werden, die von diesem Fachpersonal verstanden wird.

Die Betriebsanleitung ist nach den im Folgenden genannten Grundsätzen abzufassen.

1.7.4.1 Allgemeine Grundsätze für die Abfassung der Betriebsanleitung

a) Die Betriebsanleitung muss in einer oder mehreren Amtssprachen der Gemeinschaft abgefasst sein. Die Sprachfassungen, für die der Hersteller oder sein Bevollmächtigter die Verantwortung übernimmt, müssen mit dem Vermerk „Originalbetriebsanleitung" versehen sein.

b) Ist keine Originalbetriebsanleitung in der bzw. den Amtssprachen des Verwendungslandes vorhanden, hat der Hersteller oder sein Bevollmächtigter oder derjenige, der die Maschine in das betreffende Sprachgebiet einführt, für eine Übersetzung in diese Sprache(n) zu sorgen. Diese Übersetzung ist mit dem Vermerk „Übersetzung der Originalbetriebsanleitung" zu kennzeichnen.

c) Der Inhalt der Betriebsanleitung muss nicht nur die bestimmungsgemäße Verwendung der betreffenden Maschine berücksichtigen, sondern auch jede vernünftigerweise vorhersehbare Fehlanwendung der Maschine.

d) Bei der Abfassung und Gestaltung der Betriebsanleitung für Maschinen, die zur Verwendung durch Verbraucher bestimmt sind, muss dem allgemeinen Wissensstand und der Verständnisfähigkeit Rechnung getragen werden, die vernünftigerweise von solchen Benutzern erwartet werden können.

1.7.4.2 Inhalt der Betriebsanleitung

Jede Betriebsanleitung muss erforderlichenfalls folgende Mindestangaben enthalten:

a) Firmenname und vollständige Anschrift des Herstellers und seines Bevollmächtigten;

b) Bezeichnung der Maschine entsprechend der Angabe auf der Maschine selbst, ausgenommen die Seriennummer (siehe Nummer 1.7.3);

c) die EG-Konformitätserklärung oder ein Dokument, das die EG-Konformitätserklärung inhaltlich wiedergibt und Einzelangaben der Maschine enthält, das aber nicht zwangsläufig auch die Seriennummer und die Unterschrift enthalten muss;

d) eine allgemeine Beschreibung der Maschine;

e) die für Verwendung, Wartung und Instandsetzung der Maschine und zur Überprüfung ihres ordnungsgemäßen Funktionierens erforderlichen Zeichnungen, Schaltpläne, Beschreibungen und Erläuterungen;

f) eine Beschreibung des Arbeitsplatzes bzw. der Arbeitsplätze, die voraussichtlich vom Bedienungspersonal eingenommen werden;

g) eine Beschreibung der bestimmungsgemäßen Verwendung der Maschine;

h) Warnhinweise in Bezug auf Fehlanwendungen der Maschine, zu denen es erfahrungsgemäß kommen kann;

i) Anleitungen zur Montage, zum Aufbau und zum Anschluss der Maschine, einschließlich der Zeichnungen, Schaltpläne und der Befestigungen, sowie Angabe des Maschinengestells oder der Anlage, auf das bzw. in die die Maschine montiert werden soll;

j) Installations- und Montagevorschriften zur Verminderung von Lärm und Vibrationen;

k) Hinweise zur Inbetriebnahme und zum Betrieb der Maschine sowie erforderlichenfalls Hinweise zur Ausbildung bzw. Einarbeitung des Bedienungspersonals;

l) Angaben zu Restrisiken, die trotz der Maßnahmen zur Integration der Sicherheit bei der Konstruktion, trotz der Sicherheitsvorkehrungen und trotz der ergänzenden Schutzmaßnahmen noch verbleiben;

m) Anleitung für die vom Benutzer zu treffenden Schutzmaßnahmen, gegebenenfalls einschließlich der bereitzustellenden persönlichen Schutzausrüstung;

n) die wesentlichen Merkmale der Werkzeuge, die an der Maschine angebracht werden können;

o) Bedingungen, unter denen die Maschine die Anforderungen an die Standsicherheit beim Betrieb, beim Transport, bei der Montage, bei der Demontage, wenn sie außer Betrieb ist, bei Prüfungen sowie bei vorhersehbaren Störungen erfüllt;

p) Sicherheitshinweise zum Transport, zur Handhabung und zur Lagerung, mit Angabe des Gewichts der Maschine und ihrer verschiedenen Bauteile, falls sie regelmäßig getrennt transportiert werden müssen;

q) bei Unfällen oder Störungen erforderliches Vorgehen; falls es zu einer Blockierung kommen kann, ist in der Betriebsanleitung anzugeben, wie zum gefahrlosen Lösen der Blockierung vorzugehen ist;

r) Beschreibung der vom Benutzer durchzuführenden Einrichtungs- und Wartungsarbeiten sowie der zu treffenden vorbeugenden Wartungsmaßnahmen;

s) Anweisungen zum sicheren Einrichten und Warten einschließlich der dabei zu treffenden Schutzmaßnahmen;

t) Spezifikationen der zu verwendenden Ersatzteile, wenn diese sich auf die Sicherheit und Gesundheit des Bedienungspersonals auswirken;

u) folgende Angaben zur Luftschallemission der Maschine:

- der A-bewertete Emissionsschalldruckpegel an den Arbeitsplätzen, sofern er 70 dB(A) übersteigt; ist dieser Pegel kleiner oder gleich 70 dB(A), so ist dies anzugeben;
- der Höchstwert des momentanen C-bewerteten Emissionsschalldruckpegels an den Arbeitsplätzen, sofern er 63 Pa (130 dB bezogen auf 20 μPa) übersteigt;
- der A-bewertete Schallleistungspegel der Maschine, wenn der A-bewertete Emissionsschalldruckpegel an den Arbeitsplätzen 80 dB(A) übersteigt.

Diese Werte müssen entweder an der betreffenden Maschine tatsächlich gemessen oder durch Messung an einer technisch vergleichbaren, für die geplante Fertigung repräsentativen Maschine ermittelt worden sein.

Bei Maschinen mit sehr großen Abmessungen können statt des A-bewerteten Schallleistungspegels die Abewerteten Emissionsschalldruckpegel an bestimmten Stellen im Maschinenumfeld angegeben werden.

Kommen keine harmonisierten Normen zur Anwendung, ist zur Ermittlung der Geräuschemission nach der dafür am besten geeigneten Messmethode zu verfahren. Bei jeder Angabe von Schallemissionswerten ist die für diese Werte bestehende Unsicherheit anzugeben. Die Betriebsbedingungen der Maschine während der Messung und die Messmethode sind zu beschreiben.

Wenn der Arbeitsplatz bzw. die Arbeitsplätze nicht festgelegt sind oder sich nicht festlegen lassen, müssen die Messungen des A-bewerteten Schalldruckpegels in einem Abstand von 1 m von der Maschinenoberfläche und 1,60 m über dem Boden oder der Zugangsplattform vorgenommen werden. Der höchste Emissionsschalldruckpegel und der zugehörige Messpunkt sind anzugeben.

Enthalten spezielle Gemeinschaftsrichtlinien andere Bestimmungen zur Messung des Schalldruck- oder Schallleistungspegels, so gelten die Bestimmungen dieser speziellen Richtlinien und nicht die entsprechenden Bestimmungen der vorliegenden Richtlinie.

v) Kann die Maschine nichtionisierende Strahlung abgeben, die Personen, insbesondere Träger aktiver oder nicht aktiver implantierbarer medizinischer Geräte, schädigen kann, so sind Angaben über die Strahlung zu machen, der das Bedienungspersonal und gefährdete Personen ausgesetzt sind.

1.7.4.3 Verkaufsprospekte

Verkaufsprospekte, in denen die Maschine beschrieben wird, dürfen in Bezug auf die Sicherheits- und Gesundheitsschutzaspekte nicht der Betriebsanleitung widersprechen. Verkaufsprospekte, in denen die Leistungsmerkmale der Maschine beschrieben werden, müssen die gleichen Angaben zu Emissionen enthalten wie die Betriebsanleitung.

2. Zusätzliche grundlegende Sicherheits- und Gesundheitsschutzanforderungen an bestimmte Maschinengattungen

Nahrungsmittelmaschinen, Maschinen für kosmetische oder pharmazeutische Erzeugnisse, handgehaltene und/oder handgeführte Maschinen, tragbare Befestigungsgeräte und andere Schussgeräte sowie Maschinen zur Bearbeitung von Holz und von Werkstoffen mit ähnlichen physikalischen Eigenschaften müssen alle in diesem Kapitel genannten grundlegenden Sicherheits- und Gesundheitsschutzanforderungen erfüllen (siehe Allgemeine Grundsätze, Nummer 4).

2.1 Nahrungsmittelmaschinen und Maschinen für kosmetische oder pharmazeutische Erzeugnisse

2.1.1 Allgemeines

Maschinen, die für die Verwendung mit Lebensmitteln oder mit kosmetischen oder pharmazeutischen Erzeugnissen bestimmt sind, müssen so konstruiert und gebaut sein, dass das Risiko einer Infektion, Krankheit oder Ansteckung ausgeschlossen ist.

Folgende Anforderungen sind zu beachten:

a) Die Materialien, die mit Lebensmitteln, kosmetischen oder pharmazeutischen Erzeugnissen in Berührung kommen oder kommen können, müssen den einschlägigen Richtlinien entsprechen. Die Maschine muss so konstruiert und gebaut sein, dass diese Materialien vor jeder Benutzung gereinigt werden können; ist dies nicht möglich, sind Einwegteile zu verwenden.

b) Alle mit Lebensmitteln, kosmetischen oder pharmazeutischen Erzeugnissen in Berührung kommenden Flächen mit Ausnahme der Flächen von Einwegteilen müssen

- glatt sein und dürfen keine Erhöhungen und Vertiefungen aufweisen, an denen organische Stoffe zurückbleiben können; das Gleiche gilt für Verbindungsstellen zwischen Flächen,
- so gestaltet und gefertigt sein, dass Vorsprünge, Kanten und Aussparungen an Bauteilen auf ein Minimum reduziert werden,
- leicht zu reinigen und zu desinfizieren sein, erforderlichenfalls nach Abnehmen leicht demontierbarer Teile; die Innenflächen müssen Ausrundungen mit ausreichendem Radius aufweisen, damit sie vollständig gereinigt werden können.

c) Von Lebensmitteln, kosmetischen und pharmazeutischen Erzeugnissen sowie von Reinigungs-, Desinfektions- und Spülmitteln stammende Flüssigkeiten, Gase und Aerosole müssen vollständig aus der Maschine abgeleitet werden können (möglichst in Reinigungsstellung).

d) Die Maschine muss so konstruiert und gebaut sein, dass in Bereiche, die nicht zur Reinigung zugänglich sind, keine Substanzen oder Lebewesen, insbesondere Insekten, eindringen können und dass sich darin keine organischen Bestandteile festsetzen können.

e) Die Maschine muss so konstruiert und gebaut sein, dass gesundheitsgefährliche Betriebsstoffe, einschließlich Schmiermittel, nicht mit den Lebensmitteln, kosmetischen oder pharmazeutischen Erzeugnissen in Berührung kommen können. Sie muss gegebenenfalls so konstruiert und gebaut sein, dass die fortdauernde Erfüllung dieser Anforderung überprüft werden kann.

2.1.2 Betriebsanleitung

In der Betriebsanleitung für Nahrungsmittelmaschinen und für Maschinen zur Verwendung mit kosmetischen oder pharmazeutischen Erzeugnissen müssen die empfohlenen Reinigungs-, Desinfektions- und Spülmittel und -verfahren angegeben werden, und zwar nicht nur für die leicht zugänglichen Bereiche, sondern auch für Bereiche, zu denen ein Zugang unmöglich oder nicht ratsam ist.

2.2 Handgehaltene und/oder handgeführte tragbare Maschinen

2.2.1 Allgemeines

Handgehaltene und/oder handgeführte tragbare Maschinen müssen

- je nach Art der Maschine eine ausreichend große Auflagefläche und eine ausreichende Zahl von angemessen dimensionierten Griffen und Halterungen besitzen, die so gestaltet sein müssen, dass die Stabilität der Maschine bei bestimmungsgemäßer Verwendung gewährleistet ist,
- falls die Griffe nicht ohne Gefahr losgelassen werden können, mit Stellteilen zum Ingangsetzen und Stillsetzen ausgestattet sein, die so angeordnet sind, dass sie ohne Loslassen der Griffe betätigt werden können; dies gilt jedoch nicht, wenn diese Anforderung technisch nicht erfüllbar ist oder wenn ein unabhängiges Stellteil vorhanden ist,
- so beschaffen sein, dass keine Risiken durch ungewolltes Anlaufen und/oder ungewolltes Weiterlaufen nach Loslassen der Griffe bestehen. Ist es technisch nicht möglich, diese Anforderung zu erfüllen, so müssen gleichwertige Vorkehrungen getroffen werden,
- es ermöglichen, dass erforderlichenfalls der Gefahrenbereich und das Bearbeiten des Materials durch das Werkzeug optisch kontrolliert werden können.

Die Griffe tragbarer Maschinen müssen so konstruiert und ausgeführt sein, dass sich die Maschinen mühelos in Gang setzen und stillsetzen lassen.

2.2.1.1 Betriebsanleitung

Die Betriebsanleitung von handgehaltenen oder handgeführten tragbaren Maschinen muss folgende Angaben über die von ihnen ausgehenden Vibrationen enthalten:

- den Schwingungsgesamtwert, dem die oberen Körpergliedmaßen ausgesetzt sind, falls der ermittelte Wert 2,5 m/s^2 übersteigt. Liegt dieser Wert nicht über 2,5 m/s^2, so ist dies anzugeben,
- die Messunsicherheiten.

Diese Werte müssen entweder an der betreffenden Maschine tatsächlich gemessen oder durch Messung an einer technisch vergleichbaren, für die geplante Fertigung repräsentativen Maschine ermittelt worden sein.

Kommen keine harmonisierten Normen zur Anwendung, ist zur Ermittlung der Vibrationsdaten nach der dafür am besten geeigneten Messmethode zu verfahren.

Die Betriebsbedingungen der Maschine während der Messung und die Messmethode sind zu beschreiben oder es ist die zugrunde liegende harmonisierte Norm genau anzugeben.

2.2.2 Tragbare Befestigungsgeräte und andere Schussgeräte

2.2.2.1 Allgemeines

Tragbare Befestigungsgeräte und andere Schussgeräte müssen so konstruiert und gebaut sein, dass

- die Energie über ein Zwischenglied, das im Gerät verbleibt, an das einzuschlagende Teil abgegeben wird,
- eine Sicherungsvorrichtung eine Schlagauslösung nur zulässt, wenn die Maschine korrekt auf dem Werkstück positioniert ist und mit ausreichender Kraft angedrückt wird,
- eine unbeabsichtigte Schlagauslösung verhindert wird; wenn notwendig muss zur Schlagauslösung die Einhaltung einer vorgegebenen Abfolge von Handgriffen an der Sicherungsvorrichtung und am Stellteil erforderlich sein,
- eine unbeabsichtigte Schlagauslösung bei der Handhabung oder bei Stoßeinwirkung verhindert wird,
- ein leichtes und sicheres Laden und Entladen möglich ist.

Erforderlichenfalls muss es möglich sein, das Gerät mit einem Splitterschutz auszustatten, und die geeigneten Schutzeinrichtungen müssen vom Hersteller der Maschine bereitgestellt werden.

2.2.2.2 Betriebsanleitung

In der Betriebsanleitung sind Angaben zu folgenden Punkten zu machen:

- Zubehörteile und auswechselbare Ausrüstungen, die für die Maschine geeignet sind,
- passende Befestigungsteile oder andere Einschlagteile, die mit dem Gerät verwendet werden können,
- gegebenenfalls passende Magazine.

2.3 Maschinen zur Bearbeitung von Holz und von Werkstoffen mit ähnlichen physikalischen Eigenschaften

Maschinen zur Bearbeitung von Holz und von Werkstoffen mit ähnlichen physikalischen Eigenschaften müssen folgende Anforderungen erfüllen:

a) Sie müssen so konstruiert, gebaut oder ausgerüstet sein, dass das Werkstück sicher aufgelegt und geführt werden kann. Wird das Werkstück auf einem Arbeitstisch mit der Hand gehalten, so muss dieser Tisch während der Arbeit ausreichend standsicher sein und darf die Bewegung des Werkstücks nicht behindern.

b) Wird die Maschine voraussichtlich unter Bedingungen verwendet, die das Risiko eines Rückschlags von Werkstücken oder von Teilen davon mit sich bringen, so muss sie so konstruiert, gebaut oder ausgerüstet sein, dass ein Rückschlag vermieden wird oder, wenn das nicht möglich ist, der Rückschlag für das Bedienungspersonal und/oder gefährdete Personen kein Risiko bewirkt.

c) Die Maschine muss mit selbsttätigen Bremsen ausgerüstet sein, die das Werkzeug in ausreichend kurzer Zeit zum Stillstand bringen, wenn beim Auslaufen das Risiko eines Kontakts mit dem Werkzeug besteht.

d) Ist das Werkzeug in eine nicht vollautomatisch arbeitende Maschine eingebaut, so ist diese Maschine so zu konstruieren und zu bauen, dass das Risiko von Verletzungen ausgeschaltet oder verringert wird.

3. Zusätzliche grundlegende Sicherheits- und Gesundheitsschutzanforderungen zur Ausschaltung der Gefährdungen, die von der Beweglichkeit von Maschinen ausgehen

Maschinen, von denen aufgrund ihrer Beweglichkeit Gefährdungen ausgehen, müssen alle in diesem Kapitel genannten grundlegenden Sicherheits- und Gesundheitsschutzanforderungen erfüllen (siehe Allgemeine Grundsätze, Nummer 4).

3.1 Allgemeines

3.1.1 Begriffsbestimmungen

a) Eine „Maschine, von der aufgrund ihrer Beweglichkeit Gefährdungen ausgehen", ist:

- eine Maschine, die bei der Arbeit entweder beweglich sein muss oder kontinuierlich oder halbkontinuierlich zu aufeinander folgenden festen Arbeitsstellen verfahren werden muss, oder
- eine Maschine, die während der Arbeit nicht verfahren wird, die aber mit Einrichtungen ausgestattet werden kann, mit denen sie sich leichter an eine andere Stelle bewegen lässt.

b) Ein „Fahrer" ist eine Bedienungsperson, die mit dem Verfahren einer Maschine betraut ist. Der Fahrer kann auf der Maschine aufsitzen, sie zu Fuß begleiten oder fernsteuern.

3.2 Bedienerplätze

3.2.1 Fahrerplatz

Die Sicht vom Fahrerplatz aus muss so gut sein, dass der Fahrer die Maschine und ihre Werkzeuge unter den vorhersehbaren Einsatzbedingungen ohne jede Gefahr für sich und andere gefährdete Personen handhaben kann. Den Gefährdungen durch unzureichende Direktsicht muss erforderlichenfalls durch geeignete Einrichtungen begegnet werden.

Eine Maschine mit aufsitzendem Fahrer muss so konstruiert und gebaut sein, dass am Fahrerplatz für den Fahrer kein Risiko durch unbeabsichtigten Kontakt mit Rädern und Ketten besteht.

Sofern dies das Risiko nicht erhöht und es die Abmessungen zulassen, ist der Fahrerplatz für den aufsitzenden Fahrer so zu konstruieren und auszuführen, dass er mit einer Kabine ausgestattet werden kann. In der Kabine muss eine Stelle zur Aufbewahrung der notwendigen Anweisungen für den Fahrer vorgesehen sein.

3.2.2 Sitze

Besteht das Risiko, dass das Bedienungspersonal oder andere auf der Maschine beförderte Personen beim Überrollen oder Umkippen der Maschine – insbesondere bei Maschinen, die mit dem in den Nummern 3.4.3 oder 3.4.4 genannten Schutzaufbau ausgerüstet sind – zwischen Teilen der Maschine und dem Boden eingequetscht werden können, so müssen die Sitze so konstruiert oder mit einer Rückhaltevorrichtung ausgestattet sein, dass die Personen auf ihrem Sitz gehalten werden, ohne dass die notwendigen Bedienungsbewegungen behindert oder von der Sitzaufhängung hervorgerufene Bewegungen eingeschränkt werden. Rückhaltevorrichtungen dürfen nicht eingebaut werden, wenn sich dadurch das Risiko erhöht.

3.2.3 Plätze für andere Personen

Können im Rahmen der bestimmungsgemäßen Verwendung gelegentlich oder regelmäßig außer dem Fahrer andere Personen zum Mitfahren oder zur Arbeit auf der Maschine transportiert werden, so sind geeignete Plätze vorzusehen, die eine Beförderung oder ein Arbeiten ohne Risiko gestatten.

Nummer 3.2.1 Absätze 2 und 3 gilt auch für die Plätze für andere Personen als den Fahrer.

3.3 Steuerung

Erforderlichenfalls sind Maßnahmen zu treffen, die eine unerlaubte Benutzung der Steuerung verhindern.

Bei Fernsteuerung muss an jedem Bedienungsgerät klar ersichtlich sein, welche Maschine von diesem Gerät aus bedient werden soll.

Die Fernsteuerung muss so konstruiert und ausgeführt sein, dass

- sie ausschließlich die betreffende Maschine steuert,
- sie ausschließlich die betreffenden Funktionen steuert.

Eine ferngesteuerte Maschine muss so konstruiert und gebaut sein, dass sie nur auf Steuerbefehle von dem für sie vorgesehenen Bedienungsgerät reagiert.

3.3.1 Stellteile

Der Fahrer muss vom Fahrerplatz aus alle für den Betrieb der Maschine erforderlichen Stellteile betätigen können; ausgenommen sind Funktionen, die nur über an anderer Stelle befindliche Stellteile sicher ausgeführt werden können. Zu diesen Funktionen gehören insbesondere diejenigen, für die anderes Bedienungspersonal als der Fahrer zuständig ist oder für die der Fahrer seinen Fahrerplatz verlassen muss, um sie sicher steuern zu können.

Gegebenenfalls vorhandene Pedale müssen so gestaltet, ausgeführt und angeordnet sein, dass sie vom Fahrer mit möglichst geringem Fehlbedienungsrisiko sicher betätigt werden können; sie müssen eine rutschhemmende Oberfläche haben und leicht zu reinigen sein.

Kann die Betätigung von Stellteilen Gefährdungen, insbesondere gefährliche Bewegungen verursachen, so müssen diese Stellteile – ausgenommen solche mit mehreren vorgegebenen Stellungen – in die Neutralstellung zurückkehren, sobald die Bedienungsperson sie loslässt.

Bei Maschinen auf Rädern muss die Lenkung so konstruiert und ausgeführt sein, dass plötzliche Ausschläge des Lenkrades oder des Lenkhebels infolge von Stößen auf die gelenkten Räder gedämpft werden.

Stellteile zum Sperren des Differenzials müssen so ausgelegt und angeordnet sein, dass sie die Entsperrung des Differenzials gestatten, während die Maschine in Bewegung ist.

Nummer 1.2.2 Absatz 6 betreffend akustische und/oder optische Warnsignale gilt nur für Rückwärtsfahrt.

3.3.2 Ingangsetzen/Verfahren

Eine selbstfahrende Maschine mit aufsitzendem Fahrer darf Fahrbewegungen nur ausführen können, wenn sich der Fahrer am Bedienungsstand befindet.

Ist eine Maschine zum Arbeiten mit Vorrichtungen ausgerüstet, die über ihr normales Lichtraumprofil hinausragen (z. B. Stabilisatoren, Ausleger usw.), so muss der Fahrer vor dem Verfahren der Maschine leicht überprüfen können, ob die Stellung dieser Vorrichtungen ein sicheres Verfahren erlaubt.

Dasselbe gilt für alle anderen Teile, die sich in einer bestimmten Stellung, erforderlichenfalls verriegelt, befinden müssen, damit die Maschine sicher verfahren werden kann.

Das Verfahren der Maschine ist von der sicheren Positionierung der oben genannten Teile abhängig zu machen, wenn das nicht zu anderen Risiken führt.

Eine unbeabsichtigte Fahrbewegung der Maschine darf nicht möglich sein, während der Motor in Gang gesetzt wird.

3.3.3 Stillsetzen/Bremsen

Unbeschadet der Straßenverkehrsvorschriften müssen selbstfahrende Maschinen und zugehörige Anhänger die Anforderungen für das Abbremsen, Anhalten und Feststellen erfüllen, damit bei jeder vorgesehenen Betriebsart, Belastung, Fahrgeschwindigkeit, Bodenbeschaffenheit und Geländeneigung die erforderliche Sicherheit gewährleistet ist.

Eine selbstfahrende Maschine muss vom Fahrer mittels einer entsprechenden Haupteinrichtung abgebremst und angehalten werden können. Außerdem muss das Abbremsen und Anhalten über eine Noteinrichtung mit einem völlig unabhängigen und leicht zugänglichen Stellteil möglich sein, wenn dies erforderlich ist, um bei einem Versagen der Haupteinrichtung oder bei einem Ausfall der zur Betätigung der Haupteinrichtung benötigten Energie die Sicherheit zu gewährleisten.

Sofern es die Sicherheit erfordert, muss die Maschine mit Hilfe einer Feststelleinrichtung arretierbar sein. Als Feststelleinrichtung kann eine der im Absatz 2 bezeichneten Einrichtungen dienen, sofern sie rein mechanisch wirkt.

Eine ferngesteuerte Maschine muss mit Einrichtungen ausgestattet sein, die unter folgenden Umständen den Anhaltevorgang automatisch und unverzüglich einleiten und einem potenziell gefährlichen Betrieb vorbeugen:

- wenn der Fahrer die Kontrolle über sie verloren hat,
- wenn sie ein Haltesignal empfängt,
- wenn ein Fehler an einem sicherheitsrelevanten Teil des Systems festgestellt wird,
- wenn innerhalb einer vorgegebenen Zeitspanne kein Überwachungssignal registriert wurde. Nummer 1.2.4 findet hier keine Anwendung.

3.3.4 Verfahren mitgängergeführter Maschinen

Eine mitgängergeführte selbstfahrende Maschine darf eine Verfahrbewegung nur bei ununterbrochener Betätigung des entsprechenden Stellteils durch den Fahrer ausführen können. Insbesondere darf eine Verfahrbewegung nicht möglich sein, während der Motor in Gang gesetzt wird.

Die Stellteile von mitgängergeführten Maschinen müssen so ausgelegt sein, dass die Risiken durch eine unbeabsichtigte Bewegung der Maschine für den Fahrer so gering wie möglich sind; dies gilt insbesondere für die Gefahr,

- eingequetscht oder überfahren zu werden,
- durch umlaufende Werkzeuge verletzt zu werden.

Die Verfahrgeschwindigkeit der Maschine darf nicht größer sein als die Schrittgeschwindigkeit des Fahrers.

Bei Maschinen, an denen ein umlaufendes Werkzeug angebracht werden kann, muss sichergestellt sein, dass bei eingelegtem Rückwärtsgang das Werkzeug nicht angetrieben werden kann, es sei denn, die Fahrbewegung der Maschine wird durch die Bewegung des Werkzeugs bewirkt. Im letzteren Fall muss die Geschwindigkeit im Rückwärtsgang so gering sein, dass der Fahrer nicht gefährdet wird.

3.3.5 Störung des Steuerkreises

Bei Ausfall einer eventuell vorhandenen Lenkhilfe muss sich die Maschine während des Anhaltens weiterlenken lassen.

3.4 Schutzmaßnahmen gegen mechanische Gefährdungen

3.4.1 Unkontrollierte Bewegungen

Die Maschine muss so konstruiert, gebaut und gegebenenfalls auf ihrem beweglichen Gestell montiert sein, dass unkontrollierte Verlagerungen ihres Schwerpunkts beim Verfahren ihre Standsicherheit nicht beeinträchtigen und zu keiner übermäßigen Beanspruchung ihrer Struktur führen.

3.4.2 Bewegliche Übertragungselemente

Abweichend von Nummer 1.3.8.1 brauchen bei Motoren die beweglichen Schutzeinrichtungen, die den Zugang zu den beweglichen Teilen im Motorraum verhindern, nicht verriegelbar zu sein, wenn sie sich nur mit einem Werkzeug oder Schlüssel oder durch Betätigen eines Stellteils am Fahrerplatz öffnen lassen, sofern sich dieser in einer völlig geschlossenen, gegen unbefugten Zugang verschließbaren Kabine befindet.

3.4.3 Überrollen und Umkippen

Besteht bei einer selbstfahrenden Maschine mit aufsitzendem Fahrer und mitfahrendem anderem Bedienungspersonal oder anderen mitfahrenden Personen ein Überroll- oder Kipprisiko, so muss die Maschine mit einem entsprechenden Schutzaufbau versehen sein, es sei denn, dies erhöht das Risiko.

Dieser Aufbau muss so beschaffen sein, dass aufsitzende bzw. mitfahrende Personen bei Überrollen oder Umkippen durch einen angemessenen Verformungsgrenzbereich gesichert sind.

Um festzustellen, ob der Aufbau die in Absatz 2 genannte Anforderung erfüllt, muss der Hersteller oder sein Bevollmächtigter für jeden Aufbautyp die entsprechenden Prüfungen durchführen oder durchführen lassen.

3.4.4 Herabfallende Gegenstände

Besteht bei einer selbstfahrenden Maschine mit aufsitzendem Fahrer und mitfahrendem anderem Bedienungspersonal oder anderen mitfahrenden Personen ein Risiko durch herabfallende Gegenstände oder herabfallendes Material, so muss die Maschine entsprechend konstruiert und, sofern es ihre Abmessungen gestatten, mit einem entsprechenden Schutzaufbau versehen sein.

Dieser Aufbau muss so beschaffen sein, dass aufsitzende bzw. mitfahrende Personen beim Herabfallen von Gegenständen oder Material durch einen angemessenen Verformungsgrenzbereich gesichert sind.

Um festzustellen, ob der Aufbau die in Absatz 2 genannte Anforderung erfüllt, muss der Hersteller oder sein Bevollmächtigter für jeden Aufbautyp die entsprechenden Prüfungen durchführen oder durchführen lassen.

3.4.5 Zugänge

Halte- und Aufstiegsmöglichkeiten müssen so konstruiert, ausgeführt und angeordnet sein, dass das Bedienungspersonal sie instinktiv benutzt und sich zum leichteren Aufstieg nicht der Stellteile bedient.

3.4.6 Anhängevorrichtungen

Maschinen, die zum Ziehen eingesetzt oder gezogen werden sollen, müssen mit Anhängevorrichtungen oder Kupplungen ausgerüstet sein, die so konstruiert, ausgeführt und angeordnet sind, dass ein leichtes und sicheres An- und Abkuppeln sichergestellt ist und ein ungewolltes Abkuppeln während des Einsatzes verhindert wird.

Soweit die Deichsellast es erfordert, müssen diese Maschinen mit einer Stützvorrichtung ausgerüstet sein, deren Auflagefläche der Stützlast und dem Boden angepasst sein muss.

3.4.7 Kraftübertragung zwischen einer selbstfahrenden Maschine (oder einer Zugmaschine) und einer angetriebenen Maschine

Abnehmbare Gelenkwellen zwischen einer selbstfahrenden Maschine (oder einer Zugmaschine) und dem ersten festen Lager einer angetriebenen Maschine müssen so konstruiert und ausgeführt sein, dass während des Betriebs alle beweglichen Teile über ihre gesamte Länge geschützt sind.

Die Abtriebswelle der selbstfahrenden Maschine (oder Zapfwelle der Zugmaschine), an die die abnehmbare Gelenkwelle angekuppelt ist, muss entweder durch einen an der selbstfahrenden Maschine (oder der Zugmaschine) befestigten und mit ihr verbundenen Schutzschild oder eine andere Vorrichtung mit gleicher Schutzwirkung geschützt sein.

Dieser Schutzschild muss für den Zugang zu der abnehmbaren Gelenkwelle geöffnet werden können. Nach der Anbringung des Schutzschilds muss genügend Platz bleiben, damit die Antriebswelle bei Fahrbewegungen der Maschine (oder der Zugmaschine) den Schutzschild nicht beschädigen kann.

Die angetriebene Welle der angetriebenen Maschine muss von einem an der Maschine befestigten Schutzgehäuse umschlossen sein.

Ein Drehmomentbegrenzer oder ein Freilauf für die abnehmbare Gelenkwelle ist nur auf der Seite zulässig, auf der sie mit der angetriebenen Maschine gekuppelt ist. In diesem Fall ist die Einbaulage auf der abnehmbaren Gelenkwelle anzugeben.

Eine angetriebene Maschine, für deren Betrieb eine abnehmbare Gelenkwelle erforderlich ist, die sie mit einer selbstfahrenden Maschine (oder einer Zugmaschine) verbindet, muss mit einer Halterung für die abnehmbare Gelenkwelle versehen sein, die verhindert, dass die abnehmbare Gelenkwelle und ihre Schutzeinrichtung beim Abkuppeln der angetriebenen Maschine durch Berührung mit dem Boden oder einem Maschinenteil beschädigt werden.

Die außen liegenden Teile der Schutzeinrichtung müssen so konstruiert, ausgeführt und angeordnet sein, dass sie sich nicht mit der abnehmbaren Gelenkwelle mitdrehen können. Bei einfachen Kreuzgelenken muss die Schutzeinrichtung die Welle bis zu den Enden der inneren Gelenkgabeln abdecken, bei Weitwinkelgelenken mindestens bis zur Mitte des äußeren Gelenks oder der äußeren Gelenke.

Befinden sich in der Nähe der abnehmbaren Gelenkwelle Zugänge zu den Arbeitsplätzen, so müssen sie so konstruiert und ausgeführt sein, dass die Wellenschutzeinrichtungen nicht als Trittstufen benutzt werden können, es sei denn, sie sind für diesen Zweck konstruiert und gebaut.

3.5 Schutzmaßnahmen gegen sonstige Gefährdungen

3.5.1 Batterien

Das Batteriefach muss so konstruiert und ausgeführt sein, dass ein Verspritzen von Elektrolyt auf das Bedienungspersonal – selbst bei Überrollen oder Umkippen – verhindert und eine Ansammlung von Dämpfen an den Bedienungsplätzen vermieden wird.

Die Maschine muss so konstruiert und gebaut sein, dass die Batterie mit Hilfe einer dafür vorgesehenen und leicht zugänglichen Vorrichtung abgeklemmt werden kann.

3.5.2 Brand

Je nachdem, mit welchen Gefährdungen der Hersteller rechnet, muss die Maschine, soweit es ihre Abmessungen zulassen,

- die Anbringung leicht zugänglicher Feuerlöscher ermöglichen oder
- mit einem integrierten Feuerlöschsystem ausgerüstet sein.

3.5.3 Emission von gefährlichen Stoffen

Nummer 1.5.13 Absätze 2 und 3 gilt nicht, wenn die Hauptfunktion der Maschine das Versprühen von Stoffen ist. Das Bedienungspersonal muss jedoch vor dem Risiko einer Exposition gegenüber Emissionen dieser Stoffe geschützt sein.

3.6 Informationen und Angaben

3.6.1 Zeichen, Signaleinrichtungen und Warnhinweise

Wenn es für die Sicherheit und zum Schutz der Gesundheit von Personen erforderlich ist, muss jede Maschine mit Zeichen und/oder Hinweisschildern für ihre Benutzung, Einstellung und Wartung versehen sein. Diese sind so zu wählen, zu gestalten und auszuführen, dass sie deutlich zu erkennen und dauerhaft sind.

Unbeschadet der Straßenverkehrsvorschriften müssen Maschinen mit aufsitzendem Fahrer mit folgenden Einrichtungen ausgestattet sein:

- mit einer akustischen Warneinrichtung, mit der Personen gewarnt werden können,
- mit einer auf die vorgesehenen Einsatzbedingungen abgestimmten Lichtsignaleinrichtung; diese Anforderung gilt nicht für Maschinen, die ausschließlich für den Einsatz unter Tage bestimmt sind und nicht mit elektrischer Energie arbeiten,

- erforderlichenfalls mit einem für den Betrieb der Signaleinrichtungen geeigneten Anschluss zwischen Anhänger und Maschine.

Ferngesteuerte Maschinen, bei denen unter normalen Einsatzbedingungen ein Stoß- oder Quetschrisiko besteht, müssen mit geeigneten Einrichtungen ausgerüstet sein, die ihre Bewegungen anzeigen, oder mit Einrichtungen zum Schutz von Personen vor derartigen Risiken. Das gilt auch für Maschinen, die bei ihrem Einsatz wiederholt auf ein und derselben Linie vor- und zurückbewegt werden und bei denen der Fahrer den Bereich hinter der Maschine nicht direkt einsehen kann.

Ein ungewolltes Abschalten der Warn- und Signaleinrichtungen muss von der Konstruktion her ausgeschlossen sein. Wenn es für die Sicherheit erforderlich ist, sind diese Einrichtungen mit Funktionskontrollvorrichtungen zu versehen, die dem Bedienungspersonal etwaige Störungen anzeigen.

Maschinen, bei denen die eigenen Bewegungen und die ihrer Werkzeuge eine besondere Gefährdung darstellen, müssen eine Aufschrift tragen, die es untersagt, sich der Maschine während des Betriebs zu nähern. Sie muss aus einem ausreichenden Abstand lesbar sein, bei dem die Sicherheit der Personen gewährleistet ist, die sich in Maschinennähe aufhalten müssen.

3.6.2 Kennzeichnung

Auf jeder Maschine müssen folgende Angaben deutlich lesbar und dauerhaft angebracht sein:

- die Nennleistung ausgedrückt in Kilowatt (kW),
- die Masse in Kilogramm (kg) beim gängigsten Betriebszustand sowie gegebenenfalls
- die größte zulässige Zugkraft an der Anhängevorrichtung in Newton (N),
- die größte zulässige vertikale Stützlast auf der Anhängevorrichtung in Newton (N).

3.6.3 Betriebsanleitung

3.6.3.1 Vibrationen

Die Betriebsanleitung muss folgende Angaben zu den von der Maschine auf die oberen Gliedmaßen oder auf den gesamten Körper übertragenen Vibrationen enthalten:

- den Schwingungsgesamtwert, dem die oberen Körpergliedmaßen ausgesetzt sind, falls der Wert 2,5 m/s^2 übersteigt. Beträgt dieser Wert nicht mehr als 2,5 m/s^2, so ist dies anzugeben,
- den höchsten Effektivwert der gewichteten Beschleunigung, dem der gesamte Körper ausgesetzt ist, falls der Wert 0,5 m/s^2 übersteigt. Beträgt dieser Wert nicht mehr als 0,5 m/s^2, ist dies anzugeben,
- die Messunsicherheiten.

Diese Werte müssen entweder an der betreffenden Maschine tatsächlich gemessen oder durch Messung an einer technisch vergleichbaren, für die geplante Fertigung repräsentativen Maschine ermittelt worden sein.

Kommen keine harmonisierten Normen zur Anwendung, so ist zur Ermittlung der Vibrationsdaten nach der dafür am besten geeigneten Messmethode zu verfahren.

Die Betriebsbedingungen der Maschine während der Messung und die Messmethode sind zu beschreiben.

3.6.3.2 Mehrere Verwendungsmöglichkeiten

Gestattet eine Maschine je nach Ausrüstung verschiedene Verwendungen, so müssen ihre Betriebsanleitung und die Betriebsanleitungen der auswechselbaren Ausrüstungen die Angaben enthalten, die für eine sichere Montage und Benutzung der Grundmaschine und der für sie vorgesehenen auswechselbaren Ausrüstungen notwendig sind.

4. Zusätzliche grundlegende Sicherheits- und Gesundheitsschutzanforderungen zur Ausschaltung der durch Hebevorgänge bedingten Gefährdungen

Maschinen, von denen durch Hebevorgänge bedingte Gefährdungen ausgehen, müssen alle einschlägigen in diesem Kapitel genannten grundlegenden Sicherheits- und Gesundheitsschutzanforderungen erfüllen (siehe Allgemeine Grundsätze, Nummer 4).

4.1 Allgemeines

4.1.1 Begriffsbestimmungen

a) „Hebevorgang“: Vorgang der Beförderung von Einzellasten in Form von Gütern und/oder Personen unter Höhenverlagerung.

b) „Geführte Last“: Last, die während ihrer gesamten Bewegung an starren Führungselementen oder an beweglichen Führungselementen, deren Lage im Raum durch Festpunkte bestimmt wird, geführt wird.

c) „Betriebskoeffizient“: arithmetisches Verhältnis zwischen der vom Hersteller oder seinem Bevollmächtigten garantierten Last, die das Bauteil höchstens halten kann, und der auf dem Bauteil angegebenen maximalen Tragfähigkeit.

d) „Prüfungskoeffizient“: arithmetisches Verhältnis zwischen der für die statische oder dynamische Prüfung der Maschine zum Heben von Lasten oder des Lastaufnahmemittels verwendeten Last und der auf der Maschine zum Heben von Lasten oder dem Lastaufnahmemittel angegebenen maximalen Tragfähigkeit.

e) „Statische Prüfung“: Prüfung, bei der die Maschine zum Heben von Lasten oder das Lastaufnahmemittel zunächst überprüft und dann mit einer Kraft gleich dem Produkt aus der maximalen Tragfähigkeit und dem vorgesehenen statischen Prüfungskoeffizienten belastet wird und nach Entfernen der Last erneut überprüft wird, um sicherzustellen, dass keine Schäden aufgetreten sind.

f) „Dynamische Prüfung“: Prüfung, bei der die Maschine zum Heben von Lasten in allen möglichen Betriebszuständen mit einer Last gleich dem Produkt aus der maximalen Tragfähigkeit und dem vorgesehenen dynamischen Prüfungskoeffizienten und unter Berücksichtigung ihres dynamischen Verhaltens betrieben wird, um ihr ordnungsgemäßes Funktionieren zu überprüfen.

g) „Lastträger“: Teil der Maschine, auf oder in dem Personen und/oder Güter zur Aufwärts- oder Abwärtsbeförderung untergebracht sind.

4.1.2 Schutzmaßnahmen gegen mechanische Gefährdungen

4.1.2.1 Risiken durch mangelnde Standsicherheit

Die Maschine muss so konstruiert und gebaut sein, dass die in Nummer 1.3.1 vorgeschriebene Standsicherheit sowohl im Betrieb als auch außer Betrieb und in allen Phasen des Transports, der Montage und der Demontage sowie bei absehbarem Ausfall von Bauteilen und auch bei den gemäß der Betriebsanleitung durchgeführten Prüfungen gewahrt bleibt. Zu diesem Zweck muss der Hersteller oder sein Bevollmächtigter die entsprechenden Überprüfungsmethoden anwenden.

4.1.2.2 An Führungen oder auf Laufbahnen fahrende Maschinen

Die Maschine muss mit Einrichtungen ausgestattet sein, die auf Führungen und Laufbahnen so einwirken, dass ein Entgleisen verhindert wird.

Besteht trotz dieser Einrichtungen das Risiko eines Entgleisens oder des Versagens von Führungseinrichtungen oder Laufwerksteilen, so muss durch geeignete Vorkehrungen verhindert werden, dass Ausrüstungen, Bauteile oder die Last herabfallen oder dass die Maschine umkippt.

4.1.2.3 Festigkeit

Die Maschine, das Lastaufnahmemittel und ihre Bauteile müssen den Belastungen, denen sie im Betrieb und gegebenenfalls auch außer Betrieb ausgesetzt sind, unter den vorgesehenen Montage- und Betriebsbedingungen und in allen entsprechenden Betriebszuständen, gegebenenfalls unter bestimmten Witterungseinflüssen und menschlicher Krafteinwirkung, standhalten können. Diese Anforderung muss auch bei Transport, Montage und Demontage erfüllt sein.

Die Maschine und das Lastaufnahmemittel sind so zu konstruieren und zu bauen, dass bei bestimmungsgemäßer Verwendung ein Versagen infolge Ermüdung und Verschleiß verhindert ist.

Die in der Maschine verwendeten Werkstoffe sind unter Berücksichtigung der vorgesehenen Einsatzumgebung zu wählen, insbesondere im Hinblick auf Korrosion, Abrieb, Stoßbeanspruchung, Extremtemperaturen, Ermüdung, Kaltbrüchigkeit und Alterung.

Die Maschine und das Lastaufnahmemittel müssen so konstruiert und gebaut sein, dass sie den Überlastungen bei statischen Prüfungen ohne bleibende Verformung und ohne offenkundige Schäden standhalten. Der Festigkeitsberechnung sind die Koeffizienten für die statische Prüfung zugrunde zu legen; diese werden so gewählt, dass sie ein angemessenes Sicherheitsniveau gewährleisten. Diese haben in der Regel folgende Werte:

a) durch menschliche Kraft angetriebene Maschinen und Lastaufnahmemittel: 1,5;

b) andere Maschinen: 1,25.

Die Maschine muss so konstruiert und gebaut sein, dass sie den dynamischen Prüfungen mit der maximalen Tragfähigkeit, multipliziert mit dem Koeffizienten für die dynamische Prüfung, einwandfrei standhält. Der Koeffizient für die dynamische Prüfung wird so gewählt, dass er ein angemessenes Sicherheitsniveau gewährleistet; er hat in der Regel den Wert 1,1. Die Prüfungen werden in der Regel bei den vorgesehenen Nenngeschwindigkeiten durchgeführt. Lässt die Steuerung der Maschine mehrere Bewegungen gleichzeitig zu, so ist die Prüfung unter den ungünstigsten Bedingungen durchzuführen, und zwar indem in der Regel die Bewegungen miteinander kombiniert werden.

4.1.2.4 Rollen, Trommeln, Scheiben, Seile und Ketten

Der Durchmesser von Rollen, Trommeln und Scheiben muss auf die Abmessungen der Seile oder Ketten abgestimmt sein, für die sie vorgesehen sind.

Rollen und Trommeln müssen so konstruiert, gebaut und angebracht sein, dass die Seile oder Ketten, für die sie bestimmt sind, ohne seitliche Abweichungen vom vorgesehenen Verlauf aufgerollt werden können.

Seile, die unmittelbar zum Heben oder Tragen von Lasten verwendet werden, dürfen lediglich an ihren Enden verspleißt sein. An Einrichtungen, die für laufendes Einrichten entsprechend den jeweiligen Betriebserfordernissen konzipiert sind, sind Verspleißungen jedoch auch an anderen Stellen zulässig.

Der Betriebskoeffizient von Seilen und Seilenden insgesamt muss so gewählt werden, dass er ein angemessenes Sicherheitsniveau gewährleistet; er hat in der Regel den Wert 5.

Der Betriebskoeffizient von Hebeketten muss so gewählt werden, dass er ein angemessenes Sicherheitsniveau gewährleistet; er hat in der Regel den Wert 4.

Um festzustellen, ob der erforderliche Betriebskoeffizient erreicht ist, muss der Hersteller oder sein Bevollmächtigter für jeden Ketten- und Seiltyp, der unmittelbar zum Heben von Lasten verwendet wird, und für jede Seilendverbindung die entsprechenden Prüfungen durchführen oder durchführen lassen.

4.1.2.5 Lastaufnahmemittel und ihre Bauteile

Lastaufnahmemittel und ihre Bauteile sind unter Berücksichtigung der Ermüdungs- und Alterungserscheinungen zu dimensionieren, die bei einer der vorgesehenen Lebensdauer entsprechenden Anzahl von Betriebszyklen und unter den für den vorgesehenen Einsatz festgelegten Betriebsbedingungen zu erwarten sind.

Ferner gilt Folgendes:

a) Der Betriebskoeffizient von Drahtseilen und ihren Endverbindungen insgesamt muss so gewählt werden, dass er ein angemessenes Sicherheitsniveau gewährleistet; er hat in der Regel den Wert 5. Die Seile dürfen außer an ihren Enden keine Spleiße oder Schlingen aufweisen.

b) Werden Ketten aus verschweißten Gliedern verwendet, so müssen die Kettenglieder kurz sein. Der Betriebskoeffizient von Ketten muss so gewählt werden, dass er ein angemessenes Sicherheitsniveau gewährleistet; er hat in der Regel den Wert 4.

c) Der Betriebskoeffizient von Textilfaserseilen oder -gurten ist abhängig von Werkstoff, Fertigungsverfahren, Abmessungen und Verwendungszweck. Er muss so gewählt werden, dass er ein angemessenes Sicherheitsniveau gewährleistet; er hat in der Regel den Wert 7, sofern die verwendeten Werkstoffe von nachweislich sehr guter Qualität sind und das Fertigungsverfahren den vorgesehenen Einsatzbedingungen entspricht. Andernfalls ist der Betriebskoeffizient in der Regel höher zu wählen, wenn ein vergleichbares Sicherheitsniveau gewährleistet sein soll. Textilfaserseile oder -gurte dürfen außer an den Enden bzw. bei Endlosschlingen an den Ringschlussteilen keine Knoten, Spleiße oder Verbindungsstellen aufweisen.

d) Der Betriebskoeffizient sämtlicher Metallteile eines Anschlagmittels oder der mit einem Anschlagmittel verwendeten Metallteile wird so gewählt, dass er ein angemessenes Sicherheitsniveau gewährleistet; er hat in der Regel den Wert 4.

e) Die maximale Tragfähigkeit eines mehrsträngigen Anschlagmittels wird aus der maximalen Tragfähigkeit des schwächsten Strangs, der Anzahl der Stränge und einem von der Anschlagart abhängigen Minderungsfaktor errechnet.

f) Um festzustellen, ob ein ausreichender Betriebskoeffizient erreicht ist, muss der Hersteller oder sein Bevollmächtigter für jeden Typ der unter den Buchstaben a, b, c und d genannten Bauteiltypen die entsprechenden Prüfungen durchführen oder durchführen lassen.

4.1.2.6 Bewegungsbegrenzung

Bewegungsbegrenzungseinrichtungen müssen so wirken, dass sie die Maschine, an der sie angebracht sind, in sicherer Lage halten.

a) Die Maschine muss so konstruiert und gebaut oder mit solchen Einrichtungen ausgestattet sein, dass die Bewegungen ihrer Bauteile innerhalb der vorgesehenen Grenzen gehalten werden. Gegebenenfalls muss es durch ein Warnsignal angekündigt werden, wenn diese Einrichtungen zur Wirkung kommen.

b) Wenn mehrere fest installierte oder schienengeführte Maschinen gleichzeitig Bewegungen ausführen können und das Risiko besteht, dass es dabei zu Zusammenstößen kommt, müssen sie so konstruiert und gebaut sein, dass sie mit Einrichtungen zur Ausschaltung dieses Risikos ausgerüstet werden können.

c) Die Maschine muss so konstruiert und gebaut sein, dass sich die Lasten nicht in gefährlicher Weise verschieben oder unkontrolliert herabfallen können, und zwar selbst dann, wenn die Energieversorgung ganz oder teilweise ausfällt oder der Bediener ein Stellteil nicht mehr betätigt.

d) Außer bei Maschinen, für deren Einsatz dies erforderlich ist, darf es unter normalen Betriebsbedingungen nicht möglich sein, eine Last allein unter Benutzung einer Reibungsbremse abzusenken.

e) Halteeinrichtungen müssen so konstruiert und gebaut sein, dass ein unkontrolliertes Herabfallen der Lasten ausgeschlossen ist.

4.1.2.7 Bewegungen von Lasten während der Benutzung

Der Bedienungsstand von Maschinen muss so angeordnet sein, dass der Bewegungsverlauf der in Bewegung befindlichen Teile optimal überwacht werden kann, um mögliche Zusammenstöße mit Personen, Vorrichtungen oder anderen Maschinen zu verhindern, die gleichzeitig Bewegungen vollziehen und eine Gefährdung darstellen können.

Maschinen mit geführter Last müssen so konstruiert und gebaut sein, dass die Verletzung von Personen durch Bewegungen der Last, des Lastträgers oder etwaiger Gegengewichte verhindert wird.

4.1.2.8 Maschinen, die feste Ladestellen anfahren

4.1.2.8.1 Bewegungen des Lastträgers

Die Bewegung des Lastträgers von Maschinen, die feste Ladestellen anfahren, muss hin zu den Ladestellen und an den Ladestellen starr geführt sein. Auch Scherensysteme gelten als starre Führung.

4.1.2.8.2 Zugang zum Lastträger

Können Personen den Lastträger betreten, so muss die Maschine so konstruiert und gebaut sein, dass sich der Lastträger während des Zugangs, insbesondere beim Be- und Entladen, nicht bewegt.

Die Maschine muss so konstruiert und gebaut sein, dass ein Höhenunterschied zwischen dem Lastträger und der angefahrenen Ladestelle kein Sturzrisiko verursacht.

4.1.2.8.3 Risiken durch Kontakt mit dem bewegten Lastträger

Wenn es zur Erfüllung der in Nummer 4.1.2.7 Absatz 2 ausgeführten Anforderung erforderlich ist, muss der durchfahrene Bereich während des Normalbetriebs unzugänglich sein.

Besteht bei Inspektion oder Wartung ein Risiko, dass Personen, die sich unter oder über dem Lastträger befinden, zwischen dem Lastträger und fest angebrachten Teilen eingequetscht werden, so muss für ausreichend Freiraum gesorgt werden, indem entweder Schutznischen vorgesehen werden oder indem mechanische Vorrichtungen die Bewegung des Lastträgers blockieren.

4.1.2.8.4 Risiken durch vom Lastträger herabstürzende Lasten

Besteht ein Risiko, dass Lasten vom Lastträger herabstürzen, so muss die Maschine so konstruiert und gebaut sein, dass diesem Risiko vorgebeugt wird.

4.1.2.8.5 Ladestellen

Dem Risiko, dass Personen an den Ladestellen mit dem bewegten Lastträger oder anderen in Bewegung befindlichen Teilen in Kontakt kommen, muss vorgebeugt werden.

Besteht ein Risiko, dass Personen in den durchfahrenen Bereich stürzen können, wenn der Lastträger sich nicht an der Ladestelle befindet, so müssen trennende Schutzeinrichtungen angebracht werden, um diesem Risiko vorzubeugen. Solche Schutzeinrichtungen dürfen sich nicht in Richtung des Bewegungsbereichs öffnen. Sie müssen mit einer Verriegelungseinrichtung verbunden sein, die durch die Position des Lastträgers gesteuert wird und Folgendes verhindert:

- gefährliche Bewegungen des Lastträgers, bis die trennenden Schutzeinrichtungen geschlossen und verriegelt sind,
- ein mit Gefahren verbundenes Öffnen einer trennenden Schutzeinrichtung, bis der Lastträger an der betreffenden Ladestelle zum Stillstand gekommen ist.

4.1.3 Zwecktauglichkeit

Wenn Maschinen zum Heben von Lasten oder Lastaufnahmemittel in Verkehr gebracht oder erstmals in Betrieb genommen werden, muss der Hersteller oder sein Bevollmächtigter durch das Ergreifen geeigneter Maßnahmen oder durch bereits getroffene Maßnahmen dafür sorgen, dass die betriebsbereiten Maschinen oder Lastaufnahmemittel ihre vorgesehenen Funktionen sicher erfüllen können, und zwar unabhängig davon, ob sie hand- oder kraftbetrieben sind.

Die in Nummer 4.1.2.3 genannten statischen und dynamischen Prüfungen müssen an allen Maschinen zum Heben von Lasten durchgeführt werden, die für die Inbetriebnahme bereit sind.

Kann die Montage der Maschine nicht beim Hersteller oder seinem Bevollmächtigten erfolgen, so müssen am Ort der Verwendung geeignete Maßnahmen getroffen werden. Ansonsten können die Maßnahmen entweder beim Hersteller oder am Ort der Verwendung getroffen werden.

4.2 Anforderungen an Maschinen, die nicht durch menschliche Kraft angetrieben werden

4.2.1 Bewegungssteuerung

Zur Steuerung der Bewegungen der Maschine oder ihrer Ausrüstungen müssen Stellteile mit selbsttätiger Rückstellung verwendet werden. Für Teilbewegungen oder vollständige Bewegungen, bei denen keine Gefahr eines An- oder Aufprallens der Last oder der Maschine besteht, können statt der Stellteile jedoch Steuereinrichtungen verwendet werden, die ein automatisches Stillsetzen an verschiedenen vorwählbaren Positionen zulassen, ohne dass das Bedienungspersonal das entsprechende Stellteil ununterbrochen betätigen muss.

4.2.2 Belastungsbegrenzung

Maschinen mit einer maximalen Tragfähigkeit größer oder gleich 1 000 kg oder einem Kippmoment größer oder gleich 40 000 Nm müssen mit Einrichtungen ausgestattet sein, die den Fahrer warnen und eine Gefahr bringende Bewegung verhindern, und zwar bei

- Überlastung, entweder durch Überschreiten der maximalen Tragfähigkeiten oder durch Überschreiten der maximalen Lastmomente, oder
- Überschreiten der Kippmomente.

4.2.3 Seilgeführte Einrichtungen

Tragseile, Zugseile, sowie kombinierte Trag- und Zugseile müssen durch Gegengewichte oder eine die ständige Regelung der Seilspannung ermöglichende Vorrichtung gespannt werden.

4.3 Informationen und Kennzeichnung

4.3.1 Ketten, Seile und Gurte

Jeder Strang einer Kette, eines Seils oder eines Gurtes, der nicht Teil einer Baugruppe ist, muss eine Kennzeichnung oder, falls dies nicht möglich ist, ein Schild oder einen nicht entfernbaren Ring mit dem Namen und der Anschrift des Herstellers oder seines Bevollmächtigten und der Kennung der entsprechenden Erklärung tragen.

Diese Erklärung muss mindestens folgende Angaben enthalten:

a) den Namen und die Anschrift des Herstellers und gegebenenfalls seines Bevollmächtigten;

b) die Beschreibung der Kette, des Seils oder des Gurtes mit folgenden Angaben:
   - Nennabmessungen,
   - Aufbau,
   - Werkstoff und
   - eventuelle metallurgische Sonderbehandlung;

c) Angabe der verwendeten Prüfmethode;

d) maximale Tragfähigkeit der Kette, des Seils oder des Gurtes. Es kann auch eine Spanne von Werten in Abhängigkeit vom vorgesehenen Einsatz angegeben werden.

4.3.2 Lastaufnahmemittel

Auf Lastaufnahmemitteln muss Folgendes angegeben sein:

- die Angabe des Werkstoffs, sofern dies für eine sichere Verwendung erforderlich ist,
- die maximale Tragfähigkeit.

Lassen sich die erforderlichen Angaben nicht auf dem Lastaufnahmemittel selbst anbringen, so sind sie auf einem Schild oder auf einem anderen gleichwertigen, fest mit dem Lastaufnahmemittel verbundenen Gegenstand anzubringen.

Die Angaben müssen gut leserlich sein und an einer Stelle angebracht sein, an der sie nicht durch Verschleiß unkenntlich werden können und auch nicht die Festigkeit des Lastaufnahmemittels beeinträchtigen können.

4.3.3 Maschinen zum Heben von Lasten

Auf der Maschine muss durch eine Kennzeichnung an gut sichtbarer Stelle die maximale Tragfähigkeit angegeben werden. Diese Angabe muss gut leserlich und dauerhaft in nicht verschlüsselter Form angebracht sein.

Wenn die maximale Tragfähigkeit vom jeweiligen Betriebszustand der Maschine abhängig ist, muss jeder Bedienungsplatz mit einem Tragfähigkeitsschild versehen sein, auf dem die zulässigen Tragfähigkeiten für die einzelnen Betriebszustände – vorzugsweise in Form von Diagrammen oder von Tragfähigkeitstabellen – angegeben sind.

Maschinen, die nur zum Heben von Lasten bestimmt sind und mit einem Lastträger ausgerüstet sind, der auch von Personen betreten werden kann, müssen einen deutlichen und dauerhaft angebrachten Hinweis auf das Verbot der Personenbeförderung tragen. Dieser Hinweis muss an allen Stellen sichtbar sein, an denen ein Zugang möglich ist.

4.4 Betriebsanleitung

4.4.1 Lastaufnahmemittel

Jedem Lastaufnahmemittel und jeder nur als Ganzes erhältlichen Gesamtheit von Lastaufnahmemitteln muss eine Betriebsanleitung beiliegen, die mindestens folgende Angaben enthält:

a) bestimmungsgemäße Verwendung;

b) Einsatzbeschränkungen (insbesondere bei Lastaufnahmemitteln wie Magnet- und Sauggreifern, die dieAnforderungen der Nummer 4.1.2.6 Buchstabe e nicht vollständig erfüllen);

c) Montage-, Verwendungs- und Wartungshinweise;

d) für die statische Prüfung verwendeter Koeffizient.

4.4.2 Maschinen zum Heben von Lasten

Jeder Maschine zum Heben von Lasten muss eine Betriebsanleitung beiliegen, die folgende Angaben enthält:

a) technische Kenndaten der Maschine, insbesondere Folgendes:
   - maximale Tragfähigkeit und gegebenenfalls eine Wiedergabe des in Nummer 4.3.3 Absatz 2 genannten Tragfähigkeitsschilds oder der dort genannten Tragfähigkeitstabelle,
   - Belastung an den Auflagern oder Verankerungen und gegebenenfalls Kenndaten der Laufbahnen,
   - gegebenenfalls Angaben über Ballastmassen und die Mittel zu ihrer Anbringung;

b) Inhalt des Wartungsheftes, falls ein solches nicht mitgeliefert wird;

c) Benutzungshinweise, insbesondere Ratschläge, wie das Bedienungspersonal mangelnde Direktsicht auf die Last ausgleichen kann;

d) gegebenenfalls einen Prüfbericht, in dem die vom Hersteller oder seinem Bevollmächtigten oder für diese durchgeführten statischen und dynamischen Prüfungen im Einzelnen beschrieben sind;

e) notwendige Angaben für die Durchführung der in Nummer 4.1.3 genannten Maßnahmen vor der erstmaligen Inbetriebnahme von Maschinen, die nicht beim Hersteller einsatzfertig montiert werden.

5. Zusätzliche grundlegende Sicherheits- und Gesundheitsschutzanforderungen an Maschinen, die zum Einsatz unter Tage bestimmt sind

Maschinen, die zum Einsatz unter Tage bestimmt sind, müssen alle in diesem Kapitel genannten grundlegenden Sicherheits- und Gesundheitsschutzanforderungen erfüllen (siehe Allgemeine Grundsätze, Nummer 4).

5.1 Risiken durch mangelnde Standsicherheit

Ein Schreitausbau muss so konstruiert und gebaut sein, dass beim Schreitvorgang eine entsprechende Ausrichtung möglich ist und ein Umkippen vor und während der Druckbeaufschlagung sowie nach der Druckminderung unmöglich ist. Der Ausbau muss Verankerungen für die Kopfplatten der hydraulischen Einzelstempel besitzen.

5.2 Bewegungsfreiheit

Ein Schreitausbau muss so konstruiert sein, dass sich Personen ungehindert bewegen können.

5.3 Stellteile

Stellteile zum Beschleunigen und Bremsen schienengeführter Maschinen müssen mit der Hand betätigt werden. Zustimmungsschalter können dagegen mit dem Fuß betätigt werden.

Die Stellteile eines Schreitausbaus müssen so konstruiert und angeordnet sein, dass das Bedienungspersonal beim Schreitvorgang durch ein feststehendes Ausbauelement geschützt ist. Die Stellteile müssen gegen unbeabsichtigtes Betätigen gesichert sein.

5.4 Anhalten der Fahrbewegung

Für den Einsatz unter Tage bestimmte selbstfahrende schienengeführte Maschinen müssen mit einem Zustimmungsschalter ausgestattet sein, der so auf den Steuerkreis für die Fahrbewegung der Maschine einwirkt, dass die Fahrbewegung angehalten wird, wenn der Fahrer die Fahrbewegung nicht mehr steuern kann.

5.5 Brand

Die Anforderung der Nummer 3.5.2 zweiter Gedankenstrich gilt zwingend für Maschinen mit leicht entflammbaren Teilen.

Das Bremssystem der für den Einsatz unter Tage bestimmten Maschinen muss so konstruiert und gebaut sein, dass es keine Funken erzeugen oder Brände verursachen kann.

Für Maschinen mit Verbrennungsmotoren, die für den Einsatz unter Tage bestimmt sind, sind nur Motoren zulässig, die mit einem Kraftstoff mit niedrigem Dampfdruck arbeiten und bei denen sich keine elektrischen Funken bilden können.

5.6 Emission von Abgasen

Emissionen von Abgasen aus Verbrennungsmotoren dürfen nicht nach oben abgeleitet werden.

6. Zusätzliche grundlegende Sicherheits- und Gesundheitsschutzanforderungen an Maschinen, von denen durch das Heben von Personen bedingte Gefährdungen ausgehen

Maschinen, von denen durch das Heben von Personen bedingte Gefährdungen ausgehen, müssen alle in diesem Kapitel genannten relevanten grundlegenden Sicherheits- und Gesundheitsschutzanforderungen erfüllen (siehe Allgemeine Grundsätze, Nummer 4).

6.1 Allgemeines

6.1.1 Festigkeit

Der Lastträger, einschließlich aller Klappen und Luken, muss so konstruiert und gebaut sein, dass er entsprechend der zulässigen Höchstzahl beförderter Personen und entsprechend der maximalen Tragfähigkeit den erforderlichen Platz und die erforderliche Festigkeit aufweist.

Die in den Nummern 4.1.2.4 und 4.1.2.5 festgelegten Betriebskoeffizienten reichen für Maschinen zum Heben von Personen nicht aus; sie müssen in der Regel verdoppelt werden. Für das Heben von Personen oder von Personen und Gütern bestimmte Maschinen müssen über ein Aufhängungs- oder Tragsystem für den Lastträger verfügen, das so konstruiert und gebaut ist, dass ein ausreichendes allgemeines Sicherheitsniveau gewährleistet ist und dem Risiko des Abstürzens des Lastträgers vorgebeugt wird.

Werden Seile oder Ketten zur Aufhängung des Lastträgers verwendet, so sind in der Regel mindestens zwei voneinander unabhängige Seile oder Ketten mit jeweils eigenen Befestigungspunkten erforderlich.

6.1.2 Belastungsbegrenzung bei nicht durch menschliche Kraft angetriebenen Maschinen

Es gelten die Anforderungen der Nummer 4.2.2 unabhängig von der maximalen Tragfähigkeit und dem Kippmoment, es sei denn, der Hersteller kann den Nachweis erbringen, dass kein Überlastungs- oder Kipprisiko besteht.

6.2 Stellteile

Sofern in den Sicherheitsanforderungen keine anderen Lösungen vorgeschrieben werden, muss der Lastträger in der Regel so konstruiert und gebaut sein, dass die Personen im Lastträger über Stellteile zur Steuerung der Aufwärts- und Abwärtsbewegung sowie gegebenenfalls anderer Bewegungen des Lastträgers verfügen.

Im Betrieb müssen diese Stellteile Vorrang vor anderen Stellteilen für dieselbe Bewegung haben, NOT-HALT- Geräte ausgenommen.

Die Stellteile für die genannten Bewegungen müssen eine kontinuierliche Betätigung erfordern (selbsttätige Rückstellung), es sei denn, dass der Lastträger selbst vollständig umschlossen ist.

6.3 Risiken für in oder auf dem Lastträger befindliche Personen

6.3.1 Risiken durch Bewegungen des Lastträgers

Maschinen zum Heben von Personen müssen so konstruiert, gebaut oder ausgestattet sein, dass Personen durch die Beschleunigung oder Verzögerung des Lastträgers keinem Risiko ausgesetzt werden.

6.3.2 Risiko des Sturzes aus dem Lastträger

Der Lastträger darf sich auch bei Bewegung der Maschine oder des Lastträgers nicht so weit neigen, dass für die beförderten Personen Absturzgefahr besteht.

Ist der Lastträger als Arbeitsplatz ausgelegt, so muss für seine Stabilität gesorgt werden, und gefährliche Bewegungen müssen verhindert werden.

Falls die in Nummer 1.5.15 vorgesehenen Maßnahmen nicht ausreichen, muss der Lastträger mit einer ausreichenden Zahl von geeigneten Befestigungspunkten für die zulässige Zahl beförderter Personen ausgestattet sein. Die Befestigungspunkte müssen stark genug sein, um die Verwendung von persönlichen Absturzsicherungen zu ermöglichen.

Ist eine Bodenklappe, eine Dachluke oder eine seitliche Tür vorhanden, so muss diese so konstruiert und gebaut sein, dass sie gegen unbeabsichtigtes Öffnen gesichert ist und sich nur in eine Richtung öffnet, die jedes Risiko eines Absturzes verhindert, wenn sie sich unerwartet öffnet.

6.3.3 Risiken durch auf den Lastträger herabfallende Gegenstände

Besteht ein Risiko, dass Gegenstände auf den Lastträger herabfallen und Personen gefährden können, so muss der Lastträger mit einem Schutzdach ausgerüstet sein.

6.4 Maschinen, die feste Haltestellen anfahren

6.4.1 Risiken für in oder auf dem Lastträger befindliche Personen

Der Lastträger muss so konstruiert und gebaut sein, dass Risiken durch ein Anstoßen von Personen und/oder Gegenständen in oder auf dem Lastträger an feste oder bewegliche Teile verhindert werden. Wenn es zur Erfüllung dieser Anforderung erforderlich ist, muss der Lastträger selbst vollständig umschlossen sein und über Türen mit einer Verriegelungseinrichtung verfügen, die gefährliche Bewegungen des Lastträgers nur dann zulässt, wenn die Türen geschlossen sind. Wenn das Risiko eines Absturzes aus dem oder vom Lastträger besteht, müssen die Türen geschlossen bleiben, wenn der Lastträger zwischen den Haltestellen anhält.

Die Maschine muss so konstruiert, gebaut und erforderlichenfalls mit entsprechenden Vorrichtungen ausgestattet sein, dass unkontrollierte Aufwärts- oder Abwärtsbewegungen des Lastträgers ausgeschlossen sind. Diese Vorrichtungen müssen in der Lage sein, den Lastträger zum Stillstand zu bringen, wenn er sich mit seiner maximalen Traglast und mit der absehbaren Höchstgeschwindigkeit bewegt.

Der Anhaltevorgang darf ungeachtet der Belastungsbedingungen keine für die beförderten Personen gesundheitsschädliche Verzögerung verursachen.

6.4.2 Befehlseinrichtungen an den Haltestellen

Die Befehlseinrichtungen an den Haltestellen – ausgenommen die für die Verwendung in Notfällen bestimmten Befehlseinrichtungen – dürfen keine Bewegung des Lastträgers einleiten, wenn

- die Stellteile im Lastträger zu diesem Zeitpunkt gerade betätigt werden,
- sich der Lastträger nicht an einer Haltestelle befindet.

6.4.3 Zugang zum Lastträger

Die trennenden Schutzeinrichtungen an den Haltestellen und auf dem Lastträger müssen so konstruiert und gebaut sein, dass unter Berücksichtigung der absehbaren Bandbreite der zu befördernden Güter und Personen ein sicherer Übergang vom und zum Lastträger gewährleistet ist.

6.5 Kennzeichnung

Auf dem Lastträger müssen die für die Gewährleistung der Sicherheit erforderlichen Angaben angebracht sein;

hierzu gehört unter anderem

- die zulässige Zahl beförderter Personen,
- die maximale Tragfähigkeit.

ANHANG II
Erklärungen

1. Inhalt

A. EG-Konformitätserklärung für eine Maschine

Für die Abfassung dieser Erklärung sowie der Übersetzungen gelten die gleichen Bedingungen wie für die Betriebsanleitung (siehe Anhang I Nummer 1.7.4.1 Buchstaben a und b); sie ist entweder maschinenschriftlich oder ansonsten handschriftlich in Großbuchstaben auszustellen.

Diese Erklärung bezieht sich nur auf die Maschine in dem Zustand, in dem sie in Verkehr gebracht wurde; vom Endnutzer nachträglich angebrachte Teile und/oder nachträglich vorgenommene Eingriffe bleiben unberücksichtigt.

Die EG-Konformitätserklärung muss folgende Angaben enthalten:

1. Firmenbezeichnung und vollständige Anschrift des Herstellers und gegebenenfalls seines Bevollmächtigten;

2. Name und Anschrift der Person, die bevollmächtigt ist, die technischen Unterlagen zusammenzustellen; diese Person muss in der Gemeinschaft ansässig sein;
3. Beschreibung und Identifizierung der Maschine, einschließlich allgemeiner Bezeichnung, Funktion, Modell, Typ, Seriennummer und Handelsbezeichnung;
4. einen Satz, in dem ausdrücklich erklärt wird, dass die Maschine allen einschlägigen Bestimmungen dieser Richtlinie entspricht, und gegebenenfalls einen ähnlichen Satz, in dem die Übereinstimmung mit anderen Richtlinien und/oder einschlägigen Bestimmungen, denen die Maschine entspricht, erklärt wird. Anzugeben sind die Referenzen laut Veröffentlichung im Amtsblatt der Europäischen Union;
5. gegebenenfalls Name, Anschrift und Kennnummer der benannten Stelle, die das in Anhang IX genannte EG-Baumusterprüfverfahren durchgeführt hat, sowie die Nummer der EG-Baumusterprüfbescheinigung;
6. gegebenenfalls Name, Anschrift und Kennnummer der benannten Stelle, die das in Anhang X genannte umfassende Qualitätssicherungssystem genehmigt hat;
7. gegebenenfalls die Fundstellen der angewandten harmonisierten Normen nach Artikel 7 Absatz 2;
8. gegebenenfalls die Fundstellen der angewandten sonstigen technischen Normen und Spezifikationen;
9. Ort und Datum der Erklärung;
10. Angaben zur Person, die zur Ausstellung dieser Erklärung im Namen des Herstellers oder seines Bevollmächtigten bevollmächtigt ist, sowie Unterschrift dieser Person.

B. Erklärung für den Einbau einer unvollständigen Maschine

Für die Abfassung dieser Erklärung sowie der Übersetzungen gelten die gleichen Bedingungen wie für die Betriebsanleitung (siehe Anhang I Nummer 1.7.4.1 Buchstaben a und b); sie ist entweder maschinenschriftlich oder ansonsten handschriftlich in Großbuchstaben auszustellen.

Diese Erklärung muss folgende Angaben enthalten:

11. Firmenbezeichnung und vollständige Anschrift des Herstellers der unvollständigen Maschine und gegebenenfalls seines Bevollmächtigten;
12. Name und Anschrift der Person, die bevollmächtigt ist, die relevanten technischen Unterlagen zusammenzustellen; diese Person muss in der Gemeinschaft ansässig sein;
13. Beschreibung und Identifizierung der unvollständigen Maschine, einschließlich allgemeiner Bezeichnung, Funktion, Modell, Typ, Seriennummer und Handelsbezeichnung;
14. eine Erklärung, welche grundlegenden Anforderungen dieser Richtlinie zur Anwendung kommen und eingehalten werden, ferner eine Erklärung, dass die speziellen technischen Unterlagen gemäß Anhang VII Teil B erstellt wurden, sowie gegebenenfalls eine Erklärung, dass die unvollständige Maschine anderen einschlägigen Richtlinien entspricht. Anzugeben sind die Referenzen laut Veröffentlichung im Amtsblatt der Europäischen Union;
15. die Verpflichtung, einzelstaatlichen Stellen auf begründetes Verlangen die speziellen Unterlagen zu der unvollständigen Maschine zu übermitteln. In dieser Verpflichtung ist auch anzugeben, wie die Unterlagen übermittelt werden; die gewerblichen Schutzrechte des Herstellers der unvollständigen Maschine bleiben hiervon unberührt;

16. einen Hinweis, dass die unvollständige Maschine erst dann in Betrieb genommen werden darf, wenn gegebenenfalls festgestellt wurde, dass die Maschine, in die die unvollständige Maschine eingebaut werden soll, den Bestimmungen dieser Richtlinie entspricht;
17. Ort und Datum der Erklärung;
18. Angaben zur Person, die zur Ausstellung dieser Erklärung im Namen des Herstellers oder seines Bevollmächtigten bevollmächtigt ist, sowie Unterschrift dieser Person.

2. Aufbewahrungsfrist

Der Hersteller einer Maschine oder sein Bevollmächtigter hat das Original der EG-Konformitätserklärung nach dem letzten Tag der Herstellung der Maschine mindestens zehn Jahre lang aufzubewahren.

Der Hersteller einer unvollständigen Maschine oder sein Bevollmächtigter hat das Original der Einbauerklärung nach dem letzten Tag der Herstellung der unvollständigen Maschine mindestens zehn Jahre lang aufzubewahren.

ANHANG III
CE-Kennzeichnung

Die CE-Kennzeichnung besteht aus den Buchstaben „CE“ mit folgendem Schriftbild:

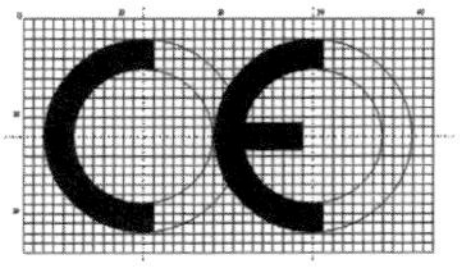

Bei Verkleinerung oder Vergrößerung der CE-Kennzeichnung müssen die hier wiedergegebenen Proportionen gewahrt bleiben.

Die Bestandteile der CE-Kennzeichnung müssen annähernd gleich hoch sein; die Mindesthöhe beträgt 5 mm. Bei kleinen Maschinen kann diese Mindesthöhe unterschritten werden.

Die CE-Kennzeichnung ist in unmittelbarer Nähe der Angabe des Herstellers oder seines Bevollmächtigten anzubringen und in der gleichen Technik wie sie auszuführen.

Wenn das Verfahren der umfassenden Qualitätssicherung nach Artikel 12 Absatz 3 Buchstabe c bzw. Artikel 12 Absatz 4 Buchstabe b angewandt wurde, ist der CE-Kennzeichnung die Kennnummer der benannten Stelle anzufügen.

ANHANG IV
Kategorien von Maschinen, für die eines der Verfahren nach Artikel 12 Absätze 3 und 4 anzuwenden ist

1. Folgende Arten von Einblatt- und Mehrblatt-Kreissägen zum Bearbeiten von Holz und von Werkstoffen mit ähnlichen physikalischen Eigenschaften oder zum Bearbeiten von Fleisch und von Stoffen mit ähnlichen physikalischen Eigenschaften:

   1.1. Sägemaschinen mit während des Arbeitsvorgangs feststehendem Sägeblatt, mit feststehendem Arbeitstisch oder Werkstückhalter, mit Vorschub des Sägeguts von Hand oder durch einen abnehmbaren Vorschubapparat;

   1.2. Sägemaschinen mit während des Arbeitsvorgangs feststehendem Sägeblatt, mit manuell betätigtem Pendelbock oder -schlitten;

   1.3. Sägemaschinen mit während des Arbeitsvorgangs feststehendem Sägeblatt, mit eingebauter mechanischer Vorschubeinrichtung für das Sägegut und Handbeschickung und/oder Handentnahme;

   1.4. Sägemaschinen mit während des Arbeitsvorgangs beweglichem Sägeblatt, mit eingebauter mechanischer Vorschubeinrichtung für das Sägeblatt und Handbeschickung und/oder Handentnahme.

2. Abrichthobelmaschinen mit Handvorschub für die Holzbearbeitung.
3. Hobelmaschinen für einseitige Bearbeitung von Holz, mit eingebauter maschineller Vorschubeinrichtung und Handbeschickung und/oder Handentnahme.
4. Folgende Arten von Bandsägen mit Handbeschickung und/oder Handentnahme zur Bearbeitung von Holz und von Werkstoffen mit ähnlichen physikalischen Eigenschaften oder von Fleisch und von Stoffen mit ähnlichen physikalischen Eigenschaften:

   4.1. Sägemaschinen mit während des Arbeitsvorgangs feststehendem Sägeblatt und feststehendem oder hin- und her beweglichem Arbeitstisch oder Werkstückhalter;

   4.2. Sägemaschinen, deren Sägeblatt auf einem hin- und her beweglichen Schlitten montiert ist.

5. Kombinationen der in den Nummern 1 bis 4 und in Nummer 7 genannten Maschinen für die Bearbeitung von Holz und von Werkstoffen mit ähnlichen physikalischen Eigenschaften.
6. Mehrspindel-Zapfenfräsmaschinen mit Handvorschub für die Holzbearbeitung.
7. Senkrechte Tischfräsmaschinen mit Handvorschub für die Bearbeitung von Holz und von Werkstoffen mit ähnlichen physikalischen Eigenschaften.
8. Handkettensägen für die Holzbearbeitung.
9. Pressen, einschließlich Biegepressen, für die Kaltbearbeitung von Metall mit Handbeschickung und/oder Handentnahme, deren beim Arbeitsvorgang bewegliche Teile einen Hub von mehr als 6 mm und eine Geschwindigkeit von mehr als 30 mm/s haben können.
10. Kunststoffspritzgieß- und -formpressmaschinen mit Handbeschickung oder Handentnahme.
11. Gummispritzgieß- und -formpressmaschinen mit Handbeschickung oder Handentnahme.
12. Folgende Maschinenarten für den Einsatz unter Tage:

    12.1. Lokomotiven und Bremswagen;

    12.2. hydraulischer Schreitausbau.

13. Hausmüllsammelwagen für manuelle Beschickung mit Pressvorrichtung.

14. Abnehmbare Gelenkwellen einschließlich ihrer Schutzeinrichtungen.
15. Schutzeinrichtungen für abnehmbare Gelenkwellen.
16. Hebebühnen für Fahrzeuge.
17. Maschinen zum Heben von Personen oder von Personen und Gütern, bei denen die Gefährdung eines Absturzes aus einer Höhe von mehr als 3 m besteht.
18. Tragbare Befestigungsgeräte mit Treibladung und andere Schussgeräte.
19. Schutzeinrichtungen zur Personendetektion.
20. Kraftbetriebene, bewegliche trennende Schutzeinrichtungen mit Verriegelung für die in den Nummern 9, 10 und 11 genannten Maschinen.
21. Logikeinheiten für Sicherheitsfunktionen.
22. Überrollschutzaufbau (ROPS).
23. Schutzaufbau gegen herabfallende Gegenstände (FOPS).

ANHANG V
Nicht erschöpfende Liste der Sicherheitsbauteile im Sinne des Artikels 2 Buchstabe c

1. Schutzeinrichtungen für abnehmbare Gelenkwellen.
2. Schutzeinrichtungen zur Personendetektion.
3. Kraftbetriebene bewegliche trennende Schutzeinrichtungen mit Verriegelung für die in Anhang IV Nummern 9, 10 und 11 genannten Maschinen.
4. Logikeinheiten zur Gewährleistung der Sicherheitsfunktionen.
5. Ventile mit zusätzlicher Ausfallerkennung für die Steuerung gefährlicher Maschinenbewegungen.
6. Systeme zur Beseitigung von Emissionen von Maschinen.
7. Trennende und nichttrennende Schutzeinrichtungen zum Schutz von Personen vor beweglichen Teilen, die direkt am Arbeitsprozess beteiligt sind.
8. Einrichtungen zur Überlastsicherung und Bewegungsbegrenzung bei Hebezeugen.
9. Personen-Rückhalteeinrichtungen für Sitze.
10. NOT-HALT-Befehlsgeräte.
11. Ableitungssysteme, die eine potenziell gefährliche elektrostatische Aufladung verhindern.
12. Energiebegrenzer und Entlastungseinrichtungen gemäß Anhang I Nummern 1.5.7, 3.4.7 und 4.1.2.6.
13. Systeme und Einrichtungen zur Verminderung von Lärm- und Vibrationsemissionen.
14. Überrollschutzaufbau (ROPS).
15. Schutzaufbau gegen herabfallende Gegenstände (FOPS).
16. Zweihandschaltungen.
17. Die in der folgenden Auflistung enthaltenen Bauteile von Maschinen für die Auf- und/oder Abwärtsbeförderung von Personen zwischen unterschiedlichen Ebenen:

a) Verriegelungseinrichtungen für Fahrschachttüren;
b) Fangvorrichtungen, die einen Absturz oder unkontrollierte Aufwärtsbewegungen des Lastträgers verhindern;
c) Geschwindigkeitsbegrenzer;
d) energiespeichernde Puffer
   - mit nichtlinearer Kennlinie oder
   - mit Rücklaufdämpfung;
e) energieverzehrende Puffer;
f) Sicherheitseinrichtungen an Zylindern der Hydraulikhauptkreise, wenn sie als Fangvorrichtungen verwendet werden;
g) elektrische Sicherheitseinrichtungen in Form von Sicherheitsschaltungen mit elektronischen Bauelementen.

ANHANG VI
Montageanleitung für eine unvollständige Maschine

In der Montageanleitung für eine unvollständige Maschine ist anzugeben, welche Bedingungen erfüllt sein müssen, damit die unvollständige Maschine ordnungsgemäß und ohne Beeinträchtigung der Sicherheit und Gesundheit von Personen mit den anderen Teilen zur vollständigen Maschine zusammengebaut werden kann.

Die Montageanleitung ist in einer Amtssprache der Europäischen Gemeinschaft abzufassen, die vom Hersteller der Maschine, in die die unvollständige Maschine eingebaut werden soll, oder von seinem Bevollmächtigten akzeptiert wird.

ANHANG VII

A. Technische Unterlagen für Maschinen

In diesem Teil wird das Verfahren für die Erstellung der technischen Unterlagen beschrieben. Anhand der technischen Unterlagen muss es möglich sein, die Übereinstimmung der Maschine mit den Anforderungen dieser Richtlinie zu beurteilen. Sie müssen sich, soweit es für diese Beurteilung erforderlich ist, auf die Konstruktion, den Bau und die Funktionsweise der Maschine erstrecken. Diese Unterlagen müssen in einer oder mehreren Gemeinschaftssprachen abgefasst sein; hiervon ausgenommen ist die Betriebsanleitung der Maschine, für die die besonderen Bestimmungen des Anhangs I Nummer 1.7.4.1 gelten.

1. Die technischen Unterlagen umfassen:
   a) eine technische Dokumentation mit folgenden Angaben bzw. Unterlagen:
      - eine allgemeine Beschreibung der Maschine,
      - eine Übersichtszeichnung der Maschine und die Schaltpläne der Steuerkreise sowie Beschreibungen und Erläuterungen, die zum Verständnis der Funktionsweise der Maschine erforderlich sind,

- vollständige Detailzeichnungen, eventuell mit Berechnungen, Versuchsergebnissen, Bescheinigungen usw., die für die Überprüfung der Übereinstimmung der Maschine mit den grundlegenden Sicherheits- und Gesundheitsschutzanforderungen erforderlich sind,
- die Unterlagen über die Risikobeurteilung, aus denen hervorgeht, welches Verfahren angewandt wurde; dies schließt ein:
  - i) eine Liste der grundlegenden Sicherheits- und Gesundheitsschutzanforderungen, die für die Maschine gelten,
  - ii) eine Beschreibung der zur Abwendung ermittelter Gefährdungen oder zur Risikominderung ergriffenen Schutzmaßnahmen und gegebenenfalls eine Angabe der von der Maschine ausgehenden Restrisiken,
- die angewandten Normen und sonstigen technischen Spezifikationen unter Angabe der von diesen Normen erfassten grundlegenden Sicherheits- und Gesundheitsschutzanforderungen,
- alle technischen Berichte mit den Ergebnissen der Prüfungen, die vom Hersteller selbst oder von einer Stelle nach Wahl des Herstellers oder seines Bevollmächtigten durchgeführt wurden,
- ein Exemplar der Betriebsanleitung der Maschine,
- gegebenenfalls die Einbauerklärung für unvollständige Maschinen und die Montageanleitung für solche unvollständigen Maschinen,
- gegebenenfalls eine Kopie der EG-Konformitätserklärung für in die Maschine eingebaute andere Maschinen oder Produkte,
- eine Kopie der EG-Konformitätserklärung;

b) bei Serienfertigung eine Aufstellung der intern getroffenen Maßnahmen zur Gewährleistung der Übereinstimmung aller gefertigten Maschinen mit den Bestimmungen dieser Richtlinie.

Der Hersteller muss an den Bau- und Zubehörteilen der Maschine oder an der vollständigen Maschine die Prüfungen und Versuche durchführen, die notwendig sind, um festzustellen, ob die Maschine aufgrund ihrer Konzeption oder Bauart sicher zusammengebaut und in Betrieb genommen werden kann. Die diesbezüglichen Berichte und Ergebnisse werden zu den technischen Unterlagen genommen.

2. Die in Nummer 1 genannten technischen Unterlagen sind für die zuständigen Behörden der Mitgliedstaaten nach dem Tag der Herstellung der Maschine – bzw. bei Serienfertigung nach dem Tag der Fertigstellung der letzten Einheit – mindestens zehn Jahre lang bereitzuhalten.

   Die technischen Unterlagen müssen sich nicht unbedingt im Gebiet der Gemeinschaft befinden und auch nicht ständig körperlich vorhanden sein. Sie müssen jedoch von der in der EG-Konformitätserklärung benannten Person entsprechend der Komplexität der Unterlagen innerhalb angemessener Frist zusammengestellt und zur Verfügung gestellt werden können.

   Die technischen Unterlagen brauchen keine Detailpläne oder sonstigen speziellen Angaben zu den für den Bau der Maschine verwendeten Unterbaugruppen zu enthalten, es sei denn, deren Kenntnis ist für die Überprüfung der Einhaltung der grundlegenden Sicherheits- und Gesundheitsschutzanforderungen unerlässlich.

3. Werden die technischen Unterlagen den zuständigen einzelstaatlichen Behörden auf begründetes Verlangen nicht vorgelegt, so kann dies ein hinreichender Grund sein, um die Übereinstimmung der betreffenden Maschine mit den grundlegenden Sicherheits- und Gesundheitsschutzanforderungen anzuzweifeln.

B. Spezielle technische Unterlagen für unvollständige Maschinen

In diesem Teil wird das Verfahren für die Erstellung der speziellen technischen Unterlagen beschrieben. Anhand dieser Unterlagen muss es möglich sein, nachzuvollziehen, welche Anforderungen dieser Richtlinie gelten und ob diese eingehalten werden. Sie müssen sich, soweit es für die Beurteilung der Übereinstimmung mit den angewandten grundlegenden Sicherheits- und Gesundheitsschutzanforderungen erforderlich ist, auf die Konstruktion, den Bau und die Funktionsweise der unvollständigen Maschine erstrecken. Die Unterlagen müssen in einer oder mehreren Gemeinschaftssprachen abgefasst sein.

Sie umfassen:

a) eine technische Dokumentation mit folgenden Angaben bzw. Unterlagen:
   - eine Übersichtszeichnung der unvollständigen Maschine und die Schaltpläne der Steuerkreise,
   - vollständige Detailzeichnungen, eventuell mit Berechnungen, Versuchsergebnissen, Bescheinigungen usw., die für die Überprüfung der Übereinstimmung der unvollständigen Maschine mit den angewandten grundlegenden Sicherheits- und Gesundheitsschutzanforderungen erforderlich sind,
   - die Unterlagen über die Risikobeurteilung, aus denen hervorgeht, welches Verfahren angewandt wurde; dies schließt ein:

     i) eine Liste der grundlegenden Sicherheits- und Gesundheitsschutzanforderungen, die angewandt wurden und eingehalten werden,

     ii) eine Beschreibung der zur Abwendung ermittelter Gefährdungen oder zur Risikominderung ergriffenen Schutzmaßnahmen und gegebenenfalls eine Angabe der Restrisiken,

     iii) die angewandten Normen und sonstigen technischen Spezifikationen unter Angabe der von diesen Normen erfassten grundlegenden Sicherheits- und Gesundheitsschutzanforderungen,

     iv) alle technischen Berichte mit den Ergebnissen der Prüfungen, die vom Hersteller selbst oder von einer Stelle nach Wahl des Herstellers oder seines Bevollmächtigten durchgeführt wurden,

     v) ein Exemplar der Montageanleitung für die unvollständige Maschine;

b) bei Serienfertigung eine Aufstellung der intern getroffenen Maßnahmen zur Gewährleistung der Übereinstimmung aller gefertigten unvollständigen Maschinen mit den angewandten grundlegenden Sicherheits- und Gesundheitsschutzanforderungen.

Der Hersteller muss an den Bau- und Zubehörteilen oder an der unvollständigen Maschine die Prüfungen und Versuche durchführen, die notwendig sind, um festzustellen, ob die unvollständige Maschine aufgrund ihrer Konzeption oder Bauart sicher zusammengebaut und benutzt werden kann. Die diesbezüglichen Berichte und Ergebnisse werden zu den technischen Unterlagen genommen.

Die speziellen technischen Unterlagen sind nach dem Tag der Herstellung der unvollständigen Maschine – bzw. bei Serienfertigung nach dem Tag der Fertigstellung der letzten Einheit – mindestens zehn Jahre lang bereit zu halten und den zuständigen Behörden der Mitgliedstaaten auf Verlangen vorzulegen. Sie müssen sich nicht unbedingt im Gebiet der Gemeinschaft befinden und auch nicht ständig körperlich vorhanden sein. Die in der Einbauerklärung benannte Person muss die Unterlagen jedoch zusammenstellen und der zuständigen Behörde vorlegen können.

Werden die speziellen technischen Unterlagen den zuständigen einzelstaatlichen Behörden auf begründetes Verlangen nicht vorgelegt, so kann dies ein hinreichender Grund sein, um die Übereinstimmung der unvollständigen Maschine mit den angewandten und bescheinigten grundlegenden Sicherheits- und Gesundheitsschutzanforderungen anzuzweifeln.

ANHANG VIII
Bewertung der Konformität mit interner Fertigungskontrolle bei der Herstellung von Maschinen

1. In diesem Anhang wird das Verfahren beschrieben, nach dem der Hersteller oder sein Bevollmächtigter, der die in den Nummern 2 und 3 genannten Aufgaben ausführt, sicherstellt und erklärt, dass die betreffende Maschine die relevanten Anforderungen dieser Richtlinie erfüllt.
2. Für jedes repräsentative Baumuster der betreffenden Baureihe erstellt der Hersteller oder sein Bevollmächtigter die in Anhang VII Teil A genannten technischen Unterlagen.
3. Der Hersteller muss alle erforderlichen Maßnahmen ergreifen, damit durch den Herstellungsprozess gewährleistet ist, dass die hergestellten Maschinen mit den in Anhang VII Teil A genannten technischen Unterlagen übereinstimmen und die Anforderungen dieser Richtlinie erfüllen.

ANHANG IX
EG-Baumusterprüfung

Die EG-Baumusterprüfung ist das Verfahren, bei dem eine benannte Stelle feststellt und bescheinigt, dass ein repräsentatives Muster einer in Anhang IV genannten Maschine (im Folgenden als „Baumuster" bezeichnet) die Bestimmungen dieser Richtlinie erfüllt.

1. Für jedes Baumuster erstellt der Hersteller oder sein Bevollmächtigter die in Anhang VII Teil A genannten technischen Unterlagen.
2. Der Hersteller oder sein Bevollmächtigter reicht bei einer benannten Stelle seiner Wahl für jedes Baumuster einen Antrag auf EG-Baumusterprüfung ein.

   Der Antrag muss Folgendes enthalten:

   - Namen und Anschrift des Herstellers und gegebenenfalls seines Bevollmächtigten,
   - eine schriftliche Erklärung, dass derselbe Antrag bei keiner anderen benannten Stelle eingereicht worden ist,
   - die technischen Unterlagen.

   Außerdem stellt der Antragsteller der benannten Stelle ein Baumuster zur Verfügung. Die benannte Stelle kann weitere Baumuster verlangen, wenn sie diese für die Durchführung des Prüfungsprogramms benötigt.
3. Die benannte Stelle

   3.1. prüft die technischen Unterlagen, überprüft, ob das Baumuster in Übereinstimmung mit ihnen hergestellt wurde, und stellt fest, welche Bauteile nach den einschlägigen Bestimmungen der in Artikel 7 Absatz 2 genannten Normen konstruiert sind und welche nicht;

   3.2. führt die erforderlichen Prüfungen, Messungen und Versuche durch oder lässt sie durchführen, um festzustellen, ob die gewählten Lösungen die grundlegenden Sicherheits- und

Gesundheitsschutzanforderungen dieser Richtlinie erfüllen, sofern die in Artikel 7 Absatz 2 genannten Normen nicht angewandt wurden;

3.3. führt im Falle der Anwendung harmonisierter Normen nach Artikel 7 Absatz 2 die erforderlichen Prüfungen, Messungen und Versuche durch oder lässt sie durchführen, um festzustellen, ob diese Normen korrekt angewandt wurden;

3.4. vereinbart mit dem Antragsteller den Ort, an dem die Untersuchung, ob das Baumuster nach den geprüften technischen Unterlagen hergestellt wurde, sowie die erforderlichen Prüfungen, Messungen und Versuche durchgeführt werden sollen.

4. Wenn das Baumuster den Bestimmungen dieser Richtlinie entspricht, stellt die benannte Stelle dem Antragsteller eine EG-Baumusterprüfbescheinigung aus. Die Bescheinigung enthält Namen und Anschrift des Herstellers und seines Bevollmächtigten, die für die Identifizierung des zugelassenen Baumusters erforderlichen Angaben, die Ergebnisse der Prüfung und die Voraussetzungen für die Gültigkeit der Bescheinigung.

   Der Hersteller und die benannte Stelle bewahren eine Kopie dieser Bescheinigung, die technischen Unterlagen und alle dazugehörigen wichtigen Dokumente nach der Ausstellung der Bescheinigung 15 Jahre lang auf.

5. Wenn das Baumuster den Bestimmungen dieser Richtlinie nicht entspricht, lehnt es die benannte Stelle ab, dem Antragsteller eine EG-Baumusterprüfbescheinigung auszustellen, und gibt dafür eine detaillierte Begründung. Sie setzt den Antragsteller, die anderen benannten Stellen und den Mitgliedstaat, der sie benannt hat, davon in Kenntnis. Ein Einspruchsverfahren ist vorzusehen.

6. Der Antragsteller unterrichtet die benannte Stelle, in deren Besitz sich die technischen Unterlagen zur EG-Baumusterprüfbescheinigung befinden, von allen an dem zugelassenen Baumuster vorgenommenen Änderungen. Die benannte Stelle prüft die Änderungen und bestätigt dann die Gültigkeit der vorhandenen EG-Baumusterprüfbescheinigung oder stellt eine neue Bescheinigung aus, falls durch die Änderungen die Übereinstimmung des Baumusters mit den grundlegenden Sicherheits- und Gesundheitsschutzanforderungen oder seine Eignung für die bestimmungsgemäße Verwendung in Frage gestellt werden könnte.

7. Die Kommission, die Mitgliedstaaten und die anderen benannten Stellen können auf Verlangen eine Kopie der EG-Baumusterprüfbescheinigung erhalten. In begründeten Fällen können die Kommission und die Mitgliedstaaten auf Verlangen eine Kopie der technischen Unterlagen und der Ergebnisse der von der benannten Stelle vorgenommenen Prüfungen erhalten.

8. Unterlagen und Schriftverkehr im Zusammenhang mit den Verfahren für die EG-Baumusterprüfung sind in der/ einer Amtssprache der Gemeinschaft des Mitgliedstaats abzufassen, in dem die benannte Stelle ihren Sitz hat, oder in jeder anderen von der benannten Stelle akzeptierten Amtssprache der Gemeinschaft.

9. Gültigkeit der EG-Baumusterprüfbescheinigung:

   9.1. Die benannte Stelle hat laufend sicherzustellen, dass die EG-Baumusterprüfbescheinigung gültig bleibt. Sie unterrichtet den Hersteller über alle wichtigen Änderungen, die Auswirkungen auf die Gültigkeit der Bescheinigung haben können. Die benannte Stelle zieht Bescheinigungen zurück, die nicht mehr gültig sind.

   9.2. Den Hersteller der betreffenden Maschine trifft die laufende Verpflichtung sicherzustellen, dass die Maschine dem jeweiligen Stand der Technik entspricht.

   9.3. Der Hersteller beantragt bei der benannten Stelle alle fünf Jahre die Überprüfung der Gültigkeit der EG-Baumusterprüfbescheinigung.

Stellt die benannte Stelle fest, dass die Bescheinigung unter Berücksichtigung des Standes der Technik gültig bleibt, erneuert sie die Bescheinigung für weitere fünf Jahre.

Der Hersteller und die benannte Stelle bewahren eine Kopie der Bescheinigung, der technischen Unterlagen und aller dazugehörigen wichtigen Dokumente nach der Ausstellung der Bescheinigung 15 Jahre lang auf.

9.4. Wird die Gültigkeit der EG-Baumusterprüfbescheinigung nicht erneuert, darf der Hersteller die betreffende Maschine nicht mehr in Verkehr bringen.

ANHANG X

Umfassende Qualitätssicherung

In diesem Anhang wird beschrieben, wie die Konformität einer in Anhang IV genannten Maschine bewertet wird, bei deren Fertigung ein umfassendes Qualitätssicherungssystem zum Einsatz kommt. Beschrieben wird das Verfahren, bei dem eine benannte Stelle das Qualitätssicherungssystem bewertet und zulässt und dessen Anwendung überwacht.

1. Der Hersteller unterhält ein zugelassenes Qualitätssicherungssystem für Konstruktion, Bau, Endabnahme und Prüfung nach Nummer 2 und unterliegt der Überwachung nach Nummer 3.

2. Qualitätssicherungssystem:

2.1. Der Hersteller oder sein Bevollmächtigter beantragt bei einer benannten Stelle seiner Wahl die Bewertung seines Qualitätssicherungssystems.

Der Antrag muss Folgendes enthalten:

- Namen und Anschrift des Herstellers sowie gegebenenfalls seines Bevollmächtigten,
- Angaben über die Orte für Konstruktion, Bau, Abnahme, Prüfung und Lagerung der Maschinen,
- die in Anhang VII Teil A genannten technischen Unterlagen für jedes Baumuster jeder der in Anhang IV genannten Kategorien von Maschinen, deren Fertigung geplant ist,
- die Dokumentation zum Qualitätssicherungssystem,
- eine schriftliche Erklärung, dass derselbe Antrag bei keiner anderen benannten Stelle eingereicht worden ist.

2.2. Das Qualitätssicherungssystem muss die Übereinstimmung der Maschinen mit den Bestimmungen dieser Richtlinie gewährleisten. Alle vom Hersteller berücksichtigten Elemente, Anforderungen und Vorschriften sind in einer Dokumentation systematisch in Form von Maßnahmen, Verfahren und Anweisungen schriftlich niederzulegen. Die Dokumentation zum Qualitätssicherungssystem soll sicherstellen, dass die Qualitätssicherungsgrundsätze und -verfahren wie Qualitätssicherungsprogramme, -pläne, -handbücher und -aufzeichnungen einheitlich angewandt werden.

Insbesondere ist darin Folgendes angemessen zu beschreiben:

- Qualitätsziele, Organisationsstruktur sowie Zuständigkeiten und Befugnisse des Führungspersonals in Angelegenheiten, die die Entwurfs- und Fertigungsqualität betreffen,
- technische Konstruktionsspezifikationen einschließlich der angewandten Normen sowie bei nicht vollständiger Anwendung der in Artikel 7 Absatz 2 genannten Normen die Mittel, mit denen gewährleistet werden soll, dass die grundlegenden Sicherheits- und Gesundheitsschutzanforderungen dieser Richtlinie erfüllt werden,

- Konstruktionsprüfungs- und Verifizierungsverfahren, Prozesse und systematische Maßnahmen, die bei der Konstruktion der von dieser Richtlinie erfassten Maschinen angewandt werden,
- die entsprechenden angewandten Verfahren und systematischen Maßnahmen bei Fertigung, Qualitätskontrolle und Qualitätssicherung,
- die vor, während und nach der Fertigung durchgeführten Prüfungen und Versuche und ihre Häufigkeit,
- die Qualitätssicherungsaufzeichnungen wie Kontrollberichte, Prüf- und Eichdaten und Aufzeichnungen über die Qualifikation der in diesem Bereich beschäftigten Mitarbeiter,
- die Mittel, mit denen das Erreichen der geforderten Entwurfs- und Fertigungsqualität der Maschinen sowie die Wirksamkeit des Qualitätssicherungssystems überwacht werden.

2.3. Die benannte Stelle bewertet das Qualitätssicherungssystem, um festzustellen, ob es die in Nummer 2.2 genannten Anforderungen erfüllt.

Bei den Teilen des Qualitätssicherungssystems, die der einschlägigen harmonisierten Norm entsprechen, wird angenommen, dass sie den entsprechenden Anforderungen der Nummer 2.2 entsprechen.

Mindestens ein Mitglied des Auditteams muss über Erfahrungen mit der Bewertung der Technologie der Maschinen verfügen. Das Bewertungsverfahren umfasst auch eine Inspektion des Herstellerwerks. Während der Inspektion überprüft das Auditteam die unter Nummer 2.1 Absatz 2 dritter Gedankenstrich genannten technischen Unterlagen, um zu gewährleisten, dass sie mit den einschlägigen Sicherheits- und Gesundheitsschutzanforderungen übereinstimmen.

Die Entscheidung wird dem Hersteller oder seinem Bevollmächtigten mitgeteilt. Die Mitteilung enthält die Ergebnisse der Prüfung und eine Begründung der Entscheidung. Ein Einspruchsverfahren ist vorzusehen.

2.4. Der Hersteller muss seinen Verpflichtungen aus dem Qualitätssicherungssystem in seiner zugelassenen Form nachkommen und dafür sorgen, dass es stets sachgerecht und wirksam ist.

Der Hersteller oder sein Bevollmächtigter unterrichtet die benannte Stelle, die das Qualitätssicherungssystem zugelassen hat, über alle an ihm geplanten Änderungen.

Die benannte Stelle prüft die geplanten Änderungen und entscheidet, ob das geänderte Qualitätssicherungssystem noch den in Nummer 2.2 genannten Anforderungen entspricht oder ob eine erneute Bewertung erforderlich ist.

Sie teilt ihre Entscheidung dem Hersteller mit. Die Mitteilung enthält die Ergebnisse der Prüfung und eine Begründung der Entscheidung.

3. Überwachung unter der Verantwortung der benannten Stelle:

3.1. Die Überwachung soll gewährleisten, dass der Hersteller seine Verpflichtungen aus dem zugelassenen Qualitätssicherungssystem ordnungsgemäß erfüllt.

3.2 Der Hersteller gewährt der benannten Stelle zu Inspektionszwecken Zugang zu den Einrichtungen für Konstruktion, Bau, Abnahme, Prüfung und Lagerung und stellt ihr alle erforderlichen Unterlagen zur Verfügung. Hierzu gehören insbesondere:

- die Dokumentation zum Qualitätssicherungssystem,
- die im Qualitätssicherungssystem für den Konstruktionsbereich vorgesehenen Qualitätsaufzeichnungen wie Ergebnisse von Analysen, Berechnungen und Prüfungen,

- die im Qualitätssicherungssystem für den Fertigungsbereich vorgesehenen Qualitätsberichte wie Prüfberichte, Prüfdaten, Kalibrierdaten und Aufzeichnungen über die Qualifikation der in diesem Bereich beschäftigten Mitarbeiter.

3.3 Die benannte Stelle führt regelmäßige Audits durch, um sicherzustellen, dass der Hersteller das Qualitätssicherungssystem aufrechterhält und anwendet, und übergibt ihm einen Bericht über das Qualitätsaudit. Die Häufigkeit der regelmäßigen Audits ist so zu wählen, dass alle drei Jahre eine vollständige Neubewertung vorgenommen wird.

3.4 Darüber hinaus kann die benannte Stelle beim Hersteller unangemeldete Besichtigungen durchführen. Die Notwendigkeit und die Häufigkeit solcher zusätzlichen Besichtigungen werden auf der Grundlage eines von der benannten Stelle ausgearbeiteten Kontrollbesichtigungssystems ermittelt. Im Rahmen dieses Systems wird insbesondere Folgendes berücksichtigt:

- die Ergebnisse früherer Kontrollbesichtigungen,
- die Notwendigkeit, die Durchführung von Korrekturmaßnahmen zu überprüfen,
- gegebenenfalls die besonderen Auflagen, unter denen das Qualitätssicherungssystem zugelassen wurde,
- erhebliche Änderungen von Fertigungsorganisation, -maßnahmen oder -techniken.

Im Rahmen derartiger Besichtigungen kann die benannte Stelle erforderlichenfalls Prüfungen durchführen oder durchführen lassen, um die Wirksamkeit des Qualitätssicherungssystems zu überprüfen. Die benannte Stelle übergibt dem Hersteller einen Bericht über die Besichtigung und gegebenenfalls über die Prüfungen.

4. Der Hersteller oder sein Bevollmächtigter hält nach dem letzten Herstellungstag der Maschine folgende Unterlagen für die einzelstaatlichen Behörden zehn Jahre lang zur Einsicht bereit:
   - die in Nummer 2.1 genannte Dokumentation,
   - die in Nummer 2.4 Absätze 3 und 4 sowie in den Nummern 3.3 und 3.4 genannten Entscheidungen und Berichte der benannten Stelle.

ANHANG XI

Von den Mitgliedstaaten zu berücksichtigende Mindestkriterien für die Benennung der Stellen

1. Die Stelle, ihr Leiter und das mit der Durchführung der Prüfungen betraute Personal dürfen weder mit dem Urheber des Entwurfs, dem Hersteller, dem Lieferanten oder dem Installateur der zu prüfenden Maschinen identisch noch Beauftragte einer dieser Personen sein. Sie dürfen weder unmittelbar noch als Beauftragte an der Planung, am Bau, am Vertrieb oder an der Instandhaltung dieser Maschinen beteiligt sein. Die Möglichkeit eines Austauschs technischer Informationen zwischen dem Hersteller und der benannten Stelle wird dadurch nicht ausgeschlossen.

2. Die Stelle und das mit der Prüfung beauftragte Personal müssen die Prüfungen mit höchster beruflicher Integrität und größter fachlicher Kompetenz durchführen und müssen unabhängig von jeder Einflussnahme – vor allem finanzieller Art – auf ihre Beurteilung oder die Ergebnisse ihrer Prüfung sein, insbesondere von der Einflussnahme seitens Personen oder Personengruppen, die an den Ergebnissen der Prüfungen interessiert sind.

3. Die Ste Art von Maschinen, für die sie benannt ist, über Personal mit einer für die Konformitätsbewertung ausreichenden Fachkunde und Erfahrung verfügen. Sie muss über die Mittel verfügen, die zur angemessenen Erfüllung der mit der Durchführung der Prüfungen verbundenen technischen und administrativen Aufgaben erforderlich sind; sie muss außerdem Zugang zu den für außergewöhnliche Prüfungen erforderlichen Geräten haben.
4. Das mit den Prüfungen beauftragte Personal muss Folgendes besitzen:
   - eine gute technische und berufliche Ausbildung,
   - ausreichende Kenntnisse der Vorschriften für die von ihm durchgeführten Prüfungen und ausreichende praktische Erfahrung mit solchen Prüfungen,
   - die erforderliche Eignung für die Abfassung der Bescheinigungen, Protokolle und Berichte, in denen die durchgeführten Prüfungen bestätigt werden.
5. Die Unabhängigkeit des mit der Prüfung beauftragten Personals ist zu gewährleisten. Die Höhe der Vergütung eines Prüfers darf sich weder nach der Zahl der von ihm durchgeführten Prüfungen noch nach den Ergebnissen dieser Prüfungen richten.
6. Die Stelle muss eine Haftpflichtversicherung abschließen, es sei denn, diese Haftpflicht wird aufgrund der innerstaatlichen Rechtsvorschriften vom Staat gedeckt oder die Prüfungen werden unmittelbar von dem Mitgliedstaat durchgeführt.
7. Das Personal der Stelle ist (außer gegenüber den zuständigen Behörden des Staates, in dem es tätig ist) zur Verschwiegenheit in Bezug auf alles verpflichtet, wovon es bei der Durchführung seiner Aufgaben im Rahmen dieser Richtlinie oder jeder anderen innerstaatlichen Rechtsvorschrift zur Umsetzung dieser Richtlinie Kenntnis erhält.
8. Die benannten Stellen wirken bei Koordinierungstätigkeiten mit. Sie wirken außerdem unmittelbar oder mittelbar an der europäischen Normung mit oder stellen sicher, dass sie über den Stand der einschlägigen Normen unterrichtet sind.
9. Die Mitgliedstaaten können alle Maßnahmen ergreifen, die sie für notwendig erachten, damit im Falle der Einstellung des Geschäftsbetriebs einer benannten Stelle die Kundenunterlagen einer anderen Stelle übergeben werden oder dem Mitgliedstaat, der die Stelle benannt hatte, zugänglich sind.

ANHANG XII
Entsprechungstabelle ([1])

Richtlinie 98/37/EG	Vorliegende Richtlinie
Artikel 1 Absatz 1	Artikel 1 Absatz 1
Artikel 1 Absatz 2 Buchstabe a	Artikel 2 Buchstaben a und b
Artikel 1 Absatz 2 Buchstabe b	Artikel 2 Buchstabe c
Artikel 1 Absatz 3	Artikel 1 Absatz 2
Artikel 1 Absatz 4	Artikel 3
Artikel 1 Absatz 5	–
Artikel 2 Absatz 1	Artikel 4 Absatz 1
Artikel 2 Absatz 2	Artikel 15
Artikel 2 Absatz 3	Artikel 6 Absatz 3
Artikel 3	Artikel 5 Absatz 1 Buchstabe a
Artikel 4 Absatz 1	Artikel 6 Absatz 1
Artikel 4 Absatz 2 Unterabsatz 1	Artikel 6 Absatz 2
Artikel 4 Absatz 2 Unterabsatz 2	–
Artikel 4 Absatz 3	–
Artikel 5 Absatz 1 Unterabsatz 1	Artikel 7 Absatz 1
Artikel 5 Absatz 1 Unterabsatz 2	–
Artikel 5 Absatz 2 Unterabsatz 1	Artikel 7 Absätze 2 und 3
Artikel 5 Absatz 2 letzter Unterabsatz	–
Artikel 5 Absatz 3	Artikel 7 Absatz 4
Artikel 6 Absatz 1	Artikel 10
Artikel 6 Absatz 2	Artikel 22
Artikel 7 Absatz 1	Artikel 11 Absätze 1 und 2
Artikel 7 Absatz 2	Artikel 11 Absätze 3 und 4
Artikel 7 Absatz 3	Artikel 11 Absatz 4
Artikel 7 Absatz 4	Artikel 11 Absatz 5
Artikel 8 Absatz 1 Unterabsatz 1	Artikel 5 Absatz 1 Buchstabe e und Artikel 12 Absatz 1
Artikel 8 Absatz 1 Unterabsatz 2	Artikel 5 Absatz 1 Buchstabe f
Artikel 8 Absatz 2 Buchstabe a	Artikel 12 Absatz 2
Artikel 8 Absatz 2 Buchstabe b	Artikel 12 Absatz 4

(1) Diese Tabelle zeigt die Entsprechungen zwischen der Richtlinie 98/37/EG und den Teilen der vorliegenden Richtlinie, die denselben Gegenstand haben. Der Inhalt der sich jeweils entsprechenden Teile ist jedoch nicht notwendigerweise identisch.

Richtlinie 98/37/EG	Vorliegende Richtlinie
Artikel 8 Absatz 2 Buchstabe c	Artikel 12 Absatz 3
Artikel 8 Absatz 3	–
Artikel 8 Absatz 4	–
Artikel 8 Absatz 5	–
Artikel 8 Absatz 6	Artikel 5 Absatz 4
Artikel 8 Absatz 7	–
Artikel 8 Absatz 8	–
Artikel 9 Absatz 1 Unterabsatz 1	Artikel 14 Absatz 1
Artikel 9 Absatz 1 Unterabsatz 2	Artikel 14 Absatz 4
Artikel 9 Absatz 2	Artikel 14 Absätze 3 und 5
Artikel 9 Absatz 3	Artikel 14 Absatz 8
Artikel 10 Absätze 1 bis 3	Artikel 16 Absätze 1 bis 3
Artikel 10 Absatz 4	Artikel 17
Artikel 11	Artikel 20
Artikel 12	Artikel 21
Artikel 13 Absatz 1	Artikel 26 Absatz 2
Artikel 13 Absatz 2	–
Artikel 14	–
Artikel 15	Artikel 28
Artikel 16	Artikel 29
Anhang I – Vorbemerkung 1	Anhang I – Allgemeine Grundsätze Nummer 2
Anhang I – Vorbemerkung 2	Anhang I – Allgemeine Grundsätze Nummer 3
Anhang I – Vorbemerkung 3	Anhang I – Allgemeine Grundsätze Nummer 4
Anhang I Teil 1	Anhang I Teil 1
Anhang I Nummer 1.1	Anhang I Nummer 1.1
Anhang I Nummer 1.1.1	Anhang I Nummer 1.1.1
Anhang I Nummer 1.1.2	Anhang I Nummer 1.1.2
Anhang I Nummer 1.1.2 Buchstabe d	Anhang I Nummer 1.1.6
Anhang I Nummer 1.1.3	Anhang I Nummer 1.1.3
Anhang I Nummer 1.1.4	Anhang I Nummer 1.1.4
Anhang I Nummer 1.1.5	Anhang I Nummer 1.1.5
Anhang I Nummer 1.2	Anhang I Nummer 1.2
Anhang I Nummer 1.2.1	Anhang I Nummer 1.2.1
Anhang I Nummer 1.2.2	Anhang I Nummer 1.2.2
Anhang I Nummer 1.2.3	Anhang I Nummer 1.2.3
Anhang I Nummer 1.2.4	Anhang I Nummer 1.2.4
Anhang I Nummer 1.2.4 Absätze 1 bis 3	Anhang I Nummer 1.2.4.1

Richtlinie 98/37/EG	Vorliegende Richtlinie
Anhang I Nummer 1.2.4 Absätze 4 bis 6	Anhang I Nummer 1.2.4.3
Anhang I Nummer 1.2.4 Absatz 7	Anhang I Nummer 1.2.4.4
Anhang I Nummer 1.2.5	Anhang I Nummer 1.2.5
Anhang I Nummer 1.2.6	Anhang I Nummer 1.2.6
Anhang I Nummer 1.2.7	Anhang I Nummer 1.2.1
Anhang I Nummer 1.2.8	Anhang I Nummer 1.1.6
Anhang I Nummer 1.3	Anhang I Nummer 1.3
Anhang I Nummer 1.3.1	Anhang I Nummer 1.3.1
Anhang I Nummer 1.3.2	Anhang I Nummer 1.3.2
Anhang I Nummer 1.3.3	Anhang I Nummer 1.3.3
Anhang I Nummer 1.3.4	Anhang I Nummer 1.3.4
Anhang I Nummer 1.3.5	Anhang I Nummer 1.3.5
Anhang I Nummer 1.3.6	Anhang I Nummer 1.3.6
Anhang I Nummer 1.3.7	Anhang I Nummer 1.3.7
Anhang I Nummer 1.3.8	Anhang I Nummer 1.3.8
Anhang I Nummer 1.3.8 Buchstabe A	Anhang I Nummer 1.3.8.1
Anhang I Nummer 1.3.8 Buchstabe B	Anhang I Nummer 1.3.8.2
Anhang I Nummer 1.4	Anhang I Nummer 1.4
Anhang I Nummer 1.4.1	Anhang I Nummer 1.4.1
Anhang I Nummer 1.4.2	Anhang I Nummer 1.4.2
Anhang I Nummer 1.4.2.1	Anhang I Nummer 1.4.2.1
Anhang I Nummer 1.4.2.2	Anhang I Nummer 1.4.2.2
Anhang I Nummer 1.4.2.3	Anhang I Nummer 1.4.2.3
Anhang I Nummer 1.4.3	Anhang I Nummer 1.4.3
Anhang I Nummer 1.5	Anhang I Nummer 1.5
Anhang I Nummer 1.5.1	Anhang I Nummer 1.5.1
Anhang I Nummer 1.5.2	Anhang I Nummer 1.5.2
Anhang I Nummer 1.5.3	Anhang I Nummer 1.5.3
Anhang I Nummer 1.5.4	Anhang I Nummer 1.5.4
Anhang I Nummer 1.5.5	Anhang I Nummer 1.5.5
Anhang I Nummer 1.5.6	Anhang I Nummer 1.5.6
Anhang I Nummer 1.5.7	Anhang I Nummer 1.5.7
Anhang I Nummer 1.5.8	Anhang I Nummer 1.5.8
Anhang I Nummer 1.5.9	Anhang I Nummer 1.5.9
Anhang I Nummer 1.5.10	Anhang I Nummer 1.5.10
Anhang I Nummer 1.5.11	Anhang I Nummer 1.5.11

Richtlinie 98/37/EG	Vorliegende Richtlinie
Anhang I Nummer 1.5.12	Anhang I Nummer 1.5.12
Anhang I Nummer 1.5.13	Anhang I Nummer 1.5.13
Anhang I Nummer 1.5.14	Anhang I Nummer 1.5.14
Anhang I Nummer 1.5.15	Anhang I Nummer 1.5.15
Anhang I Nummer 1.6	Anhang I Nummer 1.6
Anhang I Nummer 1.6.1	Anhang I Nummer 1.6.1
Anhang I Nummer 1.6.2	Anhang I Nummer 1.6.2
Anhang I Nummer 1.6.3	Anhang I Nummer 1.6.3
Anhang I Nummer 1.6.4	Anhang I Nummer 1.6.4
Anhang I Nummer 1.6.5	Anhang I Nummer 1.6.5
Anhang I Nummer 1.7	Anhang I Nummer 1.7
Anhang I Nummer 1.7.0	Anhang I Nummer 1.7.1.1
Anhang I Nummer 1.7.1	Anhang I Nummer 1.7.1.2
Anhang I Nummer 1.7.2	Anhang I Nummer 1.7.2
Anhang I Nummer 1.7.3	Anhang I Nummer 1.7.3
Anhang I Nummer 1.7.4	Anhang I Nummer 1.7.4
Anhang I Nummer 1.7.4 Buchstaben b und h	Anhang I Nummer 1.7.4.1
Anhang I Nummer 1.7.4 Buchstaben a und c sowie e bis g	Anhang I Nummer 1.7.4.2
Anhang I Nummer 1.7.4 Buchstabe d	Anhang I Nummer 1.7.4.3
Anhang I Teil 2	Anhang I Teil 2
Anhang I Nummer 2.1	Anhang I Nummer 2.1
Anhang I Nummer 2.1 Absatz 1	Anhang I Nummer 2.1.1
Anhang I Nummer 2.1 Absatz 2	Anhang I Nummer 2.1.2
Anhang I Nummer 2.2	Anhang I Nummer 2.2
Anhang I Nummer 2.2 Absatz 1	Anhang I Nummer 2.2.1
Anhang I Nummer 2.2 Absatz 2	Anhang I Nummer 2.2.1.1
Anhang I Nummer 2.3	Anhang I Nummer 2.3
Anhang I Teil 3	Anhang I Teil 3
Anhang I Nummer 3.1	Anhang I Nummer 3.1
Anhang I Nummer 3.1.1	Anhang I Nummer 3.1.1
Anhang I Nummer 3.1.2	Anhang I Nummer 1.1.4
Anhang I Nummer 3.1.3	Anhang I Nummer 1.1.5
Anhang I Nummer 3.2	Anhang I Nummer 3.2
Anhang I Nummer 3.2.1	Anhang I Nummern 1.1.7 und 3.2.1
Anhang I Nummer 3.2.2	Anhang I Nummern 1.1.8 und 3.2.2
Anhang I Nummer 3.2.3	Anhang I Nummer 3.2.3

Richtlinie 98/37/EG	Vorliegende Richtlinie
Anhang I Nummer 3.3	Anhang I Nummer 3.3
Anhang I Nummer 3.3.1	Anhang I Nummer 3.3.1
Anhang I Nummer 3.3.2	Anhang I Nummer 3.3.2
Anhang I Nummer 3.3.3	Anhang I Nummer 3.3.3
Anhang I Nummer 3.3.4	Anhang I Nummer 3.3.4
Anhang I Nummer 3.3.5	Anhang I Nummer 3.3.5
Anhang I Nummer 3.4	Anhang I Nummer 3.4
Anhang I, Nummer 3.4.1 Absatz 1	Anhang I Nummer 1.3.9
Anhang I Nummer 3.4.1 Absatz 2	Anhang I Nummer 3.4.1
Anhang I Nummer 3.4.2	Anhang I Nummer 1.3.2
Anhang I Nummer 3.4.3	Anhang I Nummer 3.4.3
Anhang I Nummer 3.4.4	Anhang I Nummer 3.4.4
Anhang I Nummer 3.4.5	Anhang I Nummer 3.4.5
Anhang I Nummer 3.4.6	Anhang I Nummer 3.4.6
Anhang I Nummer 3.4.7	Anhang I Nummer 3.4.7
Anhang I Nummer 3.4.8	Anhang I Nummer 3.4.2
Anhang I Nummer 3.5	Anhang I Nummer 3.5
Anhang I Nummer 3.5.1	Anhang I Nummer 3.5.1
Anhang I Nummer 3.5.2	Anhang I Nummer 3.5.2
Anhang I Nummer 3.5.3	Anhang I Nummer 3.5.3
Anhang I Nummer 3.6	Anhang I Nummer 3.6
Anhang I Nummer 3.6.1	Anhang I Nummer 3.6.1
Anhang I Nummer 3.6.2	Anhang I Nummer 3.6.2
Anhang I Nummer 3.6.3	Anhang I Nummer 3.6.3
Anhang I Nummer 3.6.3 Buchstabe a	Anhang I Nummer 3.6.3.1
Anhang I Nummer 3.6.3 Buchstabe b	Anhang I Nummer 3.6.3.2
Anhang I Teil 4	Anhang I Teil 4
Anhang I Nummer 4.1	Anhang I Nummer 4.1
Anhang I Nummer 4.1.1	Anhang I Nummer 4.1.1
Anhang I Nummer 4.1.2	Anhang I Nummer 4.1.2
Anhang I Nummer 4.1.2.1	Anhang I Nummer 4.1.2.1
Anhang I Nummer 4.1.2.2	Anhang I Nummer 4.1.2.2
Anhang I Nummer 4.1.2.3	Anhang I Nummer 4.1.2.3
Anhang I Nummer 4.1.2.4	Anhang I Nummer 4.1.2.4
Anhang I Nummer 4.1.2.5	Anhang I Nummer 4.1.2.5
Anhang I Nummer 4.1.2.6	Anhang I Nummer 4.1.2.6

Richtlinie 98/37/EG	Vorliegende Richtlinie
Anhang I Nummer 4.1.2.7	Anhang I Nummer 4.1.2.7
Anhang I Nummer 4.1.2.8	Anhang I Nummer 1.5.16
Anhang I Nummer 4.2	Anhang I Nummer 4.2
Anhang I Nummer 4.2.1	–
Anhang I Nummer 4.2.1.1	Anhang I Nummer 1.1.7
Anhang I Nummer 4.2.1.2	Anhang I Nummer 1.1.8
Anhang I Nummer 4.2.1.3	Anhang I Nummer 4.2.1
Anhang I Nummer 4.2.1.4	Anhang I Nummer 4.2.2
Anhang I Nummer 4.2.2	Anhang I Nummer 4.2.3
Anhang I Nummer 4.2.3	Anhang I Nummern 4.1.2.7 und 4.1.2.8.2
Anhang I Nummer 4.2.4	Anhang I Nummer 4.1.3
Anhang I Nummer 4.3	Anhang I Nummer 4.3
Anhang I Nummer 4.3.1	Anhang I Nummer 4.3.1
Anhang I Nummer 4.3.2	Anhang I Nummer 4.3.2
Anhang I Nummer 4.3.3	Anhang I Nummer 4.3.3
Anhang I Nummer 4.4	Anhang I Nummer 4.4
Anhang I Nummer 4.4.1	Anhang I Nummer 4.4.1
Anhang I Nummer 4.4.2	Anhang I Nummer 4.4.2
Anhang I Teil 5	Anhang I Teil 5
Anhang I Nummer 5.1	Anhang I Nummer 5.1
Anhang I Nummer 5.2	Anhang I Nummer 5.2
Anhang I Nummer 5.3	–
Anhang I Nummer 5.4	Anhang I Nummer 5.3
Anhang I Nummer 5.5	Anhang I Nummer 5.4
Anhang I Nummer 5.6	Anhang I Nummer 5.5
Anhang I Nummer 5.7	Anhang I Nummer 5.6
Anhang I Teil 6	Anhang I Teil 6
Anhang I Nummer 6.1	Anhang I Nummer 6.1
Anhang I Nummer 6.1.1	Anhang I Nummer 4.1.1 Buchstabe g
Anhang I Nummer 6.1.2	Anhang I Nummer 6.1.1
Anhang I Nummer 6.1.3	Anhang I Nummer 6.1.2
Anhang I Nummer 6.2	Anhang I Nummer 6.2
Anhang I Nummer 6.2.1	Anhang I Nummer 6.2
Anhang I Nummer 6.2.2	Anhang I Nummer 6.2
Anhang I Nummer 6.2.3	Anhang I Nummer 6.3.1
Anhang I Nummer 6.3	Anhang I Nummer 6.3.2

Richtlinie 98/37/EG	Vorliegende Richtlinie
Anhang I Nummer 6.3.1	Anhang I Nummer 6.3.2 Absatz 3
Anhang I Nummer 6.3.2	Anhang I Nummer 6.3.2 Absatz 4
Anhang I Nummer 6.3.3	Anhang I Nummer 6.3.2 Absatz 1
Anhang I Nummer 6.4.1	Anhang I Nummern 4.1.2.1, 4.1.2.3 und 6.1.1
Anhang I Nummer 6.4.2	Anhang I Nummer 6.3.1
Anhang I Nummer 6.5	Anhang I Nummer 6.5
Anhang II Teile A und B	Anhang II Teil 1 Abschnitt A
Anhang II Teil C	–
Anhang III	Anhang III
Anhang IV.A.1 (1.1 bis 1.4)	Anhang IV.1 (1.1 bis 1.4)
Anhang IV.A.2	Anhang IV.2
Anhang IV.A.3	Anhang IV.3
Anhang IV.A.4	Anhang IV.4 (4.1 und 4.2)
Anhang IV.A.5	Anhang IV.5
Anhang IV.A.6	Anhang IV.6
Anhang IV.A.7	Anhang IV.7
Anhang IV.A.8	Anhang IV.8
Anhang IV.A.9	Anhang IV.9
Anhang IV.A.10	Anhang IV.10
Anhang IV.A.11	Anhang IV.11
Anhang IV.A.12 (erster und zweiter Gedankenstrich)	Anhang IV.12 (12.1 und 12.2)
Anhang IV.A.12 (dritter Gedankenstrich)	–
Anhang IV.A.13	Anhang IV.13
Anhang IV.A.14 erster Teil	Anhang IV.15
Anhang IV.A.14 zweiter Teil	Anhang IV.14
Anhang IV.A.15	Anhang IV.16
Anhang IV.A.16	Anhang IV.17
Anhang IV.A.17	–
Anhang IV.B.1	Anhang IV.19
Anhang IV.B.2	Anhang IV.21
Anhang IV.B.3	Anhang IV.20
Anhang IV.B.4	Anhang IV.22
Anhang IV.B.5	Anhang IV.23
Anhang V Nummer 1	–
Anhang V Nummer 2	–

Richtlinie 98/37/EG	Vorliegende Richtlinie
Anhang V Nummer 3 Absatz 1 Buchstabe a	Anhang VII Teil A Nummer 1 Absatz 1 Buchstabe a
Anhang V Nummer 3 Absatz 1 Buchstabe b	Anhang VII Teil A Nummer 1 Absatz 1 Buchstabe b
Anhang V Nummer 3 Absatz 2	Anhang VII Teil A Nummer 1 Absatz 2
Anhang V Nummer 3 Absatz 3	Anhang VII Teil A Nummer 3
Anhang V Nummer 4 Buchstabe a	Anhang VII Teil A Nummer 2 Absätze 2 und 3
Anhang V Nummer 4 Buchstabe b	Anhang VII Teil A Nummer 2 Absatz 1
Anhang V Nummer 4 Buchstabe c	Anhang VII Teil A Einleitung
Anhang VI Nummer 1	Anhang IX Einleitung
Anhang VI Nummer 2	Anhang IX Nummern 1 und 2
Anhang VI Nummer 3	Anhang IX Nummer 3
Anhang VI Nummer 4 Absatz 1	Anhang IX Nummer 4 Absatz 1
Anhang VI Nummer 4 Absatz 2	Anhang IX Nummer 7
Anhang VI Nummer 5	Anhang IX Nummer 6
Anhang VI Nummer 6 Satz 1	Anhang IX Nummer 5
Anhang VI Nummer 6 Sätze 2 und 3	Artikel 14 Absatz 6
Anhang VI Nummer 7	Anhang IX Nummer 8
Anhang VII Nummer 1	Anhang XI Nummer 1
Anhang VII Nummer 2	Anhang XI Nummer 2
Anhang VII Nummer 3	Anhang XI Nummer 3
Anhang VII Nummer 4	Anhang XI Nummer 4
Anhang VII Nummer 5	Anhang XI Nummer 5
Anhang VII Nummer 6	Anhang XI Nummer 6
Anhang VII Nummer 7	Anhang XI Nummer 7
Anhang VIII	–
Anhang IX	–

Produkthaftungsgesetz (ProdHaftG)

Gesetz über die Haftung für fehlerhafte Produkte (Produkthaftungsgesetz -ProdHaftG)

ProdHaftG

Ausfertigungsdatum: 15.12.1989

Vollzitat:

„Produkthaftungsgesetz vom 15. Dezember 1989 (BGBl. I S. 2198), das zuletzt durch Artikel 9 Absatz 3 des Gesetzes vom 19. Juli 2002 (BGBl. I S. 2674) geändert worden ist“

Stand: Zuletzt geändert durch Art. 9 Abs. 3 G v. 19.7.2002 I 2674

Fußnote

(+++ Textnachweis ab: 1.1.1990 +++)

(+++ Maßgaben aufgrund EinigVtr vgl ProdHaftG Anhang EV, nicht mehr anzuwenden +++)

§ 1 Haftung

(1) Wird durch den Fehler eines Produkts jemand getötet, sein Körper oder seine Gesundheit verletzt oder eine Sache beschädigt, so ist der Hersteller des Produkts verpflichtet, dem Geschädigten den daraus entstehenden Schaden zu ersetzen. Im Falle der Sachbeschädigung gilt dies nur, wenn eine andere Sache als das fehlerhafte Produkt beschädigt wird und diese andere Sache ihrer Art nach gewöhnlich für den privaten Ge- oder Verbrauch bestimmt und hierzu von dem Geschädigten hauptsächlich verwendet worden ist.

(2) Die Ersatzpflicht des Herstellers ist ausgeschlossen, wenn

1. er das Produkt nicht in den Verkehr gebracht hat,
2. nach den Umständen davon auszugehen ist, daß das Produkt den Fehler, der den Schaden verursacht hat, noch nicht hatte, als der Hersteller es in den Verkehr brachte,
3. er das Produkt weder für den Verkauf oder eine andere Form des Vertriebs mit wirtschaftlichem Zweck hergestellt noch im Rahmen seiner beruflichen Tätigkeit hergestellt oder vertrieben hat,
4. der Fehler darauf beruht, daß das Produkt in dem Zeitpunkt, in dem der Hersteller es in den Verkehr brachte, dazu zwingenden Rechtsvorschriften entsprochen hat, oder
5. der Fehler nach dem Stand der Wissenschaft und Technik in dem Zeitpunkt, in dem der Hersteller das Produkt in den Verkehr brachte, nicht erkannt werden konnte.

(3) Die Ersatzpflicht des Herstellers eines Teilprodukts ist ferner ausgeschlossen, wenn der Fehler durch die Konstruktion des Produkts, in welches das Teilprodukt eingearbeitet wurde, oder durch die Anleitungen des Herstellers des Produkts verursacht worden ist. Satz 1 ist auf den Hersteller eines Grundstoffs entsprechend anzuwenden.

(4) Für den Fehler, den Schaden und den ursächlichen Zusammenhang zwischen Fehler und Schaden trägt der Geschädigte die Beweislast. Ist streitig, ob die Ersatzpflicht gemäß Absatz 2 oder 3 ausgeschlossen ist, so trägt der Hersteller die Beweislast.

§ 2 Produkt

Produkt im Sinne dieses Gesetzes ist jede bewegliche Sache, auch wenn sie einen Teil einer anderen beweglichen Sache oder einer unbeweglichen Sache bildet, sowie Elektrizität.

§ 3 Fehler

(1) Ein Produkt hat einen Fehler, wenn es nicht die Sicherheit bietet, die unter Berücksichtigung aller Umstände, insbesondere

a) seiner Darbietung,

b) des Gebrauchs, mit dem billigerweise gerechnet werden kann,

c) des Zeitpunkts, in dem es in den Verkehr gebracht wurde, berechtigterweise erwartet werden kann.

(2) Ein Produkt hat nicht allein deshalb einen Fehler, weil später ein verbessertes Produkt in den Verkehr gebracht wurde.

§ 4 Hersteller

(1) Hersteller im Sinne dieses Gesetzes ist, wer das Endprodukt, einen Grundstoff oder ein Teilprodukt hergestellt hat. Als Hersteller gilt auch jeder, der sich durch das Anbringen seines Namens, seiner Marke oder eines anderen unterscheidungskräftigen Kennzeichens als Hersteller ausgibt.

(2) Als Hersteller gilt ferner, wer ein Produkt zum Zweck des Verkaufs, der Vermietung, des Mietkaufs oder einer anderen Form des Vertriebs mit wirtschaftlichem Zweck im Rahmen seiner geschäftlichen Tätigkeit in den Geltungsbereich des Abkommens über den Europäischen Wirtschaftsraum einführt oder verbringt.

(3) Kann der Hersteller des Produkts nicht festgestellt werden, so gilt jeder Lieferant als dessen Hersteller, es sei denn, daß er dem Geschädigten innerhalb eines Monats, nachdem ihm dessen diesbezügliche Aufforderung zugegangen ist, den Hersteller oder diejenige Person benennt, die ihm das Produkt geliefert hat. Dies gilt auch für ein eingeführtes Produkt, wenn sich bei diesem die in Absatz 2 genannte Person nicht feststellen läßt, selbst wenn der Name des Herstellers bekannt ist.

§ 5 Mehrere Ersatzpflichtige

Sind für denselben Schaden mehrere Hersteller nebeneinander zum Schadensersatz verpflichtet, so haften sie als Gesamtschuldner. Im Verhältnis der Ersatzpflichtigen zueinander hängt, soweit nichts anderes bestimmt ist, die Verpflichtung zum Ersatz sowie der Umfang des zu leistenden Ersatzes von den Umständen, insbesondere davon ab, inwieweit der Schaden vorwiegend von dem einen oder dem anderen Teil verursacht worden ist; im übrigen gelten die §§ 421 bis 425 sowie § 426 Abs. 1 Satz 2 und Abs. 2 des Bürgerlichen Gesetzbuchs.

§ 6 Haftungsminderung

(1) Hat bei der Entstehung des Schadens ein Verschulden des Geschädigten mitgewirkt, so gilt § 254 des Bürgerlichen Gesetzbuchs; im Falle der Sachbeschädigung steht das Verschulden desjenigen, der die tatsächliche Gewalt über die Sache ausübt, dem Verschulden des Geschädigten gleich.

(2) Die Haftung des Herstellers wird nicht gemindert, wenn der Schaden durch einen Fehler des Produkts und zugleich durch die Handlung eines Dritten verursacht worden ist. § 5 Satz 2 gilt entsprechend.

§ 7 Umfang der Ersatzpflicht bei Tötung

(1) Im Falle der Tötung ist Ersatz der Kosten einer versuchten Heilung sowie des Vermögensnachteils zu leisten, den der Getötete dadurch erlitten hat, daß während der Krankheit seine Erwerbsfähigkeit aufgehoben oder gemindert war oder seine Bedürfnisse vermehrt waren. Der Ersatzpflichtige hat außerdem die Kosten der Beerdigung demjenigen zu ersetzen, der diese Kosten zu tragen hat.

(2) Stand der Getötete zur Zeit der Verletzung zu einem Dritten in einem Verhältnis, aus dem er diesem gegenüber kraft Gesetzes unterhaltspflichtig war oder unterhaltspflichtig werden konnte, und ist dem Dritten infolge der Tötung das Recht auf Unterhalt entzogen, so hat der Ersatzpflichtige dem Dritten insoweit Schadensersatz zu leisten, als der Getötete während der mutmaßlichen Dauer seines Lebens zur Gewährung des Unterhalts verpflichtet gewesen wäre. Die Ersatzpflicht tritt auch ein, wenn der Dritte zur Zeit der Verletzung gezeugt, aber noch nicht geboren war.

§ 8 Umfang der Ersatzpflicht bei Körperverletzung

Im Falle der Verletzung des Körpers oder der Gesundheit ist Ersatz der Kosten der Heilung sowie des Vermögensnachteils zu leisten, den der Verletzte dadurch erleidet, daß infolge der Verletzung zeitweise oder dauernd seine Erwerbsfähigkeit aufgehoben oder gemindert ist oder seine Bedürfnisse vermehrt sind. Wegen des Schadens, der nicht Vermögensschaden ist, kann auch eine billige Entschädigung in Geld gefordert werden.

§ 9 Schadensersatz durch Geldrente

(1) Der Schadensersatz wegen Aufhebung oder Minderung der Erwerbsfähigkeit und wegen vermehrter Bedürfnisse des Verletzten sowie der nach § 7 Abs. 2 einem Dritten zu gewährende Schadensersatz ist für die Zukunft durch eine Geldrente zu leisten.

(2) § 843 Abs. 2 bis 4 des Bürgerlichen Gesetzbuchs ist entsprechend anzuwenden.

§ 10 Haftungshöchstbetrag

(1) Sind Personenschäden durch ein Produkt oder gleiche Produkte mit demselben Fehler verursacht worden, so haftet der Ersatzpflichtige nur bis zu einem Höchstbetrag von 85 Millionen Euro.

(2) Übersteigen die den mehreren Geschädigten zu leistenden Entschädigungen den in Absatz 1 vorgesehenen Höchstbetrag, so verringern sich die einzelnen Entschädigungen in dem Verhältnis, in dem ihr Gesamtbetrag zu dem Höchstbetrag steht.

§ 11 Selbstbeteiligung bei Sachbeschädigung

Im Falle der Sachbeschädigung hat der Geschädigte einen Schaden bis zu einer Höhe von 500 Euro selbst zu tragen.

§ 12 Verjährung

(1) Der Anspruch nach § 1 verjährt in drei Jahren von dem Zeitpunkt an, in dem der Ersatzberechtigte von dem Schaden, dem Fehler und von der Person des Ersatzpflichtigen Kenntnis erlangt hat oder hätte erlangen müssen.

(2) Schweben zwischen dem Ersatzpflichtigen und dem Ersatzberechtigten Verhandlungen über den zu leistenden Schadensersatz, so ist die Verjährung gehemmt, bis die Fortsetzung der Verhandlungen verweigert wird.

(3) Im übrigen sind die Vorschriften des Bürgerlichen Gesetzbuchs über die Verjährung anzuwenden.

§ 13 Erlöschen von Ansprüchen

(1) Der Anspruch nach § 1 erlischt zehn Jahre nach dem Zeitpunkt, in dem der Hersteller das Produkt, das den Schaden verursacht hat, in den Verkehr gebracht hat. Dies gilt nicht, wenn über den Anspruch ein Rechtsstreit oder ein Mahnverfahren anhängig ist.

(2) Auf den rechtskräftig festgestellten Anspruch oder auf den Anspruch aus einem anderen Vollstreckungstitel ist Absatz 1 Satz 1 nicht anzuwenden. Gleiches gilt für den Anspruch, der Gegenstand eines außergerichtlichen Vergleichs ist oder der durch rechtsgeschäftliche Erklärung anerkannt wurde.

§ 14 Unabdingbarkeit

Die Ersatzpflicht des Herstellers nach diesem Gesetz darf im voraus weder ausgeschlossen noch beschränkt werden. Entgegenstehende Vereinbarungen sind nichtig.

§ 15 Arzneimittelhaftung, Haftung nach anderen Rechtsvorschriften

(1) Wird infolge der Anwendung eines zum Gebrauch bei Menschen bestimmten Arzneimittels, das im Geltungsbereich des Arzneimittelgesetzes an den Verbraucher abgegeben wurde und der Pflicht zur Zulassung unterliegt oder durch Rechtsverordnung von der Zulassung befreit worden ist, jemand getötet, sein Körper oder seine Gesundheit verletzt, so sind die Vorschriften des Produkthaftungsgesetzes nicht anzuwenden.

(2) Eine Haftung aufgrund anderer Vorschriften bleibt unberührt.

§ 16 Übergangsvorschrift

Dieses Gesetz ist nicht auf Produkte anwendbar, die vor seinem Inkrafttreten in den Verkehr gebracht worden sind.

§ 17 Erlass von Rechtsverordnungen

Der Bundesminister der Justiz wird ermächtigt, durch Rechtsverordnung die Beträge der §§ 10 und 11 zu ändern oder das Außerkrafttreten des § 10 anzuordnen, wenn und soweit dies zur Umsetzung einer Richtlinie des Rates der Europäischen Gemeinschaften auf der Grundlage der Artikel 16 Abs. 2 und 18 Abs. 2 der Richtlinie des Rates vom 25. Juli 1985 zur Angleichung der Rechts- und Verwaltungsvorschriften der Mitgliedstaaten über die Haftung für fehlerhafte Produkte erforderlich ist.

§ 18 Berlin-Klausel

Dieses Gesetz gilt nach Maßgabe des § 13 Abs. 1 des Dritten Überleitungsgesetzes auch im Land Berlin. Rechtsverordnungen, die aufgrund dieses Gesetzes erlassen werden, gelten nach Maßgabe des § 14 des Dritten Überleitungsgesetzes auch im Land Berlin.

§ 19 Inkrafttreten

Dieses Gesetz tritt am 1. Januar 1990 in Kraft.

Rechtsrahmen für die Vermarktung von Produkten (Beschluss Nr. 768/2008/EG)

BESCHLUSS Nr. 768/2008/EG DES EUROPÄISCHEN PARLAMENTS UND DES RATES

vom 9. Juli 2008

über einen gemeinsamen Rechtsrahmen für die Vermarktung von Produkten und zur Aufhebung des Beschlusses 93/465/EWG des Rates

(Text von Bedeutung für den EWR)

DAS EUROPÄISCHE PARLAMENT UND DER RAT DER EUROPÄISCHEN UNION –

gestützt auf den Vertrag zur Gründung der Europäischen Gemeinschaft, insbesondere auf Artikel 95,

auf Vorschlag der Kommission,

nach Stellungnahme des Europäischen Wirtschafts- und Sozialausschusses ([1]),

nach Anhörung des Ausschusses der Regionen,

gemäß dem Verfahren des Artikels 251 des Vertrags ([2]), in Erwägung nachstehender Gründe:

(1) Die Kommission veröffentlichte am 7. Mai 2003 eine Mitteilung an den Rat und das Europäische Parlament mit dem Titel „Verbesserte Umsetzung der Richtlinien des neuen Konzepts". In seiner Entschließung vom 10. November 2003 ([3]) erkannte der Rat die Bedeutung des neuen Konzepts als zweckmäßiges und effizientes Rechtsetzungsmodell an, das technologische Innovation ermöglicht und die Wettbewerbsfähigkeit der europäischen Industrie stärkt, und er bekräftigte zudem, dass seine Grundsätze auf weitere Bereiche angewendet werden sollten, wobei er gleichzeitig darauf hinwies, dass ein präziserer Rahmen für die Konformitätsbewertung, Akkreditierung und Marktüberwachung zu schaffen sei.

(2) Dieser Beschluss enthält gemeinsame Grundsätze und Musterbestimmungen, die in allen sektoralen Rechtsakten angewendet werden sollen, um eine einheitliche Grundlage für die Überarbeitung oder Neufassung dieser Rechtsvorschriften zu bieten. Dieser Beschluss stellt somit einen allgemeinen

---

[1] ABl. C 120 vom 16.5.2008, S. 1.

[2] Stellungnahme des Europäischen Parlaments vom 21. Februar 2008 (noch nicht im Amtsblatt veröffentlicht) und Beschluss des Rates vom 23. Juni 2008.

[3] ABl. C 282 vom 25.11.2003, S. 3.

horizontalen Rahmen für künftige Rechtsvorschriften zur Harmonisierung der Bedingungen für die Vermarktung von Produkten und einen Bezugspunkt für geltende Rechtsvorschriften dar.

(3) Dieser Beschluss enthält Musterbestimmungen mit Begriffsbestimmungen und allgemeinen Verpflichtungen für die Wirtschaftsakteure und einem Spektrum von Konformitätsbewertungsverfahren, aus denen der Gesetzgeber das am besten geeignete auswählen kann. Ferner werden in ihm die Vorschriften für die CE-Kennzeichnung festgelegt. Darüber hinaus umfasst er Musterbestimmungen für die Anforderungen, die von Konformitätsbewertungsstellen zu erfüllen sind, damit sie der Kommission als für die Durchführung der jeweiligen Konformitätsbewertungsverfahren kompetent notifiziert werden können, sowie für die Notifizierungsverfahren. Zusätzlich bietet der Beschluss Musterbestimmungen für Verfahren, die im Fall gefährlicher Produkte zu befolgen sind, um die Sicherheit auf dem Markt zu gewährleisten.

(4) Werden Rechtsvorschriften erstellt, die ein Produkt betreffen, das bereits anderen gemeinschaftlichen Rechtsakten unterliegt, so müssen diese berücksichtigt werden, um die Kohärenz aller Rechtsvorschriften, die dasselbe Produkt betreffen, sicherzustellen.

(5) Allerdings kann aufgrund besonderer Bedürfnisse eines Sektors die Wahl auch auf andere Rechtsetzungslösungen fallen. Dies ist insbesondere der Fall, wenn es in einem Sektor bereits ein spezifisches umfassendes Rechtssystem gibt, wie etwa im Bereich der Futter- und Nahrungsmittel, der Kosmetik- und Tabakprodukte, der gemeinsamen Marktorganisationen für Landwirtschaftsprodukte, der Pflanzengesundheit und des Pflanzenschutzes, des menschlichen Blutes und Gewebes, der Human- und Tierarzneimittel und Chemikalien, oder wenn die Bedürfnisse des Sektors eine spezifische Anpassung der gemeinsamen Grundsätze und Musterbestimmungen erfordern, wie etwa im Bereich von Medizinprodukten, Bauprodukten oder Schiffsausrüstungen. Diese Anpassungen können sich auch auf die Module gemäß Anhang II beziehen.

(6) Wenn eine Rechtsvorschrift erstellt wird, kann der Gesetzgeber von den gemeinsamen Grundsätzen und Musterbestimmungen dieses Beschlusses aufgrund der Besonderheiten bestimmter Sektoren ganz oder teilweise abweichen. Derartige Abweichungen sollten begründet werden.

(7) Auch wenn nicht gesetzlich vorgeschrieben werden kann, die Bestimmungen dieses Beschlusses in künftige Rechtsakte zu übernehmen, sind die Mitgesetzgeber durch den Erlass dieses Beschlusses eine klare politische Verpflichtung eingegangen, die sie in Rechtsakten, die in den Geltungsbereich dieses Beschlusses fallen, einhalten sollten.

(8) Rechtsvorschriften zu bestimmten Produkten sollten, wenn möglich, keine technischen Details festlegen und sich stattdessen auf die wesentlichen Anforderungen beschränken. In derartigen Rechtsvorschriften sollte zur Angabe ausführlicher technischer Spezifikationen gegebenenfalls auf harmonisierte Normen verwiesen werden, die gemäß der Richtlinie 98/34/EG des Europäischen Parlaments und des Rates vom 22. Juni 1998 über ein Informationsverfahren auf dem Gebiet der Normen und technischen Vorschriften und der Vorschriften für die Dienste der Informationsgesellschaft ([1]) verabschiedet werden. Dieser Beschluss baut auf dem Normungssystem der genannten Richtlinie auf und ergänzt es. Sollte dies aus Gründen der Gesundheit und Sicherheit, des Verbraucherschutzes oder des Schutzes der Umwelt, anderen Gründen des öffentlichen Interesses oder der Klarheit und Durchführbarkeit jedoch erforderlich sein, so können ausführliche technische Spezifikationen in die betreffenden Rechtsvorschriften aufgenommen werden.

(9) Da die Einhaltung einer harmonisierten Norm die Vermutung der Konformität mit einer Vorschrift begründet, sollte vermehrt Gebrauch von harmonisierten Normen gemacht werden.

---

[1] ABl. L 204 vom 21.7.1998, S. 37. Zuletzt geändert durch die Richtlinie 2006/96/EG des Rates (ABl. L 363 vom 20.12.2006, S. 81).

(10) Die Mitgliedstaaten oder die Kommission sollten die Möglichkeit haben, in jenen Fällen einen Einwand zu erheben, in denen eine harmonisierte Norm die Anforderungen einer Harmonisierungsrechtsvorschrift der Gemeinschaft nicht in vollem Umfang erfüllt. Die Kommission sollte entscheiden können, eine solche Norm nicht zu veröffentlichen. Hierfür sollte die Kommission in geeigneter Weise Vertreter der einzelnen Sektoren und die Mitgliedstaaten konsultieren, bevor der Ausschuss nach Artikel 5 der Richtlinie 98/34/EG seine Stellungnahme abgibt.

(11) Die wesentlichen Anforderungen sollten so präzise gefasst sein, dass sie rechtsverbindlich sind. Sie sollten so formuliert sein, dass sich bewerten lässt, ob sie eingehalten wurden, selbst wenn harmonisierte Normen fehlen oder der Hersteller entschieden hat, eine harmonisierte Norm nicht anzuwenden. Wie ausführlich diese Anforderungen zu halten sind, hängt von den Gegebenheiten der einzelnen Sektoren ab.

(12) Mit einem erfolgreich durchlaufenen Konformitätsbewertungsverfahren können die Wirtschaftsakteure nachweisen und die zuständigen Behörden sicherstellen, dass die Produkte, die auf dem Markt bereitgestellt werden, die geltenden Anforderungen erfüllen.

(13) Die in den Harmonisierungsrechtsvorschriften der Gemeinschaft zu verwendenden Module für die Konformitätsbewertungsverfahren stammen ursprünglich aus dem Beschluss 93/465/EWG des Rates vom 22. Juli 1993 über die in den technischen Harmonisierungsrichtlinien zu verwendenden Module für die verschiedenen Phasen der Konformitätsbewertungsverfahren und die Regeln für die Anbringung und Verwendung der CE-Konformitätskennzeichnung ([1]). Der vorliegende Beschluss ersetzt diesen genannten Beschluss.

(14) Es ist notwendig, eine Auswahl klarer, transparenter und kohärenter Verfahren für die Konformitätsbewertung bereitzustellen, wobei die möglichen Varianten zu begrenzen sind. Dieser Beschluss sieht eine Reihe von Modulen vor, die dem Gesetzgeber ermöglichen, ein Verfahren unterschiedlicher Strenge auszuwählen, nach Maßgabe der damit verbundenen Höhe des Risikos und des geforderten Schutzniveaus.

(15) Damit die Kohärenz über die einzelnen Sektoren hinweg gewährleistet ist und Ad-hoc-Varianten vermieden werden, ist es wünschenswert, dass die Verfahren, die in den sektoralen Rechtsvorschriften verwendet werden, im Einklang mit den genannten allgemeinen Kriterien unter den Modulen ausgewählt werden.

(16) Bislang wurde in Rechtsvorschriften über den freien Warenverkehr eine ganze Reihe von Begriffen verwendet, die teilweise nicht definiert waren, so dass zu ihrer Erläuterung und Auslegung Leitlinien erforderlich waren. Dort wo rechtliche Begriffsbestimmungen eingeführt wurden, wichen sie teilweise in ihrem Wortlaut und gelegentlich auch in ihrer Bedeutung voneinander ab, was bei ihrer Auslegung und korrekten Umsetzung Schwierigkeiten verursacht. Mit diesem Beschluss werden daher klare Definitionen für bestimmte grundlegende Begriffe eingeführt.

(17) In der Gemeinschaft in Verkehr gebrachte Produkte sollten den einschlägigen geltenden Rechtsvorschriften der Gemeinschaft entsprechen, und die Wirtschaftsakteure sollten für die Konformität der Produkte verantwortlich sein, je nachdem welche Rolle sie jeweils in der Lieferkette spielen, um ein hohes Niveau beim Schutz der öffentlichen Interessen, wie etwa Gesundheit und Sicherheit sowie beim Verbraucherschutz und beim Umweltschutz, zu gewährleisten und einen fairen Wettbewerb auf dem Gemeinschaftsmarkt sicherzustellen.

(18) Von allen Wirtschaftsakteuren wird erwartet, dass sie verantwortungsvoll und in voller Übereinstimmung mit den geltenden rechtlichen Anforderungen handeln, wenn sie Produkte in Verkehr bringen oder auf dem Markt bereitstellen.

---

[1] ABl. L 220 vom 30.8.1993, S. 23.

(19) Alle Wirtschaftsakteure, die Teil der Liefer- und Vertriebskette sind, sollten die erforderlichen Maßnahmen ergreifen, um zu gewährleisten, dass sie nur Produkte auf dem Markt bereitstellen, die mit den geltenden Rechtsvorschriften übereinstimmen. In diesem Beschluss ist eine klare und verhältnismäßige Verteilung der Pflichten vorgesehen, die auf die einzelnen Akteure je nach ihrer Rolle im Liefer- und Vertriebsprozess entfallen.

(20) Da bestimmte Aufgaben nur vom Hersteller wahrgenommen werden können, muss klar zwischen dem Hersteller und den in der Vertriebskette nachgeschalteten Akteuren unterschieden werden. Außerdem muss zwischen Einführer und Händler unterschieden werden, da der Einführer Produkte aus Drittländern auf den Gemeinschaftsmarkt einführt. Der Einführer muss sicherstellen, dass diese Produkte mit den in der Gemeinschaft geltenden Anforderungen übereinstimmen.

(21) Weil der Hersteller den Entwurfs- und Fertigungsprozess in allen Einzelheiten kennt, ist er am besten für die Durchführung des gesamten Konformitätsbewertungsverfahrens geeignet. Die Konformitätsbewertung sollte daher auch weiterhin die ausschließliche Verpflichtung des Herstellers bleiben.

(22) Es ist notwendig sicherzustellen, dass Produkte aus Drittländern, die auf den Gemeinschaftsmarkt gelangen, den in der Gemeinschaft geltenden Anforderungen genügen, und insbesondere dass geeignete Bewertungsverfahren vom Hersteller hinsichtlich dieser Produkte durchgeführt wurden. Es sollte deshalb vorgesehen werden, dass die Einführer sicherstellen, dass von ihnen auf den Markt gebrachte Produkte den geltenden Anforderungen genügen, und nicht Produkte auf den Markt bringen, die diesen Anforderungen nicht genügen oder eine Gefahr darstellen. Aus dem gleichen Grund sollte vorgesehen werden, dass die Einführer sicherstellen, dass Konformitätbewertungsverfahren durchgeführt wurden und dass die Produktkennzeichnung und die von den Herstellern erstellten Unterlagen den Überwachungsbehörden zur Überprüfung zur Verfügung stehen.

(23) Der Händler stellt ein Produkt auf dem Markt bereit, nachdem es vom Hersteller oder vom Einführer in Verkehr gebracht wurde, und er muss gebührende Sorgfalt walten lassen um sicherzustellen, dass seine Handhabung des Produkts nicht die Konformität des Produkts negativ beeinflusst. Sowohl von den Einführern als auch von den Händlern wird erwartet, dass sie mit der gebührenden Sorgfalt auf die geltenden Anforderungen achten, wenn sie Produkte in Verkehr bringen oder auf dem Markt bereitstellen.

(24) Die Richtlinie 85/374/EWG des Rates vom 25. Juli 1985 zur Angleichung der Rechts- und Verwaltungsvorschriften der Mitgliedstaaten über die Haftung für fehlerhafte Produkte ([1]) gilt unter anderem für Produkte, die nicht den Harmonisierungsrechtsvorschriften der Gemeinschaft genügen. Hersteller und Einführer, die nichtkonforme Produkte in Verkehr gebracht haben, haften gemäß jener Richtlinie für Schäden.

(25) Wenn er ein Produkt in Verkehr bringt, muss jeder Einführer seinen Namen und seine Kontaktanschrift auf dem Produkt angeben. Ausnahmen sollten in Fällen gelten, in denen die Größe oder die Art des Produkts dies nicht erlauben. Hierunter fallen Fälle, in denen der Einführer die Verpackung öffnen müsste, um seinen Namen und seine Anschrift auf dem Produkt anzubringen.

(26) Jeder Wirtschaftsakteur, der ein Produkt unter seinem eigenen Namen oder seiner eigenen Marke in Verkehr bringt oder ein Produkt so verändert, dass sich dies auf seine Konformität mit den geltenden Anforderungen auswirken kann, sollte als Hersteller gelten und die Verpflichtungen des Herstellers wahrnehmen.

---

[1] ABl. L 210 vom 7. August 1985, S. 29. Geändert durch die Richtlinie 1990/34/EG des Europäischen Parlaments und des Rates (ABl. L 141 vom 4.6.1999, S. 20).

(27) Da Händler und Einführer dem Markt nahe stehen, sollten sie in Marktüberwachungsaufgaben der nationalen Behörden eingebunden werden und darauf eingestellt sein, aktiv mitzuwirken, indem sie den zuständigen Behörden alle nötigen Informationen zu dem betreffenden Produkt geben.

(28) Durch die Rückverfolgbarkeit eines Produkts über die gesamte Lieferkette hinweg können die Aufgaben der Marktüberwachung einfacher und wirksamer erfüllt werden. Ein wirksames Rückverfolgbarkeitssystem erleichtert den Marktüberwachungsbehörden ihre Aufgabe, Wirtschaftsakteure aufzuspüren, die nichtkonforme Produkte auf dem Markt bereitgestellt haben.

(29) Die CE-Kennzeichnung bringt die Konformität eines Produkts zum Ausdruck und ist die sichtbare Folge eines ganzen Prozesses, der die Konformitätsbewertung im weiteren Sinne umfasst. Die allgemeinen Grundsätze für die CE-Kennzeichnung sind in der Verordnung (EG) Nr. 765/2008 des Europäischen Parlaments und des Rates vom 9. Juli 2008 über die Vorschriften für die Akkreditierung und Marktüberwachung im Zusammenhang mit der Vermarktung von Produkten ([1]) festgelegt. In diesem Beschluss sollten die Vorschriften für die Anbringung der CE-Kennzeichnung aufgeführt werden, die in Harmonisierungsrechtsvorschriften der Gemeinschaft anzuwenden sind, in denen die Verwendung dieser Kennzeichnung vorgeschrieben ist.

(30) Die CE-Kennzeichnung sollte die einzige Konformitätskennzeichnung sein, die darauf hinweist, dass ein Produkt mit den Harmonisierungsrechtsvorschriften der Gemeinschaft übereinstimmt. Andere Kennzeichnungen dürfen jedoch verwendet werden, sofern sie zur Verbesserung des Verbraucherschutzes beitragen und diese Kennzeichnungen nicht von Harmonisierungsrechtsvorschriften der Gemeinschaft erfasst werden.

(31) Es ist von entscheidender Bedeutung, dass Herstellern wie Benutzern klar gemacht wird, dass der Hersteller durch das Anbringen der CE-Kennzeichnung an einem Produkt erklärt, dass dieses Produkt mit allen geltenden Vorschriften übereinstimmt, und dass er die volle Verantwortung hierfür übernimmt.

(32) Um besser die Wirksamkeit der CE-Kennzeichnung bewerten und Strategien zur Verhütung von Missbrauch ausarbeiten zu können, sollte die Kommission die Umsetzung der CE-Kennzeichnung überwachen und dem Europäischen Parlament hierüber Bericht erstatten.

(33) Die CE-Kennzeichnung hat nur dann einen Wert, wenn bei ihrer Anbringung die im Gemeinschaftsrecht festgelegten Bedingungen eingehalten werden. Die Mitgliedstaaten sollten daher die ordnungsgemäße Durchsetzung dieser Bedingungen sicherstellen und mit rechtlichen oder anderen geeigneten Mitteln gegen Verstöße und den Missbrauch der CE-Kennzeichnung vorgehen.

(34) Die Mitgliedstaaten sind für die Gewährleistung einer starken und effizienten Marktüberwachung auf ihrem Hoheitsgebiet verantwortlich und sollten ihre Marktüberwachungsbehörden mit ausreichenden Befugnissen und Ressourcen ausstatten.

(35) Zur Erhöhung des Bekanntheitsgrads der CE-Kennzeichnung sollte die Kommission eine Informationskampagne in Gang setzen, die sich insbesondere an die Wirtschaftsakteure, Verbraucherverbände, sektoralen Organisationen und Verkaufspersonal richtet, da diese am besten dazu in der Lage sind, diese Information an die Verbraucher weiterzugeben.

(36) Unter bestimmten Umständen erfordern die Konformitätsbewertungsverfahren, die nach den geltenden Rechtsvorschriften vorgeschrieben sind, dass die Konformitätsbewertungsstellen tätig werden, die der Kommission von den Mitgliedstaaten notifiziert werden.

(37) Die Erfahrung hat gezeigt, dass die in der sektoralen Gesetzgebung enthaltenen Kriterien, die von den Konformitätsbewertungsstellen zu erfüllen sind, bevor sie der Kommission notifiziert wer-

---

[1] Siehe Seite 30 dieses Amtsblatts.

den können, nicht dafür ausreichen, gemeinschaftsweit ein einheitlich hohes Leistungsniveau der notifizierten Stellen zu gewährleisten. Es ist aber besonders wichtig, dass alle notifizierten Stellen ihre Aufgaben gleich gut und unter fairen Wettbewerbsbedingungen erfüllen. Dies erfordert mithin die Festlegung von verbindlichen Anforderungen für die Konformitätsbewertungsstellen, die dafür notifiziert werden wollen, Konformitätsbewertungsleistungen zu erbringen.

(38) Um für ein einheitliches Qualitätsniveau bei der Durchführung der Konformitätsbewertung zu sorgen, müssen nicht nur die Anforderungen an um Notifizierung ersuchende Konformitätsbewertungsstellen konsolidiert werden, sondern es müssen gleichzeitig auch die Anforderungen an die notifizierenden Behörden und andere Stellen, die bei der Begutachtung, Notifizierung und Überwachung von notifizierten Stellen tätig sind, festgelegt werden.

(39) Das in diesem Beschluss dargelegte System wird durch das Akkreditierungssystem gemäß der Verordnung (EG) Nr. 765/2008 ergänzt. Da die Akkreditierung ein wichtiges Mittel zur Überprüfung der Kompetenz von Konformitätsbewertungsstellen ist, sollte auch ihre Verwendung zu Notifizierungszwecken gefördert werden.

(40) Wenn eine Konformitätsbewertungsstelle die Konformität mit den Kriterien der harmonisierten Normen nachweist, sollte vermutet werden, dass sie den entsprechenden Anforderungen in den einschlägigen sektoralen Rechtsvorschriften genügt.

(41) Wenn Harmonisierungsrechtsvorschriften der Gemeinschaft für ihre Durchführung die Auswahl von Konformitätsbewertungsstellen vorsehen, so sollte die transparente Akkreditierung nach der Verordnung (EG) Nr. 765/2008 zur Gewährleistung des notwendigen Maßes an Vertrauen in Konformitätsbescheinigungen gemeinschaftsweit von den nationalen Behörden als bevorzugtes Mittel zum Nachweis der fachlichen Kompetenz dieser Stellen angesehen werden. Allerdings können nationale Behörden die Auffassung vertreten, dass sie selbst die geeigneten Mittel besitzen, um diese Beurteilung vorzunehmen. Um in solchen Fällen die Glaubwürdigkeit der durch andere nationale Behörden vorgenommenen Beurteilungen zu gewährleisten, sollten sie der Kommission und den anderen Mitgliedstaaten alle erforderlichen Unterlagen übermitteln, aus denen hervorgeht, dass die beurteilten Konformitätsbewertungsstellen die entsprechenden rechtlichen Anforderungen erfüllen.

(42) Häufig vergeben Konformitätsbewertungsstellen Teile ihrer Arbeit im Zusammenhang mit der Konformitätsbewertung an Unterauftragnehmer oder übertragen sie an Zweigunternehmen. Zur Wahrung des für das Inverkehrbringen von Produkten in der Gemeinschaft erforderlichen Schutzniveaus müssen die Unterauftragnehmer und Zweigunternehmen bei der Ausführung der Konformitätsbewertungsaufgaben unbedingt denselben Anforderungen genügen wie die notifizierten Stellen. Aus diesem Grund ist es wichtig, dass die Bewertung von Kompetenz und Leistungsfähigkeit der um Notifizierung nachsuchenden Stellen und die Überwachung von bereits notifizierten Stellen sich auch auf die Tätigkeiten erstrecken, die von Unterauftragnehmern und Zweigunternehmen übernommen werden.

(43) Das Notifizierungsverfahren muss effizienter und transparenter werden, insbesondere muss es an die neuen Technologien angepasst werden, um eine Online-Notifizierung zu ermöglichen.

(44) Da die notifizierten Stellen ihre Dienstleistungen gemeinschaftsweit anbieten können, sollten die anderen Mitgliedstaaten und die Kommission die Möglichkeit erhalten, Einwände im Hinblick auf die notifizierte Stelle zu erheben. Daher ist es wichtig, dass eine Frist vorgesehen wird, innerhalb derer etwaige Zweifel an der Kompetenz von Konformitätsbewertungsstellen oder diesbezügliche Bedenken geklärt werden können, bevor diese ihre Arbeit als notifizierte Stellen aufnehmen.

(45) Im Interesse der Wettbewerbsfähigkeit ist es entscheidend, dass die notifizierten Stellen die Module anwenden, ohne unnötigen Aufwand für die Wirtschaftsakteure zu schaffen. Aus demselben Grund, aber auch um die Gleichbehandlung der Wirtschaftsakteure zu gewährleisten, muss

eine einheitliche technische Anwendung der Module gewährleistet sein. Dies lässt sich am besten durch eine zweckmäßige Koordinierung und Zusammenarbeit zwischen den notifizierten Stellen erreichen.

(46) Um sicherzustellen, dass der Zertifizierungsprozess ordnungsgemäß abläuft, sollten bestimmte Verfahren konsolidiert werden, wie beispielsweise der Erfahrungs- und Informationsaustausch zwischen notifizierten Stellen und notifizierenden Behörden sowie der notifizierten Stellen untereinander.

(47) In den Harmonisierungsrechtsvorschriften der Gemeinschaft ist bereits ein Schutzklauselverfahren vorgesehen, das erst dann anzuwenden ist, wenn zwischen den Mitgliedstaaten Uneinigkeit über die Maßnahmen eines Mitgliedstaats herrscht. Um die Transparenz zu erhöhen und die Bearbeitungszeiten zu verkürzen ist es notwendig, das bestehende Schutzklauselverfahren zu verbessern, damit es effizienter wird und der in den Mitgliedstaaten vorhandene Sachverstand genutzt wird.

(48) Das vorhandene System sollte um ein Verfahren ergänzt werden, mit dem die interessierten Kreise über geplante Maßnahmen gegen Produkte informiert werden können, die eine Gefahr für die menschliche Gesundheit oder Sicherheit oder für andere im öffentlichen Interesse schützenswerte Aspekte darstellen. Auf diese Weise könnten die Marktüberwachungsbehörden in Zusammenarbeit mit den betreffenden Wirtschaftsakteuren bei derartigen Produkten zu einem früheren Zeitpunkt einschreiten.

(49) In den Fällen, in denen die Mitgliedstaaten und die Kommission die Begründung einer von einem Mitgliedstaat ergriffenen Maßnahme einhellig annehmen, sollte die Kommission nicht weiter tätig werden müssen, es sei denn, dass die Nichtkonformität Mängeln einer harmonisierten Norm zugerechnet werden kann.

(50) Die Rechtsvorschriften der Gemeinschaft sollten im Zusammenhang mit administrativen Auf lagen der besonderen Situation kleiner und mittlerer Unternehmen Rechnung tragen. Anstatt für diese Unternehmen generelle Ausnahmen oder abweichende Bestimmungen vorzusehen, die den Eindruck erwecken könnten, dass es sich um zweitklassige oder qualitativ minderwertige Produkte oder Wirtschaftsakteure handelt, und die für die Marktüberwachungsbehörden zu einer komplexen, von ihnen zu überwachenden Rechtssituation führen könnten, sollten die Rechtsvorschriften der Gemeinschaft vielmehr vorsehen, dass der Situation dieser Unternehmen in den Vorschriften für die Auswahl und Anwendung der am besten geeigneten Konformitätsbewertungsverfahren und in der den Konformitätsbewertungsstellen auferlegten Verpflichtung, in einem angemessenen Verhältnis zur Größe der Unternehmen und dem Kleinserien- oder Nichtseriencharakter der betreffenden Produktion zu operieren, Rechnung getragen wird. Dieser Beschluss gibt dem Gesetzgeber die nötige Flexibilität, um derartigen Situationen gerecht werden zu können, ohne besondere und ungeeignete Lösungen für kleine und mittlere Unternehmen vorsehen zu müssen und ohne den Schutz der öffentlichen Interessen zu vernachlässigen.

(51) Dieser Beschluss enthält Bestimmungen darüber, dass die Konformitätsbewertungsstellen ihre Aufgaben unter Berücksichtigung der besonderen Situation von kleinen und mittleren Unternehmen zu leisten haben, wobei so streng vorzugehen ist und ein Schutzniveau einzuhalten ist, wie dies für die Konformität der Produkte mit den für sie geltenden Rechtsvorschriften erforderlich ist.

(52) Innerhalb eines Jahres nach Veröffentlichung dieses Beschusses im Amtsblatt der Europäischen Union sollte die Kommission eine eingehende Analyse der dem Verbraucherschutz dienenden Kennzeichnungen vorlegen, an die sich gegebenenfalls Legislativvorschläge anschließen –

BESCHLIESSEN:

Artikel 1

Allgemeine Grundsätze

(1) Produkte, die in der Gemeinschaft in Verkehr gebracht werden, müssen mit allen geltenden Rechtsvorschriften übereinstimmen.

(2) Bringen Wirtschaftsakteure Produkte auf dem Gemeinschaftsmarkt in Verkehr, so sind sie im Rahmen ihrer jeweiligen Rolle in der Lieferkette für die Konformität ihrer Produkte mit allen geltenden Rechtsvorschriften verantwortlich.

(3) Die Wirtschaftsakteure sind dafür verantwortlich zu gewährleisten, dass alle Informationen, die sie über ihre Produkte bereitstellen, korrekt und vollständig sind und mit den geltenden Rechtsvorschriften der Gemeinschaft übereinstimmen.

Artikel 2

Gegenstand und Anwendungsbereich

Dieser Beschluss enthält den einheitlichen Rahmen für allgemeine Grundsätze und Musterbestimmungen für die Ausarbeitung von Rechtsvorschriften der Gemeinschaft zur Harmonisierung der Bedingungen für die Vermarktung von Produkten („Harmonisierungsrechtsvorschriften der Gemeinschaft“).

In Harmonisierungsrechtsvorschriften der Gemeinschaft kommen die in diesem Beschluss festgelegten allgemeinen Grundsätze und die betreffenden Musterbestimmungen der Anhänge I, II und III zum Einsatz. Die Rechtsvorschriften der Gemeinschaft können jedoch von diesen allgemeinen Grundsätzen und Musterbestimmungen abweichen, wenn dies aufgrund der Besonderheiten des betreffenden Sektors angebracht ist, insbesondere wenn ein umfassendes Rechtssystem bereits besteht.

Artikel 3

Öffentliche Interessen: Schutzniveau

(1) In Bezug auf den Schutz öffentlicher Interessen beschränken sich die Harmonisierungsrechtsvorschriften der Gemeinschaft auf die Festlegung der wesentlichen Anforderungen, die das Schutzniveau bestimmen, und formulieren diese Anforderungen in Form von Ergebnissen, die zu erzielen sind.

Ist die Verwendung wesentlicher Anforderungen mit Blick auf das Ziel der Gewährleistung eines angemessenen Schutzes der Verbraucher, der öffentlichen Gesundheit und der Umwelt oder andere Aspekte des Schutzes öffentlicher Interessen nicht möglich oder nicht zweckmäßig, können in den betreffenden Harmonisierungsrechtsvorschriften der Gemeinschaft auch ausführliche Spezifikationen festgelegt werden.

(2) Enthält eine Harmonisierungsrechtsvorschrift der Gemeinschaft wesentliche Anforderungen, so ist darin auch die Verwendung harmonisierter Normen, die nach der Richtlinie 98/34/EG angenommen werden, vorzusehen, die diese Anforderungen in technischer Hinsicht ausdrücken und die – einzeln oder zusammen mit weiteren harmonisierten Normen – die Vermutung der Konformität mit diesen Anforderungen begründen, wobei die Möglichkeit beibehalten wird, dass Schutzniveau durch andere Mittel festzulegen.

Artikel 4

Konformitätsbewertungsverfahren

(1) Ist in einer Harmonisierungsrechtsvorschrift der Gemeinschaft die Konformitätsbewertung für ein bestimmtes Produkt vorgeschrieben, werden die anzuwendenden Verfahren aus den in Anhang II aufgeführten und beschriebenen Modulen anhand folgender Kriterien ausgewählt:

a) Eignung des betreffenden Moduls für die Produktart;

b) Art der mit dem Produkt verbundenen Risiken, und Relevanz der Konformitätsbewertung entsprechend der Art und der Höhe der Risiken;

c) ist die Beteiligung eines Dritten vorgeschrieben, müssen dem Hersteller sowohl Module der Qualitätssicherung als auch der Produktzertifizierung entsprechend dem Anhang II zur Auswahl stehen;

d) das Vorschreiben von Modulen, die im Verhältnis zu den von der betreffenden Rechtsvorschrift erfassten Risiken zu belastend sind, ist zu vermeiden.

(2) Fällt ein Produkt unter mehrere Rechtsakte der Gemeinschaft, für die dieser Beschluss gilt, wird die Kohärenz der Konformitätsbewertungsverfahren durch den Gesetzgeber gewährleistet.

(3) Die in Absatz 1 genannten Module kommen gemäß ihrer Eignung für das betreffende Produkt und entsprechend den Anweisungen in diesen Modulen zur Anwendung.

(4) Für Sonderanfertigungen und kleine Serienfertigungen werden die technischen und administrativen Bedingungen im Zusammenhang mit Konformitätsbewertungsverfahren erleichtert.

(5) Bei der Anwendung der Module nach Absatz 1 und bei Bedarf kann in der Rechtsvorschrift

a) hinsichtlich der technischen Unterlagen vorgeschrieben werden, dass Informationen zusätzlich zu dem, was bereits in den Modulen vorgesehen ist, vorgelegt werden;

b) hinsichtlich des Zeitraums, während dessen der Hersteller und/oder die notifizierte Stelle verpflichtet sind, bestimmte Unterlagen aufzubewahren, die in den Modulen vorgesehene Frist geändert werden;

c) die Wahlmöglichkeit des Herstellers festgelegt werden, ob er die Prüfungen durch eine akkreditierte interne Stelle durchführen lässt oder ob er sie einer von ihm gewählten notifizierten Stelle überträgt;

d) für die Durchführung einer Produktprüfung die Wahlmöglichkeit des Herstellers festgelegt werden, ob die Kontrollen und Prüfungen zur Feststellung der Konformität der Produkte mit den einschlägigen Anforderungen entweder durch die Kontrolle und Prüfung jedes einzelnen Produkts oder die Kontrolle und Prüfung der Produkte auf einer statistischen Grundlage erfolgt;

e) vorgesehen werden, dass die EG-Baumusterprüfbescheinigung eine Gültigkeitsdauer hat;

f) bezogen auf die EG-Baumusterprüfbescheinigung festgelegt werden, welche für die Konformitätsbewertung und die während des laufenden Betriebs erfolgenden Prüfungen relevanten Informationen in die Bescheinigung oder ihre Anlagen aufgenommen werden müssen;

g) vorgesehen werden, dass andere Modalitäten hinsichtlich der Pflichten der notifizierten Stelle zur Information ihrer notifizierenden Behörden möglich sind;

h) gegebenenfalls festgelegt werden, in welchen Abständen die notifizierte Stelle regelmäßige Audits durchzuführen hat.

(6) Bei der Anwendung der in Absatz 1 genannten Module, soweit anwendbar und bei Bedarf, ist in der Rechtsvorschrift

a) für die Durchführung von Produktkontrollen und -überprüfungen festzulegen, welche Produkte betroffen sind, welche Prüfungen geeignet sind, welche Verfahren für die Stichprobenentnahme zweckmäßig sind und welche funktionsspezifischen Besonderheiten der angewendeten statistischen Methode bestehen und welche entsprechende Maßnahme von der notifizierten Stelle und/oder dem Hersteller zu treffen ist;

b) für die Durchführung der EG-Baumusterprüfung die geeignete Art und Weise (Entwurfsmuster, Baumuster, Bau- und Entwurfsmuster) und die erforderlichen Proben zu bestimmen.

(7) Es muss ein Einspruchsverfahren gegen die Entscheidungen der notifizierten Stelle vorgesehen sein.

Artikel 5

EG-Konformitätserklärung

Verlangt eine Harmonisierungsrechtsvorschrift der Gemeinschaft vom Hersteller die Erklärung, dass ein Produkt nachweislich die geltenden Anforderungen erfüllt („EG-Konformitätserklärung"), wird in dieser Rechtsvorschrift auch vorgeschrieben, dass eine einzige Erklärung für alle für das Produkt geltenden Gemeinschaftsrechtsakte ausgestellt wird, die alle einschlägigen Informationen darüber enthält, auf welche Harmonisierungsrechtsvorschriften der Gemeinschaft sie sich bezieht, wobei die Fundstellen der betreffenden Rechtsvorschriften im Amtsblatt anzugeben sind.

Artikel 6

Konformitätsbewertung

(1) Verlangt eine Harmonisierungsrechtsvorschrift der Gemeinschaft eine Konformitätsbewertung, kann sie vorschreiben, dass diese Bewertung durch Behörden, durch Hersteller oder durch notifizierte Stellen vorzunehmen ist.

(2) Verlangt eine Harmonisierungsrechtsvorschrift der Gemeinschaft, dass die Konformitätsbewertung durch Behörden erfolgt, schreibt sie vor, dass die Konformitätsbewertungsstellen, denen diese Behörden die fachliche Bewertung übertragen, dieselben Kriterien erfüllen müssen, wie sie in dem vorliegenden Beschluss für notifizierte Stellen vorgesehen sind.

Artikel 7

Musterbestimmungen

Die Musterbestimmungen für Harmonisierungsrechtsvorschriften der Gemeinschaft für Produkte sind in Anhang I festgelegt.

Artikel 8

Aufhebung von Rechtsakten

Der Beschluss 93/465/EWG wird aufgehoben.

Bezugnahmen auf den aufgehobenen Beschluss gelten als Bezugnahmen auf den vorliegenden Beschluss.

Geschehen zu Straßburg am 9. Juli 2008.

Im Namen des Europäischen Parlaments	*Im Namen des Rates*
Der Präsident	*Der Präsident*
H.-G. PÖTTERING	J.-P. JOUYET

ANHANG I
Musterbestimmungen für Harmonisierungsrechtsvorschriften der Gemeinschaft für Produkte

Kapitel R1

Begriffsbestimmungen

Artikel R1

Begriffsbestimmungen

Für die Zwecke [dieses Rechtsakts] gelten die folgenden Begriffsbestimmungen:

1. „Bereitstellung auf dem Markt": jede entgeltliche oder unentgeltliche Abgabe eines Produkts zum Vertrieb, Verbrauch oder zur Verwendung auf dem Gemeinschaftsmarkt im Rahmen einer Geschäftstätigkeit;
2. „Inverkehrbringen": die erstmalige Bereitstellung eines Produkts auf dem Gemeinschaftsmarkt;
3. „Hersteller": jede natürliche oder juristische Person, die ein Produkt herstellt bzw. entwickeln oder herstellen lässt und dieses Produkt unter ihrem eigenen Namen oder ihrer eigenen Marke vermarktet;
4. „Bevollmächtigter": jede in der Gemeinschaft ansässige natürliche oder juristische Person, die von einem Hersteller schriftlich beauftragt wurde, in seinem Namen bestimmte Aufgaben wahrzunehmen;
5. „Einführer": jede in der Gemeinschaft ansässige natürliche oder juristische Person, die ein Produkt aus einem Drittstaat auf dem Gemeinschaftsmarkt in Verkehr bringt;
6. „Händler": jede natürliche oder juristische Person in der Lieferkette, die ein Produkt auf dem Markt bereitstellt, mit Ausnahme des Herstellers oder des Einführers;
7. „Wirtschaftsakteure": Hersteller, Bevollmächtigter, Einführer und Händler;
8. „Technische Spezifikation": ein Dokument, in dem die technischen Anforderungen vorgeschrieben sind, denen ein Produkt, ein Verfahren oder eine Dienstleistung genügen müssen;
9. „Harmonisierte Norm": Norm, die von einem der in Anhang I der Richtlinie 98/34/EG anerkannten europäischen Normungsgremien auf der Grundlage eines Ersuchens der Kommission nach Artikel 6 jener Richtlinie erstellt wurde;
10. „Akkreditierung" hat die Bedeutung gemäß der Verordnung (EG) Nr. 765/2008;
11. „Nationale Akkreditierungsbehörde" hat die Bedeutung gemäß der Verordnung (EG) Nr. 765/2008;

12. „Konformitätsbewertung“: das Verfahren zur Bewertung, ob spezifische Anforderungen an ein Produkt, ein Verfahren, eine Dienstleistung, ein System, eine Person oder eine Stelle erfüllt worden sind;
13. „Konformitätsbewertungsstelle“: eine Stelle, die Konformitätsbewertungstätigkeiten einschließlich Kalibrierungen, Prüfungen, Zertifizierungen und Inspektionen durchführt;
14. „Rückruf“: jede Maßnahme, die auf Erwirkung der Rückgabe eines dem Endverbraucher bereits bereitgestellten Produkts abzielt;
15. „Rücknahme“: jede Maßnahme, mit der verhindert werden soll, dass ein in der Lieferkette befindliches Produkt auf dem Markt bereitgestellt wird;
16. „CE-Kennzeichnung“: Kennzeichnung, durch die der Hersteller erklärt, dass das Produkt den geltenden Anforderungen genügt, die in den Harmonisierungsrechtsvorschriften der Gemeinschaft über ihre Anbringung festgelegt sind;
17. „Harmonisierungsrechtsvorschriften der Gemeinschaft“: Rechtsvorschriften der Gemeinschaft zur Harmonisierung der Bedingungen für die Vermarktung von Produkten.

Kapitel R2

Verpflichtungen der Wirtschaftsakteure

Artikel R2

Pflichten der Hersteller

(1) Die Hersteller gewährleisten, wenn sie ihre Produkte in Verkehr bringen, dass diese gemäß den Anforderungen von [Verweis auf den betreffenden Teil des Rechtsakts] entworfen und hergestellt wurden.

(2) Die Hersteller erstellen die erforderlichen technischen Unterlagen und führen das anzuwendende Konformitätsbewertungsverfahren durch oder lassen es durchführen.

Wurde mit diesem Verfahren nachgewiesen, dass das Produkt den geltenden Anforderungen entspricht, stellen die Hersteller eine EG-Konformitätserklärung aus und bringen die Konformitätskennzeichnung an.

(3) Die Hersteller bewahren die technischen Unterlagen und die EG-Konformitätserklärung [einen zum Lebenszyklus des Produkts und zur Schwere der Gefährdungen verhältnismäßigen Zeitraum] ab dem Inverkehrbringen des Produkts auf.

(4) Die Hersteller gewährleisten durch geeignete Verfahren, dass stets Konformität bei Serienfertigung sichergestellt ist. Änderungen am Entwurf des Produkts oder an seinen Merkmalen sowie Änderungen der harmonisierten Normen oder der technischen Spezifikationen, auf die bei Erklärung der Konformität eines Produkts verwiesen wird, werden angemessen berücksichtigt.

Die Hersteller nehmen, falls dies angesichts der von einem Produkt ausgehenden Gefahren als zweckmäßig betrachtet wird, zum Schutz der Gesundheit und Sicherheit der Verbraucher Stichproben von in Verkehr befindlichen Produkten, nehmen Prüfungen vor, führen erforderlichenfalls ein Verzeichnis der Beschwerden, der nichtkonformen Produkte und der Produktrückrufe und halten die Händler über diese Überwachung auf dem Laufenden.

(5) Die Hersteller gewährleisten, dass ihre Produkte eine Typen-, Chargen- oder Seriennummer oder ein anderes Kennzeichen zu ihrer Identifikation tragen, oder, falls dies aufgrund der Größe oder Art des Produkts nicht möglich ist, dass die erforderlichen Informationen auf der Verpackung oder in den dem Produkt beigefügten Unterlagen angegeben werden.

(6) Die Hersteller geben ihren Namen, ihren eingetragenen Handelsnamen oder ihre eingetragene Handelsmarke und ihre Kontaktanschrift entweder auf dem Produkt selbst oder, wenn dies nicht möglich ist, auf der Verpackung oder in den dem Produkt beigefügten Unterlagen an. In der Anschrift muss eine zentrale Stelle angegeben sein, unter der der Hersteller kontaktiert werden kann.

(7) Die Hersteller gewährleisten, dass dem Produkt die Gebrauchsanleitung und die Sicherheitsinformationen beigefügt sind, die in einer Sprache, die von den Verbrauchern und sonstigen Endbenutzern leicht verstanden werden kann, gemäß der Entscheidung des betreffenden Mitgliedstaats zur Verfügung gestellt wird.

(8) Hersteller, die der Auffassung sind oder Grund zu der Annahme haben, dass ein von ihnen in Verkehr gebrachtes Produkt nicht den geltenden Harmonisierungsrechtsvorschriften der Gemeinschaft entspricht, ergreifen unverzüglich die erforderlichen Korrekturmaßnahmen, um die Konformität dieses Produkts herzustellen, es gegebenenfalls vom Markt zu nehmen oder zurückzurufen. Außerdem unterrichten die Hersteller, wenn mit dem Produkt Gefahren verbunden sind, unverzüglich die zuständigen nationalen Behörden der Mitgliedstaaten, in denen sie das Produkt auf dem Markt bereitgestellt haben, darüber und machen dabei ausführliche Angaben, insbesondere über die Nichtkonformität und die ergriffenen Korrekturmaßnahmen.

(9) Die Hersteller händigen der zuständigen nationalen Behörde auf deren begründetes Verlangen alle Informationen und Unterlagen in einer Sprache, die von dieser zuständigen nationalen Behörde leicht verstanden werden kann, aus, die für den Nachweis der Konformität des Produkts erforderlich sind. Sie kooperieren mit dieser Behörde auf deren Verlangen bei allen Maßnahmen zur Abwendung von Gefahren, die mit Produkten verbunden sind, die sie in Verkehr gebracht haben.

Artikel R3

Bevollmächtigte

(1) Ein Hersteller kann schriftlich einen Bevollmächtigten benennen.

Die Verpflichtungen gemäß Artikel [R2 Absatz 1] und die Erstellung der technischen Unterlagen sind nicht Teil des Auftrags eines Bevollmächtigten.

(2) Ein Bevollmächtigter nimmt die vom Hersteller festgelegten Aufgaben wahr, die im Auftrag des Herstellers festgelegt sind. Der Auftrag muss dem Bevollmächtigten gestatten, mindestens folgende Aufgaben wahrzunehmen:

a) Bereithaltung der EG-Konformitätserklärung und der technischen Unterlagen für die nationalen Überwachungsbehörden über [einen zum Lebenszyklus des Produkts und zur Schwere der Gefährdungen verhältnismäßigen Zeitraum];

b) auf begründetes Verlangen einer zuständigen nationalen Behörde Aushändigung aller erforderlichen Informationen und Unterlagen zum Nachweis der Konformität eines Produkts an diese Behörde;

c) auf Verlangen der zuständigen nationalen Behörden Kooperation bei allen Maßnahmen zur Abwendung der Gefahren, die mit Produkten verbunden sind, die zu ihrem Aufgabenbereich gehören.

Artikel R4

Verpflichtungen der Einführer

(1) Einführer bringen nur konforme Produkte in der Gemeinschaft in Verkehr.

(2) Bevor sie ein Produkt in Verkehr bringen, gewährleisten die Einführer, dass das betreffende Konformitätsbewertungsverfahren vom Hersteller durchgeführt wurde. Sie gewährleisten, dass der Hersteller die technischen Unterlagen erstellt hat, dass das Produkt mit der/den erforderliche/-n Konformitätskennzeichnung/-en versehen ist, dass ihm die erforderlichen Unterlagen beigefügt sind und dass der Hersteller die Anforderungen von Artikel [R2 Absätze 5 und 6] erfüllt hat.

Ist ein Einführer der Auffassung oder hat er Grund zu der Annahme, dass ein Produkt nicht mit [Verweis auf den betreffenden Teil des Rechtsakts] übereinstimmt, darf er dieses Produkt nicht in Verkehr bringen, bevor die Konformität des Produkts hergestellt ist. Wenn mit dem Produkt eine Gefahr verbunden ist, unterrichtet der Einführer den Hersteller und die Marktüberwachungsbehörden hiervon.

(3) Die Einführer geben ihren Namen, ihren eingetragenen Handelsnamen oder ihre eingetragene Handelsmarke und ihre Kontaktanschrift auf dem Produkt selbst oder, wenn dies nicht möglich ist, auf der Verpackung oder in den dem Produkt beigefügten Unterlagen an.

(4) Die Einführer gewährleisten, dass dem Produkt die Gebrauchsanleitung und die Sicherheitsinformationen beigefügt sind, die in einer Sprache, die von den Verbrauchern und sonstigen Endbenutzern leicht verstanden werden kann, gemäß der Entscheidung des betreffenden Mitgliedstaats zur Verfügung gestellt wird.

(5) Solange sich ein Produkt in ihrer Verantwortung befindet, gewährleisten die Einführer, dass die Lagerungs- oder Transportbedingungen die Übereinstimmung des Produkts mit den Anforderungen von [Verweis auf den betreffenden Teil des Rechtsakts] nicht beeinträchtigen.

(6) Sofern sie dies angesichts der von einem Produkt ausgehenden Gefahren für angemessen halten, führen die Einführer zum Schutz der Gesundheit und der Sicherheit der Verbraucher Stichproben bei den in Verkehr gebrachten Produkten durch, prüfen die Beschwerden und führen gegebenenfalls ein Register der Beschwerden, der nicht konformen Produkte und der Rückrufaktionen und halten die Händler über diese Überwachung auf dem Laufenden.

(7) Einführer, die der Auffassung sind oder Grund zu der Annahme haben, dass ein von ihnen in Verkehr gebrachtes Produkt nicht den geltenden Harmonisierungsrechtsvorschriften der Gemeinschaft entspricht, ergreifen unverzüglich die erforderlichen Korrekturmaßnahmen, um die Konformität dieses Produkts herzustellen oder es gegebenenfalls zurückzunehmen und zurückzurufen. Außerdem unterrichten die Einführer, wenn mit dem Produkt Gefahren verbunden sind, unverzüglich die zuständigen nationalen Behörden der Mitgliedstaaten, in denen sie das Produkt auf dem Markt bereitgestellt haben, darüber und machen dabei ausführliche Angaben, insbesondere über die Nichtkonformität und die ergriffenen Korrekturmaßnahmen.

(8) Die Einführer halten [über einen zum Lebenszyklus des Produkts und zur Schwere der Gefährdungen verhältnismäßigen Zeitraum] eine Abschrift der EG-Konformitätserklärung für die Marktüberwachungsbehörden bereit und sorgen dafür, dass sie ihnen die technischen Unterlagen auf Verlangen vorlegen können.

(9) Die Einführer händigen der zuständigen nationalen Behörde auf deren begründetes Verlangen alle Informationen und Unterlagen in einer Sprache, die von dieser zuständigen nationalen Behörden leicht verstanden werden kann, aus, die für den Nachweis der Konformität des Produkts erforderlich sind. Sie kooperieren mit dieser Behörde auf deren Verlangen bei allen Maßnahmen zur Abwendung von Gefahren, die mit Produkten verbunden sind, die sie in Verkehr gebracht haben.

Artikel R5

Verpflichtungen der Händler

(1) Händler berücksichtigen die geltenden Anforderungen mit der gebührenden Sorgfalt, wenn sie ein Produkt in Verkehr bringen.

(2) Bevor sie ein Produkt auf dem Markt bereitstellen, überprüfen die Händler, ob das Produkt mit der/den erforderlichen Konformitätskennzeichnung/-en versehen ist, ob ihm die Gebrauchsanleitung und die Sicherheitsinformationen in einer Sprache beigefügt sind, die von den Verbrauchern und sonstigen Endverwendern in dem Mitgliedstaat, in dem das Produkt auf dem Markt bereitgestellt werden soll, leicht verstanden werden kann, und ob der Hersteller und der Einführer die Anforderungen von Artikel [R2 Absätze 5 und 6] sowie von [Artikel R4 Absatz 3] erfüllt haben.

Ist ein Händler der Auffassung oder hat er Grund zu der Annahme, dass ein Produkt nicht mit [Verweis auf den betreffenden Teil des Rechtsakts] übereinstimmt, stellt er dieses Produkt erst auf dem Markt bereit, nachdem er es mit den geltenden Anforderungen in Einklang gebracht hat. Wenn mit dem Produkt eine Gefahr verbunden ist, unterrichtet der Händler außerdem den Hersteller oder den Einführer sowie die Marktüberwachungsbehörden darüber.

(3) Solange sich ein Produkt in ihrer Verantwortung befindet, gewährleisten die Händler, dass die Lagerungs- oder Transportbedingungen die Übereinstimmung des Produkts mit den geltenden Anforderungen von [Verweis auf den betreffenden Teil des Rechtsakts] nicht beeinträchtigen.

(4) Händler, die der Auffassung sind oder Grund zu der Annahme haben, dass ein von ihnen auf dem Markt bereitgestelltes Produkt nicht den geltenden Harmonisierungsrechtsvorschriften der Gemeinschaft entspricht, stellen sicher, dass die erforderlichen Korrekturmaßnahmen ergriffen werden, um die Konformität dieses Produkts herzustellen, es gegebenenfalls zurückzunehmen oder zurückzurufen. Außerdem unterrichten die Händler, wenn mit dem Produkt Gefahren verbunden sind, unverzüglich die zuständigen nationalen Behörden der Mitgliedstaaten, in denen sie das Produkt auf dem Markt bereitgestellt haben, darüber und machen dabei ausführliche Angaben, insbesondere über die Nichtkonformität und die ergriffenen Korrekturmaßnahmen.

(5) Die Händler händigen der zuständigen nationalen Behörde auf deren begründetes Verlangen alle Informationen und Unterlagen aus, die für den Nachweis der Konformität eines Produkts erforderlich sind. Sie kooperieren mit dieser Behörde auf deren Verlangen bei allen Maßnahmen zur Abwendung von Gefahren, die mit Produkten verbunden sind, die sie auf dem Markt bereitgestellt haben.

Artikel R6

Umstände, unter denen die Verpflichtungen des Herstellers auch für Einführer und Händler gelten

Ein Einführer oder Händler gilt als Hersteller für die Zwecke [dieses Rechtsakts] und unterliegt den Verpflichtungen eines Herstellers nach Artikel [R2], wenn er ein Produkt unter seinem eigenen Namen oder seiner eigenen Marke in Verkehr bringt oder ein bereits auf dem Markt befindliches Produkt so ändert, dass die Konformität mit den geltenden Anforderungen beeinträchtigt werden kann.

Artikel R7

Identifizierung der Wirtschaftsakteure

Die Wirtschaftsakteure benennen den Marktüberwachungsbehörden auf Verlangen [über einen zum Lebenszyklus des Produkts und zur Schwere der Gefährdungen verhältnismäßigen Zeitraum] die Wirtschaftsakteure,

a) von denen sie ein Produkt bezogen haben;

b) an die sie ein Produkt abgegeben haben.

Kapitel R3

Konformität des Produkts

Artikel R8

Konformitätsvermutung

Bei Produkten, die mit harmonisierten Normen oder Teilen davon übereinstimmen, deren Fundstellen im Amtsblatt der Europäischen Union veröffentlicht worden sind, wird eine Konformität mit den Anforderungen von [Verweis auf den betreffenden Teil des Rechtsaktes] vermutet, die von den betreffenden Normen oder Teilen davon abgedeckt sind.

Artikel R9

Formale Einwände gegen eine harmonisierte Norm

(1) Ist ein Mitgliedstaat oder die Kommission der Auffassung, dass eine harmonisierte Norm den von ihr abgedeckten Anforderungen von [Verweis auf den betreffenden Teil des Rechtsakts] nicht voll entspricht, dann kann die Kommission oder der betreffende Mitgliedstaat den durch Artikel 5 der Richtlinie 98/34/EG eingesetzten Ausschuss unter Angabe der Gründe mit dieser Frage befassen. Der Ausschuss nimmt dazu nach Konsultation der entsprechenden europäischen Normungsgremien umgehend Stellung.

(2) Unter Berücksichtigung der Stellungnahme des Ausschusses entscheidet die Kommission, die Fundstelle der betreffenden harmonisierten Norm im oder aus dem Amtsblatt der Europäischen Union zu veröffentlichen, nicht zu veröffentlichen, zu veröffentlichen und Einschränkungen festzulegen, zu belassen, zu belassen und Einschränkungen festzulegen oder zu streichen.

(3) Die Kommission unterrichtet das betreffende europäische Normungsgremium und erteilt ihm erforderlichenfalls den Auftrag zur Überarbeitung der fraglichen harmonisierten Normen.

Artikel R10

EG-Konformitätserklärung

(1) Die EG-Konformitätserklärung besagt, dass die Erfüllung der in [Verweis auf den betreffenden Teil des Rechtsakts] genannten Anforderungen nachgewiesen wurde.

(2) Die EG-Konformitätserklärung entspricht in ihrem Aufbau dem Muster in Anhang III des Beschlusses Nr. 768/2008/EG des Europäischen Parlaments und des Rates vom 9. Juli 2008 über einen gemeinsamen Rechtsrahmen für die Vermarktung von Produkten, enthält die in den einschlägigen Modulen des Anhangs II des genannten Beschlusses angegebenen Elemente und wird auf dem neuesten Stand gehalten. Sie wird in die Sprache bzw. Sprachen übersetzt, die von dem Mitgliedstaat vorgeschrieben wird/werden, in dem das Produkt in Verkehr gebracht wird bzw. auf dessen Markt das Produkt bereitgestellt wird.

(3) Mit der Ausstellung der EG-Konformitätserklärung übernimmt der Hersteller die Verantwortung für die Konformität des Produkts.

Artikel R11

Allgemeine Grundsätze der CE-Kennzeichnung

Für die CE-Kennzeichnung gelten die allgemeinen Grundsätze gemäß Artikel 30 der Verordnung (EG) Nr. 765/2008.

Artikel R12

Vorschriften und Bedingungen für die Anbringung der CE-Kennzeichnung

(1) Die CE-Kennzeichnung wird gut sichtbar, leserlich und dauerhaft auf dem Produkt oder seiner Datenplakette angebracht. Falls die Art des Produkts dies nicht zulässt oder nicht rechtfertigt, wird sie auf der Verpackung und den Begleitunterlagen angebracht, sofern die betreffende Rechtsvorschrift derartige Unterlagen vorschreibt.

(2) Die CE-Kennzeichnung wird vor dem Inverkehrbringen des Produkts angebracht. Danach kann ein Piktogramm oder ein anderes Zeichen stehen, das eine besondere Gefahr oder Verwendung angibt.

(3) Nach der CE-Kennzeichnung steht die Kennnummer der notifizierten Stelle, falls diese Stelle in der Phase der Fertigungskontrolle tätig war.

Die Kennnummer der notifizierten Stelle ist entweder von der Stelle selbst oder nach ihren Anweisungen durch den Hersteller oder seinen Bevollmächtigten anzubringen.

(4) Die Mitgliedstaaten bauen auf bestehenden Mechanismen auf, um eine ordnungsgemäße Durchführung des Systems der CE-Kennzeichnung zu gewährleisten, und leiten im Falle einer missbräuchlichen Verwendung der Kennzeichnung angemessene Schritte ein. Die Mitgliedstaaten führen auch Sanktionen für Verstöße ein, die bei schweren Verstößen strafrechtlicher Natur sein können. Diese Sanktionen stehen im Verhältnis zum Schweregrad des Verstoßes und stellen eine wirksame Abschreckung gegen missbräuchliche Verwendung dar.

Kapitel R4

Notifizierung von Konformitätsbewertungsstellen

Artikel R13

Notifizierung

Die Mitgliedstaaten notifizieren der Kommission und den übrigen Mitgliedstaaten die Stellen, die befugt sind, als unabhängige Dritte Konformitätsbewertungsaufgaben gemäß [diesem Rechtsakt] wahrzunehmen.

Artikel R14

Notifizierende Behörden

(1) Die Mitgliedstaaten benennen eine notifizierende Behörde, die für die Einrichtung und Durchführung der erforderlichen Verfahren für die Bewertung und Notifizierung von Konformitätsbewertungsstellen und für die Überwachung der notifizierten Stellen, einschließlich der Einhaltung von Artikel [R20], zuständig ist.

(2) Die Mitgliedstaaten können entscheiden, dass die Bewertung und Überwachung nach Absatz 1 von einer nationalen Akkreditierungsstelle im Sinne von und im Einklang mit der Verordnung (EG) Nr. 765/2008 erfolgt.

(3) Falls die notifizierende Behörde die in Absatz 1 genannte Bewertung, Notifizierung oder Überwachung an eine nicht hoheitliche Stelle delegiert oder ihr auf andere Weise überträgt, so muss diese Stelle eine juristische Person sein und den Anforderungen [des Artikels R15 Absätze 1 und 6] entsprechend genügen. Außerdem muss diese Stelle Vorsorge zur Deckung von aus ihrer Tätigkeit entstehenden Haftungsansprüchen treffen.

(4) Die notifizierende Behörde trägt die volle Verantwortung für die von der in Absatz 3 genannten Stelle durchgeführten Tätigkeiten.

Artikel R15

Anforderungen an notifizierende Behörden

(1) Eine notifizierende Behörde wird so eingerichtet, dass es zu keinerlei Interessenkonf likt mit den Konformitätsbewertungsstellen kommt.

(2) Eine notifizierende Behörde gewährleistet durch ihre Organisation und Arbeitsweise, dass bei der Ausübung ihrer Tätigkeit Objektivität und Unparteilichkeit gewahrt sind.

(3) Eine notifizierende Behörde wird so strukturiert, dass jede Entscheidung über die Notifizierung einer Konformitätsbewertungsstelle von kompetenten Personen getroffen wird, die nicht mit den Personen identisch sind, welche die Begutachtung durchgeführt haben.

(4) Eine notifizierende Behörde darf weder Tätigkeiten, die Konformitätsbewertungsstellen durchführen, noch Beratungsleistungen auf einer gewerblichen oder wettbewerblichen Basis anbieten oder erbringen.

(5) Eine notifizierende Behörde stellt die Vertraulichkeit der von ihr erlangten Informationen sicher.

(6) Einer notifizierenden Behörde stehen kompetente Mitarbeiter in ausreichender Zahl zur Verfügung, so dass sie ihre Aufgaben ordnungsgemäß wahrnehmen kann.

Artikel R16

Informationspflichten der notifizierenden Behörden

Jeder Mitgliedstaat unterrichtet die Kommission über seine Verfahren zur Begutachtung und Notifizierung von Konformitätsbewertungsstellen und zur Überwachung notifizierter Stellen sowie über diesbezügliche Änderungen.

Die Kommission macht diese Information der Öffentlichkeit zugänglich.

Artikel R17

Anforderungen an notifizierte Stellen

(1) Eine Konformitätsbewertungsstelle erfüllt für die Zwecke der Notifizierung die Anforderungen der Absätze 2 bis 11.

(2) Eine Konformitätsbewertungsstelle ist nach nationalem Recht gegründet und ist mit Rechtspersönlichkeit ausgestattet.

(3) Bei einer Konformitätsbewertungsstelle muss es sich um einen unabhängigen Dritten handeln, der mit der Einrichtung oder dem Produkt, die bzw. das er bewertet, in keinerlei Verbindung steht.

Eine Stelle, die einem Wirtschaftsverband oder einem Fachverband angehört und die Produkte bewertet, an deren Entwurf, Herstellung, Bereitstellung, Montage, Gebrauch oder Wartung Unternehmen beteiligt sind, die von diesem Verband vertreten werden, kann als solche Stelle gelten, unter der Bedingung, dass ihre Unabhängigkeit sowie die Abwesenheit jedweder Interessenskonf likte nachgewiesen ist.

(4) Eine Konformitätsbewertungsstelle, ihre oberste Leitungsebene und die für die Erfüllung der Konformitätsbewertungsaufgaben zuständigen Mitarbeiter dürfen nicht Konstrukteur, Hersteller, Lieferant, Installateur, Käufer, Eigentümer, Verwender oder Wartungsbetrieb der zu bewertenden Produkte oder Bevollmächtigter einer dieser Parteien sein. Dies schließt nicht die Verwendung von bereits einer Konformitätsbewertung unterzogenen Produkten, die für die Tätigkeit der Konformitätsbewertungsstelle nötig sind, oder die Verwendung solcher Produkte zum persönlichen Gebrauch aus.

Eine Konformitätsbewertungsstelle, ihre oberste Leitungsebene und die für die Erfüllung der Konformitätsbewertungsaufgaben zuständigen Mitarbeiter dürfen weder direkt an Entwurf, Herstellung bzw. Bau, Vermarktung, Installation, Verwendung oder Wartung dieser Produkte beteiligt sein, noch vertreten sie die an diesen Tätigkeiten beteiligten Parteien. Sie dürfen sich nicht mit Tätigkeiten befassen, die ihre Unabhängigkeit bei der Beurteilung oder ihre Integrität im Zusammenhang mit den Konformitätsbewertungsmaßnahmen, für die sie notifiziert sind, beeinträchtigen können. Dies gilt besonders für Beratungsdienstleistungen.

Die Konformitätsbewertungsstellen gewährleisten, dass Tätigkeiten ihrer Zweigunternehmen oder Unterauftragnehmer die Vertraulichkeit, Objektivität oder Unparteilichkeit ihrer Konformitätsbewertungstätigkeiten nicht beeinträchtigen.

(5) Die Konformitätsbewertungsstellen und ihre Mitarbeiter führen die Konformitätsbewertungstätigkeiten mit der größtmöglichen Professionalität und der erforderlichen fachlichen Kompetenz in dem betreffenden Bereich durch; sie dürfen keinerlei Einflussnahme, insbesondere finanzieller Art, ausgesetzt sein, die sich auf ihre Beurteilung oder die Ergebnisse ihrer Konformitätsbewertungsarbeit auswirken könnte und speziell von Personen oder Personengruppen ausgeht, die ein Interesse am Ergebnis dieser Tätigkeiten haben.

(6) Eine Konformitätsbewertungsstelle ist in der Lage, alle Konformitätsbewertungsaufgaben zu bewältigen, die ihr nach Maßgabe von [Verweis auf den betreffenden Teil des Rechtsakts] zufallen und für die sie notifiziert wurde, gleichgültig, ob diese Aufgaben von der Stelle selbst, in ihrem Auftrag oder unter ihrer Verantwortung erfüllt werden.

Eine Konformitätsbewertungsstelle verfügt jederzeit, für jedes Konformitätsbewertungsverfahren und für jede Art und Kategorie von Produkten, für die sie notifiziert wurde, über:

a) die erforderlichen Mitarbeiter mit Fachkenntnis und ausreichender einschlägiger Erfahrung, um die bei der Konformitätsbewertung anfallenden Aufgaben zu erfüllen;

b) Beschreibungen von Verfahren, nach denen die Konformitätsbewertung durchgeführt wird, um die Transparenz und die Wiederholbarkeit dieser Verfahren sicherzustellen. Sie verfügt über eine angemessene Politik und geeignete Verfahren, bei denen zwischen den Aufgaben, die sie als notifizierte Stelle wahrnimmt, und anderen Tätigkeiten unterschieden wird;

c) Verfahren zur Durchführung von Tätigkeiten unter gebührender Berücksichtigung der Größe eines Unternehmens, der Branche, in der es tätig ist, seiner Struktur, dem Grad an Komplexität der jeweiligen Produkttechnologie und der Tatsache, dass es sich bei dem Produktionsprozess um eine Massenfertigung oder Serienproduktion handelt.

Ihr stehen die erforderlichen Mittel zur angemessenen Erledigung der technischen und administrativen Aufgaben zur Verfügung, die mit der Konformitätsbewertung verbunden sind, und sie hat Zugang zu allen benötigten Ausrüstungen oder Einrichtungen.

(7) Die Mitarbeiter, die für die Durchführung der Konformitätsbewertungstätigkeiten zuständig sind, besitzen:

a) eine solide Fach- und Berufsausbildung, die alle Tätigkeiten für die Konformitätsbewertung in dem Bereich umfasst, für den die Konformitätsbewertungsstelle notifiziert wurde,

b) eine ausreichende Kenntnis der Anforderungen, die mit den durchzuführenden Bewertungen verbunden sind, und die entsprechende Befugnis, solche Bewertungen durchzuführen,

c) angemessene Kenntnisse und Verständnis der wesentlichen Anforderungen, der geltenden harmonisierten Normen und der betreffenden Bestimmungen der Harmonisierungsrechtsvorschriften der Gemeinschaft und ihrer Durchführungsvorschriften,

d) die Fähigkeit zur Erstellung von Bescheinigungen, Protokollen und Berichten als Nachweis für durchgeführte Bewertungen.

(8) Die Unparteilichkeit der Konformitätsbewertungsstellen, ihrer obersten Leitungsebenen und ihres Bewertungspersonals wird garantiert.

Die Entlohnung der obersten Leitungsebene und des bewertenden Personals der Konformitätsbewertungsstelle darf sich nicht nach der Anzahl der durchgeführten Bewertungen oder deren Ergebnissen richten.

(9) Die Konformitätsbewertungsstellen schließen eine Haftpf lichtversicherung ab, sofern die Haftpflicht nicht aufgrund der nationalen Rechtsvorschriften vom Staat übernommen wird oder der Mitgliedstaat selbst unmittelbar für die Konformitätsbewertung verantwortlich ist.

(10) Informationen, welche die Mitarbeiter einer Konformitätsbewertungsstelle bei der Durchführung ihrer Aufgaben gemäß [Verweis auf den betreffenden Teil der einschlägigen Rechtsvorschrift] oder einer ihrer nationalen Durchführungsvorschriften erhalten, fallen unter die berufliche Schweigepflicht außer gegenüber den zuständigen Behörden des Mitgliedstaats, in dem sie ihre Tätigkeiten ausüben. Eigentumsrechte werden geschützt.

(11) Die Konformitätsbewertungsstellen wirken an den einschlägigen Normungsaktivitäten und den Aktivitäten der Koordinierungsgruppe notifizierter Stellen mit, die im Rahmen der jeweiligen Harmonisierungsrechtsvorschriften der Gemeinschaft geschaffen wurde, bzw. sorgen dafür, dass ihr Bewertungspersonal darüber informiert wird, und wenden die von dieser Gruppe erarbeiteten Verwaltungsentscheidungen und Dokumente als allgemeine Leitlinie an.

Artikel R18

Konformitätsvermutung

Weist eine Konformitätsbewertungsstelle nach, dass sie die Kriterien der einschlägigen harmonisierten Normen oder Teilen davon erfüllt, deren Fundstellen im Amtsblatt der Europäischen Union veröffentlicht worden sind, wird vermutet, dass sie die Anforderungen nach Artikel [R17] erfüllt, insoweit als die anwendbaren harmonisierten Normen diese Anforderungen abdecken.

Artikel R19

Formale Einwände gegen harmonisierte Normen

Hat ein Mitgliedstaat oder die Kommission formale Einwände gegen die harmonisierten Normen nach Artikel [R18], so gilt Artikel [R9].

Artikel R20

Zweigunternehmen von notifizierten Stellen und Vergabe von Unteraufträgen

(1) Vergibt die notifizierte Stelle bestimmte mit der Konformitätsbewertung verbundene Aufgaben an Unterauftragnehmer oder überträgt sie diese einem Zweigunternehmen, stellt sie sicher, dass der Unterauftragnehmer oder das Zweigunternehmen die Anforderungen von Artikel [R17] erfüllt, und unterrichtet die notifizierende Behörde entsprechend.

(2) Die notifizierten Stellen tragen die volle Verantwortung für die Arbeiten, die von Unterauftragnehmern oder Zweigunternehmen ausgeführt werden, unabhängig davon, wo diese niedergelassen sind.

(3) Arbeiten dürfen nur dann an einen Unterauftragnehmer vergeben oder einem Zweigunternehmen übertragen werden, wenn der Kunde dem zustimmt.

(4) Die notifizierten Stellen halten die einschlägigen Unterlagen über die Begutachtung der Qualifikation des Unterauftragnehmers oder des Zweigunternehmens und die von ihm/ihr gemäß [Verweis auf den betreffenden Teil der Rechtsvorschrift] ausgeführten Arbeiten für die notifizierende Behörde bereit.

Artikel R21

Akkreditierte interne Stellen

(1) Eine akkreditierte interne Stelle kann bei Konformitätsbewertungstätigkeiten für das Unternehmen, dem sie angehört, für die Zwecke der Durchführung der in [Anhang II – Module A1, A2, C1 oder C2] ausgeführten Verfahren tätig werden. Diese Stelle stellt einen eigenen und gesonderten Teil des Unternehmens dar und darf sich nicht an Entwurf, Produktion, Lieferung, Installierung, Verwendung oder Wartung der durch sie bewerteten Produkte beteiligen.

(2) Eine akkreditierte interne Stelle erfüllt folgende Kriterien:

a) Sie ist gemäß der Verordnung (EG) Nr. 765/2008 akkreditiert.

b) Die Stelle und ihre Mitarbeiter sind von dem Unternehmen, dem sie angehören, organisatorisch unterscheidbar und verfügen darin über Berichtsverfahren, die ihre Unparteilichkeit gewährleisten und weisen diese gegenüber der nationalen Akkreditierungsstelle nach.

c) Weder die Stelle noch ihre Mitarbeiter sind für Entwurf, Herstellung, Lieferung, Installation, Betrieb oder Wartung der von ihnen zu bewertenden Produkte verantwortlich und gehen keiner Tätigkeit nach, die der Unabhängigkeit ihres Urteils oder ihrer Integrität im Zusammenhang mit den Bewertungsaufgaben schaden könnten.

d) Die Stelle erbringt ihre Leistungen ausschließlich für das Unternehmen, dem sie angehört.

(3) Eine akkreditierte interne Stelle wird den Mitgliedstaaten oder der Kommission nicht notifiziert, allerdings werden der notifizierten Behörde auf Verlangen dieser Behörde Informationen über ihre Akkreditierung von dem Unternehmen, zu dem sie gehört, oder von der nationalen Akkreditierungsstelle übermittelt.

Artikel R22

Anträge auf Notifizierung

(1) Eine Konformitätsbewertungsstelle beantragt ihre Notifizierung bei der notifizierenden Behörde des Mitgliedstaats, in dem sie ansässig ist.

(2) Diesem Antrag legt sie eine Beschreibung der Konformitätsbewertungstätigkeiten, des/der Konformitätsbewertungsmoduls/-e und des/der Produkts/-e, für das/die diese Stelle Kompetenz beansprucht, sowie wenn vorhanden, eine Akkreditierungsurkunde bei, die von einer nationalen Akkreditierungsstelle ausgestellt wurde und in der diese bescheinigt, dass die Konformitätsbewertungsstelle die Anforderungen von Artikel [R17] [dieses Rechtsakts] erfüllt.

(3) Kann die Konformitätsbewertungsstelle keine Akkreditierungsurkunde vorweisen, legt sie der notifizierenden Behörde als Nachweis alle Unterlagen vor, die erforderlich sind, um zu überprüfen, festzustellen und regelmäßig zu überwachen, ob sie die Anforderungen von Artikel [R17] erfüllt.

Artikel R23

Notifizierungsverfahren

(1) Die notifizierenden Behörden dürfen nur Konformitätsbewertungsstellen notifizieren, die die Anforderungen von Artikel [R17] erfüllen.

(2) Sie unterrichten die Kommission und die übrigen Mitgliedstaaten mit Hilfe des elektronischen Notifizierungsinstruments, das von der Kommission entwickelt und verwaltet wird.

(3) Eine Notifizierung enthält vollständige Angaben zu den Konformitätsbewertungs-tätigkeiten, dem/den betreffenden Konformitätsbewertungsmodul/-en und Produkt/-en sowie die betreffende Bestätigung der Kompetenz.

(4) Beruht eine Notifizierung nicht auf einer Akkreditierungsurkunde gemäß Artikel [R22 Absatz 2], legt die notifizierende Behörde der Kommission und den übrigen Mitgliedstaaten die Unterlagen als Nachweis, durch den die Kompetenz der Konformitätsbewertungsstelle bestätigt wird, sowie die Vereinbarungen vor, die getroffen wurden, um sicherzustellen, dass die Stelle regelmäßig überwacht wird und stets den Anforderungen nach Artikel [R17] genügt.

(5) Die betreffende Stelle darf die Aufgaben einer notifizierten Stelle nur dann wahrnehmen, wenn weder die Kommission noch die übrigen Mitgliedstaaten innerhalb von zwei Wochen nach dieser Notifizierung, wenn eine Akkreditierungsurkunde vorliegt, oder innerhalb von zwei Monaten nach einer Notifizierung, wenn keine Akkreditierung vorliegt, Einwände erhoben haben.

Als notifizierte Stelle für die Zwecke [dieses Rechtsakts] gelten nur solche Stellen.

(6) Die Mitgliedstaaten melden der Kommission und den übrigen Mitgliedstaaten jede später eintretende Änderung der Notifizierung.

Artikel 24

Kennnummern und Verzeichnis notifizierter Stellen

(1) Die Kommission weist einer notifizierten Stelle eine Kennnummer zu.

Selbst wenn eine Stelle für mehrere Rechtsvorschriften der Gemeinschaft notifiziert ist, erhält sie nur eine einzige Kennnummer.

(2) Die Kommission veröffentlicht das Verzeichnis der nach [diesem Rechtsakt] notifizierten Stellen samt den ihnen zugewiesenen Kennnummern und den Tätigkeiten, für die sie notifiziert wurden.

Sie trägt für die Aktualisierung dieser Liste Sorge.

Artikel R25

Änderungen der Notifizierungen

(1) Falls eine notifizierende Behörde feststellt oder darüber unterrichtet wird, dass eine notifizierte Stelle die in Artikel [R17] genannten Anforderungen nicht mehr erfüllt oder dass sie ihren Verpflichtungen nicht nachkommt, schränkt sie die Notifizierung gegebenenfalls ein, setzt sie aus oder widerruft sie, wobei sie das Ausmaß berücksichtigt, in dem diesen Anforderungen nicht genügt wurde oder diesen Verpflichtungen nicht nachgekommen wurde. Sie unterrichtet unverzüglich die Kommission und die übrigen Mitgliedstaaten darüber.

(2) Bei Widerruf, Einschränkung oder Aussetzung der Notifizierung oder wenn die notifizierte Stelle ihre Tätigkeit einstellt, ergreift der notifizierende Mitgliedstaat die geeigneten Maßnahmen, um zu gewährleisten, dass die Akten dieser Stelle von einer anderen notifizierten Stelle weiter bearbeitet bzw. für die zuständigen notifizierenden Behörden und Marktüberwachungsbehörden auf deren Verlangen bereitgehalten werden.

Artikel R26

Anfechtung der Kompetenz von notifizierten Stellen

(1) Die Kommission untersucht alle Fälle, in denen sie die Kompetenz einer notifizierten Stelle oder die dauerhafte Erfüllung der entsprechenden Anforderungen und Pf lichten durch eine notifizierte Stelle anzweifelt oder ihr Zweifel daran zur Kenntnis gebracht werden.

(2) Der notifizierende Mitgliedstaat erteilt der Kommission auf Verlangen sämtliche Auskünfte über die Grundlage für die Notifizierung oder die Erhaltung der Kompetenz der betreffenden Stelle.

(3) Die Kommission stellt sicher, dass alle im Verlauf ihrer Untersuchungen erlangten sensiblen Informationen vertraulich behandelt werden.

(4) Stellt die Kommission fest, dass eine notifizierte Stelle die Vorraussetzungen für ihre Notifizierung nicht oder nicht mehr erfüllt, setzt sie den notifizierenden Mitgliedstaat davon in Kenntnis und fordert ihn auf, die erforderlichen Korrekturmaßnahmen zu treffen, einschließlich eines Widerrufs der Notifizierung, sofern dies nötig ist.

Artikel R27

Verpflichtungen der notifizierten Stellen in Bezug auf ihre Arbeit

(1) Die notifizierten Stellen führen die Konformitätsbewertung im Einklang mit den Konformitätsbewertungsverfahren gemäß [Verweis auf den betreffenden Teil der Rechtsvorschriften] durch.

(2) Konformitätsbewertungen werden unter Wahrung der Verhältnismäßigkeit durchgeführt, wobei unnötige Belastungen der Wirtschaftsakteure vermieden werden. Die Konformitätsbewertungsstellen üben ihre Tätigkeiten unter gebührender Berücksichtigung der Größe eines Unternehmens, der Branche, in der es tätig ist, seiner Struktur sowie des Grads der Komplexität der betroffenen Produkttechnologie und des Massenfertigungs- oder Seriencharakters des Fertigungsprozesses aus.

Hierbei gehen sie allerdings so streng vor und halten ein Schutzniveau ein, wie dies für die Konformität des Produkts mit den Bestimmungen [dieses Rechtsakts] erforderlich ist.

(3) Stellt eine notifizierte Stelle fest, dass ein Hersteller die Anforderungen nicht erfüllt hat, die in [Verweis auf den betreffender Teil des Rechtsakts] oder in den entsprechenden harmonisierten

Normen oder technischen Spezifikationen festgelegt sind, fordert sie den Hersteller auf, angemessene Korrekturmaßnahmen zu ergreifen, und stellt keine Konformitätsbescheinigung aus.

(4) Hat eine notifizierte Stelle bereits eine Bescheinigung ausgestellt und stellt im Rahmen der Überwachung der Konformität fest, dass das Produkt die Anforderungen nicht mehr erfüllt, fordert sie den Hersteller auf, angemessene Korrekturmaßnahmen zu ergreifen, und setzt die Bescheinigung falls nötig aus oder zieht sie zurück.

(5) Werden keine Korrekturmaßnahmen ergriffen oder zeigen sie nicht die nötige Wirkung, beschränkt die notifizierte Stelle gegebenenfalls alle Bescheinigungen, setzt sie aus bzw. zieht sie zurück.

Artikel R28

Meldepflichten der notifizierten Stellen

(1) Die notifizierten Stellen melden der notifizierenden Behörde:

a) jede Verweigerung, Einschränkung, Aussetzung oder Rücknahme einer Bescheinigung,

b) alle Umstände, die Folgen für den Geltungsbereich und die Bedingungen der Notifizierung haben,

c) jedes Auskunftsersuchen über Konformitätsbewertungstätigkeiten, das sie von den Marktüberwachungsbehörden erhalten haben,

d) auf Verlangen, welchen Konformitätsbewertungstätigkeiten sie im Geltungsbereich ihrer Notifizierung nachgegangen sind und welche anderen Tätigkeiten, einschließlich grenzüberschreitender Tätigkeiten und Vergabe von Unteraufträgen, sie ausgeführt haben.

(2) Die notifizierten Stellen übermitteln den übrigen Stellen, die unter [diesem Rechtsakt] notifiziert sind, ähnlichen Konformitätsbewertungstätigkeiten nachgehen und dieselben Produkte abdecken, einschlägige Informationen über die negativen und auf Verlangen auch über die positiven Ergebnisse von Konformitätsbewertungen.

Artikel R29

Erfahrungsaustausch

Die Kommission organisiert den Erfahrungsaustausch zwischen den nationalen Behörden der Mitgliedstaaten, die für die Notifizierungspolitik zuständig sind.

Artikel R30

Koordinierung der notifizierten Stellen

Die Kommission sorgt dafür, dass eine zweckmäßige Koordinierung und Kooperation zwischen den im Rahmen von [betreffender Rechtsakt oder andere Rechtsvorschrift der Gemeinschaft] notifizierten Stellen in Form einer/mehrerer [sektoralen/-r oder sektorübergreifenden/-r] Gruppe/-n notifizierter Stellen eingerichtet und ordnungsgemäß weitergeführt wird.

Die Mitgliedstaaten gewährleisten, dass sich die von ihnen notifizierten Stellen an der Arbeit dieser Gruppe/-n direkt oder über benannte Bevollmächtigte beteiligen.

Kapitel R5
Schutzklauselverfahren

Artikel R31
Verfahren zur Behandlung von Produkten, mit denen eine Gefahr verbunden ist auf nationaler Ebene

(1) Sind die Marktüberwachungsbehörden eines Mitgliedstaats gemäß Artikel 20 der Verordnung (EG) Nr. 765/2008 tätig geworden oder haben sie hinreichenden Grund zu der Annahme, dass ein in [diesem Rechtsakt] geregeltes Produkt die Gesundheit oder Sicherheit von Menschen oder andere im öffentlichen Interesse schützenswerte Aspekte gefährdet, die unter diese/-n [Rechtsakt] fallen, beurteilen sie, ob das betreffende Produkt alle in [diesem Rechtsakt] festgelegten Anforderungen erfüllt. Die betroffenen Wirtschaftsakteure arbeiten im erforderlichen Umfang mit den Marktüberwachungsbehörden zusammen.

Gelangen die Marktüberwachungsbehörden im Verlauf dieser Beurteilung zu dem Ergebnis, dass das Produkt nicht die Anforderungen [dieses Rechtsakts] erfüllt, fordern sie unverzüglich den betroffenen Wirtschaftsakteur dazu auf, innerhalb einer von der Behörde vorgeschriebenen, der Art der Gefahr angemessenen Frist alle geeigneten Korrekturmaßnahmen zu ergreifen, um die Übereinstimmung des Produkts mit diesen Anforderungen herzustellen, es vom Markt zu nehmen oder zurückzurufen.

Die Marktüberwachungsbehörden unterrichten die entsprechende notifizierte Stelle.

Artikel 21 der Verordnung (EG) Nr. 765/2008 gilt für die in Unterabsatz 2 genannten Maßnahmen.

(2) Sind die Marktüberwachungsbehörden der Auffassung, dass sich die Nichtkonformität nicht auf das Hoheitsgebiet des Mitgliedstaats beschränkt, unterrichten sie die Kommission und die übrigen Mitgliedstaaten über die Ergebnisse der Beurteilung und die Maßnahmen, zu denen sie den Wirtschaftsakteur aufgefordert haben.

(3) Der Wirtschaftsakteur gewährleistet, dass alle geeigneten Korrekturmaßnahmen, die er ergreift, sich auf sämtliche betroffenen Produkte erstrecken, die er in der Gemeinschaft auf dem Markt bereitgestellt hat.

(4) Ergreift der betreffende Wirtschaftsakteur innerhalb der in Absatz 1 Unterabsatz 2 genannten Frist keine angemessenen Korrekturmaßnahmen, treffen die Marktüberwachungsbehörden alle geeigneten vorläufigen Maßnahmen, um die Bereitstellung des Produkts auf ihrem nationalen Markt zu untersagen oder einzuschränken, das Produkt vom Markt zu nehmen oder zurückzurufen.

Sie unterrichten die Kommission und die übrigen Mitgliedstaaten unverzüglich über diese Maßnahmen.

(5) Aus den in Absatz 4 genannten Informationen gehen alle verfügbaren Angaben hervor, insbesondere die Daten für die Identifizierung des nichtkonformen Produkts, die Herkunft des Produkts, die Art der behaupteten Nichtkonformität und der Gefahr sowie die Art und Dauer der ergriffenen nationalen Maßnahmen und die Argumente des relevanten Wirtschaftsakteurs. Die Marktüberwachungsbehörden geben insbesondere an, ob die Nichtkonformität auf eine der folgenden Ursachen zurückzuführen ist:

a) das Produkt erfüllt die in [diesem Rechtsakt] festgelegten Anforderungen hinsichtlich der Gesundheit oder Sicherheit von Menschen oder anderer im öffentlichen Interesse schützenswerter Aspekte nicht; oder

b) die harmonisierten Normen, bei deren Einhaltung laut [Verweis auf den betreffenden Teil des Rechtsakts] eine Konformitätsvermutung gilt, sind mangelhaft.

(6) Die anderen Mitgliedstaaten außer jenem, der das Verfahren eingeleitet hat, unterrichten die Kommission und die übrigen Mitgliedstaaten unverzüglich über alle erlassenen Maßnahmen und jede weitere ihnen vorliegende Information über die Nichtkonformität des Produkts sowie, falls sie der gemeldeten nationalen Maßnahme nicht zustimmen, über ihre Einwände.

(7) Erhebt weder ein Mitgliedstaat noch die Kommission innerhalb von [Zeitraum angeben] nach Erhalt der in Absatz 4 genannten Informationen einen Einwand gegen eine vorläufige Maßnahme eines Mitgliedstaats, gilt diese Maßnahme als gerechtfertigt.

(8) Die Mitgliedstaaten gewährleisten, dass unverzüglich geeignete restriktive Maßnahmen hinsichtlich des betreffenden Produkts getroffen werden, wie etwa die Rücknahme des Produkts von ihrem Markt.

Artikel R32

Schutzklauselverfahren der Gemeinschaft

(1) Wurden nach Abschluss des Verfahrens gemäß Artikel [R31 Absätze 3 und 4] Einwände gegen eine Maßnahme eines Mitgliedstaats erhoben oder ist die Kommission der Auffassung, dass diese nationale Maßnahme nicht mit dem Gemeinschaftsrecht vereinbar ist, konsultiert die Kommission unverzüglich die Mitgliedstaaten und den/die betroffenen Wirtschaftsakteur/-e und nimmt eine Beurteilung der nationalen Maßnahme vor. Anhand der Ergebnisse dieser Beurteilung trifft die Kommission eine Entscheidung und gibt an, ob die nationale Maßnahme gerechtfertigt ist oder nicht.

Die Kommission richtet ihre Entscheidung an alle Mitgliedstaaten und teilt sie ihnen und dem/den betroffenen Wirtschaftsakteur/-en unverzüglich mit.

(2) Hält sie die nationale Maßnahme für gerechtfertigt, ergreifen alle Mitgliedstaaten die erforderlichen Maßnahmen, um zu gewährleisten, dass das nichtkonforme Produkt vom Markt genommen wird, und unterrichten die Kommission darüber. Hält sie die nationale Maßnahme nicht für gerechtfertigt, muss der betreffende Mitgliedstaat sie zurücknehmen.

(3) Gilt die nationale Maßnahme als gerechtfertigt und wird die Nichtkonformität des Produkts mit Mängeln der harmonisierten Normen gemäß [Artikel R31 Absatz 5 Buchstabe b] begründet, unterrichtet die Kommission das/die entsprechende(n) europäische(n) Normungsgremium/Normungsgremien und befasst den Ausschuss gemäß Artikel 5 der Richtlinie 98/34/EG mit der Frage. Dieser Ausschuss konsultiert das/ die entsprechende(n) europäische(n) Normungsgremium/Normungsgremien und nimmt dazu umgehend Stellung.

Artikel R33

Gefährdung von Sicherheit und Gesundheit durch konforme Produkte

(1) Stellt ein Mitgliedstaat nach einer Beurteilung gemäß [Artikel R31 Absatz 1] fest, dass ein Produkt eine Gefahr für die Gesundheit oder Sicherheit von Menschen oder für andere im öffentlichen Interesse schützenswerte Aspekte darstellt, obwohl es mit [diesem Rechtsakt] übereinstimmt, fordert er den betroffenen Wirtschaftsakteur dazu auf, alle geeigneten Maßnahmen zu ergreifen, um dafür zu sorgen, dass das betreffende Produkt bei seinem Inverkehrbringen diese Gefahr nicht mehr aufweist oder dass es innerhalb einer der Art der Gefahr angemessenen, vertretbaren Frist, die er vorschreiben kann, vom Markt genommen oder zurückgerufen wird.

(2) Der Wirtschaftsakteur gewährleistet, dass die Korrekturmaßnahmen, die ergriffen werden, sich auf sämtliche betroffenen Produkte erstrecken, die er in der Gemeinschaft auf dem Markt bereitgestellt hat.

(3) Der Mitgliedstaat unterrichtet die Kommission und die übrigen Mitgliedstaaten unverzüglich davon. Aus diesen Informationen gehen alle verfügbaren Angaben hervor, insbesondere die Daten für die Identifizie- rung des betreffenden Produkts, seine Herkunft, seine Lieferkette, die Art der Gefahr sowie die Art und Dauer der ergriffenen nationalen Maßnahmen.

(4) Die Kommission konsultiert unverzüglich die Mitgliedstaaten und den/die betroffenen Wirtschaftsakteur/-e und nimmt eine Beurteilung der ergriffenen nationalen Maßnahme vor. Anhand der Ergebnisse dieser Beurteilung entscheidet die Kommission, ob die Maßnahme gerechtfertigt ist oder nicht, und schlägt, falls erforderlich, geeignete Maßnahmen vor.

(5) Die Kommission richtet ihre Entscheidung an alle Mitgliedstaaten und teilt sie ihnen und dem/den betroffenen Wirtschaftsakteur/-en unverzüglich mit.

Artikel R34

Formale Nichtkonformität

(1) Unbeschadet des Artikels [R31] fordert ein Mitgliedstaat den betroffenen Wirtschaftsakteur dazu auf, die betreffende Nichtkonformität zu korrigieren, falls er einen der folgenden Fälle feststellt:

a) die Konformitätskennzeichnung wurde unter Nichteinhaltung von Artikel [R11] oder Artikel [R12] angebracht;

b) die Konformitätskennzeichnung wurde nicht angebracht;

c) die EG-Konformitätserklärung wurde nicht ausgestellt;

d) die EG-Konformitätserklärung wurde nicht ordnungsgemäß ausgestellt;

e) die technischen Unterlagen sind entweder nicht verfügbar oder nicht vollständig.

(2) Besteht die Nichtkonformität gemäß Absatz 1 weiter, trifft der betroffene Mitgliedstaat alle geeigneten Maßnahmen, um die Bereitstellung des Produkts auf dem Markt zu beschränken oder zu untersagen oder um dafür zu sorgen, dass es zurückgerufen oder vom Markt genommen wird.

ANHANG II
Verfahren zur Konformitätsfeststellung

Modul A

Interne Fertigungskontrolle

1. Bei der internen Fertigungskontrolle handelt es sich um das Konformitätsbewertungsverfahren, mit dem der Hersteller die in den Nummern 2, 3 und 4 genannten Verpflichtungen erfüllt sowie gewährleistet und auf eigene Verantwortung erklärt, dass die betreffenden Produkte den für sie geltenden Anforderungen der Rechtsvorschrift genügen.

2. Technische Unterlagen

   Der Hersteller erstellt die technischen Unterlagen. Anhand dieser Unterlagen muss es möglich sein, die Übereinstimmung des Produkts mit den betreffenden Anforderungen zu bewerten; sie müssen eine nach Maßgabe der Rechtsvorschrift ausgeführte geeignete Risikoanalyse und -bewertung enthalten. In den technischen Unterlagen sind die geltenden Anforderungen aufzuführen und der Entwurf, die Herstellung und der Betrieb des Produkts zu erfassen, soweit sie für die Bewertung von Belang sind. Die technischen Unterlagen enthalten gegebenenfalls zumindest folgende Elemente:

- eine allgemeine Beschreibung des Produkts,
- Entwürfe, Fertigungszeichnungen und -pläne von Bauteilen, Baugruppen, Schaltkreisen usw.,
- Beschreibungen und Erläuterungen, die zum Verständnis dieser Zeichnungen und Pläne sowie der Funktionsweise des Produkts erforderlich sind,
- eine Aufstellung, welche harmonisierten Normen und/oder anderen einschlägigen technischen Spezifikationen, deren Fundstellen im Amtsblatt der Europäischen Union veröffentlicht wurden, vollständig oder in Teilen angewandt worden sind, und eine Beschreibung, mit welchen Lösungen den wesentlichen Anforderungen des Gesetzgebungsinstruments insoweit genügt wurde, als diese harmonisierten Normen nicht angewandt wurden. Im Fall von teilweise angewendeten harmonisierten Normen werden die Teile, die angewendet wurden, in den technischen Unterlagen angegeben,
- die Ergebnisse der Konstruktionsberechnungen, Prüfungen usw. und
- Prüfberichte.

3. Herstellung von Waren

   Der Hersteller trifft alle erforderlichen Maßnahmen, damit der Fertigungsprozess und seine Überwachung die Übereinstimmung der Produkte mit den in Nummer 2 genannten technischen Unterlagen und mit den für sie geltenden Anforderungen der Rechtsvorschriften gewährleisten.

4. Konformitätskennzeichnung und Konformitätserklärung

   4.1. Der Hersteller bringt an jedem einzelnen Produkt, das den geltenden Anforderungen der Rechtsvorschrift genügt, die nach der Rechtsvorschrift vorgeschriebene Konformitätskennzeichnung an.

   4.2. Der Hersteller stellt für ein Produktmodell eine schriftliche Konformitätserklärung aus und hält sie zusammen mit den technischen Unterlagen zehn Jahre lang nach dem Inverkehrbringen des Produkts für die nationalen Behörden bereit. Aus der Konformitätserklärung muss hervorgehen, für welches Produkt sie ausgestellt wurde.

   Ein Exemplar der Konformitätserklärung wird den zuständigen Behörden auf Verlangen zur Verfügung gestellt.

5. Bevollmächtigter

   Die in Nummer 4 genannten Verpf lichtungen des Herstellers können von seinem Bevollmächtigten in seinem Auftrag und unter seiner Verantwortung erfüllt werden, falls sie im Auftrag festgelegt sind.

Modul A1

Interne Fertigungskontrolle mit überwachten Produktprüfungen

1. Bei der internen Fertigungskontrolle samt überwachten Produktprüfungen handelt es sich um das Konformitätsbewertungsverfahren, mit dem der Hersteller die in den Nummern 2, 3, 4 und 5 genannten Verpf lichtungen erfüllt sowie gewährleistet und auf eigene Verantwortung erklärt, dass die betreffenden Produkte den für sie geltenden Anforderungen der Rechtsvorschrift genügen.

2. Technische Unterlagen

Der Hersteller erstellt die technischen Unterlagen. Anhand dieser Unterlagen muss es möglich sein, die Übereinstimmung des Produkts mit den betreffenden Anforderungen zu bewerten; sie müssen eine nach Maßgabe der Rechtsvorschrift ausgeführte geeignete Risikoanalyse und -bewertung enthalten.

In den technischen Unterlagen sind die geltenden Anforderungen aufzuführen und der Entwurf, die Herstellung und der Betrieb des Produkts zu erfassen, soweit sie für die Bewertung von Belang sind. Die technischen Unterlagen enthalten gegebenenfalls zumindest folgende Elemente:

- eine allgemeine Beschreibung des Produkts,
- Entwürfe, Fertigungszeichnungen und -pläne von Bauteilen, Baugruppen, Schaltkreisen usw.,
- Beschreibungen und Erläuterungen, die zum Verständnis der genannten Zeichnungen und Pläne sowie der Funktionsweise des Produkts erforderlich sind,
- eine Aufstellung, welche harmonisierten Normen und/oder anderen einschlägigen technischen Spezifikationen, deren Fundstellen im Amtsblatt der Europäischen Union veröffentlicht wurden, vollständig oder in Teilen angewandt worden sind, und eine Beschreibung, mit welchen Lösungen den wesentlichen Anforderungen des Gesetzgebungsinstruments insoweit genügt wurde, als diese harmonisierten Normen nicht angewandt wurden. Im Fall von teilweise angewendeten harmonisierten Normen werden die Teile, die angewendet wurden, in den technischen Unterlagen angegeben,
- die Ergebnisse der Konstruktionsberechnungen, Prüfungen usw. und
- Prüfberichte.

3. Herstellung

Der Hersteller trifft alle erforderlichen Maßnahmen, damit der Fertigungsprozess und seine Überwachung die Übereinstimmung der Produkte mit den in Nummer 2 genannten technischen Unterlagen und mit den für sie geltenden Anforderungen der Rechtsvorschriften gewährleisten.

4. Produktprüfungen

An jedem einzelnen hergestellten Produkt werden vom Hersteller oder in seinem Auftrag eine oder mehrere Prüfungen eines oder mehrer bestimmter Aspekte des Produkts vorgenommen, um die Übereinstimmung mit den entsprechenden Anforderungen der Rechtsvorschrift zu überprüfen. Es ist dem Hersteller freigestellt, ob er die Prüfungen durch eine akkreditierte interne Stelle durchführen lässt oder ob er sie einer von ihm gewählten notifizierten Stelle überträgt.

Führt eine notifizierte Stelle die Prüfungen durch, bringt der Hersteller unter ihrer Verantwortung während des Fertigungsprozesses ihre Kennnummer an.

5. Konformitätskennzeichnung und Konformitätserklärung

5.1. Der Hersteller bringt an jedem einzelnen Produkt, das den geltenden Anforderungen der Rechtsvorschrift genügt, die nach der Rechtsvorschrift vorgeschriebene Konformitätskennzeichnung an.

5.2. Der Hersteller stellt für ein Produktmodell eine schriftliche Konformitätserklärung aus und hält sie zusammen mit den technischen Unterlagen zehn Jahre lang nach dem Inverkehrbringen des Produkts für die nationalen Behörden bereit. Aus der Konformitätserklärung muss hervorgehen, für welches Produkt sie ausgestellt wurde.

Ein Exemplar der Konformitätserklärung wird den zuständigen Behörden auf Verlangen zur Verfügung gestellt.

6. Bevollmächtigter

   Die in Nummer 5 genannten Verpf lichtungen des Herstellers können von seinem Bevollmächtigten in seinem Auftrag und unter seiner Verantwortung erfüllt werden, falls sie im Auftrag festgelegt sind.

Modul A2

Interne Fertigungskontrolle mit überwachten Produktprüfungen in unregelmäßigen Abständen

1. Bei der internen Fertigungskontrolle mit in unregelmäßigen Abständen erfolgenden überwachten Produktprüfungen handelt es sich um das Konformitätsbewertungsverfahren, mit dem der Hersteller die in den Nummern 2, 3, 4 und 5 genannten Verpf lichtungen erfüllt sowie gewährleistet und auf eigene Verantwortung erklärt, dass die betreffenden Produkte den für sie geltenden Anforderungen der Rechtsvorschrift genügen.
2. Technische Unterlagen

   Der Hersteller erstellt die technischen Unterlagen. Anhand dieser Unterlagen muss es möglich sein, die Übereinstimmung des Produkts mit den betreffenden Anforderungen zu bewerten; sie müssen eine nach Maßgabe der Rechtsvorschrift ausgeführte geeignete Risikoanalyse und -bewertung enthalten. In den technischen Unterlagen sind die geltenden Anforderungen aufzuführen und der Entwurf, die Herstellung und der Betrieb des Produkts zu erfassen, soweit sie für die Bewertung von Belang sind. Die technischen Unterlagen enthalten gegebenenfalls zumindest folgende Elemente:

   - eine allgemeine Beschreibung des Produkts,
   - Entwürfe, Fertigungszeichnungen und -pläne von Bauteilen, Baugruppen, Schaltkreisen usw.,
   - Beschreibungen und Erläuterungen, die zum Verständnis dieser Zeichnungen und Pläne sowie der Funktionsweise des Produkts erforderlich sind,
   - eine Aufstellung, welche harmonisierten Normen und/oder anderen einschlägigen technischen Spezifikationen, deren Fundstellen im Amtsblatt der Europäischen Union veröffentlicht wurden, vollständig oder in Teilen angewandt worden sind, und eine Beschreibung, mit welchen Lösungen den wesentlichen Anforderungen des Gesetzgebungsinstruments insoweit genügt wurde, als diese harmonisierten Normen nicht angewandt wurden. Im Fall von teilweise angewendeten harmonisierten Normen werden die Teile, die angewendet wurden, in den technischen Unterlagen angegeben,
   - die Ergebnisse der Konstruktionsberechnungen, Prüfungen usw.,
   - Prüfberichte.
3. Herstellung

   Der Hersteller trifft alle erforderlichen Maßnahmen, damit der Fertigungsprozess und seine Überwachung die Übereinstimmung der Produkte mit den in Nummer 2 genannten technischen Unterlagen und mit den für sie geltenden Anforderungen der Rechtsvorschriften gewährleisten.
4. Produktprüfungen

   Je nach Entscheidung des Herstellers führt eine akkreditierte interne Stelle oder eine von ihm gewählte notifizierte Stelle in von ihr festgelegten unregelmäßigen Abständen die Produktprüfungen durch bzw. lässt sie durchführen, um die Qualität der internen Produktprüfungen zu überprüfen, wobei sie unter anderem der technischen Komplexität der Produkte und der Produktionsmenge Rechnung trägt. Vor dem Inverkehrbringen entnimmt die notifizierte Stelle vor Ort eine geeignete Stichprobe der Endprodukte und untersucht sie; ferner führt sie geeignete Prüfungen entsprechend den einschlägigen Abschnitten der harmonisierten Norm und/oder den technischen Spezifikationen oder gleichwertige Prüfungen durch, um die Konformität des Produkts mit den geltenden Anforderungen der Rechtsvorschrift zu prüfen.

Mit diesem Stichprobenverfahren soll ermittelt werden, ob sich der Fertigungsprozess des Produkts innerhalb annehmbarer Grenzen bewegt, um die Konformität des Produkts zu gewährleisten.

Führt eine notifizierte Stelle die Prüfungen durch, bringt der Hersteller unter ihrer Verantwortung während des Fertigungsprozesses ihre Kennnummer an.

5. Konformitätskennzeichnung und Konformitätserklärung

5.1. Der Hersteller bringt an jedem einzelnen Produkt, das den geltenden Anforderungen der Rechtsvorschrift genügt, die nach der Rechtsvorschrift vorgeschriebene Konformitätskennzeichnung an.

5.2. Der Hersteller stellt für ein Produktmodell eine schriftliche Konformitätserklärung aus und hält sie zusammen mit den technischen Unterlagen zehn Jahre lang nach dem Inverkehrbringen des Produkts für die nationalen Behörden bereit. Aus der Konformitätserklärung muss hervorgehen, für welches Produkt sie ausgestellt wurde.

Ein Exemplar der Konformitätserklärung wird den zuständigen Behörden auf Verlangen zur Verfügung gestellt.

6. Bevollmächtigter

Die in Nummer 5 genannten Verpflichtungen des Herstellers können von seinem Bevollmächtigten in seinem Auftrag und unter seiner Verantwortung erfüllt werden, falls sie im Auftrag festgelegt sind.

Modul B

EG-Baumusterprüfung

1. Bei der EG-Baumusterprüfung handelt es sich um den Teil eines Konformitätsbewertungsverfahrens, bei dem eine notifizierte Stelle den technischen Entwurf eines Produkts untersucht und prüft und bescheinigt, dass er die für das Produkt geltenden Anforderungen der Rechtsvorschrift erfüllt.

2. Eine EG-Baumusterprüfung kann auf jede der folgenden Arten durchgeführt werden:

- Prüfung eines für die geplante Produktion repräsentativen Musters des vollständigen Produkts (Baumuster);
- Bewertung der Eignung des technischen Entwurfs des Produkts anhand einer Prüfung der in Nummer 3 genannten technischen Unterlagen und zusätzlichen Nachweise sowie Prüfung von für die geplante Produktion repräsentativen Mustern eines oder mehrerer wichtiger Teile des Produkts (Kombination aus Bau- und Entwurfsmuster);
- Bewertung der Angemessenheit des technischen Entwurfs des Produkts anhand einer Prüfung der in Nummer 3 genannten technischen Unterlagen und zusätzlichen Nachweise, ohne Prüfung eines Musters (Entwurfsmuster).

3. Der Antrag auf EG-Baumusterprüfung ist vom Hersteller bei einer einzigen notifizierten Stelle seiner Wahl einzureichen.

   Der Antrag enthält Folgendes:

   - Name und Anschrift des Herstellers und, wenn der Antrag vom Bevollmächtigten eingereicht wird, auch dessen

   Name und Anschrift;

   - eine schriftliche Erklärung, dass derselbe Antrag bei keiner anderen notifizierten Stelle eingereicht worden ist;
   - die technischen Unterlagen. Anhand dieser Unterlagen muss es möglich sein, die Übereinstimmung des Produkts mit den geltenden Anforderungen der Rechtsvorschrift zu bewerten; sie müssen eine nach Maßgabe der Rechtsvorschrift ausgeführte geeignete Risikoanalyse und -bewertung enthalten. In den technischen Unterlagen sind die geltenden Anforderungen aufzuführen und der Entwurf, die Herstellung und der Betrieb des Produkts zu erfassen, soweit sie für die Bewertung von Belang sind. Die technischen Unterlagen enthalten gegebenenfalls zumindest folgende Elemente:
   - eine allgemeine Beschreibung des Produkts,
   - Entwürfe, Fertigungszeichnungen und -pläne von Bauteilen, Baugruppen, Schaltkreisen usw.,
   - Beschreibungen und Erläuterungen, die zum Verständnis dieser Zeichnungen und Pläne sowie der

   Funktionsweise des Produkts erforderlich sind,

   - eine Aufstellung, welche harmonisierten Normen und/oder anderen einschlägigen technischen Spezifikationen, deren Fundstellen im Amtsblatt der Europäischen Union veröffentlicht wurden, vollständig oder in Teilen angewandt worden sind, und eine Beschreibung, mit welchen Lösungen den wesentlichen Anforderungen des Gesetzgebungsinstruments insoweit genügt wurde, als diese harmonisierten Normen nicht angewandt wurden. Im Fall von teilweise angewendeten harmonisierten Normen werden die Teile, die angewendet wurden, in den technischen Unterlagen angegeben,
   - die Ergebnisse der Konstruktionsberechnungen, Prüfungen usw. und
   - die Prüfberichte,
   - für die betreffende Produktion repräsentative Muster. Die notifizierte Stelle kann zusätzliche Muster anfordern, wenn dies zur Durchführung des Prüfprogramms erforderlich ist,
   - die zusätzlichen Nachweise für eine angemessene Lösung durch den technischen Entwurf. In diesen zusätzlichen Nachweisen müssen alle Unterlagen vermerkt sein, nach denen insbesondere dann vorgegangen worden ist, wenn die einschlägigen harmonisierten Normen, deren Fundstelle im Amtsblatt der Europäischen Union veröffentlicht wurde, nicht in vollem Umfang angewandt worden sind. Die zusätzlichen Nachweise umfassen erforderlichenfalls die Ergebnisse von Prüfungen, die von einem geeigneten Labor des Herstellers oder von einem anderen Prüflabor in seinem Auftrag und unter seiner Verantwortung durchgeführt wurden.

4. Die notifizierte Stelle hat folgende Aufgaben: Bezogen auf das Produkt:

   4.1. Prüfung der technischen Unterlagen und zusätzlichen Nachweise, um zu bewerten, ob der technische Entwurf des Produkts angemessen ist;

   Bezogen auf das/die Muster:

   4.2. Prüfung, ob das/die Muster in Übereinstimmung mit den technischen Unterlagen hergestellt wurde/n, und Feststellung, welche Teile nach den geltenden Vorschriften der einschlägigen harmonisierten Normen und/oder technischen Spezifikationen entworfen wurden und welche Teile ohne Anwendung der einschlägigen Vorschriften dieser Normen entworfen wurden;

4.3. Durchführung bzw. Veranlassung der geeigneten Untersuchungen und Prüfungen, um festzustellen, ob die Lösungen aus den einschlägigen harmonisierten Normen und/oder technischen Spezifikationen korrekt angewandt worden sind, sofern der Hersteller sich für ihre Anwendung entschieden hat;

4.4. Durchführung bzw. Veranlassung der geeigneten Untersuchungen und Prüfungen, um festzustellen, ob die vom Hersteller gewählten Lösungen die entsprechenden wesentlichen Anforderungen der Rechtsvorschrift erfüllen, falls er die Lösungen aus den einschlägigen harmonisierten Normen und/oder den technischen Spezifikationen nicht angewandt hat;

4.5. Vereinbarung mit dem Hersteller, wo die Untersuchungen und Prüfungen durchgeführt werden.

5. Die notifizierte Stelle erstellt einen Prüfungsbericht über die gemäß Nummer 4 durchgeführten Maßnahmen und die dabei erzielten Ergebnisse. Unbeschadet ihrer Verpflichtungen gegenüber den benennenden Behörden veröffentlicht die notifizierte Stelle den Inhalt dieses Berichts oder Teile davon nur mit Zustimmung des Herstellers.

6. Entspricht das Baumuster den für das betreffende Produkt geltenden Anforderungen der jeweiligen Rechtsvorschrift, stellt die notifizierte Stelle dem Hersteller eine EG-Baumusterprüfbescheinigung aus. Diese Bescheinigung enthält den Namen und die Anschrift des Herstellers, die Ergebnisse der Prüfungen, etwaige Bedingungen für ihre Gültigkeit und die erforderlichen Daten für die Identifizierung der zugelassenen Bauart. Der Bescheinigung können ein oder mehrere Anhänge beigefügt werden.

   Die Bescheinigung und ihre Anhänge enthalten alle zweckdienlichen Angaben, anhand derer sich die Übereinstimmung der hergestellten Produkte mit dem geprüften Baumuster beurteilen und gegebenenfalls eine Kontrolle nach ihrer Inbetriebnahme durchführen lässt.

   Entspricht das Baumuster nicht den geltenden Anforderungen der Rechtsvorschrift, verweigert die notifizierte Stelle die Ausstellung einer EG-Baumusterprüfbescheinigung und unterrichtet den Antragsteller darüber, wobei sie ihre Weigerung ausführlich begründet.

7. Die notifizierte Stelle hält sich über alle Änderungen des allgemein anerkannten Stands der Technik auf dem Laufenden; deuten diese darauf hin, dass das zugelassene Baumuster nicht mehr den geltenden Anforderungen der Rechtsvorschrift entspricht, entscheidet sie, ob derartige Änderungen weitere Untersuchungen nötig machen. Ist dies der Fall, setzt die notifizierte Stelle den Hersteller davon in Kenntnis.

   Der Hersteller unterrichtet die notifizierte Stelle, der die technischen Unterlagen zur EG-Baumusterprüfbescheinigung vorliegen, über alle Änderungen an dem zugelassenen Baumuster, die dessen Übereinstimmung mit den wesentlichen Anforderungen oder den Bedingungen für die Gültigkeit der Bescheinigung beeinträchtigen können. Derartige Änderungen erfordern eine Zusatzgenehmigung in Form einer Ergänzung der ursprünglichen EG-Baumusterprüfbescheinigung.

8. Jede notifizierte Stelle unterrichtet ihre notifizierenden Behörden über die EG-Baumusterprüfbescheinigungen und/ oder etwaige Ergänzungen dazu, die sie ausgestellt oder zurückgenommen hat, und übermittelt ihren notifizierenden Behörden in regelmäßigen Abständen oder auf Verlangen eine Aufstellung aller Bescheinigungen und/oder Ergänzungen dazu, die sie verweigert, ausgesetzt oder auf andere Art eingeschränkt hat.

   Jede notifizierte Stelle unterrichtet die übrigen notifizierten Stellen über die EG-Baumusterprüfbescheinigungen und/ oder etwaige Ergänzungen dazu, die sie verweigert, zurückgenommen, ausgesetzt oder auf andere Weise eingeschränkt hat, und teilt ihnen, wenn sie dazu aufgefordert wird, alle von ihr ausgestellten Bescheinigungen und/oder Ergänzungen dazu mit.

Wenn sie dies verlangen, erhalten die Kommission, die Mitgliedstaaten und die anderen notifizierten Stellen eine Abschrift der EG-Baumusterprüfbescheinigungen und/oder ihrer Ergänzungen. Wenn sie dies verlangen, erhalten die Kommission und die Mitgliedstaaten eine Abschrift der technischen Unterlagen und der Ergebnisse der durch die notifizierte Stelle vorgenommenen Prüfungen. Die notifizierte Stelle bewahrt ein Exemplar der EG-Baumusterprüfbescheinigung, ihrer Anhänge und Ergänzungen sowie des technischen Dossiers einschließlich der vom Hersteller eingereichten Unterlagen so lange auf, bis die Gültigkeitsdauer der Bescheinigung endet.

9. Der Hersteller hält ein Exemplar der EG-Baumusterprüfbescheinigung, ihrer Anhänge und Ergänzungen zusammen mit den technischen Unterlagen zehn Jahre lang nach dem Inverkehrbringen des Produkts für die nationalen Behörden bereit.

10. Der Bevollmächtigte des Herstellers kann den in Nummer 3 genannten Antrag einreichen und die in den Nummern 7 und 9 genannten Verpflichtungen erfüllen, falls sie im Auftrag festgelegt sind.

Modul C

Konformität mit der Bauart auf der Grundlage einer internen Fertigungskontrolle

1. Bei der Konformität mit der Bauart auf der Grundlage einer internen Fertigungskontrolle handelt es sich um den Teil eines Konformitätsbewertungsverfahrens, bei dem der Hersteller die in den Nummern 2 und 3 genannten Verpflichtungen erfüllt sowie gewährleistet und erklärt, dass die betreffenden Produkte der in der EG-Baumusterprüfbescheinigung beschriebenen Bauart entsprechen und den für sie geltenden Anforderungen der Rechtsvorschrift genügen.

2. Herstellung

   Der Hersteller trifft alle erforderlichen Maßnahmen, damit der Fertigungsprozess und seine Überwachung die Übereinstimmung der hergestellten Produkte mit der in der EG-Baumusterprüfbescheinigung beschriebenen zugelassenen Bauart und mit den für sie geltenden Anforderungen der Rechtsvorschrift gewährleisten.

3. Konformitätskennzeichnung und Konformitätserklärung

   3.1. Der Hersteller bringt an jedem einzelnen Produkt, das mit der in der EG-Baumusterprüfbescheinigung beschriebenen Bauart übereinstimmt und die geltenden Anforderungen der Rechtsvorschrift erfüllt, die nach dieser Rechtsvorschrift vorgeschriebene Konformitätskennzeichnung an.

   3.2. Der Hersteller stellt für ein Produktmodell eine schriftliche Konformitätserklärung aus und hält sie zehn Jahre lang nach dem Inverkehrbringen des Produkts für die nationalen Behörden bereit. Aus der Konformitätserklärung muss hervorgehen, für welches Produktmodell sie ausgestellt wurde.

   Ein Exemplar der Konformitätserklärung wird den zuständigen Behörden auf Verlangen zur Verfügung gestellt.

4. Bevollmächtigter

   Die in Nummer 3 genannten Verpf lichtungen des Herstellers können von seinem Bevollmächtigten in seinem Auftrag und unter seiner Verantwortung erfüllt werden, falls sie im Auftrag festgelegt sind.

Modul C1

Konformität mit der Bauart auf der Grundlage einer internen Fertigungskontrolle mit überwachten Produktprüfungen

1. Die Konformität mit der Bauart auf der Grundlage einer internen Fertigungskontrolle mit überwachten Produktprüfungen ist der Teil eines Konformitätsbewertungsverfahrens, bei dem der Hersteller die in den Nummern 2, 3 und 4 festgelegten Verpflichtungen erfüllt sowie gewährleistet und auf eigene Verantwortung erklärt, dass die betreffenden Produkte der in der EG-Baumusterprüfbescheinigung beschriebenen Bauart entsprechen und den für sie geltenden Anforderungen der Rechtsvorschrift genügen.

2. Herstellung

   Der Hersteller trifft alle erforderlichen Maßnahmen, damit der Fertigungsprozess und seine Überwachung die Übereinstimmung der hergestellten Produkte mit der in der EG-Baumusterprüfbescheinigung beschriebenen Bauart und mit den für sie geltenden Anforderungen des geltenden Rechtsakts gewährleistet.

3. Produktprüfungen

   An jedem einzelnen hergestellten Produkt werden vom Hersteller oder in seinem Auftrag eine oder mehrere Prüfungen eines oder mehrerer bestimmter Aspekte des Produkts vorgenommen, um die Übereinstimmung mit den entsprechenden Anforderungen der Rechtsvorschrift zu überprüfen. Es ist dem Hersteller freigestellt, ob er die Prüfungen durch eine akkreditierte interne Stelle durchführen lässt oder ob er sie einer von ihm gewählten notifizierten Stelle überträgt.

   Führt eine notifizierte Stelle die Prüfungen durch, bringt der Hersteller unter ihrer Verantwortung während des Fertigungsprozesses ihre Kennnummer an.

4. Konformitätskennzeichnung und Konformitätserklärung

   4.1. Der Hersteller bringt an jedem einzelnen Produkt, das mit der in der EG-Baumusterprüfbescheinigung beschriebenen Bauart übereinstimmt und die geltenden Anforderungen der Rechtsvorschrift erfüllt, die nach dieser Rechtsvorschrift vorgeschriebene Konformitätskennzeichnung an.

   4.2. Der Hersteller stellt für ein Produktmodell eine schriftliche Konformitätserklärung aus und hält sie zehn Jahre lang nach dem Inverkehrbringen des Produkts für die nationalen Behörden bereit. Aus der Konformitätserklärung muss hervorgehen, für welches Produktmodell sie ausgestellt wurde.

   Ein Exemplar der Konformitätserklärung wird den zuständigen Behörden auf Verlangen zur Verfügung gestellt.

5. Bevollmächtigter

   Die in Nummer 4 genannten Verpf lichtungen des Herstellers können von seinem Bevollmächtigten in seinem Auftrag und unter seiner Verantwortung erfüllt werden, falls sie im Auftrag festgelegt sind.

Modul C2

Konformität mit der Bauart auf der Grundlage einer internen Fertigungskontrolle mit überwachten Produktprüfungen in unregelmäßigen Abständen

1. Die Konformität mit der Bauart auf der Grundlage einer internen Fertigungskontrolle mit überwachten Produktprüfungen in unregelmäßigen Abständen ist der Teil eines Konformitätsbewertungsverfahrens, bei dem der Hersteller die in den Nummern 2, 3 und 4 festgelegten Verpflichtungen erfüllt sowie gewährleistet und auf eigene Verantwortung erklärt, dass die betreffenden Produkte der in der EG-Baumusterprüfbescheinigung beschriebenen Bauart entsprechen und den für sie geltenden Anforderungen der Rechtsvorschrift genügen.

2. Herstellung

   Der Hersteller trifft alle erforderlichen Maßnahmen, damit der Fertigungsprozess und seine Überwachung die Übereinstimmung der hergestellten Produkte mit der in der EG-Baumusterprüfbescheinigung beschriebenen Bauart und mit den für sie geltenden Anforderungen des geltenden Rechtsakts gewährleistet.

3. Produktprüfungen

   Je nach Entscheidung des Herstellers führt eine akkreditierte interne Stelle oder eine von ihm gewählte notifizierte Stelle in von ihr festgelegten unregelmäßigen Abständen die Produktprüfungen durch bzw. lässt sie durchführen, um die Qualität der internen Produktprüfungen zu überprüfen, wobei sie unter anderem der technischen Komplexität der Produkte und der Produktionsmenge Rechnung trägt. Vor dem Inverkehrbringen entnimmt die notifizierte Stelle vor Ort eine geeignete Stichprobe der Endprodukte und untersucht sie; ferner führt sie geeignete Prüfungen entsprechend den einschlägigen Abschnitten der harmonisierten Normen, deren Fundstellen im Amtsblatt der Europäischen Union veröffentlicht worden sind, bzw. entsprechend den technischen Spezifikationen oder gleichwertige Prüfungen durch, um die Konformität des Produkts mit den geltenden Anforderungen der Rechtsvorschrift zu prüfen. Weist die Stichprobe kein annehmbares Qualitätsniveau auf, trifft die Stelle geeignete Maßnahmen.

   Mit diesem Stichprobenverfahren soll ermittelt werden, ob sich der Fertigungsprozess des Produkts innerhalb annehmbarer Grenzen bewegt, um die Konformität des Produkts zu gewährleisten.

   Führt eine notifizierte Stelle die Prüfungen durch, bringt der Hersteller unter ihrer Verantwortung während des Fertigungsprozesses ihre Kennnummer an.

4. Konformitätskennzeichnung und Konformitätserklärung

   4.1. Der Hersteller bringt an jedem einzelnen Produkt, das mit der in der EG-Baumusterprüfbescheinigung beschriebenen Bauart übereinstimmt und die geltenden Anforderungen der Rechtsvorschrift erfüllt, die nach dieser Rechtsvorschrift vorgeschriebene Konformitätskennzeichnung an.

   4.2. Der Hersteller stellt für ein Produktmodell eine schriftliche Konformitätserklärung aus und hält sie zehn Jahre lang nach dem Inverkehrbringen des Produkts für die nationalen Behörden bereit. Aus der Konformitätserklärung muss hervorgehen, für welches Produktmodell sie ausgestellt wurde.

   Ein Exemplar der Konformitätserklärung wird den zuständigen Behörden auf Verlangen zur Verfügung gestellt.

5. Bevollmächtigter

Die in Nummer 4 genannten Verpf lichtungen des Herstellers können von seinem Bevollmächtigten in seinem Auftrag und unter seiner Verantwortung erfüllt werden, falls sie im Auftrag festgelegt sind.

Modul D

Konformität mit der Bauart auf der Grundlage einer Qualitätssicherung bezogen auf den Produktionsprozess

1. Die Konformität mit der Bauart auf der Grundlage einer Qualitätssicherung bezogen auf den Produktionsprozess ist der Teil eines Konformitätsbewertungsverfahrens, bei dem der Hersteller die in den Nummern 2 und 5 festgelegten Verpflichtungen erfüllt sowie gewährleistet und auf eigene Verantwortung erklärt, dass die betreffenden Produkte der in der EG-Baumusterprüfbescheinigung beschriebenen Bauart entsprechen und den für sie geltenden Anforderungen der Rechtsvorschrift genügen.

2. Herstellung

Der Hersteller betreibt ein zugelassenes Qualitätssicherungssystem für die Herstellung, Endabnahme und Prüfung der betreffenden Produkte gemäß Nummer 3 und unterliegt der Überwachung gemäß Nummer 4.

3. Qualitätssicherungssystem

3.1. Der Hersteller beantragt bei der notifizierten Stelle seiner Wahl die Bewertung seines Qualitätssicherungssystems für die betreffenden Produkte.

Der Antrag enthält Folgendes:

- Name und Anschrift des Herstellers und, wenn der Antrag vom Bevollmächtigten eingereicht wird, auch dessen Name und Anschrift,
- eine schriftliche Erklärung, dass derselbe Antrag bei keiner anderen notifizierten Stelle eingereicht worden ist,
- alle einschlägigen Angaben über die vorgesehene Produktkategorie,
- die Unterlagen über das Qualitätssicherungssystem,
- die technischen Unterlagen über die zugelassene Bauart und eine Abschrift der EG-Baumusterprüfbescheinigung.

3.2. Das Qualitätssicherungssystem gewährleistet die Übereinstimmung der Produkte mit der in der EG-Baumusterprüfbescheinigung beschriebenen Bauart und mit den für sie geltenden Anforderungen der Rechtsvorschrift.

Alle vom Hersteller berücksichtigten Grundlagen, Anforderungen und Vorschriften sind systematisch und ordnungsgemäß in Form schriftlicher Grundsätze, Verfahren und Anweisungen zusammenzustellen. Diese Unterlagen über das Qualitätssicherungssystem stellen sicher, dass die Qualitätssicherungsprogramme, -pläne, -handbücher und -berichte einheitlich ausgelegt werden.

Sie müssen insbesondere eine angemessene Beschreibung folgender Punkte enthalten:

- Qualitätsziele sowie organisatorischer Aufbau, Zuständigkeiten und Befugnisse der Geschäftsleitung in Bezug auf die Produktqualität;
- entsprechende Fertigungs-, Qualitätssteuerungs- und Qualitätssicherungstechniken, angewandte Verfahren und vorgesehene systematische Maßnahmen;

- vor, während und nach der Herstellung durchgeführte Untersuchungen und Prüfungen unter Angabe ihrer Häufigkeit;
- Qualitätsberichte wie Prüfberichte, Prüf- und Eichdaten, Berichte über die Qualifikation der in diesem Bereich beschäftigten Mitarbeiter usw. und
- Mittel, mit denen die Verwirklichung der angestrebten Produktqualität und die wirksame Arbeitsweise des Qualitätssicherungssystems überwacht werden können.

3.3. Die notifizierte Stelle bewertet das Qualitätssicherungssystem, um festzustellen, ob es die in Nummer 3.2 genannten Anforderungen erfüllt.

Sie vermutet bei diesen Bestandteilen des Qualitätssicherungssystems eine Konformität mit diesen Anforderungen, die die entsprechenden Spezifikationen der nationalen Norm erfüllen, durch die die einschlägige harmonisierte Norm bzw. die technischen Spezifikationen umgesetzt werden.

Zusätzlich zur Erfahrung mit Qualitätsmanagementsystemen verfügt mindestens ein Mitglied des Auditteams über Erfahrung mit der Bewertung in dem einschlägigen Produktbereich und der betreffenden Produkttechnologie sowie über Kenntnis der geltenden Anforderungen der Rechtsvorschrift. Das Audit umfasst auch einen Kontrollbesuch in den Räumlichkeiten des Herstellers. Das Auditteam überprüft die in Nummer 3.1 genannten technischen Unterlagen, um sich zu vergewissern, dass der Hersteller in der Lage ist, die einschlägigen Anforderungen der Rechtsvorschrift zu erkennen und die erforderlichen Prüfungen durchzuführen, damit die Übereinstimmung des Produkts mit diesen Anforderungen gewährleistet ist.

Die Entscheidung wird dem Hersteller mitgeteilt. Die Mitteilung muss das Fazit des Audits und die Begründung der Bewertungsentscheidung enthalten.

3.4. Der Hersteller verpf lichtet sich, die mit dem zugelassenen Qualitätssicherungssystem verbundenen Verpf lichtungen zu erfüllen und dafür zu sorgen, dass das System stets ordnungsgemäß und effizient betrieben wird.

3.5. Der Hersteller unterrichtet die notifizierte Stelle, die das Qualitätssicherungssystem zugelassen hat, über alle geplanten Änderungen des Qualitätssicherungssystems.

Die notifizierte Stelle beurteilt die geplanten Änderungen und entscheidet, ob das geänderte Qualitätssicherungssystem noch die in Nummer 3.2 genannten Anforderungen erfüllt oder ob eine erneute Bewertung erforderlich ist.

Sie gibt dem Hersteller ihre Entscheidung bekannt. Die Mitteilung muss das Fazit der Prüfung und die Begründung der Bewertungsentscheidung enthalten.

4. Überwachung unter der Verantwortung der notifizierten Stelle

4.1. Die Überwachung soll gewährleisten, dass der Hersteller die Verpflichtungen aus dem zugelassenen Qualitätssicherungssystem vorschriftsmäßig erfüllt.

4.2. Der Hersteller gewährt der notifizierten Stelle für die Bewertung Zugang zu den Herstellungs-, Abnahme-, Prüf- und Lagereinrichtungen und stellt ihr alle erforderlichen Unterlagen zur Verfügung, insbesondere:

- Unterlagen über das Qualitätssicherungssystem,
- die Qualitätsberichte wie Prüfberichte, Prüf- und Eichdaten, Berichte über die Qualifikation der in diesem Bereich beschäftigten Mitarbeiter usw.

4.3. Die notifizierte Stelle führt regelmäßig Audits durch um sicherzustellen, dass der Hersteller das Qualitätssicherungssystem aufrechterhält und anwendet, und übergibt ihm einen entsprechenden Prüfbericht.

4.4. Darüber hinaus kann die notifizierte Stelle beim Hersteller unangemeldete Besichtigungen durchführen. Während dieser Besuche kann die notifizierte Stelle erforderlichenfalls Produktprüfungen durchführen oder durchführen lassen, um sich vom ordnungsgemäßen Funktionieren des Qualitätssicherungssystems zu vergewissern. Die notifizierte Stelle übergibt dem Hersteller einen Bericht über den Besuch und im Falle einer Prüfung einen Prüfbericht.

5. Konformitätskennzeichnung und Konformitätserklärung

5.1. Der Hersteller bringt an jedem einzelnen Produkt, das mit der in der EG-Baumusterprüfbescheinigung beschriebenen Bauart übereinstimmt und die geltenden Anforderungen der Rechtsvorschrift erfüllt, die nach dieser Rechtsvorschrift vorgeschriebene Konformitätskennzeichnung und – unter der Verantwortung der in Nummer 3.1 genannten notifizierten Stelle – deren Kennnummer an.

5.2. Der Hersteller stellt für jedes Produktmodell eine schriftliche Konformitätserklärung aus und hält sie zehn Jahre lang nach dem Inverkehrbringen des Produkts für die nationalen Behörden bereit. Aus der Konformitätserklärung muss hervorgehen, für welches Produktmodell sie ausgestellt wurde.

Ein Exemplar der Konformitätserklärung wird den zuständigen Behörden auf Verlangen zur Verfügung gestellt.

6. Der Hersteller hält mindestens zehn Jahre lang nach dem Inverkehrbringen des Produkts für die einzelstaatlichen Behörden folgende Unterlagen bereit:

- die Unterlagen gemäß Nummer 3.1,
- die Änderung gemäß Nummer 3.5 in ihrer genehmigten Form,
- die Entscheidungen und Berichte der notifizierten Stelle gemäß den Nummern 3.5, 4.3 und 4.4.

7. Jede notifizierte Stelle unterrichtet ihre notifizierenden Behörden über die EG-Baumusterprüfbescheinigungen und/ oder etwaige Ergänzungen dazu, die sie ausgestellt oder zurückgenommen hat, und übermittelt ihren notifizierenden Behörden in regelmäßigen Abständen oder auf Verlangen eine Aufstellung aller Bescheinigungen und/oder Ergänzungen dazu, die sie verweigert, ausgesetzt oder auf andere Art eingeschränkt hat.

Jede notifizierte Stelle unterrichtet die anderen notifizierten Stellen über die Zulassungen von Qualitätssicherungssystemen, die sie verweigert, ausgesetzt, zurückgenommen oder auf andere Art eingeschränkt hat, und auf Aufforderung über die Zulassungen von Qualitätssicherungssystemen, die sie erteilt hat.

8. Bevollmächtigter

Die in Nummer 3.1, 3.5, 5 und 6 genannten Verpf lichtungen des Herstellers können von seinem Bevollmächtigten in seinem Auftrag und unter seiner Verantwortung erfüllt werden, falls sie im Auftrag festgelegt sind.

Modul D1

Qualitätssicherung bezogen auf den Produktionsprozess

1. Bei der Qualitätssicherung bezogen auf den Produktionsprozess handelt es sich um das Konformitätsbewertungsverfahren, bei dem der Hersteller die in den Nummern 2, 4 und 7 festgelegten Verpflichtungen erfüllt sowie gewährleistet und auf eigene Verantwortung erklärt, dass die betreffenden Produkte den für sie geltenden Anforderungen der Rechtsvorschrift genügen.

2. Technische Unterlagen

Der Hersteller erstellt die technischen Unterlagen. Anhand dieser Unterlagen muss es möglich sein, die Übereinstimmung des Produkts mit den betreffenden Anforderungen zu bewerten; sie müssen eine nach Maßgabe der Rechtsvorschrift ausgeführte geeignete Risikoanalyse und -bewertung enthalten. In den technischen Unterlagen sind die geltenden Anforderungen aufzuführen und der Entwurf, die Herstellung und der Betrieb des Produkts zu erfassen, soweit sie für die Bewertung von Belang sind. Die technischen Unterlagen enthalten gegebenenfalls zumindest folgende Elemente:

- eine allgemeine Beschreibung des Produkts,
- Entwürfe, Fertigungszeichnungen und -pläne von Bauteilen, Baugruppen, Schaltkreisen usw.,
- Beschreibungen und Erläuterungen, die zum Verständnis dieser Zeichnungen und Pläne sowie der Funktionsweise des Produkts erforderlich sind,
- eine Aufstellung, welche harmonisierten Normen und/oder anderen einschlägigen technischen Spezifikationen, deren Fundstellen im Amtsblatt der Europäischen Union veröffentlicht wurden, vollständig oder in Teilen angewandt worden sind, und eine Beschreibung, mit welchen Lösungen den wesentlichen Anforderungen des Gesetzgebungsinstruments insoweit genügt wurde, als diese harmonisierten Normen nicht angewandt wurden. Im Fall von teilweise angewendeten harmonisierten Normen werden die Teile, die angewendet wurden, in den technischen Unterlagen angegeben,
- die Ergebnisse der Konstruktionsberechnungen, Prüfungen usw. und
- Prüfberichte.

3. Der Hersteller muss die technischen Unterlagen zehn Jahre lang nach dem Inverkehrbringen des Produkts für die zuständigen nationalen Behörden bereithalten.

4. Herstellung

Der Hersteller betreibt ein zugelassenes Qualitätssicherungssystem für die Herstellung, Endabnahme und Prüfung der betreffenden Produkte gemäß Nummer 5 und unterliegt der Überwachung gemäß Nummer 6.

5. Qualitätssicherungssystem

5.1. Der Hersteller beantragt bei der notifizierten Stelle seiner Wahl die Bewertung seines Qualitätssicherungssystems für die betreffenden Produkte.

Der Antrag enthält Folgendes:

- Name und Anschrift des Herstellers und, wenn der Antrag vom Bevollmächtigten eingereicht wird, auch dessen Name und Anschrift,
- eine schriftliche Erklärung, dass derselbe Antrag bei keiner anderen notifizierten Stelle eingereicht worden ist,
- alle einschlägigen Angaben über die vorgesehene Produktkategorie,
- die Unterlagen über das Qualitätssicherungssystem,
- die technischen Unterlagen gemäß Nummer 2.

5.2. Das Qualitätssicherungssystem gewährleistet die Übereinstimmung der Produkte mit den für sie geltenden Anforderungen der Rechtsvorschrift.

Alle vom Hersteller berücksichtigten Grundlagen, Anforderungen und Vorschriften sind systematisch und ordnungsgemäß in Form schriftlicher Grundsätze, Verfahren und Anweisungen zusammenzustellen. Diese Unterlagen über das Qualitätssicherungssystem stellen sicher, dass die Qualitätssicherungsprogramme, -pläne, -handbücher und -berichte einheitlich ausgelegt werden.

Sie enthalten insbesondere eine angemessene Beschreibung folgender Punkte:

- Qualitätsziele sowie organisatorischer Aufbau, Zuständigkeiten und Befugnisse der Geschäftsleitung in Bezug auf die Produktqualität;
- entsprechende Fertigungs-, Qualitätssteuerungs- und Qualitätssicherungstechniken, angewandte Verfahren und vorgesehene systematische Maßnahmen;
- vor, während und nach der Herstellung durchgeführte Untersuchungen und Prüfungen unter Angabe ihrer Häufigkeit;
- Qualitätsberichte wie Prüfberichte, Prüf- und Eichdaten, Berichte über die Qualifikation der in diesem Bereich beschäftigten Mitarbeiter usw.;
- Mittel, mit denen die Verwirklichung der angestrebten Produktqualität und die wirksame Arbeitsweise des Qualitätssicherungssystems überwacht werden können.

5.3. Die notifizierte Stelle bewertet das Qualitätssicherungssystem, um festzustellen, ob es die in Nummer 5.2 genannten Anforderungen erfüllt.

Sie vermutet bei diesen Bestandteilen des Qualitätssicherungssystems eine Konformität mit diesen Anforderungen, die die entsprechenden Spezifikationen der nationalen Norm erfüllen, durch die die einschlägige harmonisierte Norm und/oder technische Spezifikation umgesetzt werden.

Zusätzlich zur Erfahrung mit Qualitätsmanagementsystemen verfügt mindestens ein Mitglied des Auditteams über Erfahrung mit der Bewertung in dem einschlägigen Produktbereich und der betreffenden Produkttechnologie sowie über Kenntnis der geltenden Anforderungen der Rechtsvorschrift. Das Audit umfasst auch einen Kontrollbesuch in den Räumlichkeiten des Herstellers. Das Auditteam überprüft die in Nummer 2 genannten technischen Unterlagen, um sich zu vergewissern, dass der Hersteller in der Lage ist, die einschlägigen Anforderungen der Rechtsvorschrift zu erkennen und die erforderlichen Prüfungen durchzuführen, damit die Übereinstimmung des Produkts mit diesen Anforderungen gewährleistet ist.

Die Entscheidung wird dem Hersteller mitgeteilt. Die Mitteilung muss das Fazit des Audits und die Begründung der Bewertungsentscheidung enthalten.

5.4. Der Hersteller verpf lichtet sich, die mit dem zugelassenen Qualitätssicherungssystem verbundenen Verpf lichtungen zu erfüllen und dafür zu sorgen, dass das System stets ordnungsgemäß und effizient betrieben wird.

5.5. Der Hersteller unterrichtet die notifizierte Stelle, die das Qualitätssicherungssystem zugelassen hat, über alle geplanten Änderungen des Qualitätssicherungssystems.

Die notifizierte Stelle beurteilt die geplanten Änderungen und entscheidet, ob das geänderte Qualitätssicherungssystem noch die in Nummer 5.2 genannten Anforderungen erfüllt oder ob eine erneute Bewertung erforderlich ist.

Sie gibt dem Hersteller ihre Entscheidung bekannt. Die Mitteilung muss das Fazit der Prüfung und die Begründung der Bewertungsentscheidung enthalten.

6. Überwachung unter der Verantwortung der notifizierten Stelle

6.1. Die Überwachung soll gewährleisten, dass der Hersteller die Verpflichtungen aus dem zugelassenen Qualitätssicherungssystem vorschriftsmäßig erfüllt.

6.2. Der Hersteller gewährt der notifizierten Stelle für die Bewertung Zugang zu den Herstellungs-, Abnahme-, Prüf- und Lagereinrichtungen und stellt ihr alle erforderlichen Unterlagen zur Verfügung, insbesondere:

- Unterlagen über das Qualitätssicherungssystem,
- die technischen Unterlagen gemäß Nummer 2,
- die Qualitätsberichte wie Prüfberichte, Prüf- und Eichdaten, Berichte über die Qualifikation der in diesem Bereich beschäftigten Mitarbeiter usw.

6.3. Die notifizierte Stelle führt regelmäßig Audits durch um sicherzustellen, dass der Hersteller das Qualitätssicherungssystem aufrechterhält und anwendet, und übergibt ihm einen entsprechenden Prüfbericht.

6.4. Darüber hinaus kann die notifizierte Stelle beim Hersteller unangemeldete Besichtigungen durchführen. Während dieser Besuche kann die notifizierte Stelle erforderlichenfalls Produktprüfungen durchführen oder durchführen lassen, um sich vom ordnungsgemäßen Funktionieren des Qualitätssicherungssystems zu vergewissern. Die notifizierte Stelle übergibt dem Hersteller einen Bericht über den Besuch und im Falle einer Prüfung einen Prüfbericht.

7. Konformitätskennzeichnung und Konformitätserklärung

7.1. Der Hersteller bringt an jedem einzelnen Produkt, das die geltenden Anforderungen der Rechtsvorschrift erfüllt, die nach der Rechtsvorschrift vorgeschriebene Konformitätskennzeichnung und unter der Verantwortung der in Nummer 5.1 genannten notifizierten Stelle deren Kennnummer an.

7.2. Der Hersteller stellt für jedes Produktmodell eine schriftliche Konformitätserklärung aus und hält sie zehn Jahre lang nach dem Inverkehrbringen des Produkts für die nationalen Behörden bereit. Aus der Konformitätserklärung muss hervorgehen, für welches Produktmodell sie ausgestellt wurde.

Ein Exemplar der Konformitätserklärung wird den zuständigen Behörden auf Verlangen zur Verfügung gestellt.

8. Der Hersteller hält mindestens zehn Jahre lang nach dem Inverkehrbringen des Produkts für die einzelstaatlichen Behörden folgende Unterlagen bereit:

- die Unterlagen gemäß Nummer 5.1;
- die Änderung gemäß Nummer 5.5 in ihrer genehmigten Form;
- die Entscheidungen und Berichte der notifizierten Stelle gemäß den Nummern 5.5, 6.3 und 6.4.

9. Jede notifizierte Stelle unterrichtet ihre notifizierenden Behörden über die Zulassungen von Qualitätssicherungssystemen, die sie ausgestellt oder zurückgenommen hat, und übermittelt ihren notifizierenden Behörden in regelmäßigen Abständen oder auf Verlangen eine Aufstellung aller Zulassungen von Qualitätssicherungssystemen, die sie verweigert, ausgesetzt oder auf andere Art eingeschränkt hat.

Jede notifizierte Stelle unterrichtet die anderen notifizierten Stellen über die Zulassungen von Qualitätssicherungssystemen, die sie verweigert, ausgesetzt oder zurückgenommen hat, und auf Aufforderung über die Zulassungen von Qualitätssicherungssystemen, die sie erteilt hat.

10. Bevollmächtigter

Die in Nummer 3, 5.1, 5.5, 7 und 8 genannten Verpf lichtungen des Herstellers können von seinem Bevollmächtigten in seinem Auftrag und unter seiner Verantwortung erfüllt werden, falls sie im Auftrag festgelegt sind.

Modul E

Konformität mit der Bauart auf der Grundlage der Qualitätssicherung bezogen auf das Produkt

1. Die Konformität mit der Bauart auf der Grundlage der Qualitätssicherung bezogen auf das Produkt ist der Teil eines Konformitätsbewertungsverfahrens, bei dem der Hersteller die in den Nummern 2 und 5 festgelegten Verpflichtungen erfüllt sowie gewährleistet und auf eigene Verantwortung erklärt, dass die betreffenden Produkte der in der EG-Baumusterprüfbescheinigung beschriebenen Bauart entsprechen und den für sie geltenden Anforderungen der Rechtsvorschrift genügen.

2. Herstellung

   Der Hersteller betreibt ein zugelassenes Qualitätssicherungssystem für die Endabnahme und Prüfung der betreffenden Produkte gemäß Nummer 3 und unterliegt der Überwachung gemäß Nummer 4.

3. Qualitätssicherungssystem

   3.1. Der Hersteller beantragt bei einer notifizierten Stelle seiner Wahl die Bewertung seines Qualitätssicherungssystems für die betreffenden Produkte.

   Der Antrag enthält Folgendes:

   - Name und Anschrift des Herstellers und, wenn der Antrag vom Bevollmächtigten eingereicht wird, auch dessen Name und Anschrift,
   - eine schriftliche Erklärung, dass derselbe Antrag bei keiner anderen notifizierten Stelle eingereicht worden ist,
   - alle einschlägigen Angaben über die vorgesehene Produktkategorie,
   - die Unterlagen über das Qualitätssicherungssystem und
   - die technischen Unterlagen über die zugelassene Bauart und eine Abschrift der EG-Baumusterprüfbescheinigung.

   3.2. Das Qualitätssicherungssystem gewährleistet die Übereinstimmung der Produkte mit der in der EG-Baumusterprüfbescheinigung beschriebenen Bauart und mit den für sie geltenden Anforderungen der Rechtsvorschrift.

   Alle vom Hersteller berücksichtigten Grundlagen, Anforderungen und Vorschriften sind systematisch und ordnungsgemäß in Form schriftlicher Grundsätze, Verfahren und Anweisungen zusammenzustellen. Diese Unterlagen über das Qualitätssicherungssystem stellen sicher, dass die Qualitätssicherungsprogramme, -pläne, -handbücher und -berichte einheitlich ausgelegt werden.

   Sie müssen insbesondere eine angemessene Beschreibung folgender Punkte enthalten:

   - Qualitätsziele sowie organisatorischer Aufbau, Zuständigkeiten und Befugnisse der Geschäftsleitung in Bezug auf die Produktqualität;
   - nach der Herstellung durchgeführte Untersuchungen und Prüfungen;
   - Qualitätsberichte wie Prüfberichte, Prüf- und Eichdaten, Berichte über die Qualifikation der in diesem Bereich beschäftigten Mitarbeiter usw.;
   - Mittel, mit denen die wirksame Arbeitsweise des Qualitätssicherungssystems überwacht wird.

   3.3. Die notifizierte Stelle bewertet das Qualitätssicherungssystem, um festzustellen, ob es die in Nummer 3.2 genannten Anforderungen erfüllt.

   Sie vermutet bei diesen Bestandteilen des Qualitätssicherungssystems eine Konformität mit diesen Anforderungen, die die entsprechenden Spezifikationen der nationalen Norm erfüllen, durch die die einschlägige harmonisierte Norm und/oder technische Spezifikation umgesetzt werden.

Zusätzlich zur Erfahrung mit Qualitätsmanagementsystemen verfügt mindestens ein Mitglied des Auditteams über Erfahrung mit der Bewertung in dem einschlägigen Produktbereich und der betreffenden Produkttechnologie sowie über Kenntnis der geltenden Anforderungen der Rechtsvorschrift. Das Audit umfasst auch einen Kontrollbesuch in den Räumlichkeiten des Herstellers. Das Auditteam überprüft die in Nummer 3.1 genannten technischen Unterlagen, um sich zu vergewissern, dass der Hersteller in der Lage ist, die einschlägigen Anforderungen der Rechtsvorschrift zu erkennen und die erforderlichen Prüfungen durchzuführen, damit die Übereinstimmung des Produkts mit diesen Anforderungen gewährleistet ist.

Die Entscheidung wird dem Hersteller mitgeteilt. Die Mitteilung muss das Fazit des Audits und die Begründung der Bewertungsentscheidung enthalten.

3.4. Der Hersteller verpf lichtet sich, die mit dem zugelassenen Qualitätssicherungssystem verbundenen Verpf lichtungen zu erfüllen und dafür zu sorgen, dass das System stets ordnungsgemäß und effizient betrieben wird.

3.5. Der Hersteller unterrichtet die notifizierte Stelle, die das Qualitätssicherungssystem zugelassen hat, über alle geplanten

Änderungen des Qualitätssicherungssystems.

Die notifizierte Stelle beurteilt die geplanten Änderungen und entscheidet, ob das geänderte Qualitätssicherungssystem noch die in Nummer 3.2 genannten Anforderungen erfüllt oder ob eine erneute Bewertung erforderlich ist.

Sie gibt dem Hersteller ihre Entscheidung bekannt. Die Mitteilung muss das Fazit der Prüfung und die Begründung der Bewertungsentscheidung enthalten.

4. Überwachung unter der Verantwortung der notifizierten Stelle

4.1. Die Überwachung soll gewährleisten, dass der Hersteller die Verpflichtungen aus dem zugelassenen Qualitätssicherungssystem vorschriftsmäßig erfüllt.

4.2. Der Hersteller gewährt der notifizierten Stelle für die Bewertung Zugang zu den Herstellungs-, Abnahme-, Prüf- und Lagereinrichtungen und stellt ihr alle erforderlichen Unterlagen zur Verfügung, insbesondere:

- Unterlagen über das Qualitätssicherungssystem;
- die Qualitätsberichte wie Prüfberichte, Prüf- und Eichdaten, Berichte über die Qualifikation der in diesem Bereich beschäftigten Mitarbeiter usw.

4.3. Die notifizierte Stelle führt regelmäßig Audits durch um sicherzustellen, dass der Hersteller das Qualitätssicherungssystem aufrechterhält und anwendet, und übergibt ihm einen entsprechenden Prüfbericht.

4.4. Darüber hinaus kann die notifizierte Stelle beim Hersteller unangemeldete Besichtigungen durchführen. Während dieser Besuche kann die notifizierte Stelle erforderlichenfalls Produktprüfungen durchführen oder durchführen lassen, um sich vom ordnungsgemäßen Funktionieren des Qualitätssicherungssystems zu vergewissern. Die notifizierte Stelle übergibt dem Hersteller einen Bericht über den Besuch und im Falle einer Prüfung einen Prüfbericht.

5. Konformitätskennzeichnung und Konformitätserklärung

5.1. Der Hersteller bringt an jedem einzelnen Produkt, das mit der in der EG-Baumusterprüfbescheinigung beschriebenen Bauart übereinstimmt und die geltenden Anforderungen der

Rechtsvorschrift erfüllt, die nach dieser Rechtsvorschrift vorgeschriebene Konformitätskennzeichnung und – unter der Verantwortung der in Nummer 3.1 genannten notifizierten Stelle – deren Kennnummer an.

5.2. Der Hersteller stellt für jedes Produktmodell eine schriftliche Konformitätserklärung aus und hält sie zehn Jahre lang nach dem Inverkehrbringen des Produkts für die nationalen Behörden bereit. Aus der Konformitätserklärung muss hervorgehen, für welches Produktmodell sie ausgestellt wurde.

Ein Exemplar der Konformitätserklärung wird den zuständigen Behörden auf Verlangen zur Verfügung gestellt.

6. Der Hersteller hält mindestens zehn Jahre lang nach dem Inverkehrbringen des Produkts für die einzelstaatlichen Behörden folgende Unterlagen bereit:
   - die Unterlagen gemäß Nummer 3.1;
   - die Änderung gemäß Nummer 3.5 in ihrer genehmigten Form;
   - die Entscheidungen und Berichte der notifizierten Stelle gemäß den Nummern 3.5, 4.3 und 4.4.

7. Jede notifizierte Stelle unterrichtet ihre notifizierenden Behörden über Zulassungen von Qualitätssicherungssystemen, die sie ausgestellt oder zurückgenommen hat, und übermittelt ihren notifizierenden Behörden in regelmäßigen Abständen oder auf Verlangen eine Aufstellung aller Zulassungen von Qualitätssicherungssystemen, die sie verweigert, ausgesetzt oder auf andere Art eingeschränkt hat.

   Jede notifizierte Stelle unterrichtet die anderen notifizierten Stellen über Zulassungen von Qualitätssicherungssystemen, die sie verweigert, ausgesetzt oder zurückgenommen hat, und auf Aufforderung über Zulassungen von Qualitätssicherungssystemen, die sie erteilt hat.

8. Bevollmächtigter

   Die in Nummer 3.1, 3.5, 5 und 6 genannten Verpf lichtungen des Herstellers können von seinem Bevollmächtigten in seinem Auftrag und unter seiner Verantwortung erfüllt werden, falls sie im Auftrag festgelegt sind.

Modul E1

Qualitätssicherung von Endabnahme und Prüfung der Produkte

1. Bei der Qualitätssicherung von Endabnahme und Prüfung der Produkte handelt es sich um das Konformitätsbewertungsverfahren, bei dem der Hersteller die in den Nummern 2, 4 und 7 festgelegten Verpflichtungen erfüllt sowie gewährleistet und auf eigene Verantwortung erklärt, dass die betreffenden Produkte den für sie geltenden Anforderungen der Rechtsvorschrift genügen.

2. Technische Unterlagen

   Der Hersteller erstellt die technischen Unterlagen. Anhand dieser Unterlagen muss es möglich sein, die Übereinstimmung des Produkts mit den betreffenden Anforderungen zu bewerten; sie müssen eine nach Maßgabe der Rechtsvorschrift ausgeführte geeignete Risikoanalyse und -bewertung enthalten. In den technischen Unterlagen sind die geltenden Anforderungen aufzuführen und der Entwurf, die Herstellung und der Betrieb des Produkts zu erfassen, soweit sie für die Bewertung von Belang sind. Die technischen Unterlagen enthalten gegebenenfalls zumindest folgende Elemente:
   - eine allgemeine Beschreibung des Produkts,
   - Entwürfe, Fertigungszeichnungen und -pläne von Bauteilen, Baugruppen, Schaltkreisen usw.,

- Beschreibungen und Erläuterungen, die zum Verständnis dieser Zeichnungen und Pläne sowie der Funktionsweise des Produkts erforderlich sind,
- eine Aufstellung, welche harmonisierten Normen und/oder anderen einschlägigen technischen Spezifikationen, deren Fundstellen im Amtsblatt der Europäischen Union veröffentlicht wurden, vollständig oder in Teilen angewandt worden sind, und eine Beschreibung, mit welchen Lösungen den wesentlichen Anforderungen des Gesetzgebungsinstruments insoweit genügt wurde, als diese harmonisierten Normen nicht angewandt wurden. Im Fall von teilweise angewendeten harmonisierten Normen werden die Teile, die angewendet wurden, in den technischen Unterlagen angegeben,
- die Ergebnisse der Konstruktionsberechnungen, Prüfungen usw. und
- Prüfberichte.

3. Der Hersteller muss die technischen Unterlagen zehn Jahre lang nach dem Inverkehrbringen des Produkts für die zuständigen nationalen Behörden bereithalten.

4. Herstellung

   Der Hersteller unterhält ein zugelassenes Qualitätssicherungssystem für die Endabnahme und Prüfung der betreffenden Produkte gemäß Nummer 5 und unterliegt der Überwachung gemäß Nummer 6.

5. Qualitätssicherungssystem

   5.1. Der Hersteller beantragt bei einer notifizierten Stelle seiner Wahl die Bewertung seines Qualitätssicherungssystems für die betreffenden Produkte.

   Der Antrag enthält Folgendes:

   - Name und Anschrift des Herstellers und, wenn der Antrag vom Bevollmächtigten eingereicht wird, auch dessen Name und Anschrift,
   - eine schriftliche Erklärung, dass derselbe Antrag bei keiner anderen notifizierten Stelle eingereicht worden ist,
   - alle einschlägigen Angaben über die vorgesehene Produktkategorie,
   - die Unterlagen über das Qualitätssicherungssystem und
   - die technischen Unterlagen gemäß Nummer 2.

   5.2. Das Qualitätssicherungssystem gewährleistet die Übereinstimmung der Produkte mit den für sie geltenden Anforderungen der Rechtsvorschrift.

   Alle vom Hersteller berücksichtigten Grundlagen, Anforderungen und Vorschriften sind systematisch und ordnungsgemäß in Form schriftlicher Grundsätze, Verfahren und Anweisungen zusammenzustellen. Diese Unterlagen über das Qualitätssicherungssystem stellen sicher, dass die Qualitätssicherungsprogramme, -pläne, -handbücher und -berichte einheitlich ausgelegt werden.

   Sie enthalten insbesondere eine angemessene Beschreibung folgender Punkte:

   - Qualitätsziele sowie organisatorischer Aufbau, Zuständigkeiten und Befugnisse der Geschäftsleitung in Bezug auf die Produktqualität;
   - nach der Herstellung durchgeführte Untersuchungen und Prüfungen;
   - Qualitätsberichte wie Prüfberichte, Prüf- und Eichdaten, Berichte über die Qualifikation der in diesem Bereich beschäftigten Mitarbeiter usw.;
   - Mittel, mit denen die wirksame Arbeitsweise des Qualitätssicherungssystems überwacht wird.

   5.3. Die notifizierte Stelle bewertet das Qualitätssicherungssystem, um festzustellen, ob es die in Nummer 5.2 genannten Anforderungen erfüllt.

Sie vermutet bei diesen Bestandteilen des Qualitätssicherungssystems eine Konformität mit diesen Anforderungen, die die entsprechenden Spezifikationen der nationalen Norm erfüllen, durch die die einschlägige harmonisierte Norm und/oder technische Spezifikation umgesetzt werden.

Zusätzlich zur Erfahrung mit Qualitätsmanagementsystemen verfügt mindestens ein Mitglied des Auditteams über Erfahrung mit der Bewertung in dem einschlägigen Produktbereich und der betreffenden Produkttechnologie sowie über Kenntnis der geltenden Anforderungen der Rechtsvorschrift. Das Audit umfasst auch einen Kontrollbesuch in den Räumlichkeiten des Herstellers. Das Auditteam überprüft die in Nummer 2 genannten technischen Unterlagen, um sich zu vergewissern, dass der Hersteller in der Lage ist, die einschlägigen Anforderungen der Rechtsvorschrift zu erkennen und die erforderlichen Prüfungen durchzuführen, damit die Übereinstimmung des Produkts mit diesen Anforderungen gewährleistet ist.

Die Entscheidung wird dem Hersteller mitgeteilt. Die Mitteilung muss das Fazit des Audits und die Begründung der Bewertungsentscheidung enthalten.

5.4. Der Hersteller verpf lichtet sich, die mit dem zugelassenen Qualitätssicherungssystem verbundenen Verpf lichtungen zu erfüllen und dafür zu sorgen, dass das System stets ordnungsgemäß und effizient betrieben wird.

5.5. Der Hersteller unterrichtet die notifizierte Stelle, die das Qualitätssicherungssystem zugelassen hat, über alle geplanten Änderungen des Qualitätssicherungssystems.

Die notifizierte Stelle beurteilt die geplanten Änderungen und entscheidet, ob das geänderte Qualitätssicherungssystem noch die in Nummer 5.2 genannten Anforderungen erfüllt oder ob eine erneute Bewertung erforderlich ist.

Sie gibt dem Hersteller ihre Entscheidung bekannt. Die Mitteilung muss das Fazit der Prüfung und die Begründung der Bewertungsentscheidung enthalten.

6. Überwachung unter der Verantwortung der notifizierten Stelle

6.1. Die Überwachung soll gewährleisten, dass der Hersteller die Verpflichtungen aus dem zugelassenen Qualitätssicherungssystem vorschriftsmäßig erfüllt.

6.2. Der Hersteller gewährt der notifizierten Stelle für die Bewertung Zugang zu den Herstellungs-, Abnahme-, Prüf- und Lagereinrichtungen und stellt ihr alle erforderlichen Unterlagen zur Verfügung, insbesondere:

- Unterlagen über das Qualitätssicherungssystem,
- die technischen Unterlagen gemäß Nummer 2,
- die Qualitätsberichte wie Prüfberichte, Prüf- und Eichdaten, Berichte über die Qualifikation der in diesem Bereich beschäftigten Mitarbeiter usw.

6.3. Die notifizierte Stelle führt regelmäßig Audits durch um sicherzustellen, dass der Hersteller das Qualitätssicherungssystem aufrechterhält und anwendet, und übergibt ihm einen entsprechenden Prüfbericht.

6.4. Darüber hinaus kann die notifizierte Stelle beim Hersteller unangemeldete Besichtigungen durchführen. Während dieser Besuche kann die notifizierte Stelle erforderlichenfalls Produktprüfungen durchführen oder durchführen lassen, um sich vom ordnungsgemäßen Funktionieren des Qualitätssicherungssystems zu vergewissern. Die notifizierte Stelle übergibt dem Hersteller einen Bericht über den Besuch und im Falle einer Prüfung einen Prüfbericht.

7. Konformitätskennzeichnung und Konformitätserklärung

7.1. Der Hersteller bringt an jedem einzelnen Produkt, das die geltenden Anforderungen der Rechtsvorschrift erfüllt, die nach der Rechtsvorschrift vorgeschriebene Konformitätskennzeichnung und unter der Verantwortung der in Nummer 5.1 genannten notifizierten Stelle deren Kennnummer an.

7.2. Der Hersteller stellt für jedes Produktmodell eine schriftliche Konformitätserklärung aus und hält sie zehn Jahre lang nach dem Inverkehrbringen des Produkts für die nationalen Behörden bereit. Aus der Konformitätserklärung muss hervorgehen, für welches Produktmodell sie ausgestellt wurde.

Ein Exemplar der Konformitätserklärung wird den zuständigen Behörden auf Verlangen zur Verfügung gestellt.

8. Der Hersteller hält mindestens zehn Jahre lang nach dem Inverkehrbringen des Produkts für die einzelstaatlichen

   Behörden folgende Unterlagen bereit:

   - die Unterlagen gemäß Nummer 5.1,
   - die Änderung gemäß Nummer 5.5 in ihrer genehmigten Form,
   - die Entscheidungen und Berichte der notifizierten Stelle gemäß den Nummern 5.5, 6.3 und 6.4.

9. Jede notifizierte Stelle unterrichtet ihre notifizierenden Behörden über Zulassungen von Qualitätssicherungssystemen, die sie ausgestellt oder zurückgenommen hat, und übermittelt ihren notifizierenden Behörden in regelmäßigen Abständen oder auf Verlangen eine Aufstellung aller Zulassungen von Qualitätssicherungssystemen, die sie verweigert, ausgesetzt oder auf andere Art eingeschränkt hat.

   Jede notifizierte Stelle unterrichtet die anderen notifizierten Stellen über Zulassungen von Qualitätssicherungssystemen, die sie verweigert, ausgesetzt oder zurückgenommen hat, und auf Aufforderung über Zulassungen von Qualitätssicherungssystemen, die sie erteilt hat.

10. Bevollmächtigter

    Die in Nummer 3, 5.1, 5.5, 7 und 8 genannten Verpf lichtungen des Herstellers können von seinem Bevollmächtigten in seinem Auftrag und unter seiner Verantwortung erfüllt werden, falls sie im Auftrag festgelegt sind.

Modul F

Konformität mit der Bauart auf der Grundlage einer Produktprüfung

1. Bei der Konformität mit der Bauart auf der Grundlage einer Prüfung der Produkte handelt es sich um den Teil eines Konformitätsbewertungsverfahrens, bei dem der Hersteller die in den Nummern 2, 5.1 und 6 festgelegten Verpflichtungen erfüllt sowie gewährleistet und auf eigene Verantwortung erklärt, dass die den Bestimmungen von Nummer 3 unterworfenen betroffenen Produkte der in der EG-Baumusterprüfbescheinigung beschriebenen Bauart entsprechen und den für sie geltenden Anforderungen der Rechtsvorschrift genügen.

2. Herstellung

   Der Hersteller trifft alle erforderlichen Maßnahmen, damit der Fertigungsprozess und seine Überwachung die Übereinstimmung der hergestellten Produkte mit der in der EG-Baumusterprüfbescheinigung beschriebenen zugelassenen Bauart und mit den für sie geltenden Anforderungen der Rechtsvorschrift gewährleisten.

3. Überprüfung

   Eine vom Hersteller gewählte notifizierte Stelle führt die entsprechenden Untersuchungen und Prüfungen durch, um die Übereinstimmung der Produkte mit der in der EG-Baumusterprüfbescheinigung beschriebenen zugelassenen Bauart und den entsprechenden Anforderungen der Rechtsvorschrift zu prüfen.

Die Untersuchungen und Prüfungen zur Kontrolle der Konformität der Produkte mit den entsprechenden Anforderungen werden je nach Entscheidung des Herstellers entweder mittels Prüfung und Erprobung jedes einzelnen Produkts gemäß Nummer 4 oder mittels einer statistischen Prüfung und Erprobung der Produkte gemäß Nummer 5 durchgeführt.

4. Überprüfung der Konformität durch Prüfung und Erprobung jedes einzelnen Produkts

4.1. Alle Produkte werden einzeln untersucht und es werden geeignete Prüfungen gemäß der/den einschlägigen harmonisierten Norm/en bzw. gemäß den technischen Spezifikationen oder gleichwertige Prüfungen durchgeführt, um ihre Konformität mit der in der EG-Baumusterprüfbescheinigung beschriebenen zugelassenen Bauart und den geltenden Anforderungen der Rechtsvorschrift zu überprüfen. In Ermangelung einer solchen harmonisierten Norm entscheidet die notifizierte Stelle darüber, welche Prüfungen durchgeführt werden.

4.2. Die notifizierte Stelle stellt auf der Grundlage dieser Untersuchungen und Prüfungen eine Konformitätsbescheinigung aus und bringt an jedem genehmigten Produkt ihre Kennnummer an oder lässt diese unter ihrer Verantwortung anbringen.

Der Hersteller hält die Konformitätsbescheinigungen zehn Jahre lang nach dem Inverkehrbringen des Produkts für die nationalen Behörden zur Einsichtnahme bereit.

5. Überprüfung der Konformität mit statistischen Mitteln

5.1. Der Hersteller trifft alle erforderlichen Maßnahmen, damit der Fertigungsprozess und seine Überwachung die Einheitlichkeit aller produzierten Lose gewährleisten und legt seine Produkte in einheitlichen Losen zur Überprüfung vor.

5.2. Jedem Los wird gemäß den Anforderungen der Rechtsvorschrift eine beliebige Probe entnommen. Jedes Produkt aus einer Stichprobe ist einzeln zu untersuchen und es sind entsprechende Prüfungen gemäß der/den einschlägigen harmonisierten Norm/en bzw. gemäß den technischen Spezifikationen oder gleichwertige Prüfungen durchzuführen, um seine Konformität mit den geltenden Anforderungen der Rechtsvorschrift sicherzustellen und so zu ermitteln, ob das Los angenommen oder abgelehnt wird. In Ermangelung einer solchen harmonisierten Norm entscheidet die notifizierte Stelle darüber, welche Prüfungen durchgeführt werden.

5.3. Wird ein Los angenommen, so gelten alle Produkte des Loses als zugelassen, außer der Stichprobe entstammende Produkte mit negativem Prüfergebnis.

Die notifizierte Stelle stellt auf der Grundlage dieser Untersuchungen und Prüfungen eine Konformitätsbescheinigung aus und bringt an jedem genehmigten Produkt ihre Kennnummer an oder lässt diese unter ihrer Verantwortung anbringen.

Der Hersteller hält die Konformitätsbescheinigungen zehn Jahre lang nach dem Inverkehrbringen des Produkts für die nationalen Behörden bereit.

5.4. Wird ein Los abgelehnt, so ergreift die benannte Stelle oder die zuständige Behörde geeignete Maßnahmen, um zu verhindern, dass das Los in Verkehr gebracht wird. Bei gehäufter Ablehnung von Losen kann die benannte Stelle die statistische Kontrolle aussetzen und geeignete Maßnahmen treffen.

6. Konformitätskennzeichnung und Konformitätserklärung

6.1. Der Hersteller bringt an jedem einzelnen Produkt, das mit der in der EG-Baumusterprüfbescheinigung beschriebenen zugelassenen Bauart übereinstimmt und die geltenden Anforderungen der Rechtsvorschrift erfüllt, die nach dieser Rechtsvorschrift vorgeschriebene Konformitätskennzeichnung und – unter der Verantwortung der in Nummer 3 genannten notifizierten Stelle – deren Kennnummer an.

6.2. Der Hersteller stellt für jedes Produktmodell eine schriftliche Konformitätserklärung aus und hält sie zehn Jahre lang nach dem Inverkehrbringen des Produkts für die nationalen Behörden bereit. Aus der Konformitätserklärung muss hervorgehen, für welches Produktmodell sie ausgestellt wurde.

Ein Exemplar der Konformitätserklärung wird den zuständigen Behörden auf Verlangen zur Verfügung gestellt. Stimmt die in Nummer 3 genannte notifizierte Stelle zu, kann der Hersteller unter der Verantwortung dieser notifizierten Stelle auch die Kennnummer der notifizierten Stelle an den Produkten anbringen.

7. Stimmt die notifizierte Stelle zu, kann der Hersteller unter der Verantwortung dieser notifizierten Stelle die Kennnummer der notifizierten Stelle während des Fertigungsprozesses auf den Produkten anbringen.

8. Bevollmächtigter

   Die Verpflichtungen des Herstellers können von seinem Bevollmächtigten in seinem Auftrag und unter seiner Verantwortung erfüllt werden, falls sie im Auftrag festgelegt sind. Ein Bevollmächtigter darf nicht die in den Nummern 2 und 5.1 festgelegten Verpflichtungen des Herstellers erfüllen.

Modul F1

Konformität auf der Grundlage einer Prüfung der Produkte

1. Bei der Konformität mit der Bauart auf der Grundlage einer Prüfung der Produkte handelt es sich um den Teil eines Konformitätsbewertungsverfahrens, bei dem der Hersteller die in den Nummern 2, 3, 6.1 und 7 festgelegten Verpflichtungen erfüllt sowie gewährleistet und auf eigene Verantwortung erklärt, dass die den Bestimmungen von Nummer 4 unterworfenen betroffenen Produkte der in der EG-Baumusterprüfbescheinigung beschriebenen Bauart entsprechen und den für sie geltenden Anforderungen der Rechtsvorschrift genügen.

2. Technische Unterlagen

   Der Hersteller erstellt die technischen Unterlagen. Anhand dieser Unterlagen muss es möglich sein, die Übereinstimmung des Produkts mit den betreffenden Anforderungen zu bewerten; sie müssen eine nach Maßgabe der Rechtsvorschrift ausgeführte geeignete Risikoanalyse und -bewertung enthalten. In den technischen Unterlagen sind die geltenden Anforderungen aufzuführen und der Entwurf, die Herstellung und der Betrieb des Produkts zu erfassen, soweit sie für die Bewertung von Belang sind. Die technischen Unterlagen enthalten gegebenenfalls zumindest folgende Elemente:

   - eine allgemeine Beschreibung des Produkts,
   - Entwürfe, Fertigungszeichnungen und -pläne von Bauteilen, Baugruppen, Schaltkreisen usw.,
   - Beschreibungen und Erläuterungen, die zum Verständnis der genannten Zeichnungen und Pläne sowie der Funktionsweise des Produkts erforderlich sind,
   - eine Aufstellung, welche harmonisierten Normen und/oder anderen einschlägigen technischen Spezifikationen, deren Fundstellen im Amtsblatt der Europäischen Union veröffentlicht wurden, vollständig oder in Teilen angewandt worden sind, und eine Beschreibung, mit welchen Lösungen den wesentlichen Anforderungen des Gesetzgebungsinstruments insoweit genügt wurde, als diese harmonisierten Normen nicht angewandt wurden. Im Fall von teilweise

angewendeten harmonisierten Normen werden die Teile, die angewendet wurden, in den technischen Unterlagen angegeben,

- die Ergebnisse der Konstruktionsberechnungen, Prüfungen usw. und
- Prüfberichte.

Der Hersteller muss die technischen Unterlagen zehn Jahre lang nach dem Inverkehrbringen des Produkts für die zuständigen nationalen Behörden bereithalten.

3. Herstellung

Der Hersteller ergreift alle erforderlichen Maßnahmen, damit der Fertigungsprozess und seine Überwachung die Konformität der hergestellten Produkte mit den geltenden Anforderungen der Rechtsvorschrift gewährleisten.

4. Überprüfung

Eine vom Hersteller gewählte notifizierte Stelle führt die entsprechenden Untersuchungen und Prüfungen durch, um die Konformität der Produkte mit den geltenden Anforderungen der Rechtsvorschrift zu überprüfen.

Die Untersuchungen und Prüfungen zur Kontrolle der Konformität mit diesen Anforderungen werden nach Wahl des Herstellers entweder mittels Prüfung und Erprobung jedes einzelnen Produkts gemäß Nummer 5 oder mittels einer statistischen Prüfung und Erprobung der Produkte gemäß Nummer 6 durchgeführt.

5. Überprüfung der Konformität durch Prüfung und Erprobung jedes einzelnen Produkts

5.1. Alle Produkte sind einzeln zu untersuchen und es sind entsprechende Prüfungen gemäß der/den einschlägigen harmonisierten Norm/-en bzw. gemäß den technischen Spezifikationen oder gleichwertige Prüfungen durchzuführen, um ihre Konformität mit den für sie geltenden Anforderungen sicherzustellen. In Ermangelung einer solchen harmonisierten Norm bzw. technischen Spezifikation entscheidet die notifizierte Stelle darüber, welche Prüfungen durchgeführt werden.

5.2. Die notifizierte Stelle stellt auf der Grundlage dieser Untersuchungen und Prüfungen eine Konformitätsbescheinigung aus und bringt an jedem genehmigten Produkt ihre Kennnummer an oder lässt diese unter ihrer Verantwortung anbringen.

Der Hersteller hält die Konformitätsbescheinigungen zehn Jahre lang nach dem Inverkehrbringen des Produkts für die nationalen Behörden bereit.

6. Überprüfung der Konformität mit statistischen Mitteln

6.1. Der Hersteller trifft alle erforderlichen Maßnahmen, damit der Fertigungsprozess die Einheitlichkeit aller produzierten Lose gewährleistet und legt seine Produkte in einheitlichen Losen zur Überprüfung vor.

6.2. Jedem Los wird gemäß den Anforderungen der Rechtsvorschrift eine beliebige Probe entnommen. Jedes Produkt aus einer Stichprobe ist einzeln zu untersuchen und es sind entsprechende Prüfungen gemäß den einschlägigen harmonisierten Normen bzw. gemäß den technischen Spezifikationen oder gleichwertige Prüfungen durchzuführen, um seine Konformität mit den geltenden Anforderungen sicherzustellen und so zu ermitteln, ob das Los angenommen oder abgelehnt wird. In Ermangelung einer solchen harmonisierten Norm bzw. technischen Spezifikation entscheidet die notifizierte Stelle darüber, welche Prüfungen durchgeführt werden.

6.3. Wird ein Los angenommen, so gelten alle Produkte des Loses als zugelassen, außer der Stichprobe entstammende Produkte mit negativem Prüfergebnis.

Die notifizierte Stelle stellt auf der Grundlage dieser Untersuchungen und Prüfungen eine Konformitätsbescheinigung aus und bringt an jedem genehmigten Produkt ihre Kennnummer an oder lässt diese unter ihrer Verantwortung anbringen.

Der Hersteller hält die Konformitätsbescheinigungen zehn Jahre lang nach dem Inverkehrbringen des Produkts für die nationalen Behörden bereit.

Wird ein Los abgelehnt, so trifft die benannte Stelle geeignete Maßnahmen, um zu verhindern, dass das Los in Verkehr gebracht wird.

7. Konformitätskennzeichnung und Konformitätserklärung

   7.1. Der Hersteller bringt an jedem einzelnen Produkt, das den geltenden Anforderungen der Rechtsvorschrift entspricht, die nach der Rechtsvorschrift vorgeschriebene Konformitätskennzeichnung und unter der Verantwortung der in Nummer 4 genannten notifizierten Stelle deren Kennnummer an.

   7.2. Der Hersteller stellt für jedes Produktmodell eine schriftliche Konformitätserklärung aus und hält sie zehn Jahre lang nach dem Inverkehrbringen des Produkts für die nationalen Behörden bereit. Aus der Konformitätserklärung muss hervorgehen, für welches Produktmodell sie ausgestellt wurde.

   Ein Exemplar der Konformitätserklärung wird den zuständigen Behörden auf Verlangen zur Verfügung gestellt.

   Stimmt die in Nummer 5 genannte notifizierte Stelle zu, kann der Hersteller unter der Verantwortung dieser notifizierten Stelle auch die Kennnummer der notifizierten Stelle an den Produkten anbringen.

8. Stimmt die notifizierte Stelle zu, kann der Hersteller unter der Verantwortung dieser notifizierten Stelle die Kennnummer der notifizierten Stelle während des Fertigungsprozesses auf den Produkten anbringen.

9. Bevollmächtigter

   Die Verpf lichtungen des Herstellers können von seinem Bevollmächtigten in seinem Auftrag und unter seiner Verantwortung erfüllt werden, falls sie im Auftrag festgelegt sind. Ein Bevollmächtigter kann die in den Nummern 3 und 6.1 festgelegten Verpf lichtungen des Herstellers nicht erfüllen.

Modul G

Konformität auf der Grundlage einer Einzelprüfung

1. Bei der Konformität auf der Grundlage einer Einzelprüfung handelt es sich um das Konformitätsbewertungsverfahren, mit dem der Hersteller die in den Nummern 2, 3 und 5 genannten Verpf lichtungen erfüllt sowie gewährleistet und auf eigene Verantwortung erklärt, dass das den Bestimmungen gemäß Nummer 4 unterzogene Produkt den für es geltenden Anforderungen der Rechtsvorschrift genügt.

2. Technische Unterlagen

   Der Hersteller erstellt die Unterlagen und stellt sie der in Nummer 4 genannten notifizierten Stelle zur Verfügung. Anhand dieser Unterlagen muss es möglich sein, die Übereinstimmung des Produkts mit den betreffenden Anforderungen zu bewerten; sie müssen eine nach Maßgabe der Rechtsvorschrift ausgeführte geeignete Risikoanalyse und -bewertung enthalten. In den technischen Unterlagen sind die geltenden Anforderungen aufzuführen und der Entwurf, die

Herstellung und der Betrieb des Produkts zu erfassen, soweit sie für die Bewertung von Belang sind. Die technischen Unterlagen enthalten gegebenenfalls zumindest folgende Elemente:

- eine allgemeine Beschreibung des Produkts,
- Entwürfe, Fertigungszeichnungen und -pläne von Bauteilen, Baugruppen, Schaltkreisen usw.,
- Beschreibungen und Erläuterungen, die zum Verständnis dieser Zeichnungen und Pläne sowie der Funktionsweise des Produkts erforderlich sind,
- eine Aufstellung, welche harmonisierten Normen und/oder anderen einschlägigen technischen Spezifikationen, deren Fundstellen im Amtsblatt der Europäischen Union veröffentlicht wurden, vollständig oder in Teilen angewandt worden sind, und eine Beschreibung, mit welchen Lösungen die wesentlichen Anforderungen des Gesetzgebungsinstruments insoweit erfüllt wurden, als diese harmonisierten Normen nicht angewandt wurden. Im Fall von teilweise angewendeten harmonisierten Normen werden die Teile, die angewendet wurden, in den technischen Unterlagen angegeben,
- die Ergebnisse der Konstruktionsberechnungen, Prüfungen usw. und
- Prüfberichte.

Der Hersteller muss die technischen Unterlagen zehn Jahre lang nach dem Inverkehrbringen des Produkts für die zuständigen nationalen Behörden bereithalten.

3. Herstellung

Der Hersteller ergreift alle erforderlichen Maßnahmen, damit der Fertigungsprozess und seine Überwachung die Konformität der hergestellten Produkte mit den geltenden Anforderungen der Rechtsvorschrift gewährleisten.

4. Überprüfung

Eine vom Hersteller gewählte notifizierte Stelle führt die entsprechenden Untersuchungen und Prüfungen nach den einschlägigen harmonisierten Normen bzw. nach den technischen Spezifikationen oder gleichwertige Prüfungen durch oder lässt sie durchführen, um die Konformität des Produkts mit den geltenden Anforderungen der Rechtsvorschrift zu prüfen. In Ermangelung einer solchen harmonisierten Norm bzw. technischen Spezifikation entscheidet die notifizierte Stelle darüber, welche Prüfungen durchgeführt werden.

Die notifizierte Stelle stellt auf der Grundlage dieser Untersuchungen und Prüfungen eine Konformitätsbescheinigung aus und bringt an jedem genehmigten Produkt ihre Kennnummer an oder lässt diese unter ihrer Verantwortung anbringen.

Der Hersteller hält die Konformitätsbescheinigungen zehn Jahre lang nach dem Inverkehrbringen des Produkts für die nationalen Behörden bereit.

5. Konformitätskennzeichnung und Konformitätserklärung

5.1. Der Hersteller bringt an jedem Produkt, das die geltenden Anforderungen der Rechtsvorschrift erfüllt, die nach der Rechtsvorschrift vorgeschriebene Konformitätskennzeichnung und unter der Verantwortung der in Nummer 4 genannten notifizierten Stelle deren Kennnummer an.

5.2. Der Hersteller stellt für jedes Produktmodell eine schriftliche Konformitätserklärung aus und hält sie zehn Jahre lang nach dem Inverkehrbringen des Produkts für die nationalen Behörden bereit. Aus der Konformitätserklärung muss hervorgehen, für welches Produkt sie ausgestellt wurde.

Ein Exemplar der Konformitätserklärung wird den zuständigen Behörden auf Verlangen zur Verfügung gestellt.

6. Bevollmächtigter

   Die in den Nummern 2 und 5 genannten Verpflichtungen des Herstellers können von seinem Bevollmächtigten in seinem Auftrag und unter seiner Verantwortung erfüllt werden, falls sie im Auftrag festgelegt sind.

Modul H

Konformität auf der Grundlage einer umfassenden Qualitätssicherung

1. Bei der Konformität auf der Grundlage einer umfassenden Qualitätssicherung handelt es sich um das Konformitätsbewertungsverfahren, mit dem der Hersteller die in den Nummern 2 und 5 genannten Verpflichtungen erfüllt sowie gewährleistet und auf eigene Verantwortung erklärt, dass die betreffenden Produkte den für sie geltenden Anforderungen der Rechtsvorschrift genügen.
2. Herstellung

   Der Hersteller betreibt ein zugelassenes Qualitätssicherungssystem für Entwicklung, Herstellung, Endabnahme und Prüfung der betreffenden Produkte nach Nummer 3; er unterliegt der Überwachung nach Nummer 4.
3. Qualitätssicherungssystem

   3.1. Der Hersteller beantragt bei einer notifizierten Stelle seiner Wahl die Bewertung seines Qualitätssicherungssystems für die betreffenden Produkte.

   Der Antrag enthält Folgendes:

   - Name und Anschrift des Herstellers und, wenn der Antrag vom Bevollmächtigten eingereicht wird, auch dessen Name und Anschrift;
   - die technischen Unterlagen jeweils für ein Modell jeder herzustellenden Produktkategorie; die technischen

   Unterlagen enthalten gegebenenfalls zumindest folgende Elemente:

   - eine allgemeine Beschreibung des Produkts,
   - Entwürfe, Fertigungszeichnungen und -pläne von Bauteilen, Baugruppen, Schaltkreisen usw.,
   - Beschreibungen und Erläuterungen, die zum Verständnis dieser Zeichnungen und Pläne sowie der Funktionsweise des Produkts erforderlich sind,
   - eine Aufstellung, welche harmonisierten Normen und/oder anderen einschlägigen technischen Spezifikationen, deren Fundstellen im Amtsblatt der Europäischen Union veröffentlicht wurden, vollständig oder in Teilen angewandt worden sind, und eine Beschreibung, mit welchen Lösungen den wesentlichen Anforderungen des Gesetzgebungsinstruments insoweit genügt wurde, als diese harmonisierten Normen nicht angewandt wurden. Im Fall von teilweise angewendeten harmonisierten Normen werden die Teile, die angewendet wurden, in den technischen Unterlagen angegeben,
   - die Ergebnisse der Konstruktionsberechnungen, Prüfungen usw.,
   - die Prüfberichte,
   - die Unterlagen über das Qualitätssicherungssystem und
   - eine schriftliche Erklärung, dass derselbe Antrag bei keiner anderen notifizierten Stelle eingereicht worden ist.

   3.2. Das Qualitätssicherungssystem gewährleistet die Übereinstimmung der Produkte mit den für sie geltenden Anforderungen der Rechtsvorschrift.

Alle vom Hersteller berücksichtigten Grundlagen, Anforderungen und Vorschriften sind systematisch und ordnungsgemäß in Form schriftlicher Grundsätze, Verfahren und Anweisungen zusammenzustellen. Diese Unterlagen über das Qualitätssicherungssystem müssen eine einheitliche Auslegung der Qualitätssicherungsprogramme, -pläne, -handbücher und -berichte ermöglichen.

Sie müssen insbesondere eine angemessene Beschreibung folgender Punkte enthalten:

- Qualitätsziele sowie organisatorischer Aufbau, Zuständigkeiten und Befugnisse der Geschäftsleitung in Bezug auf die Entwurfs- und Produktqualität,
- technische Konstruktionsspezifikationen, einschließlich der angewandten Normen, sowie – wenn die einschlägigen harmonisierten Normen bzw. technischen Spezifikationen nicht vollständig angewendet werden
- die Mittel, mit denen gewährleistet werden soll, dass die für die Produkte geltenden wesentlichen

Anforderungen der Rechtsvorschrift erfüllt werden,

- Techniken zur Steuerung der Entwicklung und Prüfung des Entwicklungsergebnisses, Verfahren und systematische Maßnahmen, die bei der Entwicklung der zur betreffenden Produktkategorie gehörenden Produkte angewandt werden,
- entsprechende Fertigungs-, Qualitätssteuerungs- und Qualitätssicherungstechniken, angewandte Verfahren und vorgesehene systematische Maßnahmen,
- vor, während und nach der Herstellung durchgeführte Untersuchungen und Prüfungen unter Angabe ihrer Häufigkeit,
- Qualitätsberichte wie Prüfberichte, Prüf- und Eichdaten, Berichte über die Qualifikation der in diesem Bereich beschäftigten Mitarbeiter usw.,
- Mittel, mit denen die Erreichung der geforderten Entwicklungs- und Produktqualität sowie die wirksame Arbeitsweise des Qualitätssicherungssystems überwacht werden.

3.3. Die notifizierte Stelle bewertet das Qualitätssicherungssystem, um festzustellen, ob es die in Nummer 3.2 genannten Anforderungen erfüllt.

Sie vermutet bei diesen Bestandteilen des Qualitätssicherungssystems eine Konformität mit diesen Anforderungen, die die entsprechenden Spezifikationen der nationalen Norm erfüllen, durch die die einschlägige harmonisierte Norm und/oder technische Spezifikation umgesetzt werden.

Zusätzlich zur Erfahrung mit Qualitätsmanagementsystemen verfügt mindestens ein Mitglied des Auditteams über Erfahrung mit der Bewertung in dem einschlägigen Produktbereich und der betreffenden Produkttechnologie sowie über Kenntnis der geltenden Anforderungen der Rechtsvorschrift. Das Audit umfasst auch einen Kontrollbesuch in den Räumlichkeiten des Herstellers. Das Auditteam überprüft die in Nummer 3.1 zweiter Gedankenstrich genannten technischen Unterlagen, um sich zu vergewissern, dass der Hersteller in der Lage ist, die geltenden Anforderungen der Rechtsvorschrift zu erkennen und die erforderlichen Prüfungen durchzuführen, damit die Übereinstimmung des Produkts mit diesen Anforderungen gewährleistet ist.

Die Entscheidung wird dem Hersteller oder seinem Bevollmächtigten bekannt gegeben.

Die Mitteilung muss das Fazit des Audits und die Begründung der Bewertungsentscheidung enthalten.

3.4. Der Hersteller verpf lichtet sich, die mit dem zugelassenen Qualitätssicherungssystem verbundenen Verpf lichtungen zu erfüllen und dafür zu sorgen, dass das System stets ordnungsgemäß und effizient betrieben wird.

3.5. Der Hersteller unterrichtet die notifizierte Stelle, die das Qualitätssicherungssystem zugelassen hat, über alle geplanten Änderungen des Qualitätssicherungssystems.

Die notifizierte Stelle beurteilt die geplanten Änderungen und entscheidet, ob das geänderte Qualitätssicherungssystem noch die in Nummer 3.2 genannten Anforderungen erfüllt oder ob eine erneute Bewertung erforderlich ist.

Sie gibt dem Hersteller ihre Entscheidung bekannt. Die Mitteilung muss das Fazit der Prüfung und die Begründung der Bewertungsentscheidung enthalten.

4. Überwachung unter der Verantwortung der notifizierten Stelle

4.1. Die Überwachung soll gewährleisten, dass der Hersteller die Verpflichtungen aus dem zugelassenen Qualitätssicherungssystem vorschriftsmäßig erfüllt.

4.2. Der Hersteller gewährt der notifizierten Stelle für die Bewertung Zugang zu den Entwicklungs-, Herstellungs-, Abnahme-, Prüf- und Lagereinrichtungen und stellt ihr alle erforderlichen Unterlagen zur Verfügung, insbesondere:

- die Dokumentation über das Qualitätssicherungssystem,
- die im Qualitätssicherungssystem für den Entwicklungsbereich vorgesehenen qualitätsbezogenen Aufzeichnungen wie Ergebnisse von Analysen, Berechnungen, Tests usw.,
- die im Qualitätssicherungssystem für den Fertigungsbereich vorgesehenen qualitätsbezogenen Aufzeichnungen wie Inspektionsberichte, Testdaten, Eichdaten, Berichte über die Qualifikation der in diesem Bereich beschäftigten Mitarbeiter usw.

4.3. Die notifizierte Stelle führt regelmäßig Audits durch um sicherzustellen, dass der Hersteller das Qualitätssicherungssystem aufrechterhält und anwendet, und übergibt ihm einen entsprechenden Prüfbericht.

4.4. Darüber hinaus kann die notifizierte Stelle beim Hersteller unangemeldete Besichtigungen durchführen. Während dieser Besuche kann die notifizierte Stelle erforderlichenfalls Produktprüfungen durchführen oder durchführen lassen, um sich vom ordnungsgemäßen Funktionieren des Qualitätssicherungssystems zu vergewissern. Sie übergibt dem Hersteller einen Bericht über den Besuch und im Falle einer Prüfung einen Prüfbericht.

5. Konformitätskennzeichnung und Konformitätserklärung

5.1. Der Hersteller bringt an jedem einzelnen Produkt, das die geltenden Anforderungen der Rechtsvorschrift erfüllt, die nach der Rechtsvorschrift vorgeschriebene Konformitätskennzeichnung und unter der Verantwortung der in Nummer 3.1 genannten notifizierten Stelle deren Kennnummer an.

5.2. Der Hersteller stellt für jedes Produktmodell eine schriftliche Konformitätserklärung aus und hält sie zehn Jahre lang nach dem Inverkehrbringen des Produkts für die nationalen Behörden bereit. Aus der Konformitätserklärung muss hervorgehen, für welches Produktmodell sie ausgestellt wurde.

Ein Exemplar der Konformitätserklärung wird den zuständigen Behörden auf Verlangen zur Verfügung gestellt.

6. Der Hersteller hält mindestens zehn Jahre lang nach dem Inverkehrbringen des Produkts für die einzelstaatlichen Behörden folgende Unterlagen bereit:

- die technischen Unterlagen gemäß Nummer 3.1;
- die Unterlagen über das Qualitätssicherungssystem gemäß Nummer 3.1;
- die Änderung gemäß Nummer 3.5 in ihrer genehmigten Form;

- die Entscheidungen und Berichte der notifizierten Stelle gemäß den Nummern 3.5, 4.3 und 4.4.

7. Jede notifizierte Stelle unterrichtet ihre notifizierenden Behörden über Zulassungen von Qualitätssicherungssystemen, die sie ausgestellt oder zurückgenommen hat, und übermittelt ihren notifizierenden Behörden in regelmäßigen Abständen oder auf Verlangen eine Aufstellung aller Zulassungen von Qualitätssicherungssystemen, die sie verweigert, ausgesetzt oder auf andere Art eingeschränkt hat.

   Jede notifizierte Stelle unterrichtet die anderen notifizierten Stellen über Zulassungen von Qualitätssicherungssystemen, die sie verweigert, ausgesetzt oder zurückgenommen hat, und auf Aufforderung über Zulassungen von Qualitätssicherungssystemen, die sie erteilt hat.

8. Bevollmächtigter

   Die in Nummer 3.1, 3.5, 5 und 6 genannten Verpf lichtungen des Herstellers können von seinem Bevollmächtigten in seinem Auftrag und unter seiner Verantwortung erfüllt werden, falls sie im Auftrag festgelegt sind.

Modul H1

Konformität auf der Grundlage einer umfassenden Qualitätssicherung mit Entwurfsprüfung

1. Bei der Konformität auf der Grundlage einer umfassenden Qualitätssicherung mit Entwurfsprüfung handelt es sich um das Konformitätsbewertungsverfahren, bei dem der Hersteller die in den Nummern 2 und 6 genannten Verpflichtungen erfüllt sowie gewährleistet und auf eigene Verantwortung erklärt, dass die betreffenden Produkte den für sie geltenden Anforderungen der Rechtsvorschrift genügen.

2. Herstellung

   Der Hersteller betreibt ein zugelassenes Qualitätssicherungssystem für Entwicklung, Herstellung, Endabnahme und Prüfung der betreffenden Produkte nach Nummer 3; er unterliegt der Überwachung nach Nummer 5. Die Eignung des technischen Entwurfs der Produkte muss gemäß Nummer 4 geprüft worden sein.

3. Qualitätssicherungssystem

   3.1. Der Hersteller beantragt bei einer notifizierten Stelle seiner Wahl die Bewertung seines Qualitätssicherungssystems für die betreffenden Produkte.

   Der Antrag enthält Folgendes:

   - Name und Anschrift des Herstellers und, wenn der Antrag vom Bevollmächtigten eingereicht wird, auch dessen Name und Anschrift;
   - alle einschlägigen Angaben über die vorgesehene Produktkategorie;
   - die Unterlagen über das Qualitätssicherungssystem;
   - eine schriftliche Erklärung, dass derselbe Antrag bei keiner anderen notifizierten Stelle eingereicht worden ist.

   3.2. Das Qualitätssicherungssystem gewährleistet die Übereinstimmung der Produkte mit den für sie geltenden Anforderungen der Rechtsvorschrift.

   Alle vom Hersteller berücksichtigten Grundlagen, Anforderungen und Vorschriften sind systematisch und ordnungsgemäß in Form schriftlicher Grundsätze, Verfahren und Anweisungen zusammenzustellen. Diese Unterlagen über das Qualitätssicherungssystem müssen eine einheitliche Auslegung der Qualitätssicherungsprogramme, -pläne, -handbücher und -berichte ermöglichen.

Sie müssen insbesondere eine angemessene Beschreibung folgender Punkte enthalten:

- Qualitätsziele sowie organisatorischer Aufbau, Zuständigkeiten und Befugnisse der Geschäftsleitung in Bezug auf die Entwurfs- und Produktqualität;
- technische Konstruktionsspezifikationen, einschließlich der angewandten Normen, sowie – wenn die einschlägigen harmonisierten Normen bzw. technischen Spezifikationen nicht vollständig angewendet werden
- die Mittel, mit denen gewährleistet werden soll, dass die für die Produkte geltenden wesentlichen Anforderungen der Rechtsvorschrift erfüllt werden;
- Techniken zur Steuerung der Entwicklung und Prüfung des Entwicklungsergebnisses, Verfahren und systematische Maßnahmen, die bei der Entwicklung der zur betreffenden Produktkategorie gehörenden Produkte angewandt werden;
- entsprechende Fertigungs-, Qualitätssteuerungs- und Qualitätssicherungstechniken, angewandte Verfahren und vorgesehene systematische Maßnahmen;
- vor, während und nach der Herstellung durchgeführte Untersuchungen und Prüfungen unter Angabe ihrer Häufigkeit;
- Qualitätsberichte wie Prüfberichte, Prüf- und Eichdaten, Berichte über die Qualifikation der in diesem Bereich beschäftigten Mitarbeiter usw.;
- Mittel, mit denen die Erreichung der geforderten Entwicklungs- und Produktqualität sowie die wirksame Arbeitsweise des Qualitätssicherungssystems überwacht werden.

3.3. Die notifizierte Stelle bewertet das Qualitätssicherungssystem, um festzustellen, ob es die in Nummer 3.2 genannten Anforderungen erfüllt.

Sie vermutet bei diesen Bestandteilen des Qualitätssicherungssystems eine Konformität mit diesen Anforderungen, die die entsprechenden Spezifikationen der nationalen Norm erfüllen, durch die die einschlägige harmonisierte Norm bzw. die technischen Spezifikationen umgesetzt werden.

Zusätzlich zur Erfahrung mit Qualitätsmanagementsystemen verfügt mindestens ein Mitglied des Auditteams über Erfahrung mit der Bewertung in dem einschlägigen Produktbereich und der betreffenden Produkttechnologie sowie über Kenntnis der geltenden Anforderungen der Rechtsvorschrift. Das Audit umfasst auch einen Kontrollbesuch in den Räumlichkeiten des Herstellers.

Die Entscheidung wird dem Hersteller oder seinem Bevollmächtigten bekannt gegeben.

Die Mitteilung muss das Fazit des Audits und die Begründung der Bewertungsentscheidung enthalten.

3.4. Der Hersteller verpf lichtet sich, die mit dem zugelassenen Qualitätssicherungssystem verbundenen Verpf lichtungen zu erfüllen und dafür zu sorgen, dass das System stets ordnungsgemäß und effizient betrieben wird.

3.5. Der Hersteller unterrichtet die notifizierte Stelle, die das Qualitätssicherungssystem zugelassen hat, über alle geplanten Änderungen des Qualitätssicherungssystems.

Die notifizierte Stelle beurteilt die geplanten Änderungen und entscheidet, ob das geänderte Qualitätssicherungssystem noch die in Nummer 3.2 genannten Anforderungen erfüllt oder ob eine erneute Bewertung erforderlich ist.

Sie gibt dem Hersteller ihre Entscheidung bekannt. Die Mitteilung muss das Fazit der Prüfung und die Begründung der Bewertungsentscheidung enthalten.

3.6. Jede notifizierte Stelle unterrichtet ihre notifizierenden Behörden über Zulassungen von Qualitätssicherungssystemen, die sie ausgestellt oder zurückgenommen hat, und übermittelt ihren notifizierenden Behörden in regelmäßigen Abständen oder auf Verlangen eine Aufstellung aller Zulassungen von Qualitätssicherungssystemen, die sie verweigert, ausgesetzt oder auf andere Art eingeschränkt hat.

Jede notifizierte Stelle unterrichtet die anderen notifizierten Stellen über Zulassungen von Qualitätssicherungssystemen, die sie verweigert, ausgesetzt oder zurückgenommen hat, und auf Aufforderung über Zulassungen von Qualitätssicherungssystemen, die sie erteilt hat.

4. Entwurfsprüfung

4.1. Der Hersteller beantragt bei der in Nummer 3.1 genannten notifizierten Stelle die Prüfung des Entwurfs.

4.2. Der Antrag gibt Aufschluss über Konzeption, Herstellung und Funktionsweise des Produkts und ermöglicht eine Bewertung der Übereinstimmung mit den geltenden Anforderungen der Rechtsvorschrift. Er muss Folgendes enthalten:

- Name und Anschrift des Herstellers;
- eine schriftliche Erklärung, dass derselbe Antrag bei keiner anderen notifizierten Stelle eingereicht worden ist;
- die technischen Unterlagen. Anhand dieser Unterlagen muss es möglich sein, die Übereinstimmung des Produkts mit den betreffenden Anforderungen zu bewerten; sie müssen eine nach Maßgabe der Rechtsvorschrift ausgeführte geeignete Risikoanalyse und -bewertung enthalten. In den technischen Unterlagen sind die geltenden Anforderungen aufzuführen und der Entwurf und der Betrieb des Produkts zu erfassen, soweit sie für die Bewertung von Belang sind. Die technischen Unterlagen enthalten gegebenenfalls zumindest folgende Elemente:
  - eine allgemeine Beschreibung des Produkts,
  - Entwürfe, Fertigungszeichnungen und -pläne von Bauteilen, Baugruppen, Schaltkreisen usw.,
  - Beschreibungen und Erläuterungen, die zum Verständnis dieser Zeichnungen und Pläne sowie der Funktionsweise des Produkts erforderlich sind,
  - eine Aufstellung, welche harmonisierten Normen und/oder anderen einschlägigen technischen Spezifikationen, deren Fundstellen im Amtsblatt der Europäischen Union veröffentlicht wurden, vollständig oder in Teilen angewandt worden sind, und eine Beschreibung, mit welchen Lösungen die wesentlichen Anforderungen des Gesetzgebungsinstruments insoweit erfüllt wurden, als diese harmonisierten Normen nicht angewandt wurden. Im Fall von teilweise angewendeten harmonisierten Normen werden die Teile, die angewendet wurden, in den technischen Unterlagen angegeben,
  - die Ergebnisse der Konstruktionsberechnungen, Prüfungen usw. und
  - die Prüfberichte;
  - die zusätzlichen Nachweise für eine angemessene Lösung durch den technischen Entwurf. Diese zusätzlichen Nachweise enthalten einen Verweis auf sämtliche Dokumente, die zugrunde gelegt wurden, insbesondere wenn die einschlägigen harmonisierten Normen bzw. technischen Spezifikationen nicht vollständig angewandt wurden, und schließen gegebenenfalls die Ergebnisse von Prüfungen ein, die in einem geeigneten Labor des

Herstellers oder in seinem Auftrag und unter seiner Verantwortung in einem anderen Prüf labor durchgeführt wurden.

4.3. Die notifizierte Stelle prüft den Antrag und stellt dem Hersteller eine EG-Entwurfsprüfbescheinigung aus, wenn der Entwurf die für das Produkt geltenden Anforderungen der Rechtsvorschrift erfüllt. Diese Bescheinigung enthält den Namen und die Anschrift des Herstellers, die Ergebnisse der Prüfungen, etwaige Bedingungen für ihre Gültigkeit und die erforderlichen Daten für die Identifizierung des zugelassenen Entwurfs. Der Bescheinigung können einer oder mehrere Anhänge beigefügt werden.

Die Bescheinigung und ihre Anhänge enthalten alle zweckdienlichen Angaben, anhand deren sich die Übereinstimmung der hergestellten Produkte mit dem geprüften Entwurf beurteilen und gegebenenfalls eine Kontrolle nach ihrer Inbetriebnahme durchführen lässt.

Entspricht der Entwurf nicht den geltenden Anforderungen der Rechtsvorschrift, verweigert die notifizierte Stelle die Ausstellung einer EG-Entwurfsprüfbescheinigung und unterrichtet den Antragsteller darüber, wobei sie ihre Weigerung ausführlich begründet.

4.4. Die notifizierte Stelle hält sich über alle Änderungen des allgemein anerkannten Stands der Technik auf dem Laufenden; deuten sie darauf hin, dass der zugelassene Entwurf nicht mehr den geltenden Anforderungen der Rechtsvorschrift entspricht, entscheidet sie, ob diese Änderungen weitere Untersuchungen nötig machen. Ist dies der Fall, setzt die notifizierte Stelle den Hersteller davon in Kenntnis.

Der Hersteller unterrichtet die notifizierte Stelle, die die EG-Entwurfsprüfbescheinigung ausgestellt hat, über alle Änderungen an dem zugelassenen Entwurf, die dessen Übereinstimmung mit den wesentlichen Anforderungen oder den Bedingungen für die Gültigkeit der Bescheinigung beeinträchtigen können. Solche Änderungen bedürfen einer zusätzlichen Genehmigung durch die notifizierte Stelle, die die EG-Entwurfsprüfbescheinigung ausgestellt hat, in Form einer Ergänzung der ursprünglichen EG-Entwurfsprüfbescheinigung.

4.5. Jede notifizierte Stelle unterrichtet ihre notifizierenden Behörden über die EG-Entwurfsprüfbescheinigungen und/oder etwaige Ergänzungen dazu, die sie ausgestellt oder zurückgenommen hat, und übermittelt ihren notifizierenden Behörden in regelmäßigen Abständen oder auf Verlangen eine Aufstellung aller Bescheinigungen und/oder Ergänzungen dazu, die sie verweigert, ausgesetzt oder auf andere Art eingeschränkt hat.

Jede notifizierte Stelle unterrichtet die übrigen notifizierten Stellen über die EG-Entwurfsprüfbescheinigungen und/ oder etwaige Ergänzungen dazu, die sie verweigert, zurückgenommen, ausgesetzt oder auf andere Weise eingeschränkt hat, und teilt ihnen auf Aufforderung alle von ihr ausgestellten Bescheinigungen und/oder Ergänzungen dazu mit.

Die Kommission, die Mitgliedstaaten und die anderen notifizierten Stellen können auf Verlangen eine Abschrift der EG-Entwurfsprüfbescheinigungen und/oder ihrer Ergänzungen erhalten. Wenn sie dies verlangen, erhalten die Kommission und die Mitgliedstaaten eine Abschrift der technischen Unterlagen und der Ergebnisse der durch die notifizierte Stelle vorgenommenen Prüfungen.

Die notifizierte Stelle bewahrt ein Exemplar der EG-Entwurfsprüfbescheinigung, ihrer Anhänge und Ergänzungen sowie des technischen Dossiers einschließlich der vom Hersteller eingereichten Unterlagen so lange auf, bis die Gültigkeitsdauer der Bescheinigung endet.

4.6. Der Hersteller hält ein Exemplar der EG-Entwurfsprüfbescheinigung, ihrer Anhänge und Ergänzungen zusammen mit den technischen Unterlagen nach dem Inverkehrbringen des Produkts zehn Jahre lang für die nationalen Behörden bereit.

5. Überwachung unter der Verantwortung der notifizierten Stelle

5.1. Die Überwachung soll gewährleisten, dass der Hersteller die Verpflichtungen aus dem zugelassenen Qualitätssicherungssystem vorschriftsmäßig erfüllt.

5.2. Der Hersteller gewährt der notifizierten Stelle für die Bewertung Zugang zu den Entwicklungs-, Herstellungs-, Abnahme-, Prüf- und Lagereinrichtungen und stellt ihr alle erforderlichen Unterlagen zur Verfügung, insbesondere:

- die Dokumentation über das Qualitätssicherungssystem;
- die im Qualitätssicherungssystem für den Entwicklungsbereich vorgesehenen qualitätsbezogenen Aufzeichnungen wie Ergebnisse von Analysen, Berechnungen, Tests usw.;
- die im Qualitätssicherungssystem für den Fertigungsbereich vorgesehenen qualitätsbezogenen Aufzeichnungen wie Inspektionsberichte, Testdaten, Eichdaten, Berichte über die Qualifikation der in diesem Bereich beschäftigten Mitarbeiter usw.

5.3. Die notifizierte Stelle führt regelmäßig Audits durch um sicherzustellen, dass der Hersteller das Qualitätssicherungssystem aufrechterhält und anwendet, und übergibt ihm einen entsprechenden Prüfbericht.

5.4. Darüber hinaus kann die notifizierte Stelle beim Hersteller unangemeldete Besichtigungen durchführen. Während dieser Besuche kann die notifizierte Stelle erforderlichenfalls Produktprüfungen durchführen oder durchführen lassen, um sich vom ordnungsgemäßen Funktionieren des Qualitätssicherungssystems zu vergewissern. Sie übergibt dem Hersteller einen Bericht über den Besuch und im Falle einer Prüfung einen Prüfbericht.

6. Konformitätskennzeichnung und Konformitätserklärung

6.1. Der Hersteller bringt an jedem einzelnen Produkt, das die geltenden Anforderungen der Rechtsvorschrift erfüllt, die nach der Rechtsvorschrift vorgeschriebene Konformitätskennzeichnung und unter der Verantwortung der in Nummer 3.1 genannten notifizierten Stelle deren Kennnummer an.

6.2. Der Hersteller stellt für jedes Produktmodell eine schriftliche Konformitätserklärung aus und hält sie zehn Jahre lang nach dem Inverkehrbringen des Produkts für die nationalen Behörden bereit. In der Konformitätserklärung ist anzugeben, für welches Produktmodell sie ausgestellt wurde; ferner ist die Nummer der Entwurfsprüfbescheinigung aufzuführen.

Ein Exemplar der Konformitätserklärung wird den zuständigen Behörden auf Verlangen zur Verfügung gestellt.

7. Der Hersteller hält mindestens zehn Jahre lang nach dem Inverkehrbringen des Produkts für die einzelstaatlichen

Behörden folgende Unterlagen bereit:

- die Unterlagen über das Qualitätssicherungssystem gemäß Nummer 3.1;
- die Änderung gemäß Nummer 3.5 in ihrer genehmigten Form;
- die Entscheidungen und Berichte der notifizierten Stelle gemäß den Nummern 3.5, 5.3 und 5.4.

8. Bevollmächtigter

Der Bevollmächtigte des Herstellers kann den in den Nummern 4.1 und 4.2 genannten Antrag einreichen und die in den Nummern 3.1, 3.5, 4.4, 4.6, 6 und 7 genannten Verpflichtungen in seinem Auftrag und unter seiner Verantwortung erfüllen, falls sie im Auftrag festgelegt sind.

Tabelle: Konformitätsbewertungsverfahren im Gemeinschaftsrecht

A. Interne Fertigungskontrolle	B. Baumusterprüfung	G. Einzelprüfung	H. Umfassende Qualitätssicherung
Hersteller ■ hält technische Unterlagen für nationale Behörden bereit	Hersteller legt der notifizierten Stelle vor: ■ technische Unterlagen ■ zusätzliche Nachweise für Eignung des technischen Entwurfs ■ vorgeschriebene(s) und für die betreffende Produktion repräsentative(s) Muster ■ notifizierte Stelle ■ prüft Konformität mit den wesentlichen Anforderungen ■ prüft technische Unterlagen und zusätzliche Nachweise daraufhin, ob technischer Entwurf geeignet ist ■ bei Mustern: führt evtl. erforderliche Prüfungen durch ■ stellt EG-Baumusterprüfbescheinigungen aus	Hersteller ■ legt technische Unterlagen vor	EN ISO 9001:2000 ([4]) Hersteller ■ betreibt zugelassenes QS- System für den Entwurf ■ legt technische Unterlagen vor ■ notifizierte Stelle überwacht QS-System H1 notifizierte Stelle ■ prüft Konformität des Entwurfs ([1]) ■ stellt EG-Entwurfsprüfbescheinigungen aus ([1])

Tabelle: Konformitätsbewertungsverfahren im Gemeinschaftsrecht (Fortsetzung)

	C. Konformität mit Bauart	D. Qualitätssicherung Produktion	E. Qualitätssicherung Produkt	F. Prüfung der Produkte		
A.	C.	EN ISO 9001:2000 (²)	EN ISO 9001:2000 (³)			
Hersteller ■ erklärt Konformität mit wesentlichen Anforderungen ■ bringt CE-Kennzeichnung an	Hersteller ■ erklärt Konformität mit zugelassener Bauart ■ bringt CE-Kennzeichnung an	Hersteller ■ betreibt zugelassenes QS-System für Fertigung Endabnahme und Prüfunger-klärt Konformität mit zugelassener Bauart ■ bringt CE-Kennzeichnung an	Hersteller ■ betreibt zugelassenes QS-System für Endabnahme und Prüfung ■ erklärt Konformität mit zugelassener Bauart ■ bringt CE-Kennzeichnung an	Hersteller ■ erklärt Konformität mit zugelassener Bauart ■ bringt CE-Kennzeichnung an	Hersteller ■ lässt Produkt prüfen ■ erklärt Konformität ■ bringt CE-Kennzeichnung an	Hersteller ■ betreibt zugelassenes QS-System für Fertigung, Endabnahme und Prüfung ■ erklärt Konformität ■ bringt CE-Kennzeichnung an
A1. akkreditierte interne Stelle oder notifizierte Stelle ■ Prüfung bestimmter Aspekte des Produkts (¹)	C1. akkreditierte interne Stelle oder notifizierte Stelle ■ Prüfung bestimmter Aspekte des Produkts (¹)	D1. erklärt Konformität mit wesentlichen Anforderungen ■ bringt CE-Kennzeichnung an	E1. erklärt Konformität mit wesentlichen Anforderungen ■ bringt CE-Kennzeichnung an	F1. erklärt Konformität mit wesentlichen Anforderungen ■ bringt CE-Kennzeichnung an		

Tabelle: Konformitätsbewertungsverfahren im Gemeinschaftsrecht (Fortsetzung)

	C. Konformität mit Bauart	D. Qualitätssicherung Produktion	E. Qualitätssicherung Produkt	F. Prüfung der Produkte		
A2	C2	notifizierte Stelle	notifizierte Stelle	notifizierte Stelle	notifizierte Stelle	notifizierte Stelle
■ Produktprüfungen in unregelmäßigen Abständen ([1])	■ Produktprüfungen in unregelmäßigen Abständen ([1])	■ lässt QS-System zu ■ überwacht QS- System	■ lässt QS-System zu ■ überwacht QS- System	■ prüft Konformität mit wesentlichen Anforderungen ■ stellt Konformitätsbescheinigung aus	■ prüft Konformität mit wesentlichen Anforderungen ■ stellt Konformitätsbescheinigung aus	■ überwacht QS- System

([1]) Ergänzende Anforderungen, die ggf. in sektoralen Rechtsvorschriften vorgesehen sind.

([2]) Ausgenommen Unterabschnitt 7.3 sowie die Anforderungen bezüglich Kundenzufriedenheit und ständiger Verbesserung.

([3]) Ausgenommen Unterabschnitte 7.1, 7.2.3, 7.3, 7.4, 7.5.1, 7.5.2, 7.5.3 sowie die Anforderungen bezüglich Kundenzufriedenheit und ständiger Verbesserung.

([4]) Ausgenommen die Anforderungen bezüglich Kundenzufriedenheit und ständiger Verbesserung.

ANHANG III
EG-KONFORMITÄTSERKLÄRUNG

1. Nr. xxxxxx (einmalige Kennnummer des Produkts)
2. Name und Anschrift des Herstellers oder seines Bevollmächtigten;
3. Die alleinige Verantwortung für die Ausstellung dieser Konformitätserklärung trägt der Hersteller (bzw. Installations- betrieb):
4. Gegenstand der Erklärung (Bezeichnung des Produkts zwecks Rückverfolgbarkeit. Gegebenenfalls kann dazu ein Foto gehören.):
5. Der oben beschriebene Gegenstand der Erklärung erfüllt die einschlägigen Harmonisierungsrechtsvorschriften der Gemeinschaft: ....
6. Angabe der einschlägigen harmonisierten Normen, die zugrunde gelegt wurden, oder Angabe der Spezifikationen, für die die Konformität erklärt wird:
7. Gegebenenfalls die notifizierte Stelle ... (Name, Kennummer) ... hat ... (Beschreibung ihrer Mitwirkung) ... und folgende Bescheinigung ausgestellt: ...
8. Zusatzangaben:

Unterzeichnet für und im Namen von: ....

(Ort und Datum der Ausstellung)

(Name, Funktion) (Unterschrift)

Stichwortverzeichnis

Symbole

A

B

C

D

E

F

Q

R

S

T

U

V

W

Z